I0123833

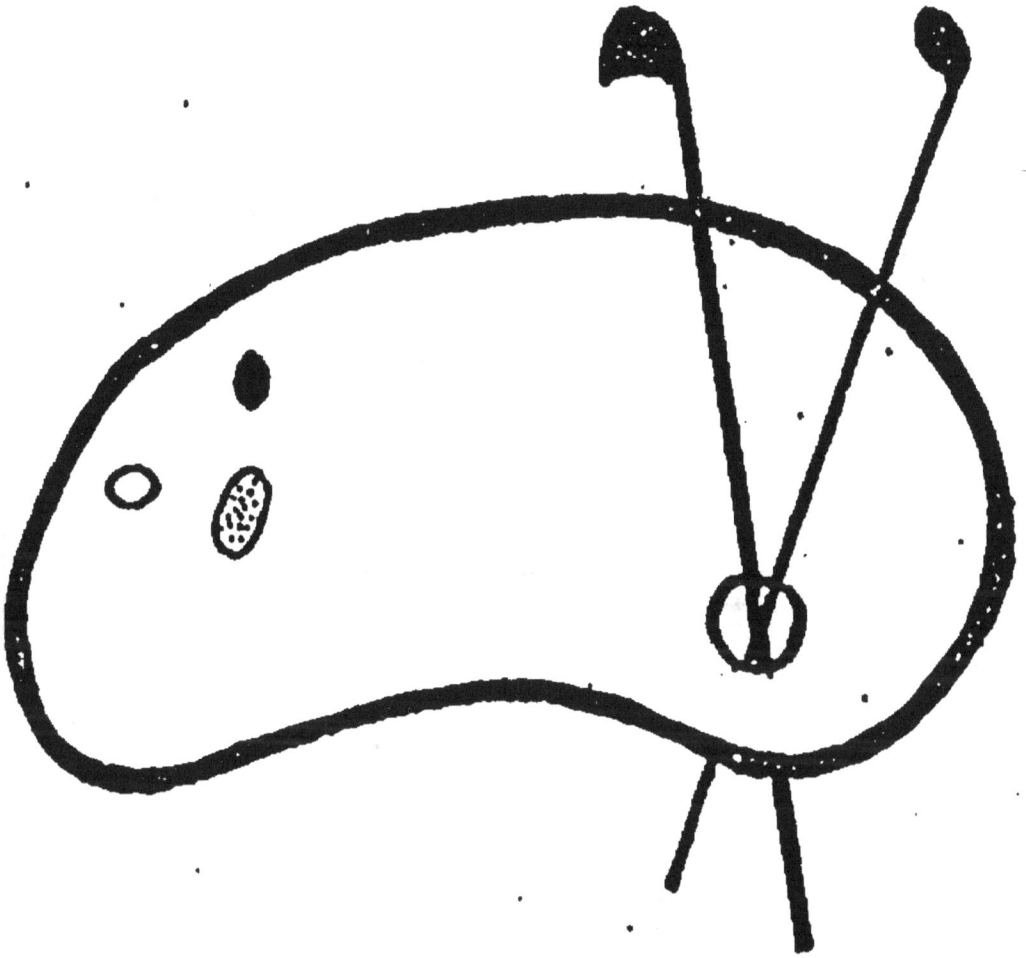

DEBUT D'UNE SERIE DE DOCUMENTS
FN COULEUR

BIBLIOTHÈQUE SOCIOLOGIQUE INTERNATIONALE

Publiée sous la direction de M. René Worms
Secrétaire général de l'Institut International de Sociologie

I

ORGANISME ET SOCIÉTÉ

PAR

RENÉ WORMS

ANCIEN ÉLÈVE DE L'ÉCOLE NORMALE SUPÉRIEURE
LICENCIÉ ÈS-SCIENCES NATURELLES, AGRÉGÉ DE PHILOSOPHIE
DOCTEUR ÈS-LETTRES, DOCTEUR EN DROIT
DIRECTEUR DE LA *Revue Internationale de Sociologie*

PARIS

V. GIARD & E. BRIÈRE

Libraires-Éditeurs

16, RUE SOUFFLOT, 16

1896

V. GIARD ET E. BRIÈRE, LIBRAIRES-ÉDITEURS, 16, RUE SOUFFLOT, PARIS

BIBLIOTHÈQUE
SOCIOLOGIQUE INTERNATIONALE

PUBLIÉE SOUS LA DIRECTION DE

RENÉ WORMS

Secrétaire général de l'Institut International de Sociologie

Cette collection se compose de volumes in-8°, reliure riche.

Les premiers volumes sont sous presse. Paraîtront successivement :

RENÉ WORMS : *Organisme et Société.*

PAUL DE LILIENFELD, membre de l'Institut International de Sociologie : *La Pathologie sociale.*

FRANCESCO S. NITTI, professeur à l'Université de Naples, membre de l'Institut International de Sociologie. *La population et le Système social,* ouvrage traduit de l'italien, avec l'autorisation de l'auteur, par Th. Dispan de Floran.

LOUIS GUMPLOWICZ, professeur à l'Université de Graz, vice-président de l'Institut International de Sociologie : *Sociologie et Politique,* ouvrage traduit de l'allemand, avec l'autorisation de l'auteur, par Alfred Bonnet.

ADOLFO POSADA, professeur à l'Université d'Oviedo, membre de l'Institut International de Sociologie : *Théories modernes sur l'origine de la Famille, de la Société et de l'État,* ouvrage traduit de l'espagnol, avec l'autorisation de l'auteur, par Fr. de Zeltner.

MAXIME KOVALEWSKY, ancien professeur à l'Université de Moscou, vice-président de l'Institut International de Sociologie : *Les Questions sociales au Moyen-Age.*

JACQUES NOVICOW, membre et ancien vice-président de l'Institut International de Sociologie : *Conscience et Volonté sociales.*

JULES MANDELLO, chargé de cours à l'Université de Budapest, membre de l'Institut International de Sociologie : *Essai sur la méthode des Recherches sociologiques.*

ORGANISME ET SOCIÉTÉ

3482.

8°R
13407
(¹)

DU MÊME AUTEUR

De la Volonté Unilatérale considérée comme source de l'obligation. — Paris, Giard et Brière, 1891, 1 vol. in-8 de 210 pages.

Précis de Philosophie, d'après les Leçons de Philosophie de M. E. Rabier. — Paris, Hachette, 1891, 1 vol. in-12 de 410 pages.

Éléments de Philosophie Scientifique et de Philosophie Morale. — Paris, Hachette, 1891, 1 vol. in-12 de 120 pages.

La Morale de Spinoza, ouvrage couronné par l'Académie des Sciences Morales et Politiques. — Paris, Hachette, 1892, 1 vol. in-12 de 340 pages.

La Sociologie. — Paris, Giard et Brière, 1893. — *Épuisé*.

Sur la définition de la Sociologie. — Paris, Giard et Brière, 1893. — *Épuisé*.

Essai de Classification des Sciences Sociales. — Paris, Giard et Brière, 1893, broch. in-8.

La Sociologie et l'Économie Politique. — Paris, Giard et Brière, 1894, broch. in-8.

L'Organisation scientifique de l'Histoire. — Paris, Giard et Brière, 1894, broch. in-8.

Les Théories modernes de la Criminalité, discours prononcé à la rentrée de la Conférence des Avocats. — Paris, 1894, broch. in-8.

La Sociologie et le Droit. — Paris, Giard et Brière, 1895, broch. in-8.

De Natura Sociologiæ. — Paris, Giard et Brière, 1895, in-8.

Revue Internationale de Sociologie, paraissant tous les mois sous la direction de M. René Worms. — 1893, 1894, 1895, 3 forts vol. in-8. — Paris, Giard et Brière.

Annales de l'Institut International de Sociologie, publiées sous la direction de M. René Worms : tome I, contenant les travaux du premier Congrès, tenu à Paris en octobre 1894. — 1 fort vol. in-8. — Paris, Giard et Brière, 1895.

BIBLIOTHÈQUE SOCIOLOGIQUE INTERNATIONALE

Publiée sous la direction de M. René Worms
Secrétaire général de l'Institut International de Sociologie

I

ORGANISME ET SOCIÉTÉ

PAR

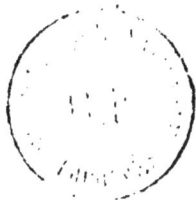

RENÉ WORMS

ANCIEN ÉLÈVE DE L'ÉCOLE NORMALE SUPÉRIEURE
LICENCIÉ ÈS-SCIENCES NATURELLES, AGRÉGÉ DE PHILOSOPHIE
DOCTEUR ÈS-LETTRES, DOCTEUR EN DROIT
DIRECTEUR DE LA *Revue Internationale de Sociologie*

PARIS

V. GIARD & E. BRIÈRE

Libraires-Éditeurs

16, RUE SOUFFLOT, 16

—

1896

ORGANISME ET SOCIÉTÉ

INTRODUCTION

L'ordre historique du développement des sciences est, comme leur ordre logique, fondé sur leur complexité. Le XVII° siècle a jeté les bases des mathématiques supérieures et de la physique générale. La fin du XVIII° a vu s'organiser la chimie. Dans le second tiers du nôtre, se sont fait jour des idées qui renouvelèrent la biologie. Il reste, aux dernières années de ce XIX° siècle et à celui qui le suivra, la tâche d'organiser définitivement la sociologie, la science générale des sociétés. C'est ici que l'effort sera à la fois le plus ardu et le plus fructueux : le plus ardu, parce que les sciences sociales sont les plus complexes de toutes les sciences et celles aussi dont les progrès sont le plus retardés par les préjugés et par les passions de l'homme ; le plus fructueux, en revanche, parce qu'elles embrassent le plus de notions de toute espèce, et qu'elles peuvent mettre au service de l'art et de la pratique les données les plus précieuses pour le perfectionnement de la vie humaine.

Que faut-il faire pour constituer la sociologie ? Évidemment, il faut observer les faits sociaux, les classer, en dégager les lois. Mais, avant d'aborder ainsi directement l'étude de l'objet propre des sciences sociales, il y a une précaution que la logique nous commande de prendre. Nous savons qu'il existe une hiérarchie

1

des connaissances ; et que, si les sciences sociales sont de
toutes les plus hautes, c'est parce que leur objet est le plus
compliqué, et renferme en quelque sorte l'objet de toutes
les autres sciences. On ne peut donc arriver à la connaissance
des sociétés que par celle des propriétés — mathématiques,
mécaniques, physiques, chimiques, biologiques, — et par celle
des êtres — inorganiques ou organisés — dont les sciences
moins élevées font leur étude. Dès lors, la première question à
se poser est celle-ci : les sciences inférieures étant données,
quelle est la mesure dans laquelle les sciences sociales nous sont
par là même connues, et qu'est-ce qu'il leur reste à examiner
d'original et de nouveau ? Ce n'est là qu'un problème préli-
minaire ; mais il est, on le voit aisément, d'une importance
capitale, et le présent travail n'a pour but que d'en chercher
la solution.

On pourrait évidemment se demander tout d'abord ce que la
sociologie doit aux sciences mathématiques. On ne manquerait
pas alors de rappeler les intéressants travaux sur la richesse et
la valeur dus aux économistes mathématiciens, Stanley Jevons,
M. Walras, etc... Mais ce ne sont là que des essais partiels, et
la solution des questions qu'ils abordent, tout importante
qu'elle soit, n'est pas de nature à nous donner une conception
d'ensemble sur le fonctionnement et la vie des sociétés. Avec
plus de raison, on chercherait dans les phénomènes de la physique et de la chimie l'explication des phénomènes sociaux. M. de
Lilienfeld, dans le premier volume de ses *Pensées sur la
science sociale de l'avenir*, a indiqué d'une façon fort intéres-
sante l'analogie générale qui existe entre les forces sociales et
les forces physiques. M. Th. Huxley, dans un article demeuré
célèbre (*Fortnightly Rewiew*, novembre 1871), a rapproché les
groupements humains des synthèses chimiques. L'éminent
auteur des *Lois de l'imitation*, M. Tarde, compare la diffusion des inventions — qui est pour lui le type des phénomènes
sociaux, — à la propagation des ondes lumineuses ou sonores.
A notre sens, ces rapprochements ne sont pas seulement ingénieux, ils sont vrais. Des phénomènes physiques sont impliqués

dans les phénomènes sociaux, comme dans les phénomènes biologiques ; ils forment la base de ceux-là, comme de ceux-ci. Mais précisément ils ne sont le fondement des faits sociaux que parce qu'ils sont celui des faits de vitalité individuelle. Entre eux et les phénomènes sociaux, s'interposent des intermédiaires nécessaires, les phénomènes physiologiques. De la cosmologie à la sociologie, on ne peut passer qu'en traversant la biologie. La biologie étant ainsi, parmi toutes les sciences, celle qui est la plus voisine de la sociologie, et d'ailleurs contenant en soi les principes des sciences inférieures, notre problème se réduit à celui de savoir quel est l'apport de la biologie à la connaissance des sociétés.

Cet apport, à ce qu'il nous semble, est double. Il y a deux choses, en effet, à considérer dans une société : les êtres vivants, qui en sont les membres ; et le lien qui unit ces êtres, les lois qui président à leur vie en commun. Or, tout d'abord, en ce qui concerne l'étude des êtres vivants qui composent la société, le sociologue n'a pas besoin de la faire lui-même : elle est faite, pour lui, par le biologiste. Voilà donc la première contribution apportée à la sociologie par les sciences naturelles : la description préalable des éléments de la société. Reste la seconde question : l'examen de leurs rapports. La biologie peut-elle ici nous fournir quelque secours ? C'est le nœud même de la question. Pour notre part, nous répondrons sans hésiter : oui, la biologie peut, là encore, nous donner plus d'un enseignement.

Les relations qui existent entre les éléments de l'organisme existent aussi entre les éléments de la société. Ici, il s'en trouve d'autres à côté d'elles, mais qui ne sauraient les masquer. Le type « société » est un type plus complexe que le type « organisme », mais les grands traits du type « organisme » se retrouvent dans le type « société ». L'anatomie, la physiologie, la pathologie des sociétés reproduisent en grand, avec des adjonctions et des variations importantes, mais enfin sur le même thème fondamental, l'anatomie, la physiologie, la pathologie des organismes. Comment pourrait-il en être autrement ? La société est composée d'individus qui sont des organismes, comme l'organisme lui-même est composé d'individus d'ordre inférieur qui sont des cellules. Pourquoi les individus supérieurs, les organismes, se comporteraient-ils, au sein de la société qu'ils forment, autrement que les individus subordonnés, les cellules, se comportent au sein de l'organisme lui-même? Puisqu'ils sont plus complexes, leur agencement sera plus compliqué lui aussi ; seulement, sous cette complexité, transparaîtra toujours la simplicité du dessin primitif. On entrevoit maintenant la réponse qu'il convient de faire au problème posé tout à l'heure. La biologie rend un double service à la sociologie. D'abord elle lui fait connaître les éléments sur lesquels celle-ci opère, et cela complètement (aussi complètement du moins que le permet l'état de la biologie elle-même). En second lieu, mais incomplètement cette fois, elle lui enseigne les lois qui unissent ces éléments, ces lois n'étant autres — pour partie — que celles qui unissent les éléments du corps vivant. Le sociologue n'est pas dispensé d'examiner par lui-même les rapports des individus qui composent la société, car il en est que la biologie ne saurait lui révéler. Mais il peut s'attendre à retrouver parmi eux bien des rapports que l'anatomie et la physiologie de l'individu lui auront déjà fait connaître; et il a, dans son étude, le fil conducteur des inductions biologiques.

Une conclusion ressort de là ; c'est que la société est comparable à un organisme. En effet, un organisme se compose de cellules unies d'une certaine manière. Une société, à son tour, comprend des organismes agencés suivant des lois définies. Or, d'une part, les organismes dont se compose la société sont analogues aux cellules qui les forment eux-mêmes, puisqu'ils sont comme elles des corps vivants ; ils sont plus complexes, il est vrai, mais, suivant la formule de Leibniz, « les composés symbolisent avec les simples », c'est-à-dire se comportent comme eux. Et d'autre part, les lois qui régissent les membres du corps social sont, au moins pour partie, celles qui régissent les cellules de l'organisme. Donc tout dans la société, éléments et lois, est analogue — nous ne disons pas identique, bien entendu —

à ce qu'on trouve dans le corps individuel. Par suite, la
société elle-même est analogue à l'organisme. Elle n'est pas
simplement un organisme, elle est davantage : étant plus complexe, elle peut être nommée un supra-organisme. Mais, ren-
fermant plus qu'un organisme, elle renferme d'abord tout ce
que renferme un organisme. On en donnerait une idée incomplète en disant qu'elle est un organisme, mais on en donnerait
une idée fausse en niant qu'elle en soit un. Pour la définir exactement, il faut reconnaître qu'elle constitue un organisme, avec
quelque chose d'essentiel en plus.

Telle est du moins notre conception sur la nature des sociétés ; telle est la proposition qui fera le fond de ce travail. Nous
pouvons dire immédiatement que cette théorie, si elle est très
vivement attaquée de divers côtés, tend à prévaloir chez les
sociologues contemporains. Sans doute, il en est, et des plus
éminents, qui se refusent à l'admettre, ou ne l'acceptent qu'avec
des restrictions qui en atténuent singulièrement la portée. Tous
ne se souviennent pas qu'Auguste Comte, le fondateur de la
sociologie, a parlé, à plusieurs reprises, de « l'organisme
social » (1), et dit, en comparant les phénomènes biologiques
aux phénomènes sociaux, que « s'ils ne sont point identiques,
ils sont certainement homogènes » (2). Parmi ceux qui, depuis
ce philosophe éminent, ont le plus collaboré aux progrès de la
sociologie, M. Letourneau repousse expressément l'assimilation
des sociétés aux organismes (3), et M. Tarde, faisant revivre en
sociologie un individualisme d'origine leibnizienne, lui oppose
aussi une fin de non-recevoir (4). M. Schaeffle, qui passe en
France pour un des partisans les plus intransigeants de notre
théorie, admet bien que la société soit un être vivant, un être
organisé, mais ne veut point qu'on lui donne le nom d'orga-

1. *Cours de Philosophie positive*, 48ᵉ et 50ᵉ leçon.
2. *Id.*, 2ᵉ leçon. Edition de 1877, t. I, p. 73-4.
3. *La Sociologie*, préface ; l'*Evolution du mariage et de la famille*,
passim ; etc.
4. *Les monades et la science sociale* (*Revue Internationale de Sociologie*, n. 2 et 3).

nisme (1). C'est aussi, dans son dernier ouvrage, le sentiment de M. Gumplowicz (2). Par son étude sur *la science sociale contemporaine*, M. Fouillée a beaucoup fait pour répandre en notre pays la théorie organique de la société ; mais il faut remarquer qu'il ne l'accepte lui-même qu'à condition de la concilier avec la théorie du contrat social, et de pouvoir appeler la société un « organisme contractuel ». L'opinion de M. Guillaume de Greef ne diffère que peu de la sienne (3). Plus radical, M. Herbert Spencer a consacré la seconde partie de ses *Principes de Sociologie* à démontrer l'analogie du corps social et du corps humain, et il y a dans cette fraction de son œuvre des pages magistrales. Mais lui-même ne va pas jusqu'au bout de sa théorie. C'est que M. Spencer est essentiellement, en politique comme en économie sociale, un individualiste. Il veut, avant tout, sauver l'autonomie de l'être humain. Aussi ne saurait-il admettre que l'homme soit subordonné à la société, comme la cellule l'est à l'organisme. Il croit donc devoir apporter à sa propre thèse deux tempéraments considérables. D'abord l'organisme social est, d'après lui, discontinu, tandis que l'être vivant est continu (il est vrai que M. Spencer met beaucoup de réserves et d'atténuations à cette antithèse). Et surtout, toutes les parties du corps social sont douées de conscience, ce que ne sont pas les parties du corps individuel. C'est pourquoi dans l'organisme la fin des cellules est subordonnée au bien-être de leur composé, tandis que la société ne peut avoir d'autre but que d'assurer le bonheur de ses membres : là les parties vivent pour le tout, ici le tout vit pour les parties (4). Si l'on veut trouver la comparaison du corps social et du corps vivant présentée à la fois sans restrictions et d'une manière scientifique, il faut la chercher dans quelques passages épars du livre de M. Ed. Perrier sur les *Colonies Animales ;* dans la thèse de M. Espinas sur les *Sociétés Animales*, complétée par trois

1. *Structure et vie du corps social*, 2ᵉ éd., tome I.
2. *L'idée sociologique de l'État*, passim.
3. De Greef, *Introduction à la Sociologie ;* voir surtout le 1ᵉʳ volume.
4. *Principes de Sociologie*, § 220-222.

articles du même auteur sur *les études sociologiques en France*
(*Revue Philosophique*, 1882) ; enfin dans l'ouvrage de M. Bordier sur la *Vie des Sociétés*. Malheureusement, chez ces différents auteurs, si le principe de la théorie est affirmé, sa
démonstration n'est donnée que d'une façon fragmentaire,
incidemment à d'autres recherches. Un seul livre, à notre
connaissance, a fait de cette démonstration son objet propre :
c'est le premier volume du grand ouvrage (déjà mentionné)
de M. de Lilienfeld, volume auquel son auteur a donné ce sous-
titre caractéristique : *la Société humaine considérée comme
organisme réel*. Mais, parmi les quatre cents pages de ce livre,
les deux cents premières ne sortent pas des généralités : elles
se bornent à démontrer (et parfois à affirmer) que les lois cos-
miques ou biologiques s'appliquent au monde social. Quant à
la seconde moitié du travail, où l'auteur aborde des questions
plus spéciales et tente des assimilations plus détaillées, elles
renferment des observations plus ingénieuses que sûres, des
remarques piquantes plutôt que décisives. En somme, la théorie reste à édifier dans son ensemble.

Nous croyons que la construire serait rendre service à la sociologie. Ce ne serait pas seulement, comme nous le montrions tout
à l'heure, résoudre la première question qu'ait à se poser cette
science. Ce serait de plus démontrer le droit de la sociologie à
exister comme système de connaissances indépendant. Elle se
trouve, en effet, de nos jours, dans cette situation étrange, que
nombre d'esprits contestent, non-seulement ses principes, mais
même son existence. Pour qu'une science existe, il lui faut un
objet, distinct de celui de toutes les autres sciences. Quel est
l'objet de la sociologie, quelle est la matière sur laquelle portent ses investigations ? C'est la société. Mais qu'est-ce que la
société elle-même ? C'est, répond-on fréquemment, un simple
« être de raison » ; c'est le rapprochement, plus ou moins fortuit
et arbitraire, d'êtres qui ont chacun leur individualité complète ;
c'est une somme dont les éléments seuls sont réels. Pour expliquer les phénomènes qui se produisent dans la société, il suffit,
dit-on, d'examiner les besoins et les tendances de l'individu,

éléments de cette société : la rencontre des consciences particulières, leur sympathie ou leur conflit, voilà la seule cause de ce
qu'on observe dans la vie sociale. Il n'y a point d'unité supérieure à l'individu ; la société, par elle-même, n'est rien. Dès
lors, la sociologie n'a point de raison d'être comme science distincte : la physiologie et la psychologie individuelles méritent
seules notre attention.

C'est cette doctrine dont nous voudrions démontrer la faus-
seté. Nous souhaiterions prouver que les organismes individuels
forment, par leur réunion en société, un nouvel être plus complexe qu'eux, mais analogue à eux ; être qui vit par eux, mais
qui vit cependant pour soi-même, et qui réagit sur eux autant
qu'ils agissent sur lui, tout comme eux-mêmes vivent par leurs
cellules, mais pourtant ont leur vie totale distincte de la vie cellulaire, supérieure à celle-ci, et la dominant bien que sortant
d'elle. Nous espérons faire comprendre que le rapport de la
société à l'organisme est analogue (nous ne disons pas, encore
une fois, identique) au rapport de l'organisme à la cellule ; que
la société, pour être faite d'organismes, n'est pas moins un être
réel que l'organisme, pour être fait de cellules. Si cela peut se
démontrer, il sera donc établi que les sociétés doivent être étudiées en elles mêmes, et non pas seulement dans leurs éléments
composants, puisque leurs éléments ne sont pas tout en elles,
et puisque même on ne peut bien comprendre les parties sans
connaître l'individualité d'ordre supérieur qui les domine. Il
sera établi que l'objet de la sociologie est un objet réel et distinct de celui de toutes les autres sciences. Il sera établi que la
sociologie a le droit d'exister à côté et au-dessus de l'anatomie,
de la physiolologie et de la psychologie individuelles. Ainsi,
par une conséquence qui n'est qu'en apparence singulière, l'emploi de la méthode biologique, la comparaison incessante de la
société et de l'organisme, aura servi à rendre évidente cette
vérité, que la sociologie est distincte de la biologie. En montrant
que le corps social est analogue aux corps vivants, nous aurons
montré qu'il en diffère, quoiqu'il soit formé par eux. Et d'un
seul coup il sera devenu certain que la sociologie se relie à la

biologie sans se confondre avec celle-ci ; l'on saura ce qu'elle doit lui emprunter, mais aussi ce qu'elle ne peut demander qu'à elle-même. Telle sera, si nous ne nous abusons, le double résultat de la démonstration que nous allons essayer de faire.

PREMIÈRE PARTIE

THÉORIE GÉNÉRALE

CHAPITRE PREMIER

DÉFINITIONS ET COMPARAISON GÉNÉRALE DE L'ORGANISME ET DE LA SOCIÉTÉ.

Pour pouvoir rapprocher utilement les sociétés des organismes, il faut d'abord indiquer avec précision en quoi consistent ces deux sortes de choses. Il faut donc donner des définitions de l'une et de l'autre. Ces définitions courent nécessairement le risque d'être incomplètes et insuffisantes. On sait fort bien, en effet, que, dans les sciences concrètes, une bonne définition ne saurait précéder l'étude de l'objet défini (comme cela a lieu en mathématiques), mais seulement en être la conséquence et le résumé. Pour que l'organisme et la société pussent être complètement définis, il faudrait donc que les sciences biologiques et les sciences sociales fussent achevées. Or, les premières sont bien loin d'avoir atteint leur perfection et les secondes naissent à peine. Les définitions que nous allons tenter ne sauraient ainsi prétendre, tout au plus, qu'à synthétiser les idées générales qu'on peut se faire de l'organisme et de la société *d'après des sciences encore peu avancées ;* et les conclusions que nous en tirerons, vraies (nous l'espérons du moins) dans l'état présent de ces sciences, seront nécessairement sujettes à révision quand le perfectionnement des méthodes et l'accumulation des découvertes auront modifié l'aspect de nos connaissances en biologie et en sociologie.

I

On est assez généralement d'accord pour admettre que l'organisme peut être défini : « un tout vivant, formé de parties vivantes elles-mêmes ». Il semble, d'après cette définition, que, pour bien comprendre la nature de l'organisme, il faille se poser deux problèmes distincts, qu'on doive chercher d'abord ce qu'est la vie, puis ce qu'est un assemblage de parties vivantes. En réalité pourtant, ces deux problèmes n'en font qu'un. En effet, l'être vivant le plus simple est déjà un composé d'éléments doués eux-mêmes de la vie. Il n'y a pas une cellule protoplasmique, ni même un cytode (c'est-à-dire une masse protoplasmique sans membrane environnante), qui ne renferme un certain nombre de granulations distinctes, donc une pluralité d'éléments vivants. Et les biologistes ne doutent pas que, si l'on pouvait construire pour leurs microscopes des objectifs donnant un grossissement encore plus fort que le grossissement maximum actuel, ils verraient ces granulations protoplasmiques elles-mêmes se résoudre en une multiplicité de corpuscules plus petits, mais toujours animés. Pour eux, quoique la matière vivante emprunte tous ses éléments aux substances inorganiques, elle n'en est cependant pas la simple juxtaposition ; elle en est la transformation, et cette transformation s'accomplit en chacune des parties de l'être vivant. Aussi, l'observation directe de cet être ne fera-t-elle jamais découvrir en lui que des éléments vivants ; pour retrouver dans sa substance ses composants inorganiques, il faut d'abord le tuer. Que résulte-t-il de là ? C'est que le problème de l'assemblage des parties vivantes n'est pas distinct du problème de la vie, puisque toute vie suppose un assemblage de parties vivantes. Par suite, dire qu'un organisme est « un tout vivant formé de parties elles-mêmes vivantes », ce n'est rien de plus que dire : « un organisme est un être doué de vie ». Il y a adéquation entre les deux termes « organisme » et « individu vivant », et chercher ce qu'est un organisme, c'est simplement chercher ce qu'est la vie.

Par quoi donc la vie se caractérise-t-elle, et comment opposer les êtres qui la manifestent à ceux qui en sont dépourvus ? Bien des critères ont été proposés ; mais il ne semble pas qu'aucun soit entièrement satisfaisant, puisqu'il ne se passe guère d'année sans qu'un auteur éprouve le besoin d'en inventer un nou-

veau. Il faut croire que la différence de l'inorganique et du
vivant ne se laisse pas ramener à une notion simple, ni définir
en une formule synthétique. Nous n'aurons donc point la vaine
prétention d'ajouter une définition à tant d'autres, et nous chercherons simplement à énumérer les principaux attributs par lesquels il semble qu'on puisse marquer une distinction entre le
monde de la vie et le monde de la matière inanimée.

Ce qui frappe tout d'abord dans un être, c'est sa structure
extérieure. Les êtres vivants se séparent, à ce point de vue, des
êtres non vivants, par une double propriété. Leur forme externe
n'est, ni géométrique, ni invariable. Les êtres inorganiques, ou
tout au moins ceux d'entre eux qu'on considère comme possédant déjà une individualité distincte — les astres d'une part, les
cristaux de l'autre — se caractérisent par une forme géométrique, définie et constante. Il n'en est pas de même pour les êtres
vivants : les contours de ceux-ci sont marqués par des lignes
qu'on ne saurait, même en les prenant à un moment déterminé,
considérer comme mathématiquement définies ; et de plus, ces
lignes changent à chaque instant leurs courbures. Ces différences, il est vrai, ne doivent pas être exagérées. La régularité
n'est point parfaite chez les corps inanimés : l'ellipsoïde terrestre est aplati vers les pôles, et nul astre, à ce qu'il semble, n'a
une conformation plus mathématiquement rigoureuse. Inversement, chez les êtres animés, il existe des traces d'un plan géométrique. « Les tiges d'un peuplier, d'un pin », disait Cournot (1) « ont pour schème géométrique un cône à axe vertical »,
ce qui serait plus exact encore de leurs racines ; « la régularité
géométrique » ajoutait-il, « domine dans l'ensemble des formes
végétales ». Chez les êtres unicellulaires qui forment le passage entre le règne végétal et le règne animal, chez les protistes,
Hœckel a trouvé, dans le genre Heliozoa notamment, des formes rappelant la disposition des cristaux : tout le protoplasme
est disposé géométriquement autour d'un squelette de matière
inorganique formé d'axes régulièrement croisés. Dans l'anima-

---

1. *Traité de l'Enchaînement des idées fondamentales*, § 308.

lité même il existe généralement une symétrie externe et
interne, le plus souvent bilatérale (puisque la symétrie rayonnée des échinodermes a pu être ramenée à une symétrie bilatérale), très fréquemment masquée à la vérité par des déforma-
tions dues à diverses nécessités d'adaptation. En somme donc,
il n'y a point de différence *absolue*, quant à la morphologie extérieure, entre les êtres vivants et les êtres non vivants. Mais
cependant il est clair que, d'une manière générale, les formes
des seconds sont à la fois beaucoup plus régulières dans l'espace
et beaucoup moins changeantes dans le temps que celles des
premiers. Cette immutabilité ou cette variabilité relatives de la
forme extérieure tiennent elles-mêmes à un autre caractère, à
un caractère interne, auquel nous arrivons : l'immutabilité ou
la variabilité relatives des éléments composants.

Les corps inorganiques ont une composition relativement
stable. En principe, ils ne s'accroissent ni ne diminuent. Les
corps vivants, au contraire, modifient à chaque instant leur contenu. Ils sont, d'une manière constante, le siège d'un double
mouvement : mouvement d'assimilation et d'intégration, par
lequel ils prennent des aliments au milieu ambiant, les adaptent à leurs besoins, et les font entrer dans leur substance ;
mouvement de désassimilation et de désintégration, par lequel
ils cèdent à ce même milieu certaines de leurs molécules. En
un mot, à tout moment, l'organisme s'accroît et perd. L'excès de
l'accroissement sur la déperdition constitue les forces dont s'entretient la vie. — N'y a-t-il rien de semblable dans l'être inorganique ? On ne saurait le penser : tout corps voit incessamment
sa surface rongée (plus ou moins lentement) par des actions
atmosphériques, neptuniques ou autres, et abandonne ainsi de sa
substance. Inversement, un cristal plongé dans une dissolution
saline qui contient des particules analogues aux siennes peut,
dans certaines conditions, s'en accroître. Mais ces phénomènes
ne sont pas l'équivalent exact de ce que nous trouvons dans
l'organisme. L'usure du corps brut est toute mécanique : elle
ne provient pas d'une véritable désassimilation ; le corps perd
certains de ses éléments parce qu'on les lui enlève, non parce

qu'il les rejette. Au contraire, l'usure de l'être vivant est une usure organique : c'est le fonctionnement même de la vie qui fait que certaines parcelles, contenues dans l'être vivant, ne peuvent plus être utilisées par lui, et doivent nécessairement être expulsées. Le mouvement de désagrégation a une cause tout externe chez les corps bruts, des causes surtout internes chez les êtres vivants. La différence est encore plus frappante en ce qui touche le mouvement d'agrégation. Lorsque le minéral s'accroît, ce n'est que par sa superficie ; il se borne à s'adjoindre extérieurement des particules nouvelles semblables à celles qui le formaient déjà ; il y a là, comme on dit en langue technique, une simple « apposition ». Au contraire, l'être vivant prend dans le milieu extérieur des substances, inorganiques ou organiques, différant toujours plus ou moins de celles qu'il renferme en lui-même ; après les avoir saisies, il les ingère, c'est-à-dire les fait entrer dans l'intérieur de ses tissus, les y transforme par son action propre en substances semblables à celles qui le composent, et les rend alors partie intégrante de ses organes : il procède par « intussusception. » En un mot, l'être inorganique peut s'accroître ; l'être vivant seul se nourrit. Et c'est ce grand fait de la nutrition qui est, d'après Claude Bernard (1), le phénomène caractéristique de la vie, celui qui explique tous les autres. — En tous cas, on peut en déduire immédiatement une conséquence très importante. Les êtres inorganiques ont un milieu extérieur dans lequel ils sont placés, et dont ils subissent l'action. Mais, pour les êtres vivants, le milieu se dédouble. A côté du milieu extérieur, formé toujours par l'ensemble des objets (organisés ou non) qui entourent l'individu considéré, se place maintenant ce qu'on peut nommer son « milieu intérieur ». En effet, l'organisme est composé de cellules ; pour qu'il vive, il faut que chacune de celles-ci se nourrissent. Mais l'aliment ne leur arrive pas directement du dehors. Il est nécessaire d'abord que les organes de l'être collectif l'aient saisi, puis

---

1. Claude Bernard, *Définition de la vie*, III (dans le recueil intitulé « *Science Expérimentale* »).

élaboré et rendu assimilable ; il est nécessaire ensuite qu'il ait
été mis à la portée de chaque élément anatomique : c'est le sang
qui remplit ce rôle conducteur. Le sang est ainsi le milieu intérieur dans lequel vivent les cellules (1). L'existence de ce milieu
intérieur explique pourquoi l'organisme est en partie soustrait
à l'action déterminante du milieu externe, ou pourquoi du moins
il peut, dans une certaine mesure, résister aux causes de destruction venues du dehors, et à son tour agir sur les objets qui
l'environnent. C'est que précisément il trouve, dans les forces
emmagasinées en ce milieu interne, un élément d'alimentation
et d'activité qui lui est ou semble lui être propre. L'origine
lointaine de cette force est sans doute dans le milieu extérieur,
où elle a été puisée ; mais le fait même de la nutrition l'a
transformée en force intérieure.

On peut encore rattacher à la nutrition un autre caractère
différentiel des êtres vivants. Parmi les êtres inorganiques, les
uns, les cristaux, sont absolument homogènes. Toutes leurs
parties sont semblables entre elles et semblables à l'ensemble.
Les autres, les roches composées, et *a fortiori* les astres, sont
sans doute hétérogènes, en ce sens qu'ils comprennent des éléments très variés. Mais cette hétérogénéité est une hétérogénéité
confuse : il y a là simple juxtaposition de parties dissemblables, et non pas coordination. Ou du moins, s'il existe une coordination entre elles (car un assemblage durable implique toujours quelque organisation rudimentaire), le sens de cette
coordination nous échappe, et nous ne voyons ni sa raison
d'être ni sa loi. Il n'en est plus ainsi chez les êtres vivants.
Chez ceux-ci, existent à la fois des parties dissemblables, et un
ordre de ces parties. Les éléments anatomiques sont fort distincts, et cependant liés entre eux par des relations dont l'existence et la nature sont intelligibles pour nous ; entre les cellules
il y a tout ensemble indépendance et interdépendance, séparation
et solidarité. Ce caractère peut, disons-nous, être considéré
comme une conséquence de la nutrition. En effet, pour que la

1. *Ibidem.*

nutrition soit possible, il faut qu'il s'opère une différenciation
dans les éléments du corps vivant. Il faut que les uns s'adaptent
en vue de saisir la proie (appareil préhenseur) ; d'autres, en vue
de la rendre assimilable (appareil digestif) ; d'autres, en vue
d'absorber l'aliment préparé et de le distribuer dans tout l'organisme (appareil circulatoire, dont l'appareil respiratoire est
une dépendance). Et, à tous les organes internes ainsi formés,
il faut des muscles pour les mouvoir, des nerfs pour les diriger,
des sens pour les renseigner. La différenciation des parties vient
donc de la complexité de l'acte nutritif, puisque, à chaque
opération impliquée dans celui-ci, doit correspondre un organe
distinct. Par là-même, le lien qui unit ces parties entre elles se
trouve expliqué, puisque toutes concourent, chacune à sa façon,
à l'entretien total. Cette différenciation et cette coordination des
éléments, cette unité multiple des parties composantes, sans être
totalement absentes du monde inorganique, se trouvent pourtant
sans nul doute à un bien plus haut degré et avec une tout autre
perfection dans le monde vivant : et c'est là une des raisons qui
motivent le mieux la distinction de ces deux mondes.

Si les parties de l'organisme diffèrent les unes des autres
dans l'espace, en ce sens que deux organes voisins ne peuvent
être confondus, chacune d'elles diffère en outre de soi-même
dans le temps, en ce sens que tous les organes se renouvellent
incessamment. Comme la forme extérieure des organismes
(dont nous avons parlé plus haut), leur nature interne subit à
tout instant quelques altérations. C'est là encore, à coup sûr, une
conséquence de la nutrition, et par suite un caractère propre
aux êtres vivants. Les minéraux, les astres, les systèmes stel-
laires, modifient peut-être lentement leur composition dans le
cours des siècles. Mais les êtres vivants modifient la leur en
chaque moment. Par suite du double mouvement d'entrée et de
sortie, d'assimilation et de désassimilation, signalé tout à
l'heure, nulle partie du corps ne peut maintenir longtemps sa
composition identique à elle-même. Il se produit ainsi dans tout
l'être et dans chacun de ses organes une *évolution* ininterrompue. Les éléments composants varient sans cesse ; les rapports

mêmes de ces éléments, quoique plus stables, s'altèrent à
leur tour (1). Le résultat le plus remarquable de cette évolution
dans le temps, est précisément d'accroître la différenciation
des parties dans l'espace. L'organisme n'est d'abord qu'une
cellule unique. Puis cette cellule se divise et l'on voit apparaître des couches cellulaires déjà distinctes. Peu à peu se forment les rudiments des organes. Ceux-ci grandissent, et en
même temps se divisent en régions dont chacune aura son
rôle physiologique différent. Ainsi la différenciation et l'évolution sont essentiellement liées, celle-là n'étant que la conséquence de celle-ci. Si l'organisme est formé d'éléments à la
fois distincts et coordonnés, la raison en est qu'il renouvelle
incessamment sa substance.

D'ailleurs, ce n'est pas seulement une différenciation des parties qui se trouve amenée par la nutrition et l'évolution. La
reproduction de l'être en est aussi la conséquence directe et
immédiate. Ce phénomène semble étranger à la nature inorganique. Quand un cristal est brisé, quand un astre se dissout, ils
ne laissent pas après eux une « postérité » qui les continue :
leurs éléments sans doute ne disparaissent pas, ils peuvent
entrer dans des combinaisons nouvelles ; mais ces combinaisons ne seront pas les « filles » des premières, elles n'en reproduiront pas les traits caractéristiques. Au contraire, l'être
vivant se survit d'une certaine façon à lui-même. Car une certaine partie de sa substance a été employée à donner naissance
à un ou à plusieurs êtres nouveaux qui hériteront des qualités
et de la constitution du premier, et qui le continueront dans la vie.
Mais cette reproduction elle-même est simplement une suite de
la nutrition. Chez les organismes inférieurs, lorsque l'être, par
suite d'une abondante injection d'aliments, a atteint la dimen-
sion maxima qu'il ne saurait dépasser, il émet un bourgeon ou
se segmente en deux individus. Et chez les organismes supé-

1. Ce point a parfois été contesté, bien à tort. La circulation de l'embryon ne ressemble pas à la circulation de l'adulte. La prédominance
fonctionnelle passe, dans le cours de la vie, d'un organe à l'autre, etc.

rieurs eux-mêmes, on sait quelle relation étroite unit la quantité des subsistances à la fécondité de l'espèce. La génération est le résultat de la vitalité, et la vitalité dépend de la nutrition.

Seulement, ainsi que nous le faisions pressentir, la reproduction est aussi liée à la nécessité de la mort. C'est pour ne pas périr tout entier que l'être vivant se reproduit. Si la fonction de reproduction n'est pas nécessaire aux êtres inorganiques, c'est qu'en principe ils ne meurent pas. Leurs parties peuvent bien être séparées par quelque accident. Mais comme ils ne sont guère autre chose qu'une juxtaposition de ces parties, comme l'individualité appartient, ici, moins à l'ensemble qu'aux éléments, la mise en liberté de ces derniers ne change pas grand chose à l'état préexistant. A l'opposé, dans l'être organisé, l'individualité appartient à l'ensemble, autant qu'aux éléments. Si donc une cause quelconque vient séparer ceux-ci, et les rendre à l'isolement complet, il y aura quelque chose de détruit : ce sera l'individualité du tout. Or, la mort n'est autre chose que l'isolement total des parties, la rupture du lien qui les faisait dépendre les uns des autres. La mort est donc possible pour un organisme, tandis qu'on la conçoit à peine pour un être privé de vie. — Seulement ne semble-t-il pas que les deux différences que nous venons de signaler se compensent l'une l'autre ? L'être inorganique ne se reproduit pas; mais il n'en a pas besoin, car il ignore la mort. L'être vivant, au contraire, est soumis à la nécessité de la mort ; mais il sait d'une certaine façon échapper à ses conséquences, en se reproduisant. Dans un cas comme dans l'autre, le résultat n'est-il pas qu'il y a au moins la possibilité d'une prolongation indéfinie de l'être, — ce qui une fois a été, ne pouvant pas disparaître entièrement ?

Ainsi tous les caractères présentés jusqu'ici établissent une distinction entre les vivants et les corps bruts, mais cette distinction n'est nulle part totale et absolue. Il reste, il est vrai, deux caractères dans lesquels on a voulu voir l'apanage exclusif des êtres vivants : ce sont la sensibilité et le mouvement. On en a parlé si souvent qu'il est vraiment inutile d'en faire une fois de plus l'analyse, de montrer le protoplasma le plus rudimentaire sensible aux excitations de la chaleur et de l'électricité, et se mouvant pour atteindre une proie, qu'il aperçoit donc d'une certaine façon. Mais ce qu'il est, au contraire, plus intéressant de constater, c'est que là encore il n'y a point scission absolue entre les deux empires. Le mouvement se retrouve dans les êtres inorganiques, voire même ce qu'on nomme le mouvement spontané. Car la marche des astres et la progression des corps électrisés, par exemple, ne sont autre chose que des conséquences de l'attraction : et vraiment le mouvement dû à l'attraction mérite bien d'être appelé mouvement spontané. De même pour la sensibilité : il est clair que les corps bruts sont sensibles à l'action du froid et du chaud, puisqu'ils y répondent en se rétractant ou en se dilatant, tout comme le font les corps vivants. Sans doute il n'y a pas ici pleine « conscience » de l'action subie ou du mouvement opéré ; mais cette conscience est-elle bien vivace dans le protozoaire, et peut-on affirmer qu'elle soit nulle chez le minéral ? N'y a-t-il pas, bien plus probablement, comme le pensait Leibniz, une échelle graduée des consciences, descendant, par des degrés infinitésimaux, de l'homme jusqu'à l'être inorganique ? Cette vue a reçu récemment une sorte de confirmation des travaux de Bütschli (1). Cet éminent biologiste a pu, au moyen de substances organiques mais non organisées, fabriquer, non pas du protoplasma, mais une mousse de savon possédant certains des caractères du protoplasma. Elle présente la structure réticulée ou alvéolaire. Elle offre de place en place des granulations plus denses et plus foncées. Écrasée par la lamelle sous le microscope, elle pousse des prolongements étoilés et se déplace. Enfin elle est sensible à la température et à l'électricité. Voilà donc une série de propriétés, jusqu'ici crues spéciales à la matière vivante, qui deviennent l'apanage d'une matière brute très complexe. Cela n'explique pas sans doute encore comment la vie a pu jaillir d'une combinaison chimique particulièrement élevée. Mais du

---

1. Voir R. d'Erlanger, *la structure intime de la matière organisée* (*Revue Scientifique*, 8 avril 1893).

moins cela comble en partie l'abîme qu'on croyait exister entre les domaines de l'inorganique et de la vie. Cela amène à penser que, entre les substances vivantes et les substances brutes, s'il y a une différence considérable de degré, il n'existe pas du moins une différence absolue de nature.

Quoiqu'il en soit pourtant, les caractères que nous avons successivement énumérés sont suffisants pour qu'on puisse maintenir, sinon une opposition, du moins une distinction effective entre les êtres purement matériels et les êtres doués de la vie. Peut-on résumer ces différences en une formule qui donne une définition caractéristique des vivants ? Encore une fois, nous ne le croyons pas. La dernière définition de Spencer, plus complète et plus précise que celle qu'il avait primitivement indiquée, est peut-être celle qui approche le plus de la vérité. La vie, dit ce philosophe, c'est « la combinaison définie de changements hétérogènes à la fois simultanés et successifs, en correspondance avec des coexistences et avec des séquences externes (1) » ; ou encore, c'est « l'accommodation continue des relations internes aux relations externes (2) ». Mais cette défini-tion elle-même, comme peut-être toute définition d'une chose concrète, ne saisit la réalité que par quelques-uns de ses aspects. On ne saurait donc s'en contenter totalement ; et pour juger si un être appartient ou non à la catégorie des organis-mes, il faudra toujours se demander s'il présente l'ensemble des caractères que nous venons de découvrir en ceux-ci.

II

Avant de chercher si la société est un organisme, précisons ce que nous entendons par société.

Tout d'abord, on ne saurait donner ce nom qu'à des réunions d'êtres jouissant chacun d'une véritable individualité organi-que. L'ensemble des astres qui forment un même système stel-

---

1 *Principes de Biologie*, chap. IV, § 27.
2. *Ibid.*, § 30.

laire n'est pas, au sens propre, une société; les lois de leur
action et de leur réaction réciproque sont des lois mécaniques.
Quand les éléments ne sont point du ressort de la biologie, le
tout formé par eux ne saurait être du ressort de la sociologie.
D'autre part, le nom de société ne convient pas non plus à tout
assemblage de parties vivantes. Autrement l'organisme lui-
même serait une société, puisque nous savons qu'il renferme
toujours une pluralité d'éléments dont chacun est doué de vie.
Pour composer une société, il faut des unités dont chacune ait déjà la valeur d'un organisme. Cette notion, il est
vrai, n'est pas absolument précise. Tout ce qui vit est, en réalité,
un organisme, puisque tout ce qui vit est déjà composé de parties vivantes. Ainsi on pourrait appeler organisme chaque segment d'une annélide, et voir dans l'annélide entière une société.
Il faut bien reconnaître l'impossibilité de donner, dans l'état
présent de la science, une réponse définitive à cette embarrassante question. Les zoologistes les plus éminents avouent qu'on
ne saurait, en effet, indiquer d'une manière rigoureuse, si tel
ou tel être — un siphonophore ou une ascidie composée, par
exemple, — est une société ou un simple organisme. Le seul criterium qu'on ait proposé, à notre connaissance, est celui-ci.
Devrait être appelé organisme l'être vivant d'une existence
individuelle, de telle sorte que ses parties ne puissent subsister
indépendamment les unes des autres, et que lui, au contraire,
soit indépendant de tous les autres êtres; devrait alors être
appelée société la réunion de semblables organismes, l'agglomération d'individus qui auraient pu tout aussi bien demeurer isolés. Cette définition ne nous satisfait pas. Nous ne croyons, ni
à la dépendance réciproque absolue des membres de l'être organique, ni à l'indépendance réciproque des membres de l'être
social, et nous donnerons bientôt plus en détail les raisons jus-
tificatives de cette opinion. Pour le moment, bornons-nous à
retenir de cette définition le seul élément qui nous y paraisse
d'une vérité incontestable, à savoir que « la société est une
réunion d'organismes », et raisonnons sur cette définition ainsi
réduite.

Une remarque doit être faite tout d'abord : si, pour qu'il y ait société, il faut une réunion d'êtres vivants, il n'est pas nécessaire que ce soit une réunion d'hommes. Ainsi des animaux peuvent constituer des sociétés : les abeilles, fourmis et termites en offrent des exemples célèbres ; les oiseaux et les mammifères les plus élevés après l'homme, en sont également la preuve. D'ailleurs, depuis la remarquable étude de M. Espinas, la démonstration de l'analogie entre les sociétés animales et les sociétés humaines n'est plus à faire. Il est moins aisé de décider si l'on peut à bon droit parler de sociétés végétales. Nous inclinons, pour notre part, à le penser. Une forêt de chênes ou de pins nous semble avoir une véritable existence, caractérisée par une action spéciale, définissable, qu'exerce ce tout sur le milieu ambiant et sur chacune de ses parties. — Ainsi nous croyons qu'il est juste d'admettre l'existence de véritables « sociétés » végétales et surtout animales. Mais, malgré cela, il est clair que ce sont surtout les sociétés humaines qui méritent notre attention, et pour deux raisons. La première est que nous vivons au milieu d'elles, et que notre conduite dépend, dans une certaine mesure, de la manière dont nous les concevons. La seconde est que, même objectivement, il est possible que ces sociétés aient une plus grande importance, dans l'ensemble du monde, que toutes les autres réunies : elles sont moins nombreuses, sans doute, tant par leur nombre propre que par celui de leurs membres ; mais il semble qu'elles soient plus variées : dans l'humanité seule, la vie sociale s'est complètement développée, et a produit tous les phénomèmes qu'elle est susceptible d'engendrer, à tel point que les sociétés animales ne paraissent qu'une réduction bien amoindrie des sociétés humaines ; tout ce qui se trouve en celles-là se rencontre en celles-ci, avec beaucoup d'autres faits nouveaux ; enfin il n'est pas douteux que les sociétés humaines, en tant que sociétés (nous ne parlons pas de l'action des individus, mais seulement des résultats produits par le fait de la vie sociale), aient exercé et surtout doivent exercer dans l'avenir sur le sort de notre terre une bien plus grande influence que tous les autres groupements. Aussi, après avoir reconnu que certaines réunions de végétaux et d'animaux méritent le nom de sociétés, nous bornerons-nous dans notre étude à envisager les sociétés humaines. Cette façon de procéder, d'ailleurs, loin de simplifier notre démonstration, la rendra plutôt moins aisée. Car, ce que nous nous proposons de prouver, c'est que la société est construite sur le même type général que l'organisme. Or, tant qu'il s'agit des sociétés végétales et animales, on nous le concède assez volontiers. C'est pour les sociétés humaines seules qu'on se refuse souvent à l'admettre. Nous faisons donc plutôt la partie belle à nos adversaires en renonçant d'avance à tirer argument des sociétés infra-humaines, et par exemple à développer l'idée (indiquée plus haut) qu'il est impossible de dire, d'un grand nombre d'êtres inférieurs, s'ils sont des organismes ou des sociétés. On voudra bien alors convenir que, si nous parvenons à fournir la preuve requise en ce qui concerne les sociétés humaines, elle sera faite, par là-même et *a fortiori*, pour les sociétés d'êtres inférieurs à l'homme.

Bornons-nous donc aux sociétés humaines. Celles-ci assurément répondent de tous points à la définition, indiquée tout à l'heure, des sociétés : des réunions d'êtres vivants jouissant chacun d'une véritable individualité organique. Mais toute réunion d'hommes est-elle donc une société? Nullement, et il convient de faire à cet égard plusieurs distinctions successives.

L'appellation de société ne convient, en premier lieu, qu'à des réunions durables. L'auditoire d'un professeur, l'ensemble des personnes qui voyagent dans un train, le groupe des visiteurs qui se rencontrent dans un salon ne sauraient évidemment mériter ce nom : car au sortir du cours, du train ou du salon tous ces gens se dispersent, et il ne reste plus trace d'ordinaire, un moment après, du lien éphémère qui les avait rassemblés.

Est-ce tout? Suffit-il à une réunion d'hommes d'être durable, pour former une société? Pas davantage, à notre avis. Il y a des groupements très durables, permanents mêmes, qui ne méritent pas cette dénomination, du moins au sens où nous la prenons, et où doit la prendre la sociologie générale. Telles sont notamment les associations commerciales, littéraires, scientifiques ou

philanthropiques. Des hommes s'assemblent pour mettre en
commun des capitaux en vue d'un genre d'affaires déterminé,
ou bien pour s'adonner en commun à des recherches savantes,
à des travaux artistiques, à la pratique de la bienfaisance : de
semblables groupements peuvent être très durables — on en
reste souvent membre toute la vie — mais ils n'embrassent
jamais l'homme que par un côté de son existence: Toute l'activité de leurs membres ne leur est pas exclusivement consacrée:
personne ne vit entièrement pour ses affaires, ni même, hélas !
pour la science ou la charité. C'est par là que ces groupements
se distinguent des vraies sociétés, de ces sociétés qui sont des
nations ou des peuples. Ici la réunion des individus n'est pas
moins durable. Mais de plus, elle a un caractère de généralité
que n'offraient pas les précédentes associations. L'homme vit
tout entier au sein de la nation, du peuple dont il fait partie;
quoi qu'il fasse, il est en contact, à tous les moments de sa vie,
avec ses concitoyens, qui sont ses co-associés ; toute son activité
se déroule au milieu d'eux, au milieu de leurs activités ; même
quittât-il sa patrie, il en emporterait encore les mœurs, il en gar-
derait sur tout son être l'empreinte indélébile. Les sociétés nationales se distinguent donc des compagnies privées, surtout par
ce caractère, qu'elles prennent l'homme tout entier. Nous proposons de marquer cette différence par des appellations distinctes. Les groupements commerciaux, littéraires, scientifiques,
philanthropiques, etc... méritent le nom d'*associations*, qui ne
saurait convenir à ces *réunions* fortuites et éphémères dont nous
parlions en premier lieu. Mais aux groupements nationaux seuls
nous réservons le nom de *sociétés*. La société, c'est donc pour
nous « un groupement durable d'êtres vivants, exerçant toute
leur activité en commun ». Et telle est la définition que nous
voudrions voir substituer à la formule donnée précédemment :
« la société est une réunion d'êtres vivants dont chacun pourrait subsister isolément ». Il est clair que la société, telle que
nous la définissons, n'est pas un groupement factice et artificiel,
mais bien un groupement imposé par les nécessités générales de
l'existence. Ce que nous souhaitons prouver, c'est que ce groupe-

ment est analogue à celui des cellules d'un organisme. Mais nous ne prétendons pas dire que seul il lui soit analogue. Les associations privées (commerciales ou civiles) sont formées généralement sur le type des sociétés nationales (1) : aussi peuvent-elles rappeler elles-mêmes, quoique de plus loin, un organisme animé. Nous n'entrerons pas dans l'examen de cette question. Si nous parvenons à faire notre démonstration propre, peut-être sera-t-elle susceptible d'être un jour étendue à ces groupements secondaires...

Nous avons réservé le nom de sociétés aux groupements nationaux. Mais nous devons prévoir des objections, qu'on pourrait nous adresser au nom de notre définition même. — La société, nous dira-t-on peut-être, c'est d'après vous un groupement durable d'êtres vivants exerçant toute leur activité en commun. Ne faut-il pas alors considérer comme une société l'union conjugale? Les époux ne sont-ils pas associés pour la vie, et ne se sont-ils pas donnés tout entiers l'un à l'autre ? — Peut-être pas tout entiers, répondrons-nous. Si intime que soit l'union conjugale, elle ne saurait renfermer en elle toute l'activité des époux. Nécessairement la femme, l'homme surtout, vivront une partie du temps hors du ménage, loin du foyer, tandis qu'ils ne sauraient vivre hors de la société. — Mais ce qui n'est pas exact du couple conjugal ne le serait-il pas de la famille ? — Pas davantage. Sans compter qu'elle est moins durable (puisque dans nos pays la loi et les mœurs rendent les enfants indépendants de leurs auteurs à un certain âge, et qu'alors le plus souvent ils se séparent) elle n'absorbe pas non plus la vie tout entière de ses membres même les plus fidèles. Nous sortons sans cesse de notre famille; nous ne sortons pas de la société. Il ne faut donc point croire que les sous-multiples de la société nationale soient eux-mêmes (dans l'état actuel des choses) de véritables sociétés. — Mais alors, inversement, ne pourrait-on pas être tenté de chercher la vraie société dans une unité plus compréhensive encore que la nation, dans l'humanité

1. Voir: Emile Worms, *Sociétés humaines et privées*.

entière, considérée comme un être collectif ? A coup sûr, si l'homme n'échappe jamais complètement à sa patrie, à bien plus forte raison ne saurait-il « s'enfuir hors de l'humanité », sauf en renonçant à la vie. On peut changer de patrie ; mais partout on retrouve des hommes, et partout ces hommes sont, d'une certaine façon, « nos frères ». Peut-être donc, dira-t-on, n'y a-t-il au fond qu'une seule société, la société humaine générale, l'humanité. — Nous voudrions qu'il en fût ainsi, répondrons-nous, mais force nous est de reconnaître que cela n'est pas. Nous ne voyons pas exister entre tous les hommes les liens d'une véritable société. D'abord il y a encore trop d'inégalité réelle entre les divers groupes humains pour qu'une société universelle soit dès maintenant possible. Mais, même là où la culture est sensiblement égale, où les mœurs sont à peu près semblables, dans notre Europe occidentale par exemple, que de causes de discorde viennent à chaque instant empêcher l'unité rêvée de se réaliser pleinement ! Le fait seul de la guerre montre qu'il manque à l'humanité la première condition nécessaire pour constituer une société : à savoir, de former un groupement *durable*. La société humaine sera sans doute, nous l'espérons du moins, la forme sociale de l'avenir ; mais la forme sociale du présent, c'est la société nationale.

Par cette conception elle-même, nous sommes amenés à une vue générale. C'est que la notion de société peut s'appliquer, dans le temps, à des groupements différents, parce que certaines réunions d'hommes peuvent satisfaire à un moment, et cesser ensuite de satisfaire aux conditions qui font une société. Et ceci permet de comprendre la part de vérité contenue dans certaines objections que nous avons écartées tout à l'heure. La famille, avons-nous dit, n'est pas aujourd'hui une société véritable. Mais il y eut des temps où elle put en être une, où elle en fut une certainement. Toutes les recherches sur la pré-histoire et sur la proto-histoire s'accordent pour mener à cette conclusion qu'il n'y eut d'abord dans l'humanité d'autres groupes que les familles, chacune de celles-ci formant un tout isolé, sans relations avec les autres. Qu'étaient-ce que ces familles

primitives? reposaient-elles, comme les nôtres, sur la double
parenté paternelle et maternelle? ou seulement sur la parenté
paternelle, comme dans le groupe agnatique des Romains? ou
seulement sur la parenté maternelle, comme dans le groupe
matriarcal qu'on retrouve chez des sauvages actuels, et que d'anciens textes font deviner chez les populations primitives? ou
même sur la parenté d'adoption, comme dans nombre de tribus
conquérantes? Il est fort possible que tous ces types aient
coexisté dès l'origine, et c'est même ce qui nous paraît le plus
vraisemblable. Mais ce qui est certain, en tous cas, c'est que la
famille, ou si l'on veut la horde, de quelque façon qu'elle fût
constituée, était alors la vraie unité sociale. Plus tard, par
suite du concours et de l'agrégation de plusieurs de ces groupes,
se formèrent les tribus, les cités, les nations. Et celles-ci limitant
peu à peu l'autonomie de leurs éléments composants, l'unité
sociale changea. Ce ne fut plus la famille, ce fut le peuple tout
entier qui devint la vraie société. Peut-être un jour les peuples
eux-mêmes s'agrègeront-ils ainsi en confédérations, et les confédérations en un groupement unique. Alors les nations et les
fédérations elles-mêmes seront réduites au rôle de fractions
subordonnées, de simples associations locales ; l'unité sociale
réelle sera l'humanité. Seulement ce jour semble encore bien
éloigné de nous ; et quoique nos efforts tendent à en hâter la
venue, nous ne saurions essayer d'en indiquer la date approxi-
mative, ni même considérer son arrivée future comme une certitude absolue.

Revenant donc aux sociétés actuelles, nous essaierons encore
de préciser leur définition par quelques remarques, en montrant
que ce terme de « société » se distingue de plusieurs termes
voisins, qu'on confond avec lui trop souvent. La société, en
premier lieu, n'est pas la même chose que la race. La race est
l'ensemble des individus qui peuvent être considérés comme
descendant les uns des autres ou d'un même ancêtre, et comme
présentant à ce titre certaines particularités communes, d'ordre
anatomique ou psychologique, d'ailleurs fort difficiles à déter-

miner exactement (1). La société, elle, est caractérisée par des
similitudes, indépendantes de la descendance. La société est
l'ensemble des êtres dont les travaux coopèrent, qui vivent sous
les mêmes lois et les mêmes chefs, et qui ont en commun
des mœurs, des traditions et des idées plus importantes que
celles par lesquelles ils diffèrent les uns des autres et que celles
par lesquelles ils ressemblent aux sociétés étrangères. La société,
a-t-on dit, c'est l'ensemble des êtres qui se reproduisent les uns
les autres en s'imitant réciproquement (2) : cette définition n'exprime que le côté psychique du lien social, mais elle l'exprime
heureusement. S'il en est ainsi, il est clair que l'unité de race
aide à la formation d'une société, puisque des parents ont généralement un assez grand nombre d'idées et de mœurs communes, et sont naturellement amenés à coopérer et à vivre sous une
même autorité. Aussi les premières sociétés ont-elles été précisément des familles. Mais plus tard, la société a compris tout
autre chose que des parents : des tribus, des races d'origines très
diverses se sont fondues en un même groupe, et ont adopté la
même manière de vivre. Il en était déjà ainsi aux temps géologiques qui ont précédé l'époque actuelle : sur le sol de la France,
les brachycéphales et les dolichocéphales, séparés dans les couches les plus anciennes, commencent à vivre en commun dès
avant l'aube de l'histoire (3). Et ce mouvement de fusion des
races s'est continué en s'accentuant de jour en jour. La primitive
société romaine était le produit de trois tribus de souche distincte,
Sabins, Latins et Etrusques. Plus près de nous, la société française s'est formée d'éléments gaulois (même en n'en distin-

---

1. La démonstration de cette quasi-impossibilité résulte très clairement du beau livre de l'anthropologiste Ar. de Quatrefages sur l'*espèce
humaine* (10ᵉ édition, 1890).

2. Tarde, *Lois de l'imitation*, chap. 3, § 1, p. 75.

3. De Quatrefages (*l'Espèce humaine*, livre 8, chapitre 28, § 4) signale
le mélange à Solutré de crânes appartenant à la race dolichocéphale de
Cro-Magnon avec des crânes appartenant à la race brachycéphale de
Grenelle, et il ajoute que « le développement intellectuel et social a dû
marcher de pair chez ces hommes réunis en une même tribu ».

guant pas les celtes), romains, francs, visigoths, burgondes,
normands, etc... La société anglaise est née d'un concours de
populations bretonnes, saxonnes, danoises et françaises. La société prussienne comprend des Finnois, des Slaves, des Allemands
et même bon nombre de Français émigrés (1). Et pourtant, chacune de ces sociétés est en somme très homogène. Il peut donc
y avoir unité sociale, sans qu'il y ait unité de race. La seule
condition ethnique de l'unité sociale, ce n'est point qu'un
même sang coule dans les veines de tous les citoyens, c'est seulement qu'il y ait entre eux « libre circulation du sang », c'est-
à-dire que la loi et les mœurs autorisent tous les hommes de la
société à épouser n'importe laquelle de ses femmes. La pratique
du mariage entre individus issus de diverses races, mais appartenant à une même société, finit d'ailleurs par unifier à peu près
l'aspect physique des membres de cette nation : de là des types
ethniques secondaires (le type français, allemand, anglais, amé-
ricain, etc.), bien distincts des types ethniques relativement primitifs (les types gaulois, franc, saxon, danois, etc.). En somme,
si la race a pu contribuer à former la société, il est certain qu'à
son tour la vie sociale a modifié le type de la race : la société
s'est constituée en race secondaire. Aujourd'hui donc, les caractères sociaux prévalent sur les caractères ethniques, puisque ce
sont eux qui déterminent ces derniers. Cela suffit pour établir
la distinction des deux termes « race » et « société », et l'indépendance de la sociologie par rapport à l'ethnographie.

Il n'est point impossible non plus, mais il est nécessaire
d'établir l'indépendance de la sociologie par rapport au droit
public, en prouvant que la société ne se confond pas davantage
avec « l'État » qu'avec « la race ». Ici d'ailleurs la distinction est plus délicate, car l'État et la société sont composés des mêmes éléments, de la même population. Seulement
ces éléments n'ont pas les mêmes rapports dans ces deux groupements. Le mot « société » indique seulement, pour les individus, le fait de la vie en commun. Le mot « État » indique

1. Voir Ar. de Quatrefages, *la Race Prussienne*.

qu'ils ont en outre pris conscience de cette communauté d'existence, qu'ils se sont donné un gouvernement et des lois, qu'ils ont en quelque sorte incarné dans cet appareil directeur l'idée qu'ils se faisaient de leur association. Voilà pourquoi, tandis que la société est seulement un *organisme* (tout au plus, un hyper-organisme), l'Etat apparaît avec les caractères d'une *personne*. En somme, le lien des individus dans la société est surtout économique d'une part, psychique et moral de l'autre ; à ce lien l'Etat en ajoute un autre, juridique et politique à la fois. Tout Etat est d'abord nécessairement une société ; mais il y a des sociétés qui ne s'élèvent pas jusqu'à la forme Etat ; tels ces groupes d'Esquimaux qui n'ont ni chefs ni lois, quoique dans l'intérieur de chacun d'eux il y ait communauté de biens et de mœurs. L'Etat est donc la forme supérieure de la société : c'est une société qui a la connaissance et le sentiment de son unité. Mais la société peut exister sans l'Etat, et elle a nécessairement existé avant lui.

La société est donc distincte de la race et de l'Etat. Est-elle identique à la nation ou au peuple? Nous avons répondu «oui» tout à l'heure, au moins pour les sociétés dans lesquelles nous vivons, c'est-à-dire pour les sociétés européennes et contemporaines. Mais nous avons fait remarquer aussi que primitivement la seule société connue était la famille ou tribu. Nous pouvons ajouter maintenant qu'il en est de même aujourd'hui encore dans quelques groupes particulièrement arriérés, notamment chez ces Esquimaux que nous venons de citer. En somme, toute nation, tout peuple (ces termes sont pour nous synonymes) est une société. Mais une société peut être autre chose qu'une nation ou qu'un peuple : elle peut être moins, ne comprenant alors qu'une simple famille, qu'une horde, qu'une tribu, qu'une cité ; elle pourra être plus un jour, elle pourra être une confédération de peuples, ou même l'humanité tout entière. C'est donc seulement en parlant des groupes au milieu desquels nous vivons qu'on peut dire indifféremment peuple, nation ou société.

III

Ayant fait connaître ce que nous entendons par « société », nous pouvons maintenant examiner si les sociétés, telles que nous les concevons, ne rentrent pas sous la définition que nous avons précédemment donnée des organismes.

L'organisme est, avons-nous dit, un tout vivant composé de parties elles-mêmes vivantes. Cette formule convient assurément aussi à la société. Car celle-ci est composée de parties vivantes, les individus ; et elle est elle-même un tout ayant sa vie propre : du moins ce dernier point nous paraît-il évident, bien qu'on ait émis à ce sujet certains doutes, que nous nous efforcerons bientôt de lever. De même, on pourrait appliquer à la société la définition donnée de l'organisme par Herbert Spencer, puisqu'on y retrouve une « combinaison définie de changements hétérogènes à la fois simultanés et successifs, en correspondance avec des coexistences et avec des séquences externes », et une « accommodation continue des relations internes aux relations externes. » Mais nous avons dit nous-même qu'aucune définition ne rendait complètement compte de l'ensemble des propriétés présentées par l'être vivant, et qu'il fallait, pour le bien connaître, recourir à une énumération de ses caractères différentiels. Voyons donc si tous les attributs que nous avons reconnu lui appartenir conviennent aussi à la société.

Prenons d'abord les caractères morphologiques extérieurs. L'être vivant, avons-nous vu, se distingue doublement à ce point de vue de l'être inanimé : son contour externe n'est point défini géométriquement, et à chaque instant il varie. Il en est de même pour les sociétés. La forme extérieure d'une société est déterminée par le territoire qu'elle occupe. Mais les frontières de ce territoire suivent les lignes les plus capricieuses. Et sans cesse elles sont modifiées par la guerre ou par la colonisation. Absence de régularité dans l'espace, absence de stabilité dans le temps, voilà donc deux traits communs à la forme extérieure de la société et à celle de l'organisme.

En second lieu, le double mouvement d'entrée et de sortie, d'assimilation et de désassimilation, qui est si frappant dans l'être vivant, se rencontre aussi dans l'être social. A chaque instant, la société, agissant sur le milieu extérieur, fait entrer en elle des forces nouvelles, en transformant tout ce qui l'entoure en richesses sociales. Le développement des richesses permet aux membres de la société d'accroître leur vitalité, et favorise leur reproduction. Par là, de nouveaux individus sont procréés, et viennent prendre la place de ceux qui disparaissent. Le mouvement d'entrée et de sortie se dédouble ainsi dans la société : il y a l'entrée et la sortie des biens, l'entrée et la sortie des individus. Mais l'un et l'autre courant contribue également à la vie sociale. Ici aussi, la nutrition, constituée par la création et l'absorption des biens, amène la formation de nouveaux éléments vivants, et par là assure l'entretien de la vie sociale. Et la nutrition a, ici encore, pour résultat, l'emmagasinement de certaines forces au sein des éléments vivants de la société, et l'échange de ces forces entre ces éléments. Cela fait qu'il existe pour la société, comme pour l'organisme, un véritable « milieu intérieur », les aliments n'étant pas directement empruntés par la plupart des individus au milieu externe, mais obtenus de leurs semblables par le mécanisme de l'échange. Ce milieu intérieur lui-même rend à la société le même service qu'à l'organisme : il la constitue, dans une certaine mesure, indépendante du milieu extérieur, en lui permettant de vivre quelque temps sur ses réserves. Et il fait (comme pour l'organisme) que chacune des parties du corps social n'est pas seulement soumise à l'action des forces externes, mais d'abord et principalement à l'action de forces contenues dans la société elle-même : ce qui explique pourquoi le caractère et l'activité de chacun de nous sont déterminés bien plus par la nature des êtres humains environnants que par les caractères physiques du milieu cosmique ambiant.

Toutes les conséquences de la nutrition vont d'ailleurs se

retrouver dans la société identiques à ce qu'elles étaient dans
l'organisme. Les êtres humains sont différenciés, tout comme
les cellules du corps vivant; et, comme elles aussi, ils sont pourtant solidaires les uns des autres. Ce n'est pas ici le lieu d'insister sur ce fait, bien connu, de la division du travail social.
Remarquons seulement en passant qu'il se rattache essentiellement, comme dans l'organisme, à la nutrition entendue au
sens large, au sens où elle est synonyme d'acquisition des choses nécessaires à l'entretien de la vie. — De plus, les êtres humains se renouvellent incessamment, de même que les cellules
du corps humain. Le changement des individus composants, de
leurs besoins et de leurs caractères, amène l'évolution de la
société. Et l'évolution à son tour s'accompagne d'une différenciation d'ordinaire croissante des parties du corps social. Sur
tous ces faits, bien entendu, nous reviendrons avec détail dans
le corps de notre étude. Il nous suffit pour le moment d'avoir
signalé l'analogie générale qu'ils établissent entre la constitution sociale et la constitution organique.

Enfin, un dernier rapprochement s'impose encore. Les sociétés, de même que les organismes, connaissent la mort. Nous
discuterons plus tard la question de savoir si la mort est pour
elles, comme pour les individus, une nécessité inéluctable. Ce
qui est certain, c'est que la plupart des sociétés dont parle l'histoire se sont éteintes. — Mais d'autre part, à la ressemblance
encore de l'organisme, la société peut échapper à la destruction
totale en se reproduisant, en donnant le jour à d'autres sociétés
qui continueront dans une certaine mesure sa tradition et son
esprit, qui hériteront, non seulement de son sang, mais de sa
civilisation, de ses idées et de ses croyances. Ainsi la société
romaine a péri avec la destruction de l'Empire d'Occident et la
prise de Rome par les Barbares; mais elle se continue encore
en quelque sorte et se survit à elle-même dans les sociétés néolatines de l'Europe occidentale.

On le voit donc, tous les attributs essentiels qui appartiennent aux organismes et qui les différencient des êtres non organisés, se rencontrent également dans les sociétés. Nous constate-

rons, il est vrai, qu'outre ces caractères organiques la société
en présente un certain nombre d'autres, d'une grande importance eux aussi; mais c'est déjà quelque chose d'avoir établi
qu'elle possède les premiers, et nous nous estimerions heureux
si on l'admettait sans conteste. Il n'en est malheureusement pas
ainsi, et de toute part nous entendons que des objections s'élèvent contre l'assimilation même partielle de la société à l'organisme, que des protestations contre notre doctrine se font
entendre. Ecoutons-les, cherchons de bonne foi ce qu'elles peuvent contenir de juste et de fondé.

CHAPITRE SECOND

OBJECTIONS ET RÉPONSES.

I

Dans son beau livre sur *la Science sociale contempo-raine* (1), M. Alfred Fouillée a ramené à trois les objections qu'on peut faire au rapprochement de l'organisme et do la société. On croit trouver entre ces deux sortes d'êtres, a-t-il dit, trois espèces de différences : différence de nature, différence d'origine, différence de fin. — A vrai dire, les distinctions que les auteurs hostiles à notre théorie ont voulu établir entre l'être vivant et l'être social, sont, en apparence du moins, bien plus nombreuses, et même presque innombrables. Mais un examen attentif montre qu'elles se ramènent toutes à une unique idée. Cette idée, c'est que l'organisme est un être réel, tandis que la société ne serait qu'un être de raison. L'in-dividu seul existe ; le groupement social n'est qu'un produit de la libre activité des individus, et non pas une individualité lui-même : voilà, si nous ne nous trompons, le principe qui est au fond de toutes les objections qu'on fait au rapprochement tenté par nous. Partant de là, on déclare que ce rapprochement peut bien avoir quelque intérêt, et même donner lieu parfois à d'in-génieuses réflexions, mais qu'en somme il n'est qu'une simple métaphore, une vue de l'esprit sans grand appui dans les faits, et nullement une comparaison scientifique. Nous, au contraire, qui sommes porté à trouver dans le rapprochement de l'orga-

1. Livre II, § VI.

nisme et de la société l'expression de ressemblances réelles et objectives, nous devons tout d'abord essayer de voir si le principe même qu'on nous oppose est véritablement établi.

« L'individu seul existe. » Voilà qui est clair, à condition qu'on nous dise d'abord ce que c'est que l'individu. Ceux qui partent de cet aphorisme n'hésiteront sans doute pas à répondre : un individu, mais c'est un homme, un quadrupède, un vertébré quelconque, un mollusque ou un crustacé, un ver ou une étoile de mer, un peuplier ou une fougère. Se doutent-ils pourtant qu'à cette question, dont la solution leur paraît si simple, le biologiste, qui passe sa vie à étudier des individus, ne sait, lui, que répondre ? Il y a une chose que les sciences naturelles ont mis en évidence de nos jours, et qui est à la fois la mieux établie et la plus importante de leurs conclusions : c'est ce que tout être vivant « individuel » est en réalité un être composé, formé de parties innombrables, en chacune desquelles réside déjà la vie. Si bien que lorsque vous dites à un naturaliste tant soit peu philosophe que « l'homme est un individu », il vous répond qu'il n'y a pas moins de raisons pour reconnaître ce caractère d'individualité aux cellules dont est formé le corps de cet homme, aux granulations qui composent ces cellules, aux corpuscules infinitésimaux qu'il devine dans ces granulations. « La vie, a dit le maître de la physiologie moderne, la vie réside partout, dans toutes les molécules de la matière organisée. Les propriétés vitales ne sont en réalité que dans les cellules vivantes, tout le reste est arrangement et mécanisme (1). » Que devient donc alors l'individualité de l'homme? que devient l'unité de son organisme? Elle se décompose en une infinité de fragments infiniment petits. « Les éléments anatomiques, écrivait le même physiologiste, sont de véritables *organismes élémentaires*, et ce sont ces organismes élémentaires qui, par leur réunion et leur groupement, sont ensuite appelés à constituer un organisme total... Notre corps est composé par des milliers de milliards

1. Claude Bernard, *Définition de la vie*, IV (*Science Expérimentale*, p. 202-3).

de petits êtres ou individus vivants et d'espèce différente. Chaque élément a son autonomie (1). »

En présence de ces constatations de la science, force nous est bien de renoncer à nos définitions si arrêtées et si étroites. Force nous est de reconnaître que ce que nous croyions simple est infiniment complexe, que, dans l'être par nous considéré comme un, il existe une infinie multiplicité. Et, devant l'impossibilité de s'arrêter dans ce mouvement de division, de trouver quelque part l'être simple et primordial, l'esprit est naturellement porté à se demander : l'unité ne serait-elle qu'un mot? la nature n'offrirait-elle pas une pluralité irréductible d'éléments? A cette doctrine, sans doute, il ne faut pas s'arrêter. On doit croire qu'il existe quelque part de l'unité dans la nature ; autrement il serait inexplicable que l'esprit, produit et reflet de cette nature, possédât l'idée d'unité. Mais, ce qu'il faut bien comprendre, c'est que l'unité réelle est inséparable de la multiplicité : c'est qu'il n'existe nulle part dans le monde unité absolue, mais simplement parfois unification d'une pluralité. Le granule protoplasmique, la cellule, sont déjà des êtres composés; et cependant chacun de ces êtres composés est en même temps un être un, parce que les éléments dont il se forme se sont associés en lui pour vivre d'une vie commune. Anatomiquement il est composé; physiologiquement, il est simple, vu le concours de toutes ses parties à l'exercice de ses fonctions vitales. Au point de vue statique, la multiplicité est partout ; l'unité est partout, au point de vue dynamique. C'est ainsi que — comme la cellule, « organisme élémentaire » de Claude Bernard — l'organisme total, plante ou crustacé, quadrupède ou être humain (nous passons les unités intermédiaires, segment, membre ou organe) l'organisme total est un, tout en étant multiple ; simple, tout en étant complexe. Ici encore, l'unification réside dans le consensus des éléments, dans leur union physiologique pour se nourrir, pour durer, pour se reproduire. Mais, puisqu'il en est

1. Claude Bernard, le Curare, III (Science Expérimentale, p. 265-6).

ainsi, puisqu'à tous les étages de la vie organique nous trouvons le multiple lié indissolublement à l'un, et l'un naissant à chaque pas du multiple, n'y a-t-il pas quelques raisons pour croire que cette loi continue à s'appliquer au-dessus même du monde proprement organique, et que là encore, du concours d'éléments divers en vue de la vie commune, naîtra une unité supérieure ? Cette unité, nous la connaissons déjà. C'est la société, qu'on peut aussi nommer (dans des limites que nous avons fixées) la nation ou le peuple. Elle est multiple anatomiquement, puisqu'elle est formée d'une pluralité d'organismes. Mais elle est une physiologiquement, puisque tous ses éléments composants, nous l'avons vu, ont mis en commun, pour toujours, leur activité tout entière. Pourquoi lui refuserait-on donc le caractère d'unité, d'individualité ? Elle le possède physiologiquement, tout comme l'homme lui-même ; elle ne l'a pas sans doute anatomiquement, mais lui ne l'a pas davantage. Elle lui est donc de tous points comparable ; et, s'il est un individu, elle en doit être un également. — Contestez-vous la réalité de la société comme être collectif, il vous faut aussi contester celle de l'homme, de la cellule vivante, et jusqu'à celle de l'être inorganique et de l'atome lui-même, tous au fond complexes et divisibles. Acceptez-vous celles-ci, il vous faut admettre celle-là.

Au reste, il y a de longues années que l'unité et l'individualité de la société sont reconnues, et par certaines catégories de sciences sociales, et par le bon sens populaire. Les jurisconsultes, par exemple, n'ont jamais hésité à regarder l'Etat comme une personne, tant au point de vue de ses droits et obligations envers ses propres membres qu'au point de vue de ses rapports avec les êtres extérieurs et notamment avec les autres Etats. Les moralistes également nous parlent de nos devoirs envers l'Etat, comme de devoirs envers une personnalité d'ordre supérieur. Mais une personne (dans le monde fini) ne se conçoit pas sans un organisme. Séparât-on les attributs moraux des attributs matériels, il faudrait encore dire que l'organisme est le support nécessaire de la personnalité. Or, le lien de l'Etat est peut-être d'ordre purement juridique ou politique ; mais il repose sur un lien économique et psychique des individus, qui constitue précisément la société. Si donc l'Etat est une personne, la société doit être l'organisme qui en forme le support. — Mais, sans chercher si loin, le langage courant ne nous affirme-t-il pas l'individualité de l'Etat ? Qu'est-ce donc, pour chacun de nous, que « la patrie ? » N'est-ce pas un être collectif sans doute, mais un également ; un être ayant sa vie propre, distincte de celle de ses membres quoique résultant de la leur, si distincte et si supérieure qu'elle exige parfois le sacrifice de quelqu'une de ces existences subordonnées et l'obtient alors presque toujours ? Celui qui se dévoue pour son pays ne croit-il pas à la réalité de l'être pour lequel il abandonne sa vie propre ? Et si son acte, aux yeux de tous, passe pour de l'héroïsme et non pour de la folie, n'est-ce pas parce que tous, inconsciemment ou non, partagent ici sa doctrine ?

Après les faits qui viennent d'être rappelés, nous nous croyons autorisé à penser que la société humaine possède l'unité et l'individualité, au sens relatif où ces propriétés peuvent exister, de la même manière que l'homme en un mot. Mais il nous reste, pour l'établir, à suivre dans le détail l'opinion contraire, à examiner les déductions que ses partisans tirent de leur principe, à discuter les différences d'ordre spécial qu'ils prétendent maintenir entre le type social et le type organique.

II

Ceux qui opposent, à l'individualité de l'organisme, l'absence d'individualité véritable qu'ils croient trouver dans l'Etat, en donnent le plus ordinairement la preuve suivante. Les éléments du corps vivant, disent-ils, ne peuvent pas vivre isolément : ils meurent dès qu'on les sépare de l'ensemble dont ils faisaient partie. Au contraire, les membres du corps social, les hommes, peuvent subsister indépendamment les uns des autres, et survivre à la ruine de la société à laquelle ils appartenaient. Cela démontre, conclut-on, que les cellules ne vivent que par l'organisme, tandis que la société ne vit que par les hommes qui la forment; qu'en un mot, le tout organique est un être réel, et le tout social un être factice.

Nous avons déjà indiqué plus haut (1) qu'il nous semble inexact de prendre ainsi pour critérium de la distinction entre organisme et société, la cohésion absolue des éléments de l'un, la divisibilité de l'autre. Pour justifier cette opinion, demandons-nous d'abord s'il est exact de dire que les éléments de l'organisme ne peuvent subsister isolés.

A coup sûr, il nous serait facile d'invoquer l'exemple classique des tronçons du ver survivant à sa section. Nous pourrions même plus scientifiquement rappeler le fait curieux qui se produit chez certains siphonophores, Vélelles ou Porpites. Là, comme on sait, l'organisme est composé de plusieurs fragments très distincts, que la langue biologique appelle même des individus. On trouve, dans un seul siphonophore : un nectozoïde ou flotteur; plusieurs filaments pêcheurs; un ou plusieurs gastrozoïdes, ou individus digestifs ; un ou plusieurs gonozoïdes, ou individus reproducteurs. Il semble bien que malgré leur nom de « individus », ce ne soient là que les membres d'un même corps, puisque l'ensemble des fonctions vitales ne peut s'accomplir en lui sans leur concours à tous. Eh bien, pourtant, on a trouvé des gonozoïdes ou éléments reproducteurs vivant isolés. Ce fait assurément remarquable démontre que des fragments d'organisme peuvent exister en dehors de l'organisme entier. — Nous renonçons cependant à l'invoquer, parce qu'il y a une objection préalable qu'on pourrait nous faire à son sujet. Qui vous démontre, nous dirait-on, que dans ce cas l'on a affaire à un simple membre d'un organisme, et non à un organisme total ? Pourquoi le siphonophore ne serait-il pas une société, les gonozoïdes, gastrozoïdes, nectozoïdes, etc... étant vraiment des individus? Nous pourrions répondre que l'analogie avec les animaux supérieurs doit faire refuser le nom d'individus à des êtres physiologiquement différenciés en vue d'une fonction particu-

1. Chapitre I⁰ʳ, II.

lière, et le faire réserver à l'être total en qui s'accomplit l'ensemble des fonctions. Mais, nous l'avons déjà dit, la délimitation des termes « individu » et « société » présente, chez nombre d'animaux inférieurs, des difficultés telles que la science n'ose pas encore franchement les aborder (elle se contente, jusqu'ici, des dénominations traditionnelles, sans en avoir fait la critique). Nous ne prétendons pas aller plus vite qu'elle, et nous abandonnons cet argument sur la valeur duquel elle ne s'est pas suffisamment prononcée, pour nous appuyer seulement sur des faits dont elle a donné une interprétation certaine.

Le premier de ces faits, c'est l'expérience bien connue de la « greffe animale ». Paul Bert, ayant coupé la queue d'un rat, put la faire vivre en la greffant sur un autre animal de même espèce, et cela en l'insérant à une place du corps toute différente de celle qu'occupe normalement cet appendice. La réussite de cette expérience — dont l'auteur tira d'ailleurs diverses autres conséquences remarquables, notamment en ce qui concerne l'indifférence fonctionnelle des nerfs moteurs et sensitifs — vint apporter une éclatante confirmation du principe, posé par Claude Bernard, de l'indépendance des éléments anatomiques. Du moment, en effet, qu'un membre d'un animal peut être transporté sur un autre, et y vivre (1), c'est qu'il n'y a point de lien nécessaire entre l'organisme primitif et cette partie de lui-même; c'est que les éléments dont est formée cette dernière peuvent vivre partout où les conditions de leur nutrition se trouvent remplies; c'est, en un mot, que les fragments d'un organisme sont parfaitement séparables les uns des autres.

Un point pourtant doit être ici remarqué. La queue greffée est bien détachée de l'organisme avec lequel elle faisait corps primitivement, mais c'est pour être transplantée sur un autre organisme, dont elle fera désormais partie intégrante. Elle n'a

---

1. Cette expérience est souvent répétée, en petit, dans l'opération de la *greffe épidermique,* par laquelle on adapte à un individu (en le prenant sur autrui) les lambeaux d'épiderme qui lui manquent naturellement ou qu'un accident lui a enlevés.

donc pas cessé d'appartenir à un tout vivant, quoiqu'elle ait
appartenu à divers êtres successivement. On pourrait en inférer
qu'il est nécessaire à une cellule, pour vivre, d'être englobée
dans la vie d'un organisme. — Mais cette opinion vient se
heurter contre le second fait que nous avons annoncé. Ce fait
est la survie des éléments cellulaires d'un organisme frappé
par la mort. On connaît les remarquables expériences faites
sur les suppliciés. On sait que la vie locale persiste dans leurs
membres après la fin de l'être total. On sait que la tête même
garde quelque temps sa sensibilité, et on pense qu'en y injectant
du sang, c'est-à-dire en nourrissant ses cellules, on arriverait à lui conserver une partie de ses facultés. Il est donc clair
que la vie cellulaire ne s'éteint pas avec la vie générale. Si elle
cesse un certain temps après celle-ci, c'est faute d'aliments : la
suppression du mécanisme digestif en est sans doute la raison,
et en ce sens on peut dire que la mort générale est cause des
morts locales ; mais c'est une cause qui n'opère pas immédiatement, c'est une cause lointaine. Nourrissez artificiellement les
cellules, ou simplement placez-les dans un milieu où elles puissent trouver à se nourrir, et elles vivront : donc l'effet extinc-
tif de la mort générale n'est pas lui-même un effet nécessaire.
Si la mort locale suit la mort générale, c'est seulement parce
que l'alimentation des cellules se trouve interrompue dans son
mode ordinaire, et qu'elle ne se rétablit point immédiatement
par une autre voie. Mais ces deux morts sont parfaitement distinctes pourtant. Et qui plus est, les diverses cellules de l'organisme ne périssent pas en même temps. Sur des animaux
curarisés, Claude Bernard a suivi les effets progressifs d'une
mort locale qui, ici, précédait la mort générale. Ne sait-on pas
d'ailleurs que l'effet de certaines maladies et de certains poisons
est, chez l'homme même, d'atteindre les extrémités et d'y arrêter la vie locale avant de frapper les centres les plus élevés ? —
Ce qui ressort de là, évidemment, c'est qu'il y a séparation, distinction des parties d'un même organisme aussi bien dans la
mort que dans la vie. Dès lors il n'est plus téméraire de prétendre les comparer aux parties du corps social.

Cette comparaison est d'autant plus licite que les parties du corps social elles-mêmes sont beaucoup moins aisément séparables qu'il le semble à première vue. Croit-on vraiment que l'homme pourrait vivre isolé ? On en cite des exemples. Mais d'abord ils sont infiniment rares. Puis, lorsque des hommes ont pu subsister dans ces conditions, c'était (comme Selkirk) grâce aux connaissances qu'ils avaient acquises dans l'état social et avec l'esprit constamment tendu vers les moyens de retrouver leurs semblables. Pour les « hommes sauvages » qu'on prétend parfois trouver au fond des forêts, on n'a sur eux aucune donnée certaine qui permette d'en parler. D'ailleurs on les présente toujours comme ayant à peine le caractère humain, comme presque semblables à des bêtes féroces : ce qui prouverait précisément que l'homme ne peut rester homme en dehors de la société. Il ne semble donc pas que ces faits-là établissent suffisamment l'aptitude de l'homme à vivre séparé de ses semblables. Il en est, il est vrai, qui prouveraient davantage ; qui permettraient du moins de penser, non pas que l'homme peut vivre isolé, mais enfin qu'il peut se séparer de la société dont il était membre, que cette société n'est pas un tout indivisible. Ce sont les faits d'émigration. Nous n'y joignons pas les faits de colonisation, car le colon ne rompt pas le lien qui l'attache à la mère-patrie. Ce lien n'est brisé que dans un cas, le cas d'émigration avec changement de nationalité. Mais justement ce cas est l'analogue du fait biologique signalé tout-à-l'heure dans la greffe animale, et rien de plus : c'est la transplantation d'une unité sociale dans une société autre que celle dont elle faisait d'abord partie, ce n'est pas le fait, pour cette unité, de devenir absolument étrangère à tout groupement social. — Un autre phénomène a encore été indiqué pour établir la possibilité d'une vie séparée des éléments sociaux. C'est la survie des individus formant une nationalité, quand, par suite de circonstances politiques, cette nationalité se trouve détruite. Ainsi la fin de la société romaine n'a pas fait périr immédiatement tous les Romains. — Mais qu'est-il arrivé en réalité ? C'est qu'ils se sont rattachés à des sociétés nouvelles, fondées en Italie, en Gaule ou en Espagne, par le mélange des Barbares avec les premiers occupants. S'il en était autrement d'ailleurs, si certains individualités avaient refusé de se laisser absorber par le vainqueur, elles auraient pu sans doute prolonger quelque temps leur vie isolée, mais elles n'auraient pas tardé à périr. Il serait arrivé pour elles exactement ce qui arrive pour les cellules vivantes après la mort de l'organisme : la vie locale se maintient d'abord, puis diminue, se raréfie et s'éteint. Le parallélisme est complet, dans ce cas comme dans le précédent, entre les faits biologiques et les faits sociaux.

Que conclure de cette discussion ? C'est, d'une part, que les éléments du corps vivant sont, dans une mesure assez large, séparables les uns des autres. C'est, d'autre part, que les éléments du corps social sont, d'une manière très nette, liés à leurs congénères. D'un côté comme de l'autre, les distinctions tranchées s'effacent. L'individualité absolue n'est plus le caractère propre de la société. Bien plus, les cas de divisibilité vraiment constatés dans la société se retrouvent exactement dans l'organisme. Où l'on croyait trouver une différence, l'examen nous montre une analogie de plus.

III

Si les parties du corps vivant peuvent dans certains cas être séparées, du moins se présentent-elles à nous, normalement, comme contiguës les unes aux autres. Chaque cellule, semble-t-il, touche immédiatement les cellules voisines. Il y a, dans l'être organisé, continuité de la substance vivante. Mais, au contraire, si nous examinons la société humaine, nous la voyons formée d'individus, qui, tout en menant peut-être une commune existence, se trouvent séparés les uns des autres, qui changent à chaque instant leurs positions respectives en se déplaçant dans le milieu extérieur qui les englobe tous. N'y a-t-il pas là une distinction bien profonde entre l'organisme et la

société, le premier composé d'éléments continus, la seconde formée de parties discrètes (1)?

Examinons d'un peu près cette opposition. Voyons si l'être
social est aussi discontinu qu'il le paraît. D'éminents écrivains,
Spencer et Schœffle entre autres, ont essayé de combler la distance qu'ils apercevaient ici entre le corps vivant et le corps
humain, par une ingénieuse comparaison. Le corps vivant,
disent-ils, ne se compose pas uniquement de cellules, mais
aussi d'une substance inter-cellulaire, celle-ci beaucoup moins
vivante que le protoplasme des cellules, on pourrait même dire
à peine vivante. Mais, d'autre part, dans la société, les hommes
se trouvent plongés (comme les cellules dans la substance
intercellulaire) en un milieu moins vivant, ou vivant d'une vie
moins haute qu'eux-mêmes. Ce milieu est formé par les animaux et les plantes que l'homme entretient pour ses divers
besoins, par la terre sur laquelle il se meut, l'eau qu'il sillonne,
l'air qu'il respire. Il y a là des êtres dont les uns sont animés,
tout en étant d'une espèce inférieure à l'espèce humaine, et dont
les autres sont purement inorganiques ; de même qu'il y a dans
le corps humain des parties moins vivantes que le protoplasma
cellulaire, telles que le tissu conjonctif, telles qu'une portion du
squelette quand il a achevé sa formation. Cela étant, il est légitime de dire que ces êtres moins vivants ou inanimés assurent
la continuité du corps social, tout comme il est légitime de dire
que le tissu conjonctif et le squelette assurent la continuité du
corps animé, dont les cellules seraient discrètes en leur absence.
— Cette réponse a assurément le mérite de l'ingéniosité. Mais
nous ne croyons pas, pour notre part, pouvoir l'adopter. Nous
démontrerons, en effet, dans une autre partie de ce travail, qu'on
ne saurait considérer comme de vrais membres de la société, ni
le territoire sur lequel elle vit, ni même les plantes et les animaux qu'elle utilise (2). Au contraire, le tissu conjonctif et le
tissu osseux sont très certainement des parties de l'organisme :

1. Herbert Spencer, *Principes de sociologie*, II° partie, § 220.
2. Chapitre IV, § II.

nul ne conteste ce point. Ce qui fait la différence entre ces deux catégories, c'est que, bien que réduites à une vie inférieure, les formations conjonctives et osseuses n'en sont pas moins d'origine cellulaire : elles ont, au début de leur existence, vécu de la même vie que leurs congénères des autres tissus ; mais, dans le monde social, à l'inverse, les animaux et les plantes, et à plus forte raison le sol, l'atmosphère et l'eau, n'ont jamais joui des mêmes propriétés que les hommes, n'ont point eu la même genèse que ceux-ci. Ainsi l'assimilation qu'on veut établir entre la substance intercellulaire organique et la substance intercellulaire sociale ne nous paraît pas bien fondée. C'est ailleurs qu'il faut chercher le principe de la continuité sociale.

Du reste ce principe n'est pas fort difficile à trouver. Ce qui fait la continuité de la société, c'est à la fois l'interdépendance économique que crée entre ses membres la division du travail, et la similitude de nature qui existe entre eux. Celle-ci elle-même se présente sous un double aspect : similitude de nature corporelle, similitude de nature mentale. Corporellement, tout d'abord, les individus appartenant à une société sont unis de plus d'une manière. Au point de vue anatomique, leur conformation présente généralement des ressemblances frappantes, soit qu'ils appartiennent originairement à une même race, soit que la vie sociale elle-même ait amené la fusion de plusieurs races distinctes et engendré un type nouveau (1). Au point de vue physiologique, surtout, leurs besoins sont à peu de choses près les mêmes, en fait d'abri, de vêtement, de nourriture, d'exercice, de distraction. On objectera qu'il n'en est plus ainsi dans les pays fort étendus. Mais nous répondrons : d'abord, qu'il y a des pays fort étendus, dont les habitants présentent une véritable homogénéité anatomico-physiologique (telle la Chine proprement dite); et ensuite que, même là où cette homogénéité est moindre, les différences entre membres d'une même société sont d'ordinaire moins considérables que les différences présentées par cha-

1. Voir plus haut, chapitre I, § II.

cun d'entre eux et les membres des sociétés voisines. On dira
pourtant que le Niçois ressemble plus au Gênois qu'au Parisien,
bien qu'il soit de la même société que celui-ci, et d'une société
autre que celui-là. Mais alors il faudra voir : 1° si le Niçois
considéré est de nationalité française; 2° (au cas où il le serait)
depuis combien de temps cette nationalité appartient à sa
famille. Le plus souvent on trouvera que ces habitants de la
France qui ressemblent tant à des étrangers sont des étrangers eux-mêmes, ou bien des fils ou petits-fils d'étrangers.
Et si, en les mettant à part, on constate que les populations des frontières ressemblent plus à leurs voisins étrangers
qu'à leurs concitoyens, c'est en tout cas un accident qui
s'explique par des circonstances locales, par des singularités
dans la formation historique des États, qui n'a pas une portée
générale, et qui ne peut prévaloir contre le fait évident que
toute société, si elle n'est pas homogène à l'origine, tend à établir en son sein l'homogénéité. Mais cette homogénéité, nous ne
l'avons encore envisagée que sous l'aspect où elle est le moins
apparente : sous l'aspect corporel. L'homogénéité mentale des
membres de l'être social est beaucoup plus frappante encore. Ici
les facteurs qui amènent le rapprochement des individus sont
nombreux. Citons simplement, sans développer des idées évidentes par elles-mêmes :

1° L'identité de langue, au moins de langue officielle et litté-
raire;

2° L'identité de gouvernement et de régime politique;

3° L'identité de législation civile, commerciale, pénale, etc.;

4° L'identité (le plus souvent) de régime économique;

5° L'identité de religion, ou du moins, s'il y a plusieurs religions pratiquées dans le pays, le fait qu'un certain nombre de
notions sont communes à toutes;

6° La similitude des idées morales;

7° La similitude de culture intellectuelle, ou tout au moins
une même façon générale de regarder les choses, de comprendre
l'univers:

8° La similitude de culture technique, par la diffusion rapide des découvertes utiles dans toutes les provinces et dans toutes les classes d'un même pays;

9° L'identité de la tradition historique nationale, superposée partout aux traditions locales ;

10° Souvent aussi la nécessité d'une lutte commune contre l'étranger, soit incessamment, soit à des intervalles plus ou moins rapprochés;

11° et 12° Et enfin ces deux grands facteurs, qui amènent bien vite le nivellement des couches en contact : l'éducation, qui s'inspire toujours d'un fond commun dans toute la société; et l'imitation, qui propage toute idée ou toute manière de faire nouvelle, si elle a quelque supériorité sur celles qui la précédaient, avec une rapidité parfois vertigineuse, d'un bout de la société à l'autre.

Nous nous expliquons très aisément comment, reliés les uns aux autres de toutes ces façons, les esprits des hommes qui appartiennent à une même société se trouvent présenter une homogénéité réelle, où l'originalité individuelle, où le génie propre à chacun, sont presque étouffés, sauf dans les sociétés les plus élevées, celles qui savent le mieux mettre en valeur la personnalité, tout en la maintenant dans sa juste corrélation avec la collectivité. Mais si les esprits sont ainsi homogènes, peut-on dire encore qu'ils sont discontinus? Non, assurément. La forme la plus haute de la continuité, c'est l'homogénéité. Il importe peu, après tout, que deux êtres se touchent ou non dans l'espace, pourvu que le mouvement puisse passer de l'un à l'autre. pourvu que ce qui se produit d'utile chez le premier soit immédiatement communiqué au second et mis en usage par celui-ci. Le type le plus parfait, le plus merveilleux de la continuité, n'est-il pas cette mystérieuse télépathie qui établit entre deux cœurs, à travers les espaces, une chaîne infrangible ? Et, pour prendre des faits plus accessibles et d'expérience journalière, lorsque chacun de nous est éloigné des siens par la nécessité d'un voyage, ne se sent-il pas encore plus près de ceux qu'il laisse au foyer que des indifférents dont il traverse la demeure ? En vain deux milieux physiques sont-ils contigus, s'ils sont hétérogènes : le rayon lumineux qui aura traversé l'un ne pénétrera que brisé dans l'autre. Mais deux hommes qui se comprennent et sympathisent peuvent être séparés par la distance : l'idée du premier ira toujours marquer sa fidèle image dans l'esprit du second.

Ainsi la continuité est réalisée dans la société humaine grâce à la similitude des individus composants. Cette continuité est même bien supérieure à celle des membres de l'organisme. Car séparez ceux-ci, et l'organisme sera détruit. Mais séparez les éléments de la société, et ils tendront à se réunir, à recomposer le corps auquel ils appartenaient. Les parties du corps animé résistent bien à la disjonction ; mais, celle-ci opérée, ils sont désunis pour toujours. Les parties du corps social, au contraire, non-seulement résistent à la disjonction, mais, si elles n'ont pu l'empêcher, cherchent sans cesse à rétablir ce qu'elle a détruit, et parfois y parviennent. Ainsi, grâce à l'appui de la France, les sujets de l'ancienne Pologne, démembrée entre trois États, reconstituèrent un moment, sous un titre amoindri, leur ancienne souveraineté (1). Ainsi, avec la même aide et plus récemment, les habitants de l'Italie refirent, de leur sol mutilé par quinze siècles de conquête, une unité politique. — Et qu'on ne nous dise pas que l'homogénéité des esprits, et par suite la continuité de la société, s'amoindrissent avec le temps. Sans doute, chez les nations les plus élevées, l'originalité individuelle va croissant. Cela est tout simple : on a reconnu à chaque homme la liberté de penser ; les droits du non-conformisme, c'est-à-dire de la minorité, ont été proclamés — et même parfois mis en pratique — en politique, en religion, en morale, en littérature, en art, en science, en industrie ; il est clair qu'un essor considérable a dû être donné par là à l'initiative, ou, si l'on veut, à la fantaisie individuelle. Mais est-ce que le lien social en a souffert? Est-ce que nous aimons moins la patrie, parce qu'elle ne nous impose plus un *credo* défini en toutes matières? Il semble que ce soit l'opposé. Il en est dans la société comme dans la famille. La *gens* autoritaire du droit

1. Grand-duché de Varsovie, 1807-1814.

romain a fait place à la famille française moderne, où parents et enfants sont presque des égaux, où les auteurs se reconnaissent autant de devoirs que de droits par rapport à leur progéniture. Qu'en est-il résulté ? Les enfants respectent leurs parents tout autant que jadis ; ils les redoutent moins peut-être, mais ils les aiment davantage. Le même phénomène se retrouve dans la société. La cité antique était pour le citoyen une sorte de tyran bienfaisant : elle le défendait contre tout ce qu'il pouvait craindre, l'ennemi (par son armée), la famine (par ses repas communs ou ses *congiaria*), les dieux (par les cérémonies propitiatoires de sa religion officielle). Mais en revanche elle lus imposait une façon de vivre et de penser réglée jusque dans ses détails. La nation moderne enveloppe l'individu de liens moins étroits : elle abandonne plus à son activité propre, faisant peut-être moins pour lui, mais aussi lui demandant moins. A la différence de la société antique, elle laisse s'établir entre ses propres membres la concurrence vitale, permettant l'écrasement pour les uns, réservant le triomphe pour les autres. La vie de chacun n'est plus tracée dès sa naissance, c'est à lui de creuser son sillon. Qu'il se fasse sa position et aussi sa culture, sa croyance et sa règle de vie : la société le laisse libre, responsable de ses erreurs, bénéficiaire de ses mérites. Eh bien, c'est justement cette liberté qui nous est chère et qui nous attache au corps social qui nous l'assure. Ce qui le prouve, c'est le développement, on pourrait presque dire la naissance, dans les temps les plus récents, du sentiment proprement patriotique. L'Oriental combat pour sa foi ; le Grec pour son foyer ; le Romain pour sa caste (1) ; le bourgeois du moyen-âge, pour sa corporation ; l'homme moderne seul pour sa patrie. C'est bien toujours le même sentiment, dira-t-on, la patrie n'étant, après tout, qu'une fusion de classes et de cités. Sans doute, mais en s'élargissant cet amour n'a pas diminué ; il s'est fortifié au contraire par cela même qu'il s'est étendu : tenant

---

1. Les dévouements dont l'histoire romaine nous donne l'exemple émanent presque tous de patriciens.

à une société plus ouverte, nous y tenons d'un esprit moins étroit et d'un cœur plus haut. L'amour obligatoire n'est point réel, il n'y a d'amour vrai que par la spontanéité et la liberté de l'attachement. Loin donc que le lien social tende à s'affaiblir et à disparaître, il est plus ferme aujourd'hui que jamais. A ceux qui craignent de voir disparaître, avec l'homogénéité des consciences, l'unité et la continuité de l'être social, nous répondrons qu'un certain degré d'hétérogénéité est nécessaire — Spencer l'a démontré — pour rendre possible la coordination ; que d'ailleurs l'hétérogénéité grandissante des individus doit rendre à chacun d'eux plus chère cette patrie qui leur permet de se différencier à leur guise ; et que par suite, si une certaine unité a toujours appartenu à l'être social, le principe de cette unité va sans cesse s'élevant et se renforçant.

Il nous semble donc établi qu'il existe, et qu'il existe chaque jour davantage, dans l'être social, une continuité véritable. Sans doute, cette continuité n'est pas du même ordre que celle de l'organisme. Elle est fondée sur la coordination d'êtres semblables en des lieux distincts de l'espace, plutôt que sur le voisinage immédiat des parties dissemblables. — Mais même, à dire le vrai, ce voisinage immédiat existe-t-il dans l'organisme ? Nullement. Entre les cellules du corps vivant, comme entre les granulations de la cellule, il existe des intervalles. L'œil ne les voit pas, parce qu'ils sont trop petits ; pourtant il est certain qu'ils existent : autrement les corpuscules voisins ne feraient pas deux êtres, mais un seul. Et il est même des cas où ces intervalles sont parfaitement perceptibles : tels sont ceux qui séparent les cellules nerveuses étoilées et les cellules osseuses. Bien plus, les intervalles des cellules, tout en étant très petits, sont, par rapport aux dimensions des cellules elles-mêmes, aussi grands que les espaces séparant les hommes par rapport à la taille de ces derniers. Les intervalles inter-cellulaires sont parfaitement comparables aux intervalles inter-hominaux. Il n'est donc point inexact de parler de « corps social. » Car, d'une part, si les corps des êtres humains, qui sont les cellules de cet ensemble, sont séparés les uns des autres dans l'espace, les cellules du corps vivant ne le sont pas moins. Et d'autre part nous venons de voir qu'il existe, entre les éléments sociaux, une très grande cohésion. En un mot, il n'y a guère moins de continuité matérielle, et il y a bien plus de continuité psychique, dans l'être social que dans l'être vivant. Si l'on voulait à tout prix trouver l'un plus continu que l'autre, n'est-il pas vraisemb'able que l'avantage resterait à la société ?

IV

Les adversaires du rapprochement entre l'organisme et la société tiennent en réserve, il est vrai, un argument plus redoutable. La société humaine, nous diront-ils, se compose d'individus conscients et libres. Ni la conscience, ni la liberté n'existe chez les cellules formant le corps vivant. On ne peut donc assimiler les uns aux autres ces éléments, ni par suite les ensembles qu'ils constituent.

Cette remarque est, dans son principe, fort juste. Mais il faut bien se garder d'en exagérer la portée. Oui, au point de vue de la conscience et à celui de la liberté, il faut faire une distinction entre l'homme, élément du corps social, et la cellule, élément du corps vivant. La différence qui les sépare est, à ces points de vue, très considérable. Elle n'est pourtant pas, même ici, absolue. C'est ce que nous allons nous efforcer de démontrer.

L'homme est un être conscient, cela est de toute évidence. Il ne faut néanmoins pas oublier qu'une très grande partie de son activité est inconsciente. La vie physiologique échappe presque entièrement aux prises de l'esprit. Nous digérons, nous respirons, nous absorbons nos aliments sans nous en apercevoir. Bien plus, nombre de fonctions qui au début sont conscientes finissent par s'exercer inconsciemment : telle la marche, tels beaucoup de travaux professionnels. Nous ne voulons pas insister sur ces faits bien connus, sur lesquels on a tant écrit, et nous nous bornons à faire remarquer que la conclusion évidente qui s'en dégage est que l'homme n'est pas, par nature, un être uniquement et constamment conscient.

Mais, d'autre part, la cellule n'est pas non plus un être complètement inconscient. Nous ne posons pas ici, bien entendu, la question métaphysique de savoir si la substance vivante pense par elle-même, ou si la pensée n'est pas quelque chose de distinct, qui s'ajoute à elle du dehors. Ce qui est certain, ce que personne ne conteste, c'est que, chez l'homme par exemple, la pensée est liée au fonctionnement de certaines cellules cérébrales déterminées, quelle que soit la nature exacte de ce lien. Ces cellules, on nous permettra dès lors de les appeler des cellules conscientes, qu'elles servent de siège, ou seulement de support et d'instrument à la pensée, de même qu'on appelle muscles moteurs les parties de l'organisme qui servent d'instrument à la locomotion. Mais maintenant, cette propriété de quelques cellules du cerveau humain, ne se retrouve-t-elle pas chez les autres éléments vivants? Nous le croyons, et la démonstration s'en peut faire pour divers ordres d'éléments successivement. — En premier lieu, le cerveau, chez l'homme même, n'est pas la seule partie de l'organisme qui soit liée à la conscience. Le cerveau n'est que le centre commun où aboutissent les portions les plus élevées des deux branches de l'appareil d'innervation, l'appareil sensitif et l'appareil moteur. Il ne pourrait pas fonctionner si, à chaque instant, il ne recevait des excitations venues de l'appareil sensitif, et ne réagissait en excitant à son tour l'appareil moteur. Il est donc clair que ces deux appareils sont liés eux-mêmes à la conscience. Et ils le sont dans leur totalité, car les parties les plus proches du cerveau reçoivent elles-mêmes l'impulsion de parties plus éloignées, ou la leur transmettent. Tout l'appareil nerveux de l'homme, ganglions, fibres nerveuses, cellules nerveuses, collabore donc à l'exercice de la fonction conscientielle. — Mais maintenant, l'homme n'est pas le seul être vivant qui soit doué de conscience. Les animaux supérieurs en donnent des marques très évidentes. Comment nier que l'éléphant, le cheval, le chien, qui accomplissent des actes dont quelques-uns sont dignes de l'intelligence humaine, les accomplissent consciemment? « A coup sûr », écrivait un éminent naturaliste, dont l'attachement aux principes spiritualistes est bien connu, M. de Quatrefages (1), « lorsqu'un chat faisant la chasse aux moineaux en plate campagne, se rase dans les sillons et profite de la moindre touffe d'herbe pour avancer sans être vu, il sait ce qu'il fait aussi bien que le chasseur qui se glisse tout courbé de buisson en buisson. A coup sûr les jeunes chiens, les jeunes chats, qui luttent en grondant et se mordent sans se blesser, savent fort bien qu'ils jouent et qu'ils ne sont nullement en colère. Qu'on me permette de citer le souvenir de mes assauts avec un dogue de forte race qui avait toute sa taille, mais qui était resté très jeune de caractère. Nous étions fort bons amis et jouions souvent ensemble. Aussitôt que je prenais vis à vis de lui l'attitude de la défense, il se précipitait sur moi avec tous les signes de la fureur et saisissait à pleine gueule le bras dont je me faisais un bouclier. Il aurait pu l'entamer profondément du premier coup ; jamais il ne m'a pressé d'une façon tant soit peu douloureuse. Je l'ai saisi bien des fois à pleine main par la mâchoire inférieure ; jamais il n'a serré les dents de manière à me mordre. Et cependant, l'instant d'après, ces mêmes dents entaillaient le morceau de bois que j'essayais de leur arracher. Evidemment cet animal savait ce qu'il faisait quand il simulait la passion précisément opposée à celle qu'il ressentait en réalité ; lorsque, dans l'emportement même du jeu, il restait assez maître de ses mouvements pour ne jamais me blesser. En réalité, il jouait la comédie et l'on ne peut jouer la comédie sans en avoir conscience ».

Si la conscience appartient aux animaux supérieurs, nul doute qu'elle n'ait avec leur cerveau les mêmes relations que chez l'homme. On pourra donc, chez eux également, parler de cellules conscientes. Mais, en descendant la série animale, on voit l'intelligence diminuer en étendue et en vigueur, sans disparaître pourtant. Des crustacés tels que les pagures, des insectes tels que les abeilles, des arachnides, donnent des signes

_____
1. *L'Espèce humaine*, livre I, chap. I, § VIII.

manifestes d'intelligence, donc de conscience. Quoique les mollusques, par leur genre de vie même, nous en fournissent moins de preuves, l'ensemble de leur organisation, plus élevée que celle des crustacés, ne permet pas de douter qu'ils aient une vie psychique. Plus bas dans l'échelle zoologique, des vers (des annélides polychètes entre autres), même des échinodermes (étoiles de mer) et des célentérés (cténophores, certaines méduses) montrent dans leurs mouvements des facultés d'adaptation au milieu vraiment remarquables. Et cependant, chez ces êtres, le système nerveux se dégrade progressivement dans la même proportion que l'intelligence elle-même. Les mollusques ont encore un système nerveux développé, avec plusieurs masses ganglionnaires différenciées. Les arthropodes et les vers ne possèdent plus qu'une chaîne ganglionnaire continue. Des cordons nerveux chez les échinodermes, des cellules nerveuses (?) chez les célentérés sont tout ce qui subsiste de cet appareil dans les embranchements inférieurs. Enfin, chez les protozoaires, il n'y a plus trace d'élément nerveux différencié. Les fonctions nerveuses sont diffuses dans la masse protoplasmique de l'unique cellule qui compose tout l'être. Néanmoins celui-ci prouve encore, par sa façon de se diriger, de pousser des prolongements, de se rétracter, qu'il est sensible aux excitations venues du dehors et qu'il sait y répondre par des mouvements appropriés. Il faut donc dire que, en lui, subsiste un rudiment de conscience qui a pour siège le protoplasme indifférencié. On arrive par là à concevoir cette idée que, à toute matière vivante, même non différenciée comme substance nerveuse, est attachée quelque conscience.

S'il en est ainsi, ce n'est plus uniquement à la cellule unique du protozoaire qu'il faut reconnaître cette propriété, c'est encore à toutes les cellules des végétaux et des animaux. Seulement, chez ces derniers, ce grand fait est masqué par la complexité même de l'organisme et la division du travail qui s'est opérée en lui. Pendant que certaines parties se consacraient à la digestion, à la respiration, etc..., d'autres se consacraient à l'innervation. Celles-ci, recevant en quelque sorte,

comme on l'a dit, une « délégation » des autres cellules, con.
centraient en soi les fonctions sensitives et motrices. C'est à
elles que la conscience allait être directement liée. Et, parmi
elles, une nouvelle différenciation s'opérait encore. Une portion se chargeait de recevoir les impressions du dehors et de
les transmettre aux centres, une portion de les élaborer, une
portion d'y répondre par des mouvements. Les parties centri-
pète et centrifuge, afférente et efférente, perdaient peu à peu
leur autonomie au profit des portions centrales, qui monopoli-
saient la conscience. Enfin, parmi les portions centrales mêmes,
une hiérarchie s'établissait : les unes étaient réduites à un
rôle inférieur (ganglions sympathiques, ganglions spinaux) ;
les autres formaient l'organe dominateur, le cerveau, dont les
diverses couches à leur tour se superposaient hiérarchiquement.
Mais nulle part, le lieu de la substance nerveuse avec la faculté
conscientielle n'était totalement rompu. Les preuves en sont : la
possibilité pour une partie du cerveau de suppléer une autre
partie détruite; la fonction coordinatrice des mouvements
(laquelle suppose toujours une certaine conscience) laissée partiellement au cervelet, à la moëlle, aux ganglions sympathiques ; enfin, jusque pour les plus humbles cellules, ce fait
remarquable, qu'elles savent choisir, dans l'ensemble des
substances nutritives charriées par le sang, celles qui conviennent le mieux à leur tempérament propre, faculté de discerne-
ment rudimentaire qui ne peut être tout à fait inconsciente.
D'ailleurs, la moindre cellule du corps humain n'est-elle pas au
minimum l'analogue d'un protozoaire? Pourquoi donc serait-
elle entièrement dépourvue des facultés mentales que possède
celui-ci? Elles les a déléguées au système nerveux, nous le voulons
bien ; mais le déléguant garde toujours quelque chose du droit
qu'il a confié au délégué, à savoir, tout au moins, la faculté de
le lui reprendre dans certaines conditions. Nous conclurons donc,
comme aucun naturaliste n'hésiterait à le faire, qu'au fond de
toute cellule vivante sommeille une conscience, laquelle peut ne
s'éveiller que bien rarement et bien faiblement, mais n'en
existe pas moins. S'il y a des éléments vivants liés à la pensée,

tous les éléments vivants peuvent et doivent l'être. Aucune raison ne saurait être donnée pour refuser totalement aux uns ce qu'on est forcé de concéder aux autres. Où existe la vie, l'inconscience absolue ne peut se trouver.

Nous croyons avoir répondu à l'objection tirée du caractère conscient des éléments de la société, du caractère inconscient des éléments de l'organisme. Mais on ajoute : « Les êtres humains, membres de la société, ne sont pas seulement conscients ; ils sont, de plus, libres ; or, la liberté n'appartient point aux cellules vivantes ». Que répondre à cela ? On pourrait le faire, en niant purement et simplement la liberté humaine. Ce n'est pas ce parti que nous prendrons, étant convaincu que cette liberté existe, en un sens que nous allons préciser. Mais nous ferons remarquer tout d'abord qu'on entend généralement la liberté humaine d'une manière qui nous semble inacceptable. La liberté, dit-on, c'est un pouvoir, propre à l'homme, de choisir entre les motifs d'action qui le sollicitent celui qu'il préfère : quant à ce choix lui-même, il n'a d'autre cause que la liberté, c'est-à-dire, en dernière analyse, qu'il est sans cause. C'est cette notion d'un choix sans cause que nous repoussons absolument comme contraire à tout ce que la science nous montre. Le progrès de la science, en effet, n'a consisté qu'en une chose : trouver les causes des phénomènes, montrer que tout fait s'explique par un fait antécédent. Mais, dit-on, ce qui est vrai de la nature peut ne l'être plus de l'homme. Il se peut que, seul de tous les êtres, il soit soustrait au déterminisme, et n'ait d'autres lois à suivre que celles qu'il se donne volontairement à soi-même. On invoque, en faveur de cette idée, l'expérience que chacun de nous a de sa liberté. Cette preuve, qui suffit, paraît-il, à convaincre la majorité des esprits, est pourtant, à bon droit, regardée comme insuffisante par certains des théoriciens les plus distingués du libre-arbitre. Nous nous permettrons de reproduire, à l'usage de ceux qui l'invoquent encore, la spirituelle et décisive critique qu'en a faite un déterministe (1) :

1. A. Herzen. *Le cerveau et l'activité cérébrale*, 1887, page 175, sq.

« Nous sommes engagés dans une discussion sur le libre-arbitre. Mon adversaire, jaloux de me confondre par un argument sans réplique, me dit :

« Vous avez beau faire des sophismes, il est certain qu'à ce moment je suis libre d'ouvrir et de fermer la main, de rester immobile ou de marcher, de me précipiter de cette fenêtre ou de rester ici à discourir avec vous.

« Je le nie.

« Comment, vous le niez ?

« Certes. Donnez-moi la preuve de votre liberté.

« Quelle preuve voulez-vous ?

« L'exécution immédiate de l'une des choses que vous prétendez être en votre pouvoir.

« Volontiers. Que dois-je faire ?

« Vous jeter par la fenêtre.

« Ah non, vraiment.

« Et pourquoi donc ?

« Mais croyez-vous sérieusement que l'envie d'avoir raison dans cette discussion soit un motif suffisant pour qu'un homme ayant femme et enfants, ou même n'en ayant pas, se jette par la fenêtre au risque de se rompre le cou ?

« Non, mon ami, cela ne me paraît pas un *motif suffisant*, et c'est justement parce que ce motif n'est pas suffisant, même à vos yeux, que vous ne vous jetez pas par la fenêtre. Convenez donc que vous jeter ou non par cette fenêtre n'est pas en votre pouvoir, mais dépend des motifs qui s'offrent à votre entendement ».

En somme, conclurons-nous pour notre compte, chaque fois qu'une détermination importante a été prise, c'est qu'il y avait des raisons suffisantes pour cela. Dire que le libre-arbitre s'est ajouté à ces motifs, c'est faire une hypothèse inutile, dont le principe d'économie nous enjoint de nous passer. Soutiendra-t-on alors que la liberté a du moins une application dans des actes de minime importance, où l'on se détermine « sans savoir pourquoi » ? Tel serait le cas dans les exemples classiques : le choix d'une pièce de monnaie entre plusieurs de même valeur, le choix d'une allée entre les multiples routes d'une promenade publique, etc... Mais, même dans ces cas, on soupçonnait depuis longtemps qu'il devait y avoir des raisons de mécanique biologique (des causes tenant à la disposition des muscles locomoteurs par exemple) qui expliquaient le choix. La démonstration en a été récemment fournie par des expériences, encore inédites, croyons-nous, faites par M. L. Manouvrier au laboratoire d'anthropologie de l'Ecole des Hautes-Etudes (1). Voici l'une de ces expériences. Un certain nombre de personnes sont successivement priées de tourner un doigt de la main dans le sens qu'elles veulent. Bien entendu, on les a isolées les unes des autres, afin qu'elles ne s'influencent pas réciproquement. Sur dix-sept personnes avec lesquelles on fit l'expérience avec un doigt pris dans la main droite, quinze tournèrent le doigt à gauche. Ce fut l'inverse pour un doigt pris dans la main gauche. Il est donc clair que cet acte, en apparence insignifiant, a une raison, puisqu'il se reproduit à peu près identique chez tous les individus. La cause doit être cherchée probablement dans la supériorité des muscles fléchisseurs sur les muscles extenseurs. Sans doute, ces explications biologiques ne sauraient convenir partout. Mais alors, on trouvera d'ordinaire, dans la série des faits antécédents d'ordre physique ou surtout d'ordre social, la raison demandée. En somme donc, il n'y a pas de « liberté d'indifférence », parce qu'il n'y a pas de fait sans cause.

Que reste-t-il alors de la liberté humaine ? Le voici. Placez plusieurs individus dans une même situation, en face d'une décision à prendre. Souvent leurs résolutions différeront, ou si elles coïncident, ils y seront arrivés par des motifs différents. C'est en quoi consiste, à notre sens, la liberté de l'homme. Elle se résume en ceci seulement que l'être humain n'est pas fatalement amené à agir dans un certain sens par les circonstances actuelles qui l'entourent (puisque ces circonstances amènent, chez divers individus, des décisions diverses) et qu'au contraire il entre dans ses résolutions un facteur intérieur

---

1. Le résultat de ces expériences a été annoncé et développé par leur auteur en son cours de l'Ecole d'Anthropologie (année 1892-93).

variant avec l'être considéré. Mais ce facteur intérieur, ce n'est pas un pouvoir de choisir arbitrairement entre deux voies : nous l'avons déjà dit, la science ne peut admettre l'existence d'une pareille puissance. Ce facteur, c'est simplement l'ensemble de notre nature propre, l'ensemble des penchants que nous avons reçus de nos ancêtres ou acquis dans notre vie personnelle ; l'hérédité et l'adaptation en expliquent tous les éléments. Cette nature individuelle, héritée ou acquise, pèse sur chacun de nos actes. C'est elle, plus encore que les circonstances extérieures actuelles, qui nous pousse à agir ; car c'est elle qui nous fait choisir, parmi les motifs d'action que ces circonstances nous présentent, celui qui nous décidera. Ce choix du motif déterminant, on peut l'appeler libre, en un sens, puisqu'il vient du dedans, et n'est point imposé pour les choses mêmes ; mais on peut aussi, en un autre sens, l'appeler nécessaire, puisque, étant donnée notre nature propre, il ne pouvait pas ne pas être ce qu'il a été. Telle est donc, pour nous, la liberté. La liberté de l'homme, c'est sa personnalité même. C'est ce par quoi il se distingue de tout le reste, quoique cela même n'ait d'autre origine que l'expérience accumulée. On le voit, notre conception de la liberté se rapproche de celle de Kant et de Schopenhauer en ce qu'elle admet, non un libre choix pour chaque acte, mais derrière tous les actes un caractère qui les détermine. Seulement elle se distingue de cette hypothèse célèbre, en ce qu'elle ne donne pas à ce caractère personnel une nature métaphysique, mais une nature d'ordre sensible et observable ; en ce qu'elle croit que, ce caractère, l'homme le tient non d'un libre choix nouménal, mais bien de l'action de ces facteurs tangibles, l'hérédité et l'adaptation ; en ce que, par là-même, elle ne fait pas du caractère quelque chose d'invariable et d'arrêté une fois pour toutes, mais au contraire quelque chose de mobile, de perfectible, qui se fortifie et s'améliore, ou se dégrade, par le jeu même de la vie. — S'il en est ainsi, on voit que l'objection faite tout à l'heure à la comparaison de l'homme et de la cellule n'est plus insurmontable. L'homme, pour nous, est libre seulement en ce sens qu'il a une individualité qui tranche sur le reste des choses, en ce sens qu'il est un centre de forces accumulées au milieu des forces diffuses qui s'exercent dans l'univers. Eh bien, mais n'en pourrait-on pas dire autant, à un bien moindre degré sans doute, de la cellule organique? Elle est aussi un centre de forces ; elle a aussi son individualité. Par l'hérédité et l'adaptation, elle a acquis un caractère propre. Elle n'est pas ballotée, comme l'être inorganique, au gré des éléments physiques ; elle sait leur résister dans une mesure assez forte, et les utiliser à son profit; elle possède une certaine indépendance, une certaine originalité. Comme l'homme, nous l'avons déjà vu, elle est à la fois une et multiple ; comme l'homme, pourrions-nous dire maintenant, elle est à la fois dépendante et indépendante du milieu. Cette indépendance est infiniment moindre que celle de l'homme, nous l'accordons bien volontiers; mais enfin elle n'est pas nulle. De l'une à l'autre de ces libertés, il y a une distance extrêmement grande, il n'y a pas un abîme.

Ni la conscience, ni la liberté, n'appartiennent donc aux éléments du corps social à l'exclusion des éléments du corps organique. Elles sont très nettes en ceux-là ; mais elles peuvent être découvertes en ceux-ci. L'homme, après tout, n'est qu'une unité vivante (unité complexe d'ailleurs), tout comme la cellule et le granule protoplasmique. Il constitue la plus haute de ces unités vivantes, mais les propriétés qui se trouvent en lui sous leur forme la plus élevée existaient déjà, sous une forme plus simple, dans les unités d'ordre inférieur. Il représente la production la plus parfaite du règne organisé, mais les lois qui ont concouru à le former ne sont pas différentes de celles en vertu desquelles se constituèrent les êtres les plus imparfaits. Entre eux et lui, entre le plus humble des éléments de l'être vivant et le plus achevé des éléments de l'être social, on peut constater des différences considérables, mais on ne saurait, si ce n'est par un orgueil injustifié, prétendre qu'il n'y a rien de commun.

V

Ce que nous venons de dire nous permet encore de répondre aux deux dernières objections de quelque importance qu'a soulevées la théorie de l'organisme social. L'une de ces deux objections est relative à l'origine de la société, l'autre à sa fin, à son but, questions qui, ici comme partout, sont étroitement unies. L'organisme, disent les adversaires de notre théorie, naît et se développe mécaniquement. La société, à l'inverse, naîtrait, suivant eux, du libre consentement des individus, d'une association volontairement formée avec un contrat pour la régler. Sans anticiper ici sur ce que nous dirons à propos de l'origine et de l'évolution véritables des sociétés (1), nous ferons remarquer immédiatement que les principes que nous venons d'établir au sujet de la « liberté » de l'homme et de la cellule ont précisément pour conséquence de supprimer cette distinction d'origine. Si les hommes se sont associés, ce n'a pas pu être par un acte de liberté absolue, puisqu'une telle liberté n'existe pas. Si des cellules sont restées unies pour constituer un organisme, ce n'a pas pu être sans quelque obscure conscience ni même sans quelque liberté, puisqu'elles possèdent une conscience rudimentaire (qui a dû intervenir dans un acte aussi grave) et une liberté qui se marque dans toutes les manifestations de leur vie. Ainsi, pas plus ici que précédemment, nous ne trouvons ces séparations tranchées qu'on veut sans raisons nous forcer à admettre. *Natura non facit saltus.*

Venons, en dernier lieu, à la question des buts et des fins. Quelle opposition voit-on entre la fin de la société et celle de l'organisme? D'après Herbert Spencer lui-même (2), la société est sensible en toutes ses parties, puisque chaque être humain

1. Chapitre XII.
2. *Principes de sociologie*, II⁰ partie, § 222.

est doué de conscience ; l'organisme au contraire n'est sensible
que par son système nerveux. Or, ce qui est sensible mérite seul
qu'on s'en inquiète, puisque seul il jouit et il souffre des actions
exercées sur lui. Il en résulte que, dans l'être isolé, le système
nerveux peut ne pas se soucier du reste du corps, et diriger
toute la vie organique de façon à se procurer à lui-même des
satisfactions. Dans la vie sociale il n'en peut plus être de même :
le gouvernement (assimilé un peu hâtivement peut-être au système nerveux) ne saurait vivre pour lui seul ; il lui faut songer
au bien-être de toutes les unités dont il a la direction, parce
qu'elles sont toutes des unités sensibles. En un mot, les membres de l'organisme existent pour le profit de l'être total, représenté par ses centres nerveux. Mais les membres de la société ne
vivent pas pour le profit de l'État et du gouvernement ; au contraire, l'État et le gouvernement ne doivent exister qu'au profit
de tous les membres de la société indistinctement. — Nous ne
voudrions pas, sans doute, nous élever contre la conclusion,
d'ordre politique, qui vient d'être formulée. Nous l'admettons,
quant à nous, parfaitement, du moins en ce qui concerne le
gouvernement. Mais nous ne croyons pas qu'elle soit déduite de
prémisses totalement exactes. Il est très vrai que tous les
membres de la société sont conscients, et ont droit par là-même
au respect de leur personnalité. Seulement nous avons montré
que tous les membres de l'organisme le sont aussi, dans une
certaine mesure. Il faut donc que, dans la vie organique aussi
bien que dans la vie sociale, l'appareil directeur tienne compte
des besoins légitimes des éléments dirigés. Comment d'ailleurs
pourrait-il en être autrement ? Leur bon et leur mauvais état
ne sont-ils pas forcément, par eux-mêmes, une source de jouissances ou de souffrances pour les organes centraux ? Si le
cerveau néglige de prendre les précautions nécessaires pour
maintenir en bon état les voies digestives, qui en souffrira ?
l'appareil digestif d'abord, mais toutes les autres parties du
corps avec lui, et notamment le cerveau, dont les fonctions propres se trouveront entravées, et auquel toutes les parties lésées
enverront des impressions douloureuses. En un mot, il n'est

pas possible que le gouvernement organique n'ait pas pour fin, comme le gouvernement social, le plus grand bien-être possible du plus grand nombre des gouvernés.

Quant à la question de savoir si, dans le monde humain, il faut dire que l'Etat, que la société ont pour fin le bonheur individuel ou s'il ne faut pas dire plutôt qu'ils ont pour fin leur grandeur propre, ce n'est pas ici le lieu de la traiter. Nous avouons, d'ailleurs, que ce problème à nos yeux n'en est pas un, et que nous le considérons presque comme une simple discussion de mots. Les deux formules, en effet, reviennent absolument au même. Car la force de l'Etat est faite du bonheur des individus qui en sont membres, et réciproquement l'individualité de chaque homme n'atteint sa parfaite expansion que si l'Etat est bien organisé et fonctionne au mieux des intérêts généraux. Il en est donc de l'Etat lui-même comme du gouvernement qui le représente. Ses intérêts sont étroitement liés à ceux de chacun des membres du corps social, et le sort de ceux-ci, en revanche, dépend du sien. Si les parties sont une fin pour le tout, le tout est également une fin pour les parties : cela est aussi vrai dans le monde social que dans le monde organique, et l'analogie entre les deux domaines se poursuit de la sorte jusqu'au bout.

CHAPITRE TROISIÈME

VRAIES DIFFÉRENCES ENTRE L'ORGANISME ET LA SOCIÉTÉ.

Les objections énumérées et discutées dans le chapitre précédent nous ont paru n'être pas décisives, ne pas suffire pour faire rejeter, en principe, la comparaison entre l'organisme et la société. Nous avons donc le droit de considérer, dès maintenant, cette comparaison comme ayant un fondement solide et une portée scientifique véritable.

Toutefois, parmi ces objections, s'il en est que nous avons cru pouvoir entièrement écarter, il s'en trouve aussi qui avaient pour principe une remarque juste en elle-même, quoique exagérée dans l'application qu'on en voulait faire. De ces dernières, évidemment, il y a quelque chose à retenir : si elles ne valent pas comme objections à la théorie, elles indiquent du moins des atténuations qu'il est nécessaire d'y apporter. Telle est la remarque relative à la conscience et à la liberté des éléments composants. Il est faux de dire, nous l'avons montré, qu'il y ait à cet égard une différence absolue entre les éléments du corps social et ceux du corps vivant, et par conséquent l'objection ne peut être admise. Mais il est exact de penser qu'il existe entre ces deux sortes d'êtres une différence de degré, une différence relative, et par suite il y a là une réserve qu'il faut mettre à tout rapprochement entre eux. En un mot, s'il est peu raisonnable de nier toute ressemblance entre la société et l'organisme, il ne serait pas moins téméraire de prétendre pousser cette ressemblance jusqu'à l'identité.

La différence (toute relative qu'elle soit) que nous venons de signaler, en entraîne avec elle une autre. C'est que les unités de l'être social sont rapprochées par l'intelligence et la volonté autant et plus que par des attaches purement matérielles. C'est que le lien de la société est plutôt psychique que corporel, à la différence du lien de l'organisme, corporel principalement. La distinction, ici encore, est toute relative : car, nous l'avons dit, il faut supposer aux cellules, qui sont associées dans le corps vivant, quelque rudiment de conscience et de liberté; et d'autre part, l'intelligence et la volonté des hommes ne sont pas tout dans le maintien de l'ordre social : sa formation a été déterminée par des nécessités auxquelles cette intelligence et cette volonté devaient nécessairement se plier. Mais enfin il est certain que l'association humaine porte un cachet de spiritualité beaucoup plus marqué que l'association organique : le seul fait qu'on a pu inventer, pour expliquer sa formation, la théorie du contrat social, le prouverait surabondamment. La ressemblance, une fois de plus, ne peut donc être que partielle.

Le développement bien plus haut des facultés psychiques chez les éléments du corps social entraîne en outre une plasticité beaucoup plus grande de ces éléments. Etant plus intelligents, ils sont plus aptes à s'adapter à des fonctions multiples. Si donc, dans l'être social, il se produit quelque bouleversement qui détruise ou lèse un organe, des éléments voisins subiront une différenciation nouvelle qui leur permettra de le remplacer fonctionnellement. « Que l'on retranche une partie quelconque de l'agrégat (social), fût-ce le gouvernement, dit Herbert Spencer (1), le membre mutilé sera immédiatement remplacé par un autre ». Il en existe des preuves nombreuses. Lorsque, au XVIIIᵉ siècle, le Parlement de Paris fut congédié pour s'être opposé aux réformes du chancelier Maupeou, on forma pour le remplacer une assemblée nouvelle, qui ne méritait point les sarcasmes répandus sur elle par ses détracteurs, dont les historiens accueillirent trop légèrement le témoignage. De nos jours mêmes, aux Etats-Unis, lorsque l'élection du président de la confédération fait passer le pouvoir des mains des « républicains » en celles des « démo-

---

1. *Introduction à la Science sociale*, trad. franç., page 131.

crates » ou réciproquement, ce n'est pas seulement le ministère, c'est tout le personnel de la confédération qui se voit renouvelé; les fonctionnaires révoqués et ceux qui les remplacent se comptent par milliers. Mais est-il besoin de chercher nos exemples de l'autre côté de l'Atlantique? En France aussi, au cours de ce siècle, les révolutions qui ont modifié la forme de notre gouvernement ont plusieurs fois amené un remaniement complet de notre corps administratif. — Or, sans doute, il se produit dans l'organisme des phénomènes qu'on pourrait songer à rapprocher de ceux-là. Chez les êtres inférieurs, ces remplacements fonctionnels passent pour aisés et fréquents. L'exemple de l'hydre est classique : ce célentéré, dit-on, peut se retourner si complètement, que l'endoderme y devient l'exoderme, et réciproquement. Seulement, à quoi tient ici le phénomène ? A ce que chacune des parties de l'être est assez peu différenciée et ressemble assez à toutes les autres pour les suppléer au besoin. L'analogue exact de ce fait se retrouve dans les sociétés inférieures : les travailleurs agricoles (comparables à l'endoderme, nous le montrerons ailleurs plus complètement) peuvent se transformer en soldats (revêtement exodermique de la société), et réciproquement. La raison est la même : chacune de ces deux catégories d'individus est trop faiblement différenciée pour qu'il lui soit difficile de changer de rôle. — Mais les faits signalés plus haut dans les sociétés supérieures sont d'une autre nature. Ici les parties sont très différenciées : chaque classe de citoyen a sa fonction propre, dans laquelle elle s'est spécialisée. Seulement, le résultat même de cette division du travail a été de permettre à chaque travailleur de se perfectionner singulièrement dans sa tâche. Par là, son intelligence et son habileté se sont accrues. Une fois qu'il a acquis ces moyens nouveaux, il se trouve d'ordinaire (à moins d'un concours de circonstances particulièrement fâcheuses) apte à les mettre au service d'autres travaux, si les conjonctures l'exigent. De là vient que la possibilité des suppléances fonctionnelles existe également pour lui. — On le voit donc, ces remplacements peuvent tenir à deux causes bien distinctes. Dans un cas, elles sont dues à l'indifférenciation des parties. Dans le second cas, au contraire, elles tiennent à une différenciation très prononcée, qui s'est accompagnée d'un développement des moyens de chaque partie. La première sorte de suppléances fonctionnelles se rencontre à la fois chez les organismes inférieurs et chez les sociétés inférieures. Mais la seconde, nous ne l'avons jusqu'ici trouvée, parmi les êtres d'organisation supérieure, que chez les sociétés. A vrai dire pourtant, certains phénomènes présentés par des organismes supérieurs pourraient être placés dans cette catégorie. Ainsi la fonction motrice-verbale, laquelle appartient normalement à la troisième circonvolution frontale gauche du cerveau de l'homme, et en fait « le centre du langage articulé », peut se transporter, lorsque ce centre est lésé, dans la circonvolution droite correspondante. Seulement, tout important que soit ce remplacement, il n'a pas la portée de ceux que nous venons de trouver dans la société. Après tout, l'homme privé de la parole eût pu vivre ; mais un peuple moderne, privé d'administration et surtout de justice, subsisterait-il ? Il faut donc penser que, du moins quand il s'agit des formes supérieures, la faculté plastique demeure plus grande chez les éléments du corps social que chez ceux du corps individuel ; et cela est tout simple, puisque l'intelligence est beaucoup plus développée chez les premiers que chez les seconds.

Mais il y a une autre réserve à faire dans leur comparaison, une réserve plus importante encore que les précédentes. Ce qui distingue essentiellement le corps social du corps vivant, c'est qu'il est infiniment plus complexe. Ceci même se justifie de deux manières. En premier lieu, les éléments de l'organisme sont bien plus simples que ceux de la société. L'élément organique, c'est la cellule ; ce n'est pas l'élément organique dernier, mais enfin c'est celui auquel s'arrêtent actuellement l'anatomie et l'histologie. L'élément social, dans les sociétés humaines du moins, c'est l'homme. On a soutenu, il est vrai, que c'est à la famille que convient le mieux cette appellation ; mais nous verrons plus loin qu'il y a là une erreur, et que l'homme isolé mérite déjà ce titre ; d'ailleurs, en fût-il autrement, la proposition que nous voulons établir n'en serait pas ébranlée, bien au contraire, puisque la famille est un tout plus complexe que l'homme isolé. D'autre part, il n'y a pas lieu de pousser l'analyse des éléments sociaux au-delà de l'individualité humaine, vu que, au-dessous, la sociologie ne se distinguerait plus de la biologie. Ainsi, en parlant d'élément organique, c'est à la cellule qu'on pense ; en parlant d'élément social, c'est à l'homme. Mais il est trop évident que l'homme est infiniment plus complexe que la simple cellule, puisqu'il est lui-même formé de millions de cellules vivantes. Entre les éléments sociaux et les éléments organiques, il y a donc une différence énorme de complication. — Cette première différence va en entraîner une seconde. Non-seulement les éléments seront plus complexes, ici que là, mais, par cela même, leurs rapports le seront aussi. On en peut donner la démonstration par le raisonnement. Soit un certain nombre d'êtres possédant toutes les propriétés essentielles qui constituent des cellules vivantes, et possédant en outre chacun un certain nombre, assez faible, de propriétés spéciales, qui ne sont pas identiques chez tous. Ceux de ces êtres qui auront en commun une de ces dernières propriétés (propriété de forme, de position dans l'espace, de fonction) formeront un groupe (anatomique ou physiologique) ; ceux qui auront en commun un second caractère formeront un autre groupe, etc. Or il est possible que telle cellule possède un caractère commun avec telle de ses congénères, et un autre caractère commun avec telle autre ; elle appartiendra donc à deux groupes distincts, caractérisés chacun par une propriété d'ordre différent. Il en peut être de même pour toutes les cellules de cet organisme, de sorte que le nombre des relations établies entre elles, le nombre des groupements qu'elles forment, peut être très grand. Mais maintenant, supposez d'autres êtres, beaucoup plus complexes que les premiers, ayant tous en commun les caractères qui font l'individu humain, mais ayant en outre un très grand nombre de caractères différentiels. Chacun de ces êtres va se mettre en rapport avec ceux de ses semblables qui présentent certains caractères différentiels identiques aux siens, et de ces relations naîtront des groupements. Pour la même raison que tout à l'heure, les relations et les groupements possibles seront en très grand nombre. Mais en en outre, ils seront en nombre infiniment plus considérable que ceux de la première série. Car le chiffre des combinaisons possibles s'accroît avec celui des caractères qui leur servent de base. Il faut, il est vrai, pour qu'il en soit ainsi, que, en même temps que les caractères de chaque être vont se multipliant, ils n'aillent pas aussi s'identifiant d'être en être (autrement la variété perdrait d'un côté ce qu'elle gagnerait de l'autre); mais cette dernière condition est évidemment remplie, les caractères matériels et surtout psychiques différant bien plus d'homme à homme que de cellule à cellule. On pourrait objecter que ce ne sont là que des probabilités abstraites, et que le nombre des combinaisons réalisées dans la nature est bien moindre que celui des combinaisons logiquement possibles. Cela est exact, mais n'infirme en rien notre démonstration : car cette réduction que la réalité apporte aux prévisions logiques ne doit pas se faire moins sentir (proportionnellement bien entendu) sur les combinaisons de cellules que sur les combinaisons d'individus. D'ailleurs on verra, dans la partie de cette étude que nous consacrerons spécialement aux combinaisons des éléments sociaux (1), que l'examen concret mène, sur la question qui nous occupe actuellement, exactement aux mêmes conclusions que l'analyse abstraite. Nous pouvons donc dire, en résumé, que le chiffre des groupements possibles entre éléments croît comme la complexité de ces éléments. Ce chiffre est ainsi bien plus élevé dans la société que dans l'organisme. Donc la société peut, à un double titre, être dite plus complexe que l'organisme : d'abord comme étant formée d'éléments plus riches en propriétés de tout ordre ; puis, comme établissant entre ces éléments des relations plus variées elles aussi. C'est dans cette considération de la complexité que réside, à notre avis, la plus profonde différence que la science puisse relever entre l'être organique et l'être social.

Nous verrons en détail toutes les conséquences qui résultent

1. Chapitre VI.

de cette distinction, quand nous essaierons de faire l'anatomie
et la physiologie des sociétés, en les comparant à l'anatomie et
à la physiologie des organismes. Mais dès maintenant nous pouvons en indiquer une conséquence générale qui domine toutes
les différences particulières. Les relations entre les éléments
sociaux sont plus variées, avons-nous dit, que celles qu'on rencontre entre les éléments organiques. Il en résulte que, d'une
part, on trouve parmi celles-là des rapports déjà connus de
ceux qui ont étudié les rapports des éléments vivants ; mais
que, d'autre part on trouve aussi des relations nouvelles, incon-
nues de la pure biologie, et qu'on peut, par cette raison, nommer supra-organiques. Ainsi, lorsque nous ferons l'anatomie
des sociétés nous constaterons que les groupements des individus
humains en familles, en villes, en professions, ont leurs analogues dans le monde organique. Mais nous verrons d'autre part
que leurs groupements religieux, intellectuels, etc..., n'ont pas
de semblables correspondants. — Ce n'est pas tout. Quand les
sociétés rappellent les organismes, on voit d'ordinaire les sociétés supérieures se rapprocher davantage des organismes les plus
élevés, les sociétés inférieures ressembler plus aux organismes
les moins développés. Par exemple, le système circulatoire des
sociétés rappelle, par ses formes les plus parfaites, les types les
plus hauts de la circulation organique ; par ses formes les plus
imparfaites, les types les plus humbles de celle-ci. Mais il
arrive aussi que cette formule ne soit plus exacte. Ainsi les
sociétés même les plus rudimentaires présentent des faits qui
n'ont d'analogues que dans les organismes les plus élevés. Ceci
d'ailleurs n'a rien d'étonnant, puisqu'un groupement humain, si
minime qu'il soit, est un être plus complexe que n'importe quel
organisme. — Seulement, ce qui est plus curieux, c'est que l'inverse à certains égards, se trouve également vrai. Dans les plus
grandes sociétés humaines, on rencontre des faits qui rappellent
les organismes inférieurs. Ainsi, comme nous le verrons plus
complètement par la suite, les sociétés emploient encore le plus
souvent (mais non pas toujours, il est vrai) des modes de reproduction organiques que les organismes un peu complexes ont à

peu près définitivement éliminés. Ainsi encore l'esprit collectif
est généralement moins développé — plus faible et plus pervers
à la fois — que les esprits individuels de ses membres. Il y
a là une sorte de « retard de croissance » de la société par
rapport à l'organisme. Et ceci également peut s'expliquer.
Formée plus tard que l'organisme, la société n'a pas encore
eu le temps de se développer sur tous les points autant que lui.
Elle a payé la précocité qu'elle manifeste à certains égards par
des arrêts de développement dans d'autres directions. Quoi qu'il
en soit de cette explication, un fait est certain. C'est que les
sociétés les plus parfaites, comparées aux plus parfaits des organismes (autant qu'on peut établir des degrés parmi les sociétés,
et une comparaison de ces degrés avec ceux de l'échelle organique) présentent : 1° des phénomènes semblables à ceux de ces
organismes ; 2° des phénomènes nouveaux, inconnus à tous les
organismes, et qui marquent la supériorité de la société ; 3° des
phénomènes d'un caractère tout contraire, phénomènes qui
sont d'ordre organique, mais ne se trouvent que chez des individus vivants d'espèce inférieure. Aussi ne peut-il pas y avoir
jamais correspondance exacte entre une société et un organisme.
Il ne faudrait pas croire, par exemple, qu'on doive plus spécialement comparer une société à l'organisme des individus qui la
composent, comparer, par exemple, les fourmilières aux fourmis, les sociétés océaniennes à l'organisme du Papou ou du
Tahitien, les sociétés européennes à l'organisme du Français ou
de l'Anglais ; cette idée simpliste exposerait à d'étranges mé-
comptes celui qui voudrait la suivre un peu loin. Mais il ne
faudrait même pas penser qu'une société humaine déterminée
puisse être comparée spécialement à un organisme déterminé,
que ce soit celui de ses membres ou tout autre. Non, ce qu'on
peut seulement rapprocher avec quelques chances de succès, c'est
le type social en général et le type organique en général. Pour
décrire la structure et la vie d'une société dans leurs ressemblances avec la structure et la vie organiques, il faut tirer ses
rapprochements de divers organismes, fussent-ils très éloignés
les uns des autres. En somme, les faits présentés par une société

rappellent presque toujours des faits organiques, mais jamais
exclusivement les faits présentés par un organisme spécial à
l'exclusion de tous les autres. Les sociétés ne peuvent donc pas
se superposer individuellement, mais seulement dans leur
ensemble, aux organismes. Cela ne détruit du reste nullement
la ressemblance qui les unit; puisque ces comparaisons individuelles seraient également infructueuses entre les végétaux et
les animaux, dont personne ne nie pourtant aujourd'hui la
similitude ni même la parenté générales. Mais cela suffit à
montrer qu'il y a au moins autant de distance entre organismes
et sociétés qu'entre végétaux et animaux; et que par suite, si
on veut faire rentrer les sociétés dans l'empire organique, il faut
tout au moins constituer pour elles un règne distinct, comparable en importance au règne animal et au règne végétal. Nous
verrons plus tard s'il n'y a même pas lieu de faire davantage, et
d'instituer pour les sociétés un groupe tout à fait distinct, un
« empire » comparable en importance aux empires inorganique
et organique, l'empire supra-organique.

En ce moment, nous n'aurions pas les éléments nécessaires
pour résoudre cette question. Ces éléments ne peuvent être tirés
que de l'étude minutieuse de la constitution des sociétés, comparée à la constitution des organismes. Mais du moins nous
sommes maintenant préparés à passer à cette étude de détail.
Nous savons que des rapprochements particuliers sont possibles, puisque l'analogie générale est établie. Nous savons aussi
qu'il ne faut pas vouloir les pousser trop loin, et par exemple
prétendre retrouver dans les organismes tout ce qui se rencontre dans les sociétés, ni surtout dans un organisme déterminé
ce qui se rencontre dans une société particulière. Ayant ainsi
pour fil conducteur l'analogie, mais une analogie raisonnée et
qui ne s'exagère pas sa propre portée, nous allons envisager les
sociétés aux divers points de vue auxquels les biologistes ont
coutume d'envisager les organismes. Nous examinerons d'abord
leur forme extérieure, et surtout leur structure interne; nous
chercherons de quels éléments elles se composent, et comment
ces éléments sont groupés; nous ferons, en un mot, l'anatomie

des sociétés. Puis nous nous efforcerons d'en pénétrer la physiologie. Après la structure, nous étudierons les fonctions diverses qu'elle rend possibles : fonctions de nutrition, fonctions de relation, fonctions de génération, toutes analogues aux fonctions de même nom qu'on trouve dans l'organisme, mais non sans des différences importantes. Connaissant ainsi le mécanisme général de la vie sociale, nous nous demanderons comment les êtres sociaux se sont formés et comment ils se développent ; quels facteurs agissent sur leur évolution, et la modifient de diverses manières ; comment ces sociétés se comportent les unes par rapport aux autres ; et comment enfin elles peuvent se classer. On voit que des questions d'enbryologie, de paléontologic, de taxonomie sociales sont impliquées dans ce dernier ordre de recherches, avec d'autres qui ne forment pas encore de sciences ayant reçu un nom spécial. Enfin, sachant comment est construite une société, comment elle fonctionne, comment et sous quelles actions elle se développe, nous pourrons chercher comment elle s'altère, étudier ses maladies et sa mort, constituer la pathologie sociale ; et nous devrons aussi, naturellement, nous demander quelles sont les mesures à prendre pour guérir ces maladies, ou, ce qui vaut mieux, pour les prévenir, c'est-à-dire traiter de la thérapeutique et de l'hygiène des sociétés. L'ensemble de ces recherches particulières n'est possible qu'une fois élucidées les questions générales que nous venons d'examiner dans cette première partie. Mais, réciproquement, leurs résultats pourront venir confirmer les solutions auxquelles nous avons abouti par elle. La meilleure preuve qu'il y ait à donner de l'analogie générale des sociétés et des organismes, c'est encore l'ensemble des analogies de détail qu'on peut relever entre ces deux sortes d'êtres. Cette démonstration par les faits vaut plus que tous les raisonnements *a priori*.

SECONDE PARTIE

ANATOMIE DES SOCIÉTÉS

CHAPITRE QUATRIÈME

Avant d'étudier l'anatomie interne d'un organisme, le biologiste traite de sa forme extérieure. Cela tient à ce que, l'organisme se présentant à lui comme un tout bien défini, il peut en examiner la surface avant d'en sonder la profondeur. Il n'en est pas de même pour le sociologue. Il faut d'abord que celui-ci détermine les éléments qui font pour lui partie du corps social, afin de pouvoir dire quelle est la forme de ce corps. Sa marche doit être la suivante:

1º définir le contenu du corps social ;

2º revenir alors sur l'aspect externe de ce corps, en faire la morphologie extérieure, d'ailleurs forcément très sommaire ;

3º puis, retournant à l'étude interne, faire connaître par le détail la structure des tissus et des organes.

La première question à poser est donc celle-ci : quels sont les éléments du corps social ? La réponse semble bien simple, au moins quand il s'agit d'une société humaine. Ses éléments, dira-t-on tout naturellement, ce sont des êtres humains. Sans doute, mais tous les êtres humains qu'on peut rencontrer à l'intérieur d'une société en sont-ils vraiment des éléments ? Et, d'autre part, n'y a-t-il que des êtres humains qui fassent partie de la société ? Cette double question, beaucoup plus embarrassante qu'il ne semble à première vue, doit être résolue avant toute autre.

I

Nous avons déjà défini la société « un groupement durable d'individus exerçant toute leur activité en commun (1) ». Cette définition convient essentiellement, nous l'avons montré, aux membres humains d'une même nation. Mais la société englobe-t-elle vraiment tous les êtres humains que comprend le groupement politique ?

Nous croyons qu'on veut répondre par l'affirmative. En certains cas, il est vrai, il existe entre les individus appartenant à une même nationalité des différences très grandes. Seulement nous avons déjà vu, et du reste il est évident, que des différences de races n'empêchent nullement l'unité d'une société. Il n'y a guère de société plus homogène que la société française contemporaine, et pourtant il n'y en a pas qui soit constituée par un plus grand nombre de races. — Il est vrai que, dans l'intérieur d'une même domination politique, on pourrait relever des différences beaucoup plus importantes socialement que les différences ethniques : ce sont les différences de culture. Cependant, qui pourrait contester sérieusement que, dans nos pays mêmes, où la différence entre l'homme de science et l'illettré est beaucoup plus accentuée que partout ailleurs, ces deux individus fassent partie d'une même société ? Au lieu de considérer les diverses classes échelonnées dans une région, examinons les diverses régions contenues dans un État. Malgré les profondes différences qui les séparent, le Breton et le Provençal, le Lorrain et le Gascon ne sont-ils pas membres d'un même tout social ? N'y a-t-il pas, en somme, une civilisation semblable pour eux tous, un ensemble de sentiments profonds et intimes qui leur sont communs, en dehors bien entendu de ceux qui appartiennent à tous les hommes et même à tous

1. Chapitre I, § II.

les Européens ? Prenons même une unité politique plus considérable, et qui eut bien moins que la France d'aujourd'hui le caractère d'une nationalité ; prenons l'empire romain. Toutes les provinces de cet empire, qui sont aujourd'hui de véritables États, ne participèrent-elles pas pendant plusieurs siècles à une vie collective unique, se traduisant non-seulement par un gouvernement identique, mais encore par une même religion — là religion de Rome et de César —, par une littérature gréco-romaine qui rayonnait sur tout le monde méditerranéen, par la libre circulation des individus et des marchandises dans cette immense étendue, par la diffusion, à travers toutes ces régions, des idées, des mœurs, des manières de voir et d'agir régnant dans la capitale ? Et dès lors, ne formaient-elles pas vraiment une unique société ? Même dans les empires. fondés par des barbares, Mongols, Tartares ou Turcs, dès que la domination politique s'est un peu assise, il en a été de la sorte : l'assimilation s'est opérée progressivement entre les pays conquis, une seule société s'est formée par la réunion de peuples antérieurement distincts. Des différences locales parfois très considérables ont subsisté entre ceux-ci ; mais les ressemblances ont été plus fortes encore. Il a bien fallu qu'il en fût ainsi : car si la diversité avait continué à l'emporter sur l'unité, l'identité de domination politique n'eût bien vite plus été possible. Du jour où les conquérants auraient perdu leur supériorité guerrière — et elle se perd très vite — les peuples un instant assujettis auraient repris, avec leur indépendance, leur ancien morcellement. C'est ce qui explique qu'il y ait eu si peu de grandes dominations durables parmi toutes celles qu'a vues l'Asie. Celles-là seules ont pu le devenir, qui apportaient un principe d'unification sociale. On peut donc conclure que, partout du moins où l'on se trouve en présence d'une unité politique formée depuis un certain temps et ne présentant pas des signes évidents de dislocation, il y a aussi unité sociale, et qu'il y existe, malgré la diversité des cultures et des tendances locales, une seule et même société.

Si des différences de race, de culture, de région, n'empêchent pas l'unité sociale d'exister, *a fortiori* son existence n'est-elle pas entravée par de simples différences de rang. Il est vrai que, même chez nous, les hommes adultes semblent seuls compter dans l'association politique, puisque seuls ils ont le droit de prendre part aux élections par lesquelles le peuple choisit ses gouvernants et ses législateurs. Mais pourtant il n'est pas contestable que la femme et l'enfant fassent aussi partie de la société. Cela est évident dans nos contrées, où la loi civile leur reconnaît tant de droits. Et même dans les pays où leur condition est la pire, où ils sont traités en esclaves, il y a entre eux et leurs chefs de famille au moins la communauté de religion, qui en fait de véritables associés, quoique des associés inférieurs. — Il faut évidemment donner une réponse semblable pour les autres personnes qui peuvent rester attachées au foyer, cadets de famille protégés par le sentiment de la communauté d'origine, clients, serviteurs libres et semi-libres, voire même serfs attachés à la glèbe ou esclaves héréditaires. En somme, chez les anciens Romains, l'esclave lui-même était dans une certaine mesure un membre de la famille, puisqu'il participait aux *sacra*, puisqu'il pouvait représenter son maître dans la vie juridique. Il n'en fut plus de même, sans doute, aux temps de l'empire romain, quand, les esclaves se multipliant et leur origine se diversifiant, ils n'eurent plus avec le maître qu'un lien bien moins intime, fait surtout désormais de coercition et de crainte. Pourtant, on ne put pas dire, même alors, que maîtres et esclaves avaient cessé de faire partie d'une même société : des nécessités d'existence les enchaînaient encore les uns aux autres, et la civilisation dans laquelle vivait le maître rayonnait jusqu'à l'esclave. Seulement il est certain que l'union morale n'existait plus guère, et ce fut l'une des principales causes qui activèrent la dissolution de l'empire. On pourrait répéter la même chose pour l'esclavage perpétué, jusqu'à une date voisine de nous, par l'avidité des colons européens en Amérique, et, jusqu'à nos jours même, par les odieuses expéditions des trafiquants arabes au cœur de l'Afrique. L'esclavage partout est une plaie de la société, s'il établit une trop grande distance entre le maître et l'esclave.

On a raison de penser, en ce sens, qu'il est une institution antisociale. Malgré tout il semble bien difficile de nier qu'il soit aussi, en un sens, une institution sociale, puisque, entre le maître et l'esclave, il existera toujours quelque association, l'un fournissant son travail, l'autre assurant, par intérêt personnel sans doute, mais enfin assurant la sécurité du premier. — Par suite, il faudra nécessairement reconnaître l'existence d'une société entre les diverses castes d'une nation. On a dit parfois que les castes, en Égypte et dans l'Inde par exemple, sont autant de véritables sociétés superposées, fermées les unes aux autres par la religion et par le sang. Nous serions assez portés à croire qu'il y a là quelque exagération : les Dieux communs à tout le peuple formaient bien le principe d'une unité religieuse générale; le mélange des sangs n'a sans doute pu jamais être totalement empêché. Mais ces allégations fussent-elles exactes, il resterait au moins ceci, qu'aucune de ces castes n'était par elle-même un groupe complet, puisque chacune ne remplissait qu'une des fonctions de la vie sociale (sacerdoce, guerre, agriculture, industrie) et avait besoin du concours de toutes les autres pour vivre. D'ailleurs, il ne faudrait pas croire que les castes aient été, dans chaque nation, en si petit nombre qu'on le dit d'ordinaire. Les quatre castes des Indous se subdivisaient chacune en une très grande quantité de sous-castes (1). Les divers ordres de mandarins que connaît la Chine peuvent nous donner une idée des diverses sous-castes des brahmanes. Or, bien que la distance fût considérée comme très grande d'un rang à l'autre (2), on ne

1. A. de Quatrefages. *Rapport à la société d'anthropologie sur le prix Godard;* analyse de l'ouvrage de M. E. Roubaud, *Recherches sur l'Inde Méridionale (Bulletin de la Société d'anthropologie,* 1869, p. 502 ss.).

2. On sait que la hiérarchie est la manie de l'Orient. Dans notre armée cochinchinoise, où les indigènes ne dépassent pas le grade de sous-officier, il a fallu créer pour eux trois classes de soldats, trois classes de caporaux, trois classes de sergents; et chacune se croit infiniment loin de celle qui la suit. Le « tchin » russe n'est guère autre chose.

saurait raisonnablement prétendre que chacun d'eux constituât une société intégrale. Ainsi une caste n'est jamais, en somme, qu'un fragment de société, et l'existence de la hiérarchie marquée ne détruit pas celle de l'unité sociale. A plus forte raison ne peut-on soutenir que les classes dessinées dans nos Etats modernes par le genre de travail ou le degré de richesse forment chacune une société distincte : au contraire, la société n'existe que par la réunion et le concours de ces classes.

Voici donc la conclusion à laquelle il faut forcément aboutir. Si éloignés que des hommes soient par la race, la culture, la fortune ou le pouvoir, dès qu'ils vivent côte à côte, dès qu'ils entrent en relations pacifiques (1), dès qu'ils participent d'une manière durable à une vie commune englobant leur activité sous toutes ses formes, dès ce moment ils font partie d'une même société, et le fait seul de la vie sociale nivellera peu à peu leurs conditions, égalisera leurs cultures, mélangera leurs sangs. La vie sociale est si naturelle à l'homme qu'elle s'établit en dépit de toutes les entraves et finit par faire disparaître toutes les distinctions originaires, sauf à en créer de nouvelles, qui ne sont peut-être pas moins intolérables.

Ceci même nous permet de résoudre une dernière question. La société, avons-nous vu, comprend tous les individus humains que renferme la nation. Mais n'en renferme-t-elle pas davantage? A côté des nationaux, vivent souvent sur leur sol des étrangers, ressortissant à une autre puissance. Font-ils partie de la société au sein de laquelle ils vivent? Nous croyons qu'il faut répondre par une distinction. Si ces étrangers ne sont que de passage, s'ils ont gardé l'esprit de retour, de retour prochain dans leur patrie d'origine, si par suite ils ne se sont pas trop laissé entamer par les mœurs et la civilisation du pays qu'ils habitent momentanément, il faut répondre qu'ils ne sont pas

---

1. La relation du maître le plus cruel à son esclave est encore, en un sens, une relation pacifique, puisqu'elle suppose l'existence d'une loi ou d'une autorité commune à tous les deux et donnant au premier des droits sur le second.

devenus membres de la société de ce pays. Mais si au contraire ils s'y sont établis à poste fixe, si, bien qu'ils n'en soient pas devenus citoyens (par une simple négligence peut-être), ils en ont accepté la manière générale de vivre, s'ils en ont pris l'esprit et le caractère, épousé les passions et préjugés, alors nous ne mettons pas en doute qu'ils soient vraiment compris dans cette société d'adoption bien plus que dans leur société d'origine. Pour être pleinement membre d'une société, il ne suffit pas d'être localement englobé par elle, il faut surtout lui appartenir par l'esprit et le cœur. Et quand il y a conflit entre ces deux éléments, peut-être la prédominance doit-elle rester au dernier. Le Français établi à l'étranger, s'il a gardé les mœurs de son pays d'origine, et même l'étranger qui dans sa propre patrie vit à la française, ne lit que des œuvres françaises, ne se plaît qu'aux choses de la France, ne sont-ils pas, en somme, des membres de notre société ?

II

Nous venons de répondre, par l'affirmative (sauf une distinction en ce qui concerne les étrangers) à la première question posée au début de ce chapitre : « tous les êtres humains qu'on rencontre à l'intérieur d'une société en sont-ils membres ? » Il nous reste à examiner le second problème : « n'y a-t-il que des êtres humains qui fassent partie de la société ? »

Une doctrine, qui peut invoquer à son appui des autorités considérables (1), estime qu'à cette nouvelle question c'est la solution négative qui convient. Il faut faire entrer dans la société, dit-elle, tout ce qui contribue à en entretenir la vie. Ainsi doivent faire partie du corps social : les animaux destinés par l'homme à l'aider dans ses travaux (cheval, bœuf de labour, etc.), à lui servir de distraction (animaux familiers), à être ses

1. Spencer, *Principes de sociologie*, § 220. — Schaeffle, *Structure et vie du corps social, passim*.

auxiliaires dans sa lutte contre d'autres animaux (chiens de
chasse, faucons, etc...), ou même simplement à lui fournir son
vêtement (vers à soie), sa parure (huîtres perlières), ou bien sa
pâture (troupeaux de moutons, de chèvres, etc... ; gibier ; poissons divers ; mollusques et crustacés). A côté d'eux, il faut placer les végétaux qui servent à des usages analogues. On y doit
joindre les minéraux, indispensables à l'industrie ; et même la
terre, l'air et l'eau, qui sont les forces productrices de tous ces
êtres. En un mot, tout ce qui sert à l'usage des hommes, tout
ce qui les relie entre eux (on y fait même parfois rentrer le langage), doit être considéré, dit-on, comme élément de la société.

C'est là une doctrine que nous ne saurions admettre. A vrai
dire, elle a pour point de départ une idée que nous avons déjà
repoussée. Son but, avoué ou non, est de répondre à l'objection
qu'on tire, contre le rapprochement de l'organisme et de la
société, du caractère continu de celui-là, discontinu de celle-ci.
En faisant entrer dans la société le sol, l'eau et l'atmosphère,
on en démontrera, pense-t-on, la continuité. Mais nous avons
vu précédemment (1) que cette réponse n'est nullement nécessaire pour faire tomber l'objection. Car d'une part l'organisme
n'est pas aussi continu qu'il semble, et d'autre part l'homogénéité psychique des éléments de la société lui assure à elle-même
une continuité très suffisante. Il n'était donc pas besoin, pour
rendre la société continue, de lui attribuer ces éléments nouveaux,
qui en réalité lui sont étrangers. En effet, la société ne comprend que des êtres qui ont mis en commun toute leur activité.
Cela exclut d'abord tous les êtres non vivants, eau, air, terre,
minéraux, qui n'ont pas à proprement parler d'activité. Mais
cela exclut aussi les plantes et les animaux qui ne servent à
l'homme que de pâture ou de vêtement. Car ce serait une
amère ironie de dire qu'ils ont mis leur activité en commun
avec la nôtre. Il y a, sans doute, des animaux qui semblent nos
associés : le chien, le cheval, par exemple ; et pourquoi, dira-t-
on, feraient-ils moins partie de notre société que les esclaves,

1. Chapitre II.

souvent moins bien traités qu'eux, et retirant moins de profit
de l'association ? Il est vrai, répondrons-nous, que ces animaux
forment avec leur maître une petite association locale dont
celui-ci est le centre. Mais ils ne sont pas les associés des autres
hommes, tandis que les esclaves sont en relation avec la société
tout entière. D'ailleurs l'esclave a presque toujours la possibilité d'être affranchi, de devenir un « membre actif » de la société,
au lieu d'en être seulement un « membre passif » ; tandis qu'il
n'y a rien de tel pour l'animal domestique, rivé par la nature à
une condition irrémédiablement inférieure. En un mot, la
société véritable ne peut exister qu'entre êtres de même espèce
(au sens zoologique de ce mot). Chaque société animale ne comprend que des animaux d'une seule espèce (fourmis, abeilles,
termites), bien qu'il puisse y avoir des associations mutualistes
ou symbiotiques entre animaux d'espèces diverses. Pareillement,
il peut y avoir association entre l'homme et tel ou tel animal,
mais il n'y a proprement société de l'homme qu'avec l'homme
même.

Bien entendu, au reste, nous ne nions pas le très grand rôle que
jouent le milieu physique et les productions végétales et animales dans la vie des sociétés, ni la très réelle importance que doit
leur attacher le sociologue. Nous irons même plus loin. Nous
reconnaîtrons que certaines choses, inanimées par leur nature,
peuvent, quand elles sont utilisées par l'industrie humaine,
prendre dans la société un rôle analogue à celui de diverses classes d'hommes, qu'elles suppléent en quelque sorte. Ainsi, ce
qui correspond, dans la société humaine, aux cellules épithéliales externes de l'organisme, aux cellules de revêtement et de
protection, c'est l'ensemble des soldats qui veillent aux frontières. Or, le fait d'élever à la frontière des fortifications, des
bastions, des batteries, augmente beaucoup la force de résistance de ces soldats, et par là permet d'assurer à la société la
même sécurité avec un moindre nombre de défenseurs humains.
Les forts sont donc, pour la protection de la société, l'équivalent
de ces soldats qu'ils dispensent de placer à la frontière. En ce
sens, ils font, pourrait-on dire, partie de la société, comme y

remplaçant des individus vivants. Donc ils sont, indirectement, les analogues sociaux de ce que sont dans l'organisme les cellules de revêtement ; indirectement, disons-nous, c'est-à-dire simplement comme les suppléants des êtres vivants qui en sont les analogues directs. — D'autres faits sont voisins de celui-là. Ainsi, aux vaisseaux sanguins, qui distribuent dans l'organisme les aliments, correspondent dans la société les marchands, qui vont porter à une région les produits de l'autre. Dans les pays où il n'y a pas de route bien tracée ni bien sûre, au Sahara par exemple, ces marchands ne peuvent voyager que par grandes troupes, par caravanes. Là au contraire où les routes sont d'accès facile, comme dans nos pays, un moindre nombre d'hommes suffit pour apporter la même quantité de denrées aux régions qui en sont dépourvues. Les routes économisent donc, en principe, des marchands. Il est vrai que parfois, au contraire, elles en multiplient le nombre ; mais c'est qu'alors elles accroissent le chiffre des produits transportés ; le perfectionnement des routes agit en ce cas comme ferait une multiplication des vaisseaux sanguins : il active la circulation. Mais supposons que la quantité de denrées offertes reste la même : il est très probable que le nombre des négociants aura diminué. En effet, le meilleur état des voies de communication aura rendu inutiles les caravanes : et les marchands isolés pourront venir plus souvent, ce qui fait qu'il en viendra moins. Ainsi, normalement, le progrès des routes entraîne, toutes choses égales par ailleurs, la réduction du chiffre des traitants. On est donc amené à conclure que les routes prennent, dans la société, le rôle des négociants qu'elles suppriment. Et il en est de même, a *fortiori*, pour les chemins de fer, qui dispensent absolument du marchand ambulant. Ces deux sortes de voies de communication sont donc, socialement, les suppléants, les succédanés d'êtres vivants. On est autorisé par là à les rapprocher médiatement des vaisseaux sanguins, auxquels correspondaient directement les marchands qu'elles ont remplacés. — Pareillement, les fils télégraphiques ont remplacé les courriers, et sont médiatement comparables aux nerfs. — Autre exemple, plus frappant encore. Les muscles, moteurs de l'organisme, ont pour analogue social les manœuvres, qui représentent dans l'industrie humaine l'activité purement motrice. Mais aujourd'hui les manœuvres sont de plus en plus remplacés par des machines, qui font la même besogne plus vite, mieux, et moins cher. Ces machines prennent dans la société la place des manœuvriers, et deviennent ainsi, toujours indirectement, comparables aux muscles de corps animé. Un auteur contemporain a bien saisi et bien exprimé cette idée, en une page dont nous extrayons les lignes les plus saillantes. « Nos machines », écrit M. Louis Bourdeau (1), « nos machines si variées de forme et d'emploi représentent l'équivalent d'un règne nouveau, intermédiaire entre les corps bruts et les corps vivants, qui a la passivité des uns, l'activité des autres, et les exploite tous à notre profit. Ce sont des contrefaçons d'êtres animés, capables d'imposer à des substances inertes un fonctionnement régulier. Leur ossature de fer, leurs organes d'acier, leurs muscles de cuivre, leur âme de feu, leur souffle haletant de vapeur et de fumée, le rythme de leurs mouvements, parfois même leurs cris stridents ou plaintifs, qui expriment l'effort ou simulent la douleur, tout contribue à leur donner une animation fantastique, fantôme et rêve d'une vie inorganique.... Ces créatures dont la force égale la docilité, nous avons en elles des légions d'esclaves robustes, infatigables, d'une agilité, d'une adresse merveilleuses, dont nous pouvons abuser sans scrupule et entendre les gémissements sans remords.... »

Que ressort-il de ces lignes, d'une pittoresque et énergique vérité ? C'est que les machines viennent prendre dans la société la place dévolue jadis à l'esclave, aujourd'hui au manœuvre salarié, retirant, hélas, trop souvent à celui-ci l'unique gagne-pain de sa famille. Elles ne sont donc pas quelque chose qui s'ajoute à la société du dehors, pour permettre aux hommes de s'en remettre de leurs travaux à la nature, comme l'avait chanté en des vers célèbres Antipatros. Elles n'aident pas seulement

---

1. *Les forces de l'industrie.* — Cité par A. Bordier, *la Vie des Sociétés*, chap. XV, § 9.

l'homme, elles le remplacent; et le remplacer, c'est souvent le
faire mourir. Sans doute, cet effet funeste — qui ne saurait
d'ailleurs faire oublier les immenses services qu'elles rendent
à la civilisation — ne se produit pas lui-même toujours. L'homme qu'elles rendent inutile pourra peut-être trouver un autre
emploi de son activité, souvent dans les industries mêmes que
leur usage aura permis de développer. S'il disparaît, sa place
dans le monde sera prise par d'autres qui naîtront, en vertu de
cette grande loi, de plus en plus confirmée par la statistique,
qui veut que les vides faits par la mort dans un peuple normalement constitué soient immédiatement comblés par une surac-
tivité des fonctions génératrices (1). Les hommes ainsi engendrés, n'ayant plus à faire les pénibles travaux accomplis désormais, pour eux, par les machines, pourront se tourner vers d'autres tâches plus utiles, moins accablantes, et plus hautes. La
somme des forces aura été accrue dans la société, et par conséquent la somme du bonheur, quoique que ce soit au prix de
bien des souffrances individuelles. Mais l'idée générale n'en
reste pas moins exacte: la machine élimine l'homme en prenant
pour elle la tâche qu'il accomplissait. Il est donc vrai que des
choses peuvent, dans certains cas, arriver à jouer dans la société
le rôle primitivement dévolu à des êtres vivants. Seulement,
nous le voyons, ce n'est jamais sans de graves et souvent douloureuses conséquences. Et l'importance même de ces faits ne
doit pas nous faire méprendre sur leur sens véritable. Si les
choses peuvent ainsi devenir les « substituts » d'êtres vivants,
jamais pourtant elles n'ont originairement accompli ce que
ceux-là faisaient. De même, des êtres vivants inférieurs à l'homme sont venus, par suite de progrès qui remontent déjà à des
siècles, l'aider, ou plutôt le remplacer dans sa tâche. Le chien
qui garde nos troupeaux, le bœuf qui laboure nos champs, font
ce que firent jadis les esclaves, ou même leurs maîtres. Mais
toujours, au début, c'est l'homme qui opérait directement les

1. Voir sur cette loi: J. Bertillon, *La natalité en France* (*Revue
Internationale de Sociologie*, janvier 1893).

tâches dont il s'est depuis déchargé sur ces forces inférieures.
Il fut un temps, révélé par les débris paléontologiques, où l'espèce humaine n'avait encore domestiqué ni le cheval, ni le
renne, ni le chien. La société humaine, à cette date, était évidemment réduite aux hommes. Il semble aujourd'hui qu'elle se
soit élargie, des offices humains se trouvant confiés à des animaux, ou même à des choses inanimées. Nous croyons pourtant
que, dans la rigueur du langage scientifique, il ne faut pas parler d'une véritable extension de la société humaine à ces diverses sortes d'êtres. — Cette extension pourrait peut-être se trouver
justifiée, si nous possédions encore de véritables esclaves. Car
alors on pourrait dire que nous avons, dans notre société même,
des êtres humains auxquels nous ne reconnaissons pas plus de
droits qu'à ces machines qui de plus en plus prennent leur
place. Mais heureusement il n'en est plus ainsi. L'esclavage, à
l'honneur de nos civilisations, a disparu de nos pays. Ce n'est
que par une métaphore tout à fait injustifiée que certaines écoles
veulent lui assimiler la condition du prolétaire moderne. De
nos jours, dans nos pays, on reconnaît à tout être humain, en
théorie tout au moins, des droits imprescriptibles à la vie physiologique et morale, à l'intégrité et au développement de son
corps et de son esprit. L'étranger, le pauvre, l'enfant, la femme,
tous les déshérités d'autrefois, voient diminuer l'abîme qui les
séparaient des heureux, des maîtres. — Mais alors, inversement,
le fossé se creuse entre ces derniers membres de l'humanité et
tout le reste de la nature. On commence bien à reconnaître
que nous avons quelques devoirs envers les animaux, mais si
platoniquement ! Quant aux plantes, qui sont pourtant des vivants elles aussi, personne n'a songé à parler de leur « droit à la
vie ». Et pour les forces physiques, ce sont (on vient de nous
le dire) des esclaves « dont nous pouvons abuser sans scrupule et entendre les gémissements sans remords ». Cette idée
n'est peut-être point juste pourtant. L'homme doit quelque gratitude à la nature ; et son intérêt seul lui commanderait de la
ménager. On sait ce qu'il lui en a coûté d'avoir déboisé les
montagnes ; trop souvent il a à regretter d'avoir épuisé la fécon-

dité de la terre. Mais il faudra longtemps encore à l'homme pour
en arriver à étendre ainsi la notion de « société » aux rapports
qui l'unissent à la nature ambiante. Avant de constituer la
société universelle, il faudrait faire celle du genre humain, et
nous savons qu'elle n'est pas près d'être instaurée. Qui plus est,
nous l'avons vu il y a un moment, l'homme, en se rapprochant
de son semblable, paraît s'éloigner de tous les autres êtres. Nous
ne voulons pas conclure qu'il soit logiquement impossible que
les choses entrent un jour dans la société humaine. Mais nous
persistons à penser, sans préjuger de l'avenir, qu'elles n'y sont
pas encore entrées. Les seuls membres de la société, à l'heure
présente, sont les êtres humains.

III

Les deux questions relatives aux éléments du corps social,
posées au début de ce chapitre, ont maintenant reçu leur
réponse. Cette discussion toutefois ne serait pas complète, si
nous ne mentionnions une opinion originale, que nous avons
rencontrée chez deux auteurs de grande valeur, M. Edward
Tylor et M. Tarde, qui semblent y être arrivés par des voies
différentes sans se connaître l'un l'autre. Dans cette opinion, les
éléments véritables du corps social ne seraient, ni des choses,
ni des hommes, mais des institutions. C'est uniquement dans
l'humanité que les savants auteurs cherchent le principe de la
société ; mais la société n'est pas pour eux un être concret,
comme l'homme même ; elle est un être abstrait, un rapport
d'êtres. Or les éléments d'un tout doivent être homogènes à ce
tout ; les éléments de la société ne peuvent donc, pas plus qu'elle,
être des individus concrets, ce doivent être comme elle des
abstractions, des rapports d'individus. Les rapports d'homme à
homme, dès qu'ils sont un peu généralisés, constituent les
mœurs ou institutions. Les institutions sont donc les vrais éléments de la société. — Cette conception, remarquons-le, devait
assez naturellement venir à des sociologues qui se préoccupent

surtout d'étudier la marche des idées, la diffusion des découvertes, dans l'intérieur de chaque société et d'une société à l'autre. Pour M. Tarde, chaque invention donne naissance à un être ; l'imitation qui la propage en constitue la vie (1). Cet être, c'est l'idée découverte, le mot imaginé, l'instrument fabriqué, la loi établie, le contrat passé. Chacun d'eux, une fois créé, tend à vivre par ses propres forces, à se faire accepter par un nombre d'hommes sans cesse plus considérable, à proliférer à son tour. Ces êtres sont essentiellement envahissants; ils sont amenés par là à engager entre eux une lutte pour la vie qui devient fatale à la plupart (2). — Ils rappellent par là, d'une façon frappante, les êtres qu'étudie le biologiste. Ce n'est point d'ailleurs le seul point de contact qu'ils présentent avec les animaux. D'autres analogies, non moins remarquables, peuvent encore être relevées entre ces deux classes d'êtres. La marche d'un besoin, d'une invention utile, peut, suivant le même auteur, se traduire à nos yeux par une courbe graphique, tout comme la marche d'un quadrupède ou le vol d'un insecte. « Est-ce qu'il y a moins de symbolisme ici que là? Est-ce que mon image rétinienne, ma *courbe graphique* rétinienne du vol de cette hirondelle n'est pas seulement l'expression d'un amas de faits (les divers éléments corporels de cet oiseau) et d'une série de faits (les divers états de cet oiseau) que nous n'avons aucune raison de regarder comme analogues le moins du monde à notre impression visuelle? » D'autre part, on connaît cette loi remarquable de l'évolution organique, si bien développée par Hœckel, en vertu de laquelle « l'embryogénie individuelle est une condensation de l'évolution de l'espèce », ou encore « l'ontogénie répète en l'abrégeant la phylogénie ». Ce

1. « Ces véritables êtres sociaux que j'appelle inventions ou découvertes » (G. Tarde, *Lois de l'imitation*, chap. IV, p. 142).

2. « Les réalités sociales, idées ou besoin, ne sont pas moins ambitieuses que les autres, et c'est en elles que se résolvent à l'analyse ces entités sociales qu'on nomme les mœurs, les institutions, la langue, la législation, la religion, les sciences, l'industrie et l'art » (*Lois de l'imitation*).

qui veut dire, en langage ordinaire : la série des formes par laquelle une espèce a passé dans son développement à travers les âges, se retrouve, mais naturellement très condensée, dans le développement de l'embryon actuel appartenant à cette espèce. Généralement même, plus le type organique considéré est élevé, plus l'ontogénie est condensée : les stades ancestraux sont franchis plus vite, l'embryon prend rapidement une forme très voisine de celle de ses générateurs immédiats. Or il en est de même, semble-t-il, pour les institutions humaines, qu'elles soient intellectuelles, industrielles ou politiques (1). Lorsque l'inventeur d'une doctrine la transmet à ses disciples, il y a chez ceux-ci genèse d'une conception nouvelle. Cette conception doit lutter, dans leur esprit, contre les mêmes obstacles qu'elle a eu à surmonter pour s'implanter dans la pensée du maître : idées reçues, préjugés, scrupules divers, etc... Elle passe donc par les mêmes phases de combat, de défaites et de victoires partielles, enfin de triomphe définitif, qu'elle a déjà connues chez celui-ci. Mais naturellement ces phases sont très abrégées : le fait que cette idée nouvelle est déjà enseignée par quelqu'un lui donne beaucoup plus de force, lui permet de triompher bien plus tôt. Son embryogénie se trouve donc considérablement condensée. Un peu plus tard, se répandant de bouche en bouche, reproduite par l'enseignement officiel, elle sera acceptée presque sans hésitation par la grande masse des individus, elle y germera presque instantanément. Il en serait de même, si, au lieu de suivre la reproduction d'une idée, nous suivions celle d'une institution quelconque. Le parlementarisme anglais s'est reproduit dans les colonies britanniques, en éprouvant des difficultés analogues à celles que son établissement avait rencontrées dans la mère-patrie (résistance des chefs qui veulent garder toute l'autorité), mais déjà amoindries par l'exemple même de celle-ci ; ici encore il y a eu abréviation des stades primitifs. De même le pionnier qui va construire une ferme dans le Far-West trouve la plupart des difficultés qu'avait eues l'homme primitif à se rendre maître

1. *Lois de l'imitation*, chap. I, p. 31-9.

de la nature, mais il les vainct beaucoup plus vite, grâce à l'expérience des siècles qu'il sait mettre à profit; sa forme sera un résumé des progrès accomplis depuis un temps très lointain dans ce genre de construction. La loi de condensation embryogénique caractérise donc les institutions au même titre que les végétaux et les animaux. —L'ensemble de ces analogies a conduit les deux auteurs que nous citons à conclure à un parallélisme total. « Une invention humaine » dit M. Tarde (1), « est à la science sociale ce que la formation d'une nouvelle espèce végétale ou animale — ou bien, dans l'hypothèse de l'évolution lente, chacune des modifications individuelles qui l'ont amenée — est à la biologie ». « L'étude des caractères de culture peut être comparée à l'étude des animaux et des plantes », écrit à son tour M. Tylor, qui y ajoute même une démonstration originale, en montrant que la distribution géographique des institutions coïncide (dans une certaine mesure) avec la distribution des animaux et des plantes (2). « Pour l'ethnographe », selon cet auteur, « l'arc et la flèche constituent une espèce, et l'habitude de déformer le crâne des enfants, et de compter par dix, en sont d'autres ». Ne nous trompons pas sur le sens de ce mot « espèce », qu'on aurait tort d'opposer au mot d'individu dont les mêmes écrivains se servent parfois. L'idée inventée, tant qu'elle ne réside que chez un seul être humain, l'outil fabriqué, tant qu'il est unique, sont des individus. Mais cette idée va être adoptée par d'autres hommes, cet outil reproduit par eux. Et alors l'ensemble de ces idées ou de ces outils constituera une espèce. La théorie ainsi semble complète. Elle détermine ce qu'est en sociologie l'individu, ce qu'y est l'espèce. Elle établit un parallélisme curieux et prolongé entre les réalités vivantes et les réalités sociales.

Cette doctrine est séduisante. A vrai dire, elle remonte beaucoup plus haut que les distingués écrivains auxquels nous

1. *Lois de l'imitation*, chap. I, p. 12.
2. Edward B. Tylor, *la Civilisation primitive*; traduction française. tome I, pages 9, 10 et suivantes.

l'empruntons. Elle est née le jour où un philosophe imagina de concevoir les idées comme quelque chose de distinct de l'individu humain en qui elles se produisent, comme des êtres ayant une réalité propre. Or, c'est là la théorie de David Hume; c'était même celle de Spinoza, qui déjà niait l'individualité de l'esprit humain, faisant directement de chacune de ses idées un mode indépendant de la pensée divine. Mais, outre l'autorité de ces grands noms, la théorie que nous exposons peut invoquer des arguments qui ne manquent pas de solidité. D'abord les comparaisons qu'elle présente entre les institutions et les organismes sont exactes. Puis, en bonne logique, il n'y a aucune raison pour refuser à l'institution le caractère d'individualité qu'on reconnaît à l'être humain. Qu'est-ce en effet que l'être humain? Nous l'avons vu, ce n'est pas une unité simple, c'est une unité très complexe. L'homme est un composé d'une infinité d'êtres (les cellules) eux-mêmes infiniment composés. Il représente un groupement d'êtres plus ou moins dissemblables, associés dans l'espace pour mener une vie commune. Mais qu'est l'institution? C'est la répétition dans l'espace et dans le temps d'un certain fait. Pour que cette répétition donne naissance à une individualité, il faut que deux conditions soient remplies : il faut d'abord que les faits élémentaires aient eux-mêmes le caractère d'individu, et il faut ensuite qu'ils forment entre eux une véritable association vitale. Ce second point est le moins contestable : il est vrai que ces faits sont disséminés dans l'étendue et dans la durée, mais nous avons vu qu'une semblable dissémination n'empêche pas la continuité sociale, pourvu qu'il y ait homogénéité et action réciproque entre les unités; or, cette homogénéité est ici réalisée, et l'action réciproque n'est pas douteuse, puisque ces faits se sont engendrés les uns les autres et que, très certainement aussi, les derniers formés réagissent sur les plus anciens. Mais ce qui est plus contestable, c'est que le caractère individuel appartienne réellement à une idée, à une invention économique, morale, juridique, politique. Tant que l'invention demeure à l'état de conception dans l'esprit d'un homme isolé, elle ne se détache pas de la personnalité

de cet homme, elle ne se distingue pas de lui. Lorsqu'elle se manifeste au dehors, lorsqu'elle « prend corps » en s'incarnant dans
un outil ou une machine, dans un contrat ou dans une loi, elle
a fait un pas vers l'individualité; mais ce pas ne nous semble
point encore décisif, car il faudra toujours que des hommes
veuillent se servir de l'outil ou de la machine, suivre le contrat
ou la loi, pour que ceux-ci vivent véritablement. En somme
donc, toute la réalité de l'institution réside dans l'homme qui la
crée ou la subit. — Logiquement, sans doute, il est à peu près
impossible d'en donner une raison totalement satisfaisante. Car en
somme cet esprit humain, par lequel seul vit l'idée, est fait lui-
même d'idées. Si on l'analyse, on n'y découvrira rien autre chose
que des concepts. Or, pourquoi ces concepts, qui se trouvent
actuellement groupés en esprits individuels, ne pourraient-ils pas
être dissociés; et ainsi dégagés de leurs premiers liens, être unis
à d'autres concepts, suscités par eux dans d'autres esprits, mais
semblables à eux, de façon à former des associations nouvelles,
fondées, non plus sur la contiguïté, mais sur la ressemblance ?
Pourquoi, en un mot, au lieu de disposer les concepts par esprits,
d'après leurs liens dans l'espace, ne les disposons-nous pas par
séries, d'après leurs analogies intrinsèques ? La simple logique,
encore une fois, n'en rend pas raison. — Mais la vie répond à sa
place. Un esprit humain, sans doute, peut ainsi être disséqué
quand on se met au pur point de vue anatomique, statique, et
alors on a le droit de dissocier ses éléments pour les faire entrer
dans des groupements d'un autre ordre. Seulement, si l'on se
place au point de vue physiologique, dynamique, on voit que
toutes les idées qui composent un esprit, forment une unité fonctionnelle véritable, comme toutes les cellules qui composent un
corps. Car elles agissent et réagissent incessamment les unes sur
les autres ; chacune subit, de la part de toutes, des modifications
continues ; pour s'adapter entre elles, elles cèdent un peu du leur,
en même temps qu'elles imposent à leurs voisines quelque chose
de leur propre caractère. Un esprit (tout comme un organisme)
est donc physiologiquement un, s'il est anatomiquement multiple. Et l'on ne peut plus dissocier ses éléments sans briser le

principe de leur vie. Or, sans doute, des rapports analogues à ceux qui existent ainsi entre les idées d'un même esprit peuvent s'établir entre des idées appartenant à des esprits différents. L'inter-action, nous l'avons reconnu, peut ici également apparaître. Mais jamais elle n'atteint à ce caractère d'intimité qu'elle a dans l'intérieur d'un esprit. Une seule remarque suffit à le prouver. Tout esprit peut légitimement aspirer à devenir immortel par ses œuvres. Qu'il enfante une idée grande, qu'il la transmette à d'autres esprits ; cette idée ira se développant sans cesse, et elle vivra dans l'humanité d'une vie indéfinie. Si l'union était vraiment étroite entre les conceptions semblables de divers esprits, c'est de cette existence-là que chacune de nos idées voudrait vivre. Eh bien, cependant, il n'est guère d'homme qui ne voie là une immortalité qu'il qualifie d' « impersonnelle ». Sans en faire fi assurément, presque tous nos semblables (et il ne peut être question ici pourtant que d'hommes placés à un certain niveau intellectuel, les seuls qui soient capables d'apprécier cette immortalité) préféreraient la survivance « personnelle », c'est-à-dire la survivance de tout leur esprit, formant pour eux une collectivité qu'ils souhaitent indissoluble. Un homme peut n'avoir vécu que pour une idée ; on croirait que tous ses désirs se bornent à la voir adopter par l'humanité ; il n'en est rien : il demande encore, il demande surtout de pouvoir jouir lui-même dans une autre vie de ce triomphe. Tous les hommes ne sont point ainsi faits, sans doute ; il en est quelques-uns qui constituent une exception, et ce sont à la fois les plus sages et les plus grands. Mais ceux-là sont bien loin en avant de leur siècle, et la majorité ne les suit pas. Qu'est-ce que cela prouve ? Cela établit, croyons-nous, que les idées d'un même esprit se sentent solidaires les unes des autres (quelque désaccord qu'il y ait souvent entre elles) plutôt que solidaires des idées similaires existant dans d'autres esprits. Cela établit que, jusqu'à présent du moins, le groupement le plus intime des idées, celui qui donne seul naissance à un ensemble présentant les caractères de l'individualité, — et notamment son caractère le plus élevé, la conscience de soi et la volonté de vivre pour soi,

— c'est le groupement par esprits. Ici encore, sans doute, il faut réserver l'avenir. Il est possible que le groupement des idées par séries fondées sur la similitude doive un jour l'umporter. Nous verrons bientôt, en étudiant les divers modes d'assemblage des cellules au sein de l'organisme, des hommes au sein de la société, qu'il s'est produit, au cours de l'évolution, des substitutions plus radicales que celle-là. Mais enfin celle dont nous parlons n'est pas encore opérée ; elle n'est pas encore, semble-t-il, très près d'être généralement acceptée. Pour aujourd'hui, les idées vivent en série globale sous la forme d'esprits, plutôt qu'en série linéaire sous la forme d'inventions imitées. Les inventions elles-mêmes semblent toujours avoir besoin d'être supportées par des esprits, ne pouvoir être conçues qu'en ceux-ci ou du moins grâce à ceux-ci. Il serait donc tout-à-fait prématuré de soutenir que les institutions sont dès maintenant les vrais facteurs de la société humaine. L'élément dernier de cette société, c'est toujours, en définitive, l'homme lui-même.

IV

Sachant quels sont les éléments du corps social, nous pourrions passer à leur étude détaillée, à l'examen de la structure interne des sociétés. Mais il nous faut d'abord nous arrêter un moment, pour jeter un coup d'œil, comme nous l'avons annoncé, sur leur structure externe.

De la forme extérieure des sociétés, il y a du reste bien peu de choses à dire. Cela n'a rien de fort étonnant, vu le faible développement qu'ont les études du même ordre en ce qui concerne les organismes. Les zoologistes s'occupent généralement fort peu de l'aspect externe des animaux qu'ils étudient. Ce sont plutôt les artistes, dessinateurs, sculpteurs, ou peintres, qui ont fait faire à l'étude de cette forme les rares progrès qu'elle ait accomplis. Il en est autrement, sans doute, pour les plantes, ou pour ceux des animaux qui ont le don d'exciter la passion des collectionneurs, comme les oiseaux, les insectes ou les mollusques pourvus d'une coquille. Mais, ici encore, la science proprement dite n'est guère intervenue. Scientifiquement parlant, la morphologie externe des animaux supérieurs reste presque complètement à faire. Comment s'étonner dès lors que la morphologie externe des sociétés, manquant de termes de comparaison avec les études biologiques, ne puisse point aisément être édifiée?

Une autre raison nous rend particulièrement difficile la constitution de cette branche de la science sociale. C'est que, en vertu des considérations développées plus haut, nous avons exclu, du nombre des éléments sociaux, et les choses, et les institutions. Or, c'est sur la considération des choses comprises dans la société et de ses institutions qu'on pourrait surtout songer à fonder des théories de morphologie externe. En effet, si l'organisme social est seulement composé d'êtres humains (comme nous le croyons), sa continuité reposera uniquement sur l'homogénéité de leur nature et sur leur action réciproque. Ce ne sera pas une continuité du même genre (quoique ce soit peut-être une continuité plus réelle) que celle du corps vivant, où les éléments, sans se toucher véritablement, semblent pourtant être absolument contigus les uns aux autres. Dès lors, on comprend combien il est malaisé de parler de la forme extérieure d'une société. Dans un organisme, les cellules agencées forment une seule masse, qui a des contours définis dans l'espace. Mais, dans la société, les éléments — qui sont des êtres humains — changent à chaque instant de position spaciale, tant par rapport les uns aux autres que absolument parlant. L'organisme social n'a donc point une forme définie, ni même une forme d'ensemble unique. Il se compose d'une multitude de petites masses séparées, dont les relations mêmes varient sans cesse. On sent qu'il en serait autrement si on faisait entrer dans la société, avec le sol que ses membres foulent, l'air qu'ils respirent, jusqu'à la hauteur où l'homme peut y vivre. En ce cas, évidemment, bien qu'il restât fort difficile de donner un dessin de la société, puisqu'elle se compose d'unités essentiellement mobiles), du moins on pourrait figurer la masse atmosphérique dans laquelle toutes celles-ci seraient plongées. Il n'en est plus ainsi dans notre doctrine. Nous pouvons sans doute indiquer une limite définie à la société en longueur et en largeur : cette limite est marquée par celle de son territoire, et encore faudrait-il tenir compte de ceux de ses membres qui habitent temporairement à l'étranger. Mais nous ne saurions lui assigner de limite fixe dans le sens de la hauteur. Ici nous ne pouvons que chercher le point le plus élevé où habitent les hommes de cette société, sans indiquer d'ailleurs ce point comme la limite générale en hauteur du groupe social, puisque l'habitat de la plupart de ses membres se place sensiblement plus bas. Fait remarquable ! cette hauteur maxima elle-même sera presque toujours extrêmement inférieure à la longueur et à la largeur de la société (1). Dans le corps social, deux dimensions l'emportent ainsi très généralement sur la troisième, et cela dans des proportions parfois extraordinairement considérables. M. Tarde cite comme exemple « la Chine, qui a trois mille kilomètres de longueur et de largeur, et un ou deux mètres seulement de hauteur moyenne, puisque les Chinois sont de petite taille et leurs édifices assez bas. » Le même auteur conclut de là qu'il y a une discordance considérable, de ce chef, entre les sociétés et les organismes, ceux-ci ne présentant jamais, suivant lui, une telle disproportion entre leurs dimensions extrêmes. Il est vrai qu'il est obligé immédiatement de reconnaître que « chez les serpents (ajoutez les nématodes et les peupliers), la longueur ou la hauteur l'emporte notablement ; chez les poissons plats, l'épaisseur est minime, comparée aux autres dimensions (2) », ce qui ne laisse pas de rompre

1. Il en serait autrement pourtant dans le cas d'une tribu de montagnards isolée formant à elle seule une société indépendante et occupant les pentes d'une haute cime.

2. G. Tarde, *les Monades et la science sociale* (*Revue internationale de sociologie*, n. 2, mars 1893, p. 168).

l'équilibre en un autre sens, quoique sans doute moins fortement. Ajoutons encore que, si la hauteur d'une société est souvent infime par rapport à sa longueur ou à sa largeur, elle
croît pourtant d'ordinaire en même temps que celles-ci. Car
lorsqu'un peuple grandit, et augmente l'étendue de son territoire, sa capitale et ses principales cités prennent aussi, d'ordinaire, un accroissement comparable. Or le plus souvent
elles ne se contentent pas d'augmenter leur étendue, elles
augmentent l'élévation de leurs édifices. La hauteur de la
société suit donc la progression de sa surface. D'ailleurs, la différence relevée entre l'organisme et la société au sujet du rapport de leurs dimensions est évidemment une différence d'ordre
très secondaire, qu'on ne saurait raisonnablement mettre en
balance avec les très nombreuses et très importantes analogies
présentées par ces deux classes d'êtres. Il n'en est pas moins
vrai que la doctrine admise par nous, doctrine excluant du corps
social les choses, amène ici à reconnaître une opposition (peu
considérable sans doute) entre ce corps et le corps vivant, et
empêche de construire aussi aisément la théorie des formes
extérieures de la société. C'est un développement que nous
sacrifions sans regret à ce que nous croyons être la vérité.

Une conséquence analogue est encore amenée par ce que
nous avons dit tout à l'heure au sujet des institutions. Quand
on parle de la forme d'une société, on entend souvent, non ses
limites dans l'espace, mais les grandes lignes de son arrangement, celles qui frappent immédiatement le regard de l'obser-
vateur. En ce sens, on dit que cette société a une forme rigide
lorsque ces lignes sont très arrêtées, qu'elle a une forme plastique quand elles le sont moins. Or, ces lignes visibles du dehors
sont déterminées par les institutions caractéristiques de la nation
considérée. Suivant que ces institutions ont plus ou moins de
jeu, laissent une large initiative à l'individu ou au contraire
l'enserrent dans les mailles d'un réseau serré de prescriptions
de toute sorte, la société est plastique ou rigide. Ces considérations sur l'organisation sociale ont assurément leur intérêt ; elles
doivent même tenir en sociologie une grande place. Mais d'u-

bord nous remarquerons qu'elles feraient plutôt partie de la morphologie interne que de la morphologie externe. Car, pour être visibles au dehors, ces grandes lignes de l'organisme social n'en sont pas moins des lignes internes. Elles sont seulement vues par transparence, — transparence qui doit naturellement appartenir au corps social, puisqu'il ne forme pas une masse solidifiée. Et ensuite, nous sommes obligés de faire ici application de notre idée, que c'est l'individu, non l'institution, qui est le véritable élément social. Les grandes lignes de la société, ce seront donc pour nous celles qui détermineront de grandes masses d'hommes, plutôt que celles qui définiront de grandes institutions. Les deux choses d'ailleurs se confondront souvent : par exemple, dans une société divisée en castes très séparées, les contours de ces castes marqueront à la fois la limite entre des individus et les bases d'une organisation. Là où il n'en sera pas ainsi, il faudra chercher (nous en verrons les moyens bientôt) comment les groupements humains déterminent la production des faits sociaux. Mais toujours cette étude de l'institution devra être subordonnée à celle des hommes par qui et pour qui elle est créée. En un mot donc, les schémas sociaux devront représenter des formes avant de vouloir figurer des fonctions.

On le voit, les principes mêmes que nous avons admis nous obligent à réduire à de bien courtes indications notre morphologie externe des sociétés. Tout ce que nous considérons comme acquis, c'est que la société a des limites dans l'espace, en longueur, largeur et hauteur, sans pourtant former à l'intérieur de ces limites un bloc matériellement compact.

A cette question des limites de la société dans l'espace on en peut rattacher une autre : celle de ses limites dans le temps. Nous examinerons ailleurs, en traitant des maladies sociales, le point de savoir si les sociétés sont fatalement destinées à périr. Actuellement, prenant simplement pour un fait acquis qu'on en a vu déjà mourir en très grand nombre, nous pouvons nous demander quand il faut dire qu'une société meurt. Pour certains esprits, une société se renouvellerait, c'est-à-dire mourrait, à chaque génération. Non-seulement les individus, disent-ils, mais les tendances générales de la société ne sont plus les mêmes d'un siècle à l'autre, d'un demi-siècle au suivant : la société française au temps de Montaigne n'a rien de commun avec la société du temps de Bossuet, laquelle ne se distingue pas moins de celle où vécut Voltaire.

Cette idée ne nous paraît nullement acceptable. Elle a d'abord l'inconvénient de manquer totalement de précision. Où commence, en effet, et où finit une génération ? Les gens qui sont nés au moment où florissait Montaigne auraient pu, dans leur vieillesse, entendre Bossuet. Les conséquences mêmes en raison desquelles on admet la théorie, la condamnent. Dira-t-on alors, abandonnant le critérium tiré de la vie humaine, qu'une société a fini en France avec l'an 1600, une autre avec l'an 1700, etc... ? Ce serait évidemment puéril (1). Il n'y a donc aucun moyen d'apporter une précision satisfaisante à la doctrine. D'autre part, elle se heurte à ce fait évident, que tout ne meurt pas dans une société avec une génération ou avec un siècle. S'il existait bien des différences entre la France de Louis XIV et celle de Louis XV, il y avait pourtant entre elles (quand on considère l'ensemble de la nation, comme on doit le faire) beaucoup plus de ressemblances encore. En somme, une société ne meurt vraiment que lorsqu'elle a cessé d'être une nation politiquement distincte, et encore les évènements qui mettent fin à l'indépendance politique, ne suppriment-ils pas toujours l'individualité sociale. Ainsi la Pologne, morte comme État, forme toujours une société, qui, il est vrai, est de jour en jour plus menacée d'être absorbée par les sociétés russe et germanique. Appliquant l'idée que nous venons de dégager aux peuples de l'Occident européen, nous dirons que la France depuis la conquête barbare, l'Angleterre depuis l'invasion normande, l'Espagne depuis les temps où elle s'est dégagée du joug des Maures, ont joui d'une vie sociale une et ininterrompue. Des

_____

1. Et cependant notons qu'il existe chez les historiens de la littérature une tendance à considérer chaque siècle comme ayant une individualité véritable.

révolutions les ont bouleversées, sans doute, mais ces révolutions sont tout au plus l'analogue des métamorphoses que
subissent certains organismes (vers parasites, papillons, batra-
ciens, etc.); et pourtant personne ne soutient que la métamorphose donne naissance à une individualité nouvelle. Il faut donc
penser, de même, que la société reste vivante, quoique très modifiée, après ces grandes commotions. Il est vrai également que,
durant cette longue vie que nous attribuons aux corps sociaux,
leurs éléments humains se sont bien des fois renouvelés. Mais
ceci n'est pas pour nous surprendre. Dans l'organisme aussi,
les cellules se renouvellent sans cesse tandis que l'être total
persiste. On diminuerait la force de l'objection davantage encore,
évidemment, si l'on admettait que le vrai élément de la société,
c'est l'institution : en effet les institutions meurent d'ordinaire
moins vite que les individus, et peuvent durer des siècles. Mais
il n'est pas nécessaire d'invoquer ici cette doctrine que nous
avons cru devoir d'une façon générale repousser. Notre théorie,
qui voit dans l'être humain l'élément social par excellence,
arrive également à expliquer, par analogie avec l'organisme
vivant, le fait que l'ensemble survit à ses composants. La raison en est simple : c'est que ces parties composantes ne sont pas
détruites et remplacées toutes à la fois. Quand un être humain
dans la société disparaît, ou une cellule dans l'organisme, tous
les autres hommes, toutes les autres cellules demeurent en
vie. Bien vite, certains de ces éléments subsistants prolifèrent, et
l'homme ou la cellule ainsi engendrés prennent la place du disparu. Dans l'organisme, ce remplacement d'une cellule par une
autre nouvellement née se fait directement. Dans la société, il
ne s'opère que médiatement. Un individu préexistant prend la
place du mort, en « montant en grade » ; un second, placé plus
bas dans l'échelle sociale, occupe le rang que le premier laisse
vide; et ainsi de suite dans une chaîne souvent fort longue,
jusqu'à ce qu'on arrive à la dernière place, que prendra précisément le dernier-né. En somme, chaque vide qui se produit,
un individu le comble, et les rapports des éléments entre eux
(sinon leurs personnalités), ne se trouvent pas modifiés. Par là

la société peut survivre à chacun de ses membres. Elle ne serait détruite que si tous ceux-ci venaient à périr du même coup, ou si tout lien entre eux se trouvait subitement rompu (cas fort rares), ou encore (fait plus fréquent), si elle était absorbée intégralement par un autre organisme social. Ce qui se trouve établi par là, c'est la longue durée normale des sociétés, ou du moins le fait qu'elles survivent habituellement aux éléments qui les composent.

Conclusion : les dimensions de la société dans le temps sont comparables (nous ne disons pas proportionnelles) à ses dimensions dans l'espace ; les premières, comme les secondes, surpassent d'ordinaire considérablement les dimensions des individus vivants qui la composent ; le parallélisme de la vie sociale et de la vie organique peut donc se poursuivre ici encore.

Ces explications sur la forme extérieure et les dimensions des êtres sociaux nous semblaient nécessaires pour répondre à des questions qu'on pose parfois à ceux qui soutiennent la théorie de l'organisme social, et auxquelles ils ne nous paraissent pas avoir jusqu'ici apporté de solution. Nous passons à un autre ordre d'étude, plus important celui-là, à l'examen de l'anatomie interne des sociétés.

CHAPITRE CINQUIÈME

LA CELLULE SOCIALE.

Nous savons, par le précédent chapitre, que dans l'humanité seule il faut chercher les êtres qui composent véritablement nos sociétés. Mais faut-il, pour cela, descendre jusqu'à l'individu humain isolé? Le véritable élément de la société est-il bien l'individu, ou ne serait-ce pas plutôt une unité intermédiaire, formée d'êtres humains elle aussi, mais absorbant assez en elle-même leurs personnalités, pour mériter d'être considérée, par le sociologue, comme un groupement social relativement indivisible? En deux mots, le rôle que joue la cellule dans l'organisme, appartient-il dans la société à l'individu, ou bien à un assemblage d'individus, famille ou couple? Quel être, ou quel groupe d'êtres, convient-il d'appeler la « cellule sociale »?

Ce problème, on le voit, est distinct de celui que nous avons précédemment résolu. En effet, quelle que soit la réponse donnée à cette nouvelle question, l'homme restera toujours le seul formateur de la société. Seulement, dans un cas, il en sera l'élément direct et immédiat ; dans l'autre, il n'en sera que l'élément indirect et lointain. « Cellule sociale » dans la première hypothèse, il ne devrait être considéré dans la seconde que comme un granule ou une fibrille de cette cellule, représentée elle-même par un groupement d'individus semblables à lui.

I

Ce n'est pas d'aujourd'hui que date l'idée de refuser à l'individu la qualification d'élément immédiat de la société, pour la réserver à la famille. Le Play n'a pas même, comme le veulent ses disciples, l'honneur (si c'en est un) de cette découverte. Auguste Comte avait formulé cette idée avant lui. « Un système quelconque » écrivait-il dans la cinquantième leçon de son cours de Philosophie Positive (1) « devant être nécessairement formé d'éléments qui lui soient essentiellement homogènes, l'esprit scientifique ne permet point de regarder la société humaine comme étant réellement composée d'individus. La véritable unité sociale consiste certainement dans la seule famille, au moins réduite au couple élémentaire qui en constitue la base principale ». Car, ajoute-t-il (2), « c'est par là seulement que l'homme commence réellement à sortir de sa pure personnalité, et qu'il apprend d'abord à vivre dans autrui, tout en obéissant à ses instincts les plus énergiques ».

On sait que la même idée forme l'une des bases des théories sociales développées par Frédéric Le Play et par ses élèves. Cette école, qui a son centre dans la Société d'Économie Sociale, estime que la famille peut être considérée comme l'image restreinte de l'État ; « qu'elle en fait, suivant qu'elle est intacte ou entamée, le bonheur ou le malaise (3) » ; que l'on peut par suite étudier en elle tous les phénomènes sociaux, parce que les uns en partent et que les autres y ont leur contre-coup ; que, par conséquent aussi, pour réformer la nation, il faut agir sur la famille. Cette école, en provoquant la rédaction de nombreuses monographies de familles (4), a incontestablement rendu des services à la siciologie descriptive ; sans qu'il faille croire, au reste, que la méthode employée par elle puisse suffire à former la science, puisqu'un ensemble de monographies ne constitue encore que des matériaux, qu'il est nécessaire de synthétiser pour dégager les lois générales : on commence à le comprendre, et l'on essaie dans cette école de tirer quelques

---

1. Tome IV, page 398 de l'édition Littré (1877).
2. Id., p. 399.
3. E. Cheysson. *Institutions Patronales*, p. 19.
4. « Avec la monographie, nous analysons la *cellule* de l'organisme social, qui est la famille » (Luigi Bodio, cité par E. Cheysson).

vûes d'ensemble de la comparaison des documents accumulés (1). D'autre part, les idées réformatrices préconisées par elle ne semblent guère d'accord avec le grand courant de la pensée moderne. Il est équitable d'ailleurs d'en faire abstraction quand on veut juger la méthode des enquêtes familiales, car cette doctrine et cette méthode ne sont pas unies par un lien logique bien étroit, et se peuvent aisément disjoindre (2). Envisageons donc les raisons qu'on allègue pour considérer la famille comme la cellule sociale, et pour l'étudier comme telle.

Deux arguments principaux peuvent être invoqués. L'un est d'ordre logique, l'autre est d'ordre historique. Développons-les successivement.

Au point de vue logique, tout d'abord, on répète, après Auguste Comte, que « un système quelconque doit nécessairement être formé d'éléments qui lui soient essentiellement homogènes ». Un être vivant a pour éléments des cellules elles-mêmes vivantes. Une société, pareillement, doit avoir pour unités d'autres sociétés plus petites. L'homme ne peut pas être cette unité ; on ne peut la trouver que dans un groupement d'hommes. Or, quel est le groupement d'hommes le plus simple ? c'est la famille

1. Ce n'est pas ici le lieu de reprendre l'exposition du débat, déjà ancien et toujours actuel, entre sociologues monographistes et sociologues statisticiens, les premiers s'attachant au concret, les seconds au général, sans voir que ces deux points de vue doivent nécessairement, pour être féconds, se compléter l'un par l'autre. Nous signalons pourtant avec plaisir l'heureuse évolution qui, depuis peu d'années, tend à rapprocher quelques monographistes de la statistique (voir notamment E. Cheysson, *les Budgets comparés des cent monographies de famille,* dans le *Bulletin de l'Institut International de Statistique,* tome V, première livraison, 1890) et pousse quelques statisticiens à admettre dans leurs travaux des monographies (voir notamment l'*Annuaire statistique de la Ville de Paris pour* 1890, publié sous la direction du Dr Jacques Bertillon).

2. C'est ce qu'a exposé un des membres de l'école, M. P. du Maroussem, dans sa *Théorie de la monographie* insérée en tête de son ouvrage sur la *Question ouvrière* (tome I : Charpentiers de Paris).

(deux propositions qui, à notre sens — nous dirons pourquoi tout à l'heure — sont également erronées). La famille seule est homogène à la société. En effet, elle a, de même que celle-ci, son économie, sa morale, son genre d'esprit à elle ; elle avait dans l'antiquité sa religion domestique, le culte des ancêtres familiaux ; et aujourd'hui encore, le souvenir de ses auteurs, le respect de la tradition qu'ils ont laissée, constituent une bonne partie du patrimoine commun de ses membres ; enfin elle a son gouvernement domestique. C'est en son sein que les individus se forment pour la première fois à ces deux grands sentiments, si nécessaires à toute société, l'obéissance et l'amour. C'est à son foyer que l'enfant fait l'apprentissage des vertus, ou subit la contagion des vices qu'il apportera dans le monde. Ainsi, les plus grandes forces qui s'exercent dans la vie sociale sont issues de la famille. Réciproquement, tout ce qui s'opère dans la société se réflète au foyer domestique. Pour n'en prendre qu'un exemple, bien frappant il est vrai, si l'industrialisme à outrance est un mal, c'est que, réclamant la présence constante, à l'atelier, du père, des enfants mâles, trop souvent aussi de la mère et des filles, il brise la vie familiale, qui est la véritable école de la tolérance réciproque, du travail dévoué, de la patience en face des misères supportées en commun. Et, si l'on veut connaître les plus cruels effets de l'invasion du machinisme dans toutes les formes du travail humain, c'est à la désorganisation de la famille qu'il en faut emprunter le tableau...

Voilà l'argument logique. Voici, avec l'argument historique, l'autre aspect de la question. A l'origine, dit-on, l'Etat n'existait pas encore. Le seul groupement connu était la famille, patriarcale ou matriarcale, dont le développement, par le fait que les générations nouvelles restaient unies presque indéfiniment aux générations précédentes, constitua la tribu. Plus tard seulement, les tribus s'unirent pour constituer des cités, lesquelles s'agglomérèrent à leur tour pour former les Etats. L'histoire nous a conservé le souvenir de ces temps lointains. Thésée, le chef qui réunit les douze bourgs de l'Attique en une seule confédération, Romulus, qui joignit les *Tities* et peut-être les *Luceres* à ses compagnons les *Ramnes*, sont de ces fondateurs de cités. Fustel de Coulanges, dans son admirable étude sur la Cité Antique, a montré que l'Etat ancien n'est ainsi qu'un groupe de us, formées elles-mêmes de *gentes*, dont chacune était une famille agrandie, où les rameaux latéraux ne s'étaient pas séparés du tronc principal. Or, l'Etat une fois formé, la tribu sans doute s'est progressivement désorganisée, la *gens* même a vu se relâcher ses liens, mais la famille est demeurée. Elle est restée l'unité légale, puisque les Codes modernes reconnaissent une autorité au père sur les enfants. Elle est surtout restée l'unité morale, puisque c'est en elle que se développent les sentiments altruistes, que la première cohésion de l'individu avec ses semblables se manifeste ; et l'unité économique, puisqu'au foyer déjà il y a tout ensemble division et solidarité des travaux. L'Etat, qui a tant absorbé de fonctions, n'a point osé assumer pour lui, comme le lui demande depuis Platon une foule de réformateurs utopistes, la fonction éducatrice. Il l'a laissée à la famille. Il sait bien que seuls, les parents puisent, dans l'amour pour l'être issu de leurs œuvres et qui continue leur propre individualité, les forces voulues pour ne point se lasser de la tâche ingrate de l'éducateur ; que seuls ils peuvent avoir du dévouement pour un enfant qui doit rester de longues années sans récompenser leurs sacrifices. Ainsi, sous la grande unité de l'Etat, persiste, en raison de nécessités éternelles, l'unité moindre de la famille. Si l'Etat constitue un organisme, les familles y représentent donc les cellules. La portion centrale de la famille, le couple générateur, c'est ce noyau que les biologistes considèrent comme l'élément reproducteur de la cellule. Le protoplasma périnucléaire est représenté par les enfants qui entourent les chefs de groupe (1). L'individu est un granule, un de ces éléments qui

---

1. On pourrait même — c'est une simple hypothèse de notre part — comparer, avec plus d'exactitude sans doute, la famille antique à une cellule vivante. On dirait alors : Le protoplasme péri nucléaire, c'est l'ensemble des éléments inférieurs attachés à la *gens*, clients, affranchis, esclaves. Le noyau, c'est l'ensemble des éléments supérieurs, autour desquels les premiers sont groupés, et qui seuls perpétueront

ont déjà en eux-mêmes tous les traits caractéristiques des êtres vivants, mais qui pourtant ne subsistent pas isolés, comme s'ils avaient besoin, pour entretenir leur vie, du concours incessant des êtres les plus semblables à eux.

Telle est, en bref, la théorie. A supposer qu'elle fût entièrement exacte, ce que nous ne croyons pas, il n'en résulterait qu'une chose : ce serait la nécessité de tenir dans la sociologie le même compte de la famille qu'on tient aujourd'hui de la cellule dans la biologie. Mais, si le biologiste étudie la cellule, il étudie aussi l'être total. Il ne croit pas que l'anatomie cellulaire le dispense d'examiner les organes et fonctions par lesquels se manifeste la vie collective de l'individu. Pourquoi en serait-il autrement en sociologie ? Pourquoi pourrait-on se dispenser, grâce à l'examen de la famille, d'apporter son attention aux grands faits de la vie nationale, qui résultent peut-être de forces nées dans la vie familiale, mais enfin qui apparaissent avec un caractère tout autre que les faits confinés dans l'étroite enceinte de la demeure paternelle ? — D'autre part, si le biologiste, en analysant l'organisme, est à peu près forcé de se contenter de pousser ses investigations jusqu'à la cellule faute de pouvoir utilement pénétrer au-delà, n'est-il pas certain cependant que, s'il en avait le moyen, il voudrait étudier dans ses détails le granule et la fibrille, comme il fait aujourd'hui pour la cellule même ? Son enquête ne s'arrêterait qu'aux dernières limites de la vie. Or, en sociologie, nous avons cette bonne fortune que le granule social, qui est l'homme (toujours dans la doctrine précédente, acceptée par nous provisoirement) est une unité de dimensions considérables, parfaitement accessible à l'observation et pouvant faire elle-même l'objet d'études infiniment variées. Pourquoi donc laisserions-nous échapper l'occasion de l'examiner aussi complètement que possible ?

la famille. Parmi ceux-ci, il y a encore à distinguer : le père et la mère, les générateurs, forment le nucléole, élément reproducteur immédiat ; les enfants constituent le reste du noyau, la substance périnucléolaire, et chacun d'entre eux en représente une fibrille.

Pourquoi ne pousserions-nous pas l'analyse sociale jusque chez l'être en qui il faut bien de toute façon reconnaître un élément, sinon l'élément immédiat, de la société? — On le voit donc, la doctrine qui fait de la famille la vraie cellule sociale, ne saurait conduire, si on l'interprète sainement, à négliger, ni les grands faits de la vie nationale collective, ni les phénomènes présentés par l'individu isolé. Ainsi, même pour cette doctrine, l'étude de la structure et de la vie familiales ne peuvent constituer à elles seules toute la science des sociétés.

II

Mais maintenant, la doctrine elle-même nous semble extrêmement contestable. Et nous allons essayer de montrer que dans nos sociétés, la famille ne saurait être considérée comme l'exact équivalent de la cellule organique.

Nous ne nions pas que l'Etat ait été formé par une coordination de tribus, nées elles-mêmes du développement des familles. Mais, du jour où l'Etat a été constitué, il s'est efforcé de ruiner ces groupements originaires à son profit. Pour être fort en face de l'individu, il fallait que le gouvernement national l'eût isolé des siens, puisque c'est dans son union que le groupe familial pouvait puiser ses moyens de résistance à l'arbitraire de l'organe central. Il n'épargna donc rien pour arriver à ce but, et il nous semble certain qu'il l'a atteint. On reconnaît qu'il a désorganisé la tribu et la *gens*. Comment se serait-il donc arrêté devant la famille ? Et comment se fait-il aussi que ceux-là mêmes qui voient dans le groupe domestique la cellule sociale, gémissent sans cesse sur la « désorganisation progressive » de cette unité familiale qui leur est si chère? — Nous ne voulons pas dire, évidemment, que cette distraction de l'antique unité soit quelque chose de fort désirable. Nous reconnaissons bien volontiers tous les services que la famille peut rendre, à condition pourtant qu'elle n'inspire pas à ses membres, à côté du

sentiment de la solidarité domestique, des sentiments de dédain
ou de défiance à l'égard des non-parents, à condition que cette
union familiale ne soit pas essentiellement tournée *contre* l'étranger, comme elle l'était jadis trop souvent. Nous admettons
les « miracles » de l'amour maternel, et les avantages de
l'attachement des enfants à leurs auteurs. Nous croyons que le
foyer domestique peut être l'école de toutes les vertus, qu'il est
fâcheux de trop isoler les membres de la même maison, qu'il
faudrait plutôt s'efforcer de faire aimer à l'individu la saine vie
familiale. Mais tout cela ne saurait nous empêcher de voir que,
en fait, le lien domestique devient plus lâche chaque jour. Le
Play lui-même l'avouait, puisque, caractérisant les sociétés par
leurs formes de famille, il appelait la société française : « une
société à famille instable ».

On parle de l'unité économique et morale, de l'unité légale de la
famille. Mais ne les voyons-nous pas se briser toutes ensemble
quand l'enfant se sépare de ses parents, ce qu'il fait d'ordinaire
en se mariant? De ce jour la vie commune n'existe plus, et, si les
affections persistent (comme c'est heureusement l'ordinaire), ni
l'unité de patrimoine ni la puissance paternelle ne se continuent. Mais, même sans qu'il soit besoin de cette séparation,
même quand les enfants habitent encore au foyer paternel, le
lien familial n'est plus ce qu'il était jadis. La famille n'a plus, à
aucun point de vue, son absolue unité d'autrefois. Economiquement, elle ne pourrait l'avoir que de deux manières: ou bien
si elle pratiquait entre ses membres une division du travail
complète, de façon que tous les métiers fussent représentés en
son sein, et qu'elle pût ainsi se suffire à elle-même sans rien
emprunter aux autres familles ; ou bien au contraire si elle
imposait à ses membres un genre de travail spécialisé, mais
commun à tous, de façon que chaque famille constituât un atelier d'un genre déterminé. Mais ni l'une ni l'autre de ces propositions n'est exacte. Il n'y a, ni différenciation complète, ni
similitude complète d'occupations entre les membres d'une
même famille. Chacun d'eux remplit, dans la société, une tâche
déterminée par ses aptitudes et ses goûts, sans lien nécessaire

avec celles qu'accomplissent ses proches. Sans doute il n'en
était pas ainsi dans la famille antique ; la division du travail ne
s'effectuait guère alors que dans l'intérieur de la *gens*, chacune
de ces *gentes* constituant un groupe fermé, vivant presque uniquement du produit du travail de ses membres, vendant, achetant et échangeant peu de choses. Mais tout cela a été modifié.
L'un des grands faits des temps modernes a été précisément la
pénétration économique de chaque famille par toutes les autres,
la nécessité imposée à chacune de vivre en très grande partie
des productions d'autrui, et par là même de donner à autrui
quelque chose en échange ; d'où le fait que chaque individu ne
travaille plus seulement pour lui-même et ses proches, mais
pour toute la société, on pourrait presque dire pour l'humanité
tout entière. De là résulte que son rôle est déterminé, non par
les besoins de sa seule famille, mais par les aptitudes qu'il
peut mettre au service de besoins plus généraux ; et cela suffit à
lui constituer une autonomie économique vis à vis de sa famille,
dont l'unité, à cet égard, se trouve forcément brisée.

Juridiquement, le corps familial s'est vu également désa-
grégé. Trois choses manifestaient, dans la Rome antique, son
unité légale. D'abord, le père avait un pouvoir absolu sur
la personne de ses enfants, lesquels dans le très ancien droit se
distinguaient à peine de ses esclaves. Il pouvait se refuser à les
élever, en les exposant ; il pouvait les marier à son gré, et sans
consulter leur volonté ; il pouvait les louer ou les vendre; il
pouvait les chasser de la famille; il pouvait les frapper de mort.
Sans doute quelques textes semblent dire qu'il devait dans ce
cas prendre l'avis d'un *consilium* formé de proches ; mais aucun
ne nous atteste que cet avis liât sa décision. Et cette puissance
paternelle si énergique ne s'étendait pas seulement sur le fils en
bas-âge ou adolescent, elle persistait pendant toute sa vie, elle
portait même sur les enfants issus de lui. — En second lieu,
après la puissance paternelle, venait l'unité du patrimoine
familial. Les enfants ne pouvaient rien posséder en propre.
Tout ce qu'ils gagnaient était acquis au père. En revanche, ils
étaient considérés comme les co-propriétaires de tous ses biens,

et, lorsqu'à sa mort ils lui succédaient, c'était comme « héritiers d'eux-mêmes (*heredes sui*). » — Enfin, un troisième et dernier trait caractéristique était la responsabilité collective de la famille : un de ses membres voulait-il contracter, son co-contractant lui demandait de fournir la garantie solidaire de tous ses proches ; ou bien venait-il à commettre un délit? le chef de la maison devait le réparer, ou livrer le coupable à la victime de la lésion (*aut noxiam sarcire, aut in noxam dedere*). — Rien de tout cela n'est plus. Dans tous les codes modernes, la puissance paternelle cesse de s'exercer sur l'enfant quand il a atteint un certain âge. Même par rapport à l'enfant mineur, elle a subi de singulières atténuations. Nous ne voulons pas retracer ici cette longue et significative évolution, par laquelle les droits du père se sont vus successivement restreints. Rappelons seulement ce qui s'est fait en France, dans les dernières années. La loi interdit aux parents d'employer, hors certains cas spécifiés, leurs enfants dans les professions dites ambulantes. Elle leur défend de les faire travailler dans les manufactures plus d'un nombre d'heures déterminé. Elle leur enjoint de les envoyer à l'école primaire de six à treize ans. Mesures excellentes, sans doute, mais qui portent évidemment atteinte à la puissance du père. Enfin, et ceci est plus caractéristique encore, elle décide que les parents condamnés pour faute envers leurs enfants, ou condamnés concurremment avec ceux-ci pour une faute à laquelle il les auraient excités, ou même simplement convaincus de négligence ordinaire et d'incurie notoire à l'égard de ces enfants, seront nécessairement dans certains cas et dans d'autres pourront être déclarés par les tribunaux déchus de leur puissance paternelle (loi [du 24 juillet 1889). La puissance paternelle, on le voit, a subi des assauts, qui l'ont singulièrement affaiblie. — Quant à l'unité du patrimoine familial, est-il nécessaire de dire qu'elle n'existe plus? Les enfants, de nos jours, peuvent, même étant mineurs, posséder des biens à eux, et il est question de supprimer l'usufruit que la loi jusqu'ici réservait sur ces biens à leurs auteurs durant la plus grande partie de leur minorité. D'autre part, et par une juste réciprocité, le père est plus que jadis propriétaire personnel de ses biens; la terre familiale n'est plus inaliénable entre ses mains, et il peut librement disposer par don ou legs d'une partie considérable de son patrimoine. — Enfin, la responsabilité collective de la famille a également cessé d'être, sauf un vestige maintenu dans l'article 1384 de notre Code civil (responsabilité des parents pour les dommages causés par leurs enfants mineurs habitant avec eux). Notre loi et nos mœurs répugnent aujourd'hui, fort heureusement, à l'idée de faire payer par des innocents la faute des coupables, d'établir une solidarité dans la réparation d'un préjudice d'origine tout individuelle. L'unité juridique de la famille, tout comme son unité économique, n'existe donc plus que dans l'histoire.

Il en est de même de son unité politique. Aux temps primitifs, où l'Etat n'était encore qu'une association de familles, chacune de celles-ci était gouvernée par son chef ; ces chefs, réunis, formaient le conseil de la nation, dont ils élisaient parmi eux le souverain; à Rome, dans les comices par curies, les plus anciens de tous, il semble que les chefs seuls votassent pour la famille qu'ils dirigeaient. On le sait, rien de cet état de choses ne subsiste plus chez nous. Tout citoyen français mâle et majeur a part au gouvernement de l'Etat; il n'a d'ordre à recevoir que des autorités nationales, non d'un chef de famille ; et il concourt directement lui-même à toutes les élections et votations populaires. On est même si peu enclin à rétablir l'ancienne entité politique de la famille, que jusqu'ici on s'est refusé chez nous à admettre que le père eût plusieurs voix dans les assemblées électorales comme représentant les intérêts de sa femme et de ses enfants.

En même temps qu'ils acquéraient l'indépendance politique, les individus acquéraient aussi, au détriment de la famille, l'indépendance intellectuelle. Il y avait pour la famille tout entière, aux temps antiques, une morale et une religion unique, une manière unique de voir et de comprendre les choses. Aujourd'hui chacun peut se faire sa morale, sa religion, sa philosophie, sa science personnelle, sans être empêché, s'il a une fermeté suffisante, par ce qu'on pense et ce qu'on dit autour de lui. — En un mot donc, l'unité familiale se trouve rompue de toutes les manières. Ni économiquement, ni juridiquement, ni politiquement, ni intellectuellement, la famille n'est demeurée un groupe homogène. L'individu lui échappe. Il se met en relations directes avec les autres individus, appartenant à des maisons différentes. La famille n'est plus l'intermédiaire obligé entre chacun de ses membres et le reste de la société.

Telles sont les conclusions auxquelles nous mène l'histoire : la dissociation de la primitive unité familiale est, pour elle, un fait accompli. — L'examen logique n'est guère plus favorable à la thèse que nous étudions. « Il faut, dit-elle, qu'il y ait similitude de nature entre le tout et les parties, et c'est pourquoi l'élément social ne peut être qu'une société plus petite ». Eh bien, en réalité, répondrons-nous, il n'y a point similitude de nature entre la nation et la famille. Economiquement, les fonctions sont divisées à l'infini entre membres de la nation ; au foyer domestique au contraire, bien que les tâches *intérieures* du père, de la mère et des enfants ne soient pas identiques, leur différence est loin d'être comparable à celle-là. « La spécialisation des travaux, qui constitue le principe élémentaire de la société générale, ne saurait être au fond celui de la simple famille, quoique devant s'y trouver à un certain degré ». Qui dit cela ? c'est Auguste Comte lui-même (1), qui pourtant, nous l'avons vu, a le premier, de la famille fait la cellule sociale. — Juridiquement, les relations sociales sont fondées sur des contrats entre individus libres et égaux. Au contraire, il y a entre les membres d'une même famille des liens qui ne semblent pas permettre l'égalité absolue, ni par suite le contrat, puisqu'il suppose l'égalité. Aussi doutait-on, jusque dans ces dernières années, que le droit français permît, en principe, les contrats entre époux au cours du mariage. Il est vrai qu'on signale la tendance que prend, de nos jours, le droit relatif aux personnes à devenir un droit contractuel, c'est-à-dire la tendance qui se

---

1. *Cours de Philosophie positive*, 50ᵉ leçon. — Edition de 1877, tome IV, page 419.

manifesté dans notre législation à traiter de plus en plus la
femme et l'enfant comme les égaux du chef de famille. Cela est
parfaitement exact, mais cela même implique l'abandon de plus
en plus complet du principe ancien (le principe d'autorité) sur
lequel reposait jadis le droit domestique. En considérant que
les relations du père avec la femme et les enfants doivent être
régies par le principe d'égalité, comme les rapports de n'importe
quel citoyen avec n'importe quel autre, on supprime précisément ce qui faisait l'originalité de la constitution familiale, on
admet qu'il n'y a plus lieu de distinguer entre les membres de
la même maison et des citoyens quelconques, on efface la bar-
rière qui séparait la vie domestique de la vie nationale, on
enlève à la maison son caractère d'unité indépendante. — Politiquement, de même, si tant est qu'on puisse parler encore d'un
« gouvernement familial », ce gouvernement repose sur de tout
autres principes que le gouvernement national. Là, c'est l'autorité tempérée par l'amour ; ici, c'est le libre accord des individus, qui fait la loi. Il est possible de laisser aux parents la
direction de leurs enfants, parce que leur affection même donne
à penser qu'ils feront un bon usage de leur autorité. Mais on
sait trop combien il serait dangereux pour une nation de remettre le pouvoir absolu aux mains d'un homme, fut-il le plus
dévoué aux intérêts de ses sujets. Il y a longtemps que la
« monarchie paternelle » ou le « gouvernement patriarcal »
ont cessé d'être l'idéal politique des peuples les plus avancés. —
Moralement, enfin, les sentiments qui font le lien de la famille
ne sont pas les mêmes que ceux qui font le lien de l'Etat. Il y a
plus d'affection entre les membres d'une même famille, par
suite des services réciproques qu'ils se rendent sans cesse ; mais
il y a aussi, par le fait même de la vie commune, plus d'occasions de froissements, et des inimitiés plus intenses qu'entre
des membres quelconques de la nation. Le principe moral de la
famille, c'est l'amour, avec la grandeur des sacrifices qu'il sait
inspirer, mais aussi avec son exclusivisme et ses égarements
toujours à craindre. Le principe moral de l'état, c'est la justice,
transformation heureuse et ennoblissement de l'intérêt mutuel

des parties. Les deux principes sans doute peuvent et doivent se corriger et se compléter l'un par l'autre, en ce qu'ils ont chacun d'étroit et de défectueux. Mais cela même établit qu'ils sont bien distincts l'un de l'autre, que l'Etat et la famille n'ont pas un même idéal moral.

En un mot, ce qui ressort de là, c'est que, économiquement, juridiquement, politiquement, moralement, il y a de très grandes différences, et souvent même des oppositions très tranchées entre la société et la famille. Ces oppositions d'ailleurs ne se marquent-elles pas sans cesse? Déjà, dans l'animalité, la peuplade n'a pu se constituer, comme M. Espinas l'a fort bien établi (1), qu'en détruisant la famille : car il y a forcément antagonisme entre un groupement fondé sur la jalousie sexuelle et un groupement fondé sur la sympathie générale. Dans l'humanité, il en est de même. Nous avons vu que l'Etat a sans cesse tendu à affaiblir à son profit la famille. Mais c'est que la famille, de son côté, eût empêché, par son exclusivisme, le bon fonctionnement de l'Etat. On n'a pas oublié l'exemple classique, donné par les moralistes-pédagogues en matière de conflit d'obligations : « je suis appelé à la guerre ; mon devoir envers l'Etat est que je combatte vaillamment ; mon devoir envers ma famille est de conserver à celle-ci un appui, donc de ménager ma personne ; lequel de ces deux devoirs faut-il accomplir de préférence? » Si la réponse pour nous n'est pas douteuse (il est certain ici, à notre sens, que le devoir envers l'Etat l'emporte), il y a des personnes pourtant qu'elle a pu embarrasser, puisque les livres de morale élémentaire continuent à la poser. Et il y a évidemment des cas où le conflit s'élève d'une manière plus dramatique encore (2). Si les esprits élevés parviennent à concilier l'amour de la famille avec l'attachement à l'Etat, il ne faut point oublier pourtant que, en bien des occasions, ils doivent eux-mêmes subordonner celui-là à celui-ci, et que trop souvent, au contraire, chez des esprits d'une trempe moins forte, c'est l'intérêt particulier, l'intérêt domestique (nous ne disons pas, bien

1. Espinas, *Sociétés animales*, section IV. 2e édition, p. 474 et ss.
2. Voyez *Diane*, d'Emile Augier.

entendu, l'intérêt individuel) qui l'emporte sur l'intérêt général.
En un mot, ni par sa constitution, ni par ses tendances, la
famille n'est le plus souvent en harmonie avec l'État. Veut-on
donc trouver pour la société un élément qui soit homogène au
tout? Ce n'est pas en elle qu'il faut le chercher.

III

Où donc alors, dira-t-on, peut-on espérer le rencontrer?
Peut-être, répondrons-nous, dans l'individu lui-même. — Mais
ne faut-il pas que l'élément social soit de même nature que le
tout social, c'est-à-dire composé lui-même? Sans doute, mais
l'homme est déjà un composé infiniment complexe : un monde
d'êtres vivants, cellules et granules, s'agite en lui. — Ne serait-
il pas, cependant, construit d'une façon bien différente de celle
qui préside à l'arrangement des parties dans la société? Nous
verrons que non, que sa structure et sa vie sont comparables
presque point par point à la structure et à la vie sociales. —
Mais du moins ne se trouvera-t-il pas souvent, comme la famille
même, en opposition par ses intérêts privés avec les tendances
générales de la société? Cela pourra arriver ; seulement, même
alors, il y aura moins à craindre le conflit que dans le cas précédent : car l'égoïsme individuel est à la fois moins tenace et
moins bien armé que l'égoïsme à plusieurs. — Les objections
étant ainsi écartées, nous n'aurons plus qu'à faire valoir, comme
arguments en faveur de cette thèse, les raisons mêmes que nous
opposions tout à l'heure à la théorie qui voyait dans la famille
la vraie cellule sociale. Tout, dans les sociétés modernes, se fait
par et pour l'individu. L'indépendance des individus — en économique, en droit, en morale, en religion, en science, en politique — est théoriquement illimitée, et pratiquement très
grande encore. Les restrictions apportées en fait à cette indépendance ne viennent que de la nécessité du concours entre
individus pour mener la vie en commun et la porter à son maximum d'intensité et de perfection. En somme, les individus sont

à la fois indépendants et interdépendants, tout comme le sont les cellules de l'organisme elles-mêmes. Entre eux ne s'interpose vraiment en dehors de l'État, pas plus qu'entre les cellules en dehors de l'organisme, aucun groupement intermédiaire ayant pouvoir d'absorber leur individualité dans la sienne.

Pourtant il reste entre l'être humain isolé et la cellule organique une différence capitale. C'est que celle-ci peut se reproduire (par division) et non celui-là. Il semble donc qu'il manque à l'homme un élément essentiel pour être comparable à la cellule, et aussi pour être comparable à la société (puisque celle-ci, nous le verrons, peut engendrer), à savoir la faculté de reproduction. On serait donc tenté de proposer, comme élément du corps social, comme cellule sociale, non plus l'individu isolé, mais le couple humain. Cette doctrine aurait même l'avantage de pouvoir invoquer en sa faveur quelques-unes des raisons qu'on fait valoir pour la famille quand on veut voir en elle l'unité sociale. Le couple est déjà une pluralité d'êtres humains, il forme ses membres à la vie altruiste, il présente une division du travail et une sorte de gouvernement rudimentaire. D'autre part, certaines des objections les plus graves devant lesquelles tombait la théorie de la famille-cellule ne sauraient être ici mises en avant : par exemple, on ne peut dire que le développement de la vie sociale ruine l'unité du couple humain ; il est certain, au contraire, qu'il lui assure plus de stabilité. Aussi comprend-on fort bien l'idée d'Auguste Comte, qui, après avoir indiqué que la véritable unité sociale est la famille, ajoutait immédiatement : « au moins la famille réduite au couple élémentaire qui en constitue la base principale (1) ». D'ailleurs, tout en réintroduisant dans la cellule sociale quelque chose du concept de la famille, cette nouvelle théorie s'accorderait sans doute avec celle qui maintient l'individu à la base de la société. En effet, pourrait-on dire, le couple, c'est l'individu véritable. Les êtres inférieurs, les protozoaires les plus humbles, les cellules de l'organisme humain, sont asexués. Des êtres beaucoup plus

---

1. Voir la citation de la page 112.

élevés — plantes, vers, mollusques, — portent en eux les deux
sexes. Il n'est pas croyable que les individus les plus parfait des
tous soient, sur ce point, infiniment au-dessous des précédents.
Il faut donc penser que « l'être humain véritable » peut se
reproduire lui-même, ce qui exige qu'il soit à la fois mâle et
femelle, c'est-à-dire qu'il soit le couple humain. Par la séparation des sexes, on obtient un progrès dans l'individualité, chacun des deux êtres ainsi distingués prenant ses caractères personnels, et se différenciant en son sens propre. Mais il faut
ensuite la réunion de deux de ces « moitiés humaines. » pour
reformer un être complet : leur différenciation ne prend d'intérêt
et d'utilité que par leur ultérieure association.

Il y a assurément quelque chose de séduisant dans ces vues,
puisqu'elles ont été admises par certains esprits des plus posi-
tifs (1). Nous ne pouvons cependant nous empêcher de remarquer qu'elles sont singulièrement hypothétiques. Leur application en politique conduirait évidemment à ne reconnaître de
droits qu'aux couples, non aux individus isolés. On verrait se
reproduire contre ces derniers les déchéances dont les Lois Cadu-
caires frappaient les *cœlibes*, l'incapacité de recevoir des legs,
celle de recueillir une succession *ab intestat*, auxquelles on
ajouterait sans doute un impôt, ou peut-être la privation du droit
de vote. Or, ce sont là des conséquences qui se heurtent au
principe de la liberté individuelle, puisque l'application de ces
mesures aurait sur la conduite de chaque membre de la société
un effet coercitif très choquant, dans les matières mêmes où le
bonheur et les sentiments de chacun sont le plus directement
en cause, où son indépendance, par suite, doit le plus être respectée. D'ailleurs n'est-il pas évident que l'individu isolé peut
être un membre aussi important et aussi utile de la société que
n'importe quel couple? Un Newton n'aurait pas le caractère de
« cellule sociale », qu'on accorderait à un ménage de concier-
ges! Il y a là des résultats bien singuliers, qui doivent faire
douter de l'exactitude du principe dont on les tire. — Au reste,

1. Voir Espinas, *de l'état présent des études sociologiques en France.*

il ne faut pas exagérer la nécessité qu'il y a, pour l'individu, à pouvoir se reproduire, pour être l'élément vrai de la société. Car la partie a besoin sans doute d'être homogène en tout, mais n'a besoin que de cela. Il ne lui est pas nécessaire de posséder plus de facultés que le tout; elle peut même en posséder moins, elle en possède moins normalement. Or, la société — nous le démontrerons plus loin — si elle se reproduit parfois, ne se reproduit que difficilement. On comprendrait donc qu'elle fût formée de membres privés individuellement de toute faculté de reproduction. Cela ne détruirait pas l'analogie existant entre l'homme et la cellule organique. Chacun d'eux resterait l'élément fondamental d'un tout vivant. Chacun d'eux présenterait, en petit, la plupart des propriétés que ce tout possède en grand. — Le tout social est en général bien plus riche que le tout organique, et sa cellule est, par là-même, bien plus riche en principe que la cellule organique. Mais, sur certains points pourtant, le tout social est en retard sur le tout organique: il ne sait pas, par exemple, se reproduire aussi aisément que lui. Sur ces points-là la cellule sociale sera naturellement en retard aussi sur la cellule organique : on peut admettre que ce retard aille pour elle jusqu'à la perte de la faculté de reproduction isolée, compensée d'ailleurs par l'aptitude à se reproduire par accouplement.

En un mot donc, la théorie qui voit dans le couple humain le vrai élément de la société, sans être inacceptable, s'appuie sur une conception trop hypothétique pour que nous croyions pouvoir l'admettre. Nous persistons à voir dans l'être humain isolé et unisexué la véritable cellule du corps social.

CHAPITRE SIXIÈME

Comment s'agencent entre elles les cellules sociales? Il serait illusoire de chercher à leurs groupements un principe unique. Il existe, au contraire, une série de relations qui déterminent entre elles des rapprochements, de telle sorte que toutes font à la fois partie de plusieurs séries très distinctes, reposant chacune sur un rapport différent. Ce qui se passe pour les cellules organiques va nous aider à comprendre cette multiplicité des groupements existant entre cellules sociales.

I

Dans son remarquable ouvrage sur les *Colonies Animales* (chapitre « de l'Individualité »), M. Edmond Perrier a montré en une page décisive, quoique un peu sommaire, qu'il y a dans l'organisme trois sortes d'unités, d'espèces bien différentes : des segments, qu'il nomme « unités morphologiques » ; des organes, ou « unités physiologiques » ; des tissus, ou « unités homoplastiques ». Pour nous, les segments s'appelleraient plutôt des « unités topographiques », étant caractérisés moins par leur forme que par leur position dans l'espace. Et aux trois sortes d'unités distinguées par M. Perrier, nous en ajouterions une quatrième : les « unités embryologiques », qui ne sont autre chose que les feuillets primitifs du corps. Chacune de ces unités est formée de plusieurs cellules, et une même cellule appartient à la fois à des unités de chacune de ces espèces. Mais ce qui est le plus remarquable, c'est que ces différentes sortes d'unités, ces divers modes de groupements cellulaires, se sont développés les uns après les autres, bien qu'actuellement ils coexistent. Eclaircissons tout cela.

Dans tout organisme un peu complexe, la cellule unique qui, au début, constitue à elle seule le germe, se divise bientôt pour donner un amas de cellules en forme de sphère. Après une série de différenciations dont il n'est pas nécessaire évidemment de rappeler ici le détail, cet ensemble se scinde, autour d'une cavité de segmentation qui s'y forme, en trois feuillets concentriques, l'interne, le moyen et l'externe, qu'on nomme respectivement endoderme, mésoderme et exoderme. Le mésoderme lui-même est formé de deux lames, entourant le cœlome ou future cavité générale du corps ; ce sont, vers l'extérieur, la somatopleure, et vers l'intérieur, la splanchnopleure. Enfin, dans cette cavité générale elle-même, flottent des éléments figurés, probablement dérivés du mésoderme, et auxquels Hertwig a donné le nom de mésenchyme. De ces diverses parties dériveront tous les éléments du corps adulte. L'exoderme fournira le revêtement du corps, et généralement aussi, par invagination ou délamination, le système nerveux. Aux dépens de l'endoderme naîtront les organes de la digestion. Le mésoderme donnera le squelette et les muscles. Enfin du mésenchyme sortira le sang. Il y a sans doute de très nombreuses discussions sur le point de savoir d'où proviennent au juste les éléments qui forment chacun des organes définitifs, car souvent plusieurs des tissus primitifs y collaborent. Mais ce qui est certain, c'est que, au début, les cellules sont groupées entre elles selon le tissu duquel elles dérivent. Chacun des trois feuillets forme d'abord une masse distincte, caractérisée par les dimensions et les formes de ses cellules : ce n'est que plus tard que leur pénétration réciproque se produit. Ainsi, pendant quelque temps, il subsiste un lien étroit entre toutes les cellules dérivées d'une même origine : car elles ont le même aspect, et restent groupées ensemble. Les cellules-mères de l'exoderme et de l'endoderme se voient entourées, de la sorte, de toutes leurs cellules-filles. Et l'on peut appeler ce premier groupement un *groupement embryologique*, puisqu'il repose sur la filiation.

Mais bientôt, nous venons de l'indiquer, s'opère une pénétration réciproque des éléments de diverses origines. Venus au contact intime les uns des autres, ils s'unissent ensemble, chacun d'eux se séparant progressivement de ses congénères. Ce phénomène est contemporain de l'élongation du corps de l'être embryonnaire, et du commencement de sa division en segments. Quand ce stade est un peu avancé, le corps se présente comme formé de segments placés bout à bout, dans chacun desquels on trouve des éléments exodermiques, des éléments mésodermiques, des éléments endodermiques. C'est ainsi que les éléments nerveux, venus de l'exoderme, ont pénétré au milieu des autres tissus, d'origine interne ceux-ci. A ce moment, les connexions cellulaires primitives sont rompues, et ont fait place à d'autres. Au lieu d'être accolée à ses congénères, chaque cellule est noyée dans un amas de cellules différentes d'elle-même. Sa place ne peut plus être définie par son origine, mais seulement par l'indication du segment où elle se trouve et des éléments au contact desquels on la rencontre. C'est ce genre de lien qui s'appelle, dans la terminologie que nous croyons devoir adopter, le *groupement topographique*. Ici, comme dans le groupement embryologique, chaque cellule est unie à celles qui l'entourent immédiatement, mais elle ne leur ressemble plus. Un groupe embryologique était un ensemble local d'éléments semblables ; un groupe topographique est un ensemble local d'éléments différenciés. — Ce qu'il y a de remarquable, c'est que chacun de ces groupes topographiques, ou segments, est une sorte d'animal indépendant. On sait fort bien que, dans la série zoologique, il y a un grand nombre de vers qui sont ainsi composés de segments placés bout à bout et formant presque des êtres complets. Dans l'évolution individuelle des organismes supérieurs, on trouve un stade qui rappelle cette phase de l'évolution collective de l'animalité. Il est fort court sans doute, car il est presque immédiatement masqué par des formations ultérieures. Mais cependant, il se marque par des traits irrécusables, tels que l'apparition, chez l'embryon du squale, des organes rénaux segmentaires, et, chez l'embryon humain lui-même, la naissance des arcs aortiques, la formation des proto-vertèbres intermédiaires aux segments primitifs, et celle des vertèbres et des ganglions de la moelle épinière, correspondant aux segments eux-mêmes. Chez les animaux présentant encore la structure segmentaire, lombriciens, annélides, etc., chaque segment possède en propre tous les organes essentiels de la vie : ganglion nerveux, cœcum digestif, canaux circulatoires, branchies, organes rénaux, organes reproducteurs. Il faut évidemment penser qu'il en serait de même dans l'évolution des animaux supérieurs, sans les phénomènes de « hâte évolutive », de « condensation embryogénique » qui font que ce stade est presque complètement caché par le suivant.

Celui-ci se caractérise par la fusion des organes segmentaires. L'être total reconquiert son unité, à peine un instant compromise par sa division en segments. Les ganglions nerveux d'un segment s'unissent aux ganglions nerveux de tous les autres pour constituer une chaîne nerveuse, renflée à son extrémité en un cerveau. Les cœcums digestifs et les canaux circulatoires des divers segments s'abouchent les uns avec les autres pour former un tube digestif et un réseau circulatoire continus. Les organes respiratoires locaux se confondent en branchies ou en poumons centralisés. Les organes rénaux segmentaires s'agencent en un rein unique. Les organes reproducteurs suivent le même mouvement de concentration. Ainsi se constituent les appareils vitaux de l'être définitif. Lorsqu'ils sont complètement formés, chaque cellule se trouve prise dans un groupe dont le principe est différent de celui des unités antérieures. Ce principe nouveau est d'ordre purement fonctionnel. Chaque cellule maintenant est liée à celles dont la coopération lui est nécessaire pour produire l'activité de l'organe et de l'appareil dont elle fait partie. — Soit en effet un organe déterminé, l'œsophage par exemple. Il y a dans l'œsophage des cellules appartenant à diverses régions, car il se prolonge à travers plusieurs segments vertébraux. La liaison des éléments anatomiques n'a donc plus le même caractère que précédemment. Ce qui l'explique, c'est le concours de toutes ces unités en vue d'une fin unique. Dans l'exemple choisi, cette fin est la progression des aliments qui s'opère à travers l'œsophage. Notez que ces cellules sont elles-mêmes de formes très diverses : les unes sont épithéliales, les autres conjonctives, les autres musculaires ; mais toutes collaborent à une même action physiologique. On peut donc dire qu'ici on se trouve en présence d'un ensemble fonctionnel d'éléments différenciés, et nommer ce groupement un *groupement physiologique*. Ce groupement d'ailleurs aboutit à des productions de deux sortes. Si l'on envisage seulement l'ensemble des cellules unies dans un même acte relativement simple, tel que le premier temps de la progression des aliments, on a un *organe* : l'œsophage. Considère-t-on au contraire l'organe lui-même dans sa connexion avec d'autres organes, plus ou moins voisins, mais coopérant avec lui à un acte plus complexe, tel que l'ensemble de la digestion ; on a un *appareil* : l'appareil digestif. Dans l'un et l'autre cas, seulement avec plus d'ampleur dans le second, on se trouve toujours en face de cellules d'espèces différentes fonctionnant en vue d'une fin commune.

Mais maintenant, cette différenciation entre les cellules ne saurait aller jusqu'à supprimer toute ressemblance entre elles. Dans l'œsophage, par exemple, il y a des cellules épithéliales, des fibres musculaires et des cellules conjonctives. Ces trois sortes d'éléments sont fort distincts. Mais toutes ces cellules épithéliales se ressemblent plus ou moins entre elles ; toutes ces fibres musculaires, aussi ; toutes ces cellules conjonctives, de même. De plus, ces formes épithéliales, musculaires, conjonctives, se retrouvent dans d'autres organes du même appareil digestif. Elles se retrouvent aussi dans les divers organes d'autres appareils : de l'appareil respiratoire, par exemple. On est ainsi porté à rapprocher les unes des autres les cellules ayant même forme, d'autant que ces ressemblances de forme impliquent des ressemblances de fonction : tous les épithéliums, tous les muscles se comportant de la même manière. Si on réunit les cellules ayant une étroite similitude de nature, on forme un

tissu : tel le tissu des cellules grises du cerveau. Si on réunit
les tissus ayant entre eux des similitudes de nature plus générales, on forme un *système :* tel le système nerveux. Il peut
être délicat de distinguer ce groupement du précédent, mais la
différence pourtant est réelle. Dans le précédent, on rapprochait
des cellules de natures différentes unissant leurs efforts vers un
but commun. Ici on considère des cellules de même nature,
ayant par conséquent une action du même genre. Seulement il
est clair, d'abord, que ces actions identiques de cellules semblables seront exercées en des points différents de l'organisme :
une fibre musculaire agira en un lieu, une autre agira à l'extrémité opposée. Et d'autre part il est certain aussi que ces actions,
pour être efficaces, devront être coordonnées avec celles d'éléments de nature différente : il faudra par exemple, pour que les
muscles de l'œsophage fassent progresser les aliments, qu'ils
combinent leur action avec celle des épithéliums. Les tissus sont
donc intriqués dans les organes, mais ils en demeurent bien distincts, puisqu'un même organe comprend plusieurs tissus, et
qu'un même tissu se retrouve en plusieurs organes. La différence des appareils, qui sont des sommes d'organes, et des systèmes, qui sont des ensembles de tissus, n'est pas moins réelle.

Il est vrai qu'on trouve souvent employées indifféremment
les expressions : système nerveux et appareil nerveux, système
digestif et appareil digestif. Mais c'est une façon de parler
vicieuse. Il faut dire exclusivement « le système nerveux »,
parce qu'il y a là un tout formé d'éléments analogues entre eux,
et « l'appareil digestif », parce qu'il y a là un ensemble composé
d'éléments d'ordres divers (épithéliums, tissus conjonctifs, muscles, et même vaisseaux et nerfs). Ce n'est pas une simple question de terminologie. Il existe ici une différence fondée sur la
nature même des choses. L'appareil digestif a un champ d'opération spécial, limité; le système nerveux au contraire préside
à l'activité de toutes les parties de l'organisme. Le premier est
simple dans sa fonction, complexe dans ses éléments : le second
est un dans sa composition, multiple dans sa tâche. Il est bien
vrai qu'il y a des parties du système nerveux qui se différen-

cient et se spécialisent pour ne plus servir qu'à l'exercice d'une fonction déterminée : telles sont, par exemple, cette portion du système nerveux périphérique qui constitue les organes des sens, et cette portion du système nerveux central qui constitue le cerveau. Et il est parfaitement exact qu'elles donnent ainsi naissance à de véritables organes. Mais c'est que d'autres éléments, de nature fort différente, sont venus se joindre à elles. En effet, dans le cerveau, outre les éléments nerveux, nous trouvons des membranes d'enveloppe et des vaisseaux nourriciers, sans parler du revêtement crânien osseux ; de même, dans les organes des sens, nous rencontrons à côté des cellules et des fibres nerveuses, des téguments protecteurs, un appareil adducteur et un appareil abducteur du sang, et, en outre, du tissu conjonctif, des muscles, etc... Un organe ne peut donc jamais provenir d'éléments fournis par un seul système ; il suppose toujours l'union, l'intrication de plusieurs tissus d'espèces diverses. Il en est, à plus forte raison, de même pour l'appareil, qui est un composé d'organes. Donc la distinction entre le système et l'appareil se trouve parfaitement fondée. Les principaux systèmes organiques sont : le système nerveux, formé des cellules (grises et blanches) et des fibres nerveuses ; le système musculaire, formé des diverses espèces de fibres musculaires ; le système (dit parfois à tort tissu) conjonctif, formé de l'ensemble varié des tissus conjonctifs ; le système sanguin et lymphatique, qui comprend les globules (ou cellules) du sang et de la lymphe ; le système épithélial, où se rencontrent plusieurs sortes de tissus épithéliaux, épithélium cylindrique, épithélium pavimenteux, etc... Les principaux appareils sont : l'appareil de relation, où concourent les organes des sens, les organes centraux et les organes locomoteurs ; l'appareil digestif, dont les organes sont la bouche, l'œsophage, l'estomac, l'intestin, les glandes annexes ; l'appareil circulatoire, avec le cœur et les vaisseaux artériels et veineux ; l'appareil respiratoire, annexe du précédent ; l'appareil excréteur (rein, glandes sudoripares, etc.) ; l'appareil de reproduction. Bien entendu nous ne saurions songer à donner la liste détaillée des organes et des tissus qui composent ces appareils et ces systèmes. Mais les exemples que nous venons de citer pourront suffire, espérons-nous, pour marquer la séparation de ces deux ordres d'unités organiques.

L'indépendance du groupement des cellules en tissus et systèmes par rapport à leur groupement en organes et appareils se trouvant ainsi établie, nous pouvons chercher à synthétiser les traits caractéristiques de ce dernier mode d'union des éléments organiques. Constatons tout d'abord qu'il a un lien avec le premier groupement que nous avons signalé, le groupement embryologique. En effet, comme celui-ci, il réunit des cellules de nature semblable. Les feuillets sont, à vrai dire, les tissus de l'embryon, comme les tissus de l'adulte sont le produit de la division des feuillets, qui dans le cours du développement de l'être se sont insinués les uns dans les autres. En revanche, ce quatrième et dernier groupement est sans lien avec le second, avec le groupement topographique. Il n'a, en effet, nullement le caractère d'un groupement local, et c'est même ce qui l'empêche de se confondre avec le groupement embryologique, où les cellules de même origine sont accolées. Il est vrai que les cellules semblables qui se rencontrent dans un organe adulte sont assez souvent au contact les uns des autres. Mais nous savons qu'un même tissu peut se trouver en divers organes d'un même appareil, et même en divers appareils. Nous voyons donc qu'il n'y a nulle connexion spéciale nécessaire entre les éléments d'un même tissu. Sur quoi donc repose leur unité ? Sur leur homogénéité, sur leur similitude de nature, et nous savons que cette connexion-là est la plus intime de toutes. Enfin, si on compare ce quatrième groupement au troisième, on trouve à la fois des différences et des analogies. Les différences, nous les connaissons par le détail. Nous avons vu qu'elles peuvent se résumer en ceci, que dans le troisième groupement il y a distinction, dans le quatrième homogénéité entre les composants de l'unité. Les ressemblances consistent en ce que, dans un cas comme dans l'autre, il n'y a pas nécessairement un contact immédiat entre les composants, mais plutôt une sorte de contact idéal en vue des fins poursuivies : fins identiques pour tous les composants dans le dernier cas, fins distinctes mais concourantes dans le précédent. On pourrait donc qualifier cette nouvelle unité en disant qu'elle est « un ensemble fonctionnel d'éléments semblables » ; et le groupement auquel elle donne lieu méritera le nom de *groupement homoplastique* (1).

Cherchons maintenant à synthétiser les données qui précèdent. Nous avons reconnu quatre modes d'union des cellules organiques :

1º le groupement embryologique, union locale d'éléments semblables ;

2º le groupement topographique, union locale d'éléments différenciés ;

3º le groupement physiologique, union fonctionnelle d'éléments différenciés ;

4º le groupement homoplastique, union fonctionnelle d'éléments semblables.

On le voit aisément : lorsqu'on va de l'un à l'autre en suivant l'ordre indiqué par nous, on passe de la similitude à la différenciation pour revenir ensuite de la différenciation à la similitude ; mais d'autre part on passe, d'unions déterminées par le simple voisinage dans l'espace, à des unions déterminées par le concours et l'identité des fonctions. Le quatrième groupement peut être considéré (nous l'avons montré il y a un instant) comme dérivant du premier, puisqu'il repose comme lui sur des similitudes de nature. Mais il y a de l'un à l'autre un progrès considérable : dans le premier, la similitude de nature n'était que le résultat de la position ; dans le second, elle est devenue le principe de l'unité fonctionnelle. Du rôle subordonné elle est passée au rôle principal.

Le lien des cellules, du premier groupement au dernier, est

---

1. On appelle plus souvent, en fait, *groupement histologique* cette union établie par l'esprit entre cellules de même nature et fonction. Mais ce terme a l'inconvénient de ne rien signifier, puisqu'il veut dire simplement « groupement de cellules en tissus », sans préciser sur quoi repose ce groupement.

à la fois devenu moins exclusivement matériel et plus profond.

Il faut bien entendre, d'ailleurs, la « succession » de ces quatre modes de groupement. Ils se sont développés l'un après l'autre, mais aucun n'a totalement éliminé le précédent. Ils se sont juxtaposés, si bien qu'une même cellule appartient aujourd'hui à la fois à quatre unités distinctes : à un feuillet, à un segment, à un organe (compris lui-même dans un appareil), enfin à un tissu (lequel n'est qu'une partie d'un système). Un exemple concret va nous le montrer. Une cellule nerveuse faisant partie d'un des ganglions du cœur de l'homme, se trouve appartenir, embryologiquement, aux formations d'origine exodermique. D'autre part, elle rentre, topographiquement, dans la poitrine, et d'une façon plus spéciale dans un des segments vertébraux que comprend la cage thoracique. Physiologiquement, elle dépend de l'organe « cœur », c'est-à-dire de l'appareil circulatoire dont celui-ci est le régulateur. Enfin, au point de vue homoplastique (ou, comme on dit plus souvent, histologique), ses affinités sont avec l'amas des cellules nerveuses ganglionnaires voisines, sorte de tissu qui a ses caractères distincts, mais qui est analogue au tissu des cellules grises du cerveau et de la moëlle épinière, et qui naturellement est compris, comme lui, dans le système nerveux. En un mot, il est exact de dire qu'une même cellule appartient tout ensemble aux quatre sortes de groupements que nous venons de distinguer.

Mais cela même nous montre que ces divers groupements, tout en coexistant, ne peuvent pas ne pas se contrarier. Nous avons déjà vu la formation des segments s'accompagner d'une dissociation des éléments primitivement unis par la communauté d'origine. Nous avons vu ensuite les organes communs à tout l'organisme se produire par la fusion des organes segmentaires, c'est-à-dire par la perte de l'indépendance des segments. Il n'est pas moins aisé de comprendre qu'il y a lutte aussi entre le groupement homoplastique et le groupement physiologique, entre le tissu et l'organe. Car, par exemple, la cellule que nous considérions il y a un moment, et qui dépend à la fois du système nerveux et de l'appareil circulatoire, cette cellule nerveuse d'un ganglion du cœur porte à l'organe cœur les impulsions motrices élaborées par d'autres éléments nerveux, et elle rapporte à ceux-ci les impressions subies par le cœur par suite du retour du sang contre sa paroi. Motrice, elle subit une action essentiellement nerveuse ; sensitive, elle reçoit le contre-coup des actions circulatoires. Il y a là en elle deux courants différents, opposés en quelque sorte, qui sans doute y demeurent distincts, mais qui enfin forcément s'y heurtent dans une certaine mesure : cette cellule ne remplit les deux fonctions que « par économie », et certainement toutes deux s'exerceraient mieux si elles étaient séparées ; la preuve en est que, dans les centres supérieurs, la différenciation de l'élément moteur et de l'élément sensitif sera un fait accompli. Ainsi chaque cellule est en quelque sorte tiraillée en sens divergents par les multiples unités dont elle fait partie. Entre les rôles divers qu'elle joue, il n'y a point accord parfait, il y a simplement coexistence.

II

Les phénomènes que nous venons de constater dans le monde organique nous permettent de prévoir et de comprendre ceux que nous allons rencontrer dans le monde social. Ici aussi, les cellules, qui sont maintenant des individus humains, affectent les quatre espèces de groupements que nous connaissons par ce qui précède.

Le premier en date, c'est encore le *groupement embryologique*. A l'origine, les descendants d'un même couple, tout au moins ceux d'une même mère, sont restés unis ensemble pour former la famille primitive, qui plus tard, agrandie, a donné naissance à la tribu. Ici donc, comme dans l'organisme, on voit tout d'abord « des cellules-filles groupées autour de leurs cellules-mères » ; les ensembles ainsi formés sont primitivement séparés d'une manière très nette, et sans lien les uns avec les autres (1). Ce mode de groupement persistera jusque dans les sociétés les plus développées, puisque aujourd'hui encore les membres d'une même famille, et même les membres d'une même race (la race étant un ensemble de familles qui se croient descendues d'un lointain ancêtre commun) aiment d'ordinaire à vivre côte à côte et reconnaissent volontiers qu'il existe entre eux un lien plus étroit qu'entre chacun d'eux et le reste de ses concitoyens.

Pourtant, à côté de la division embryologique, d'autres se sont produites. Les familles d'abord isolées ont dû, en se multipliant, occuper une étendue territoriale plus considérable. Par là, elles sont venues au contact les unes des autres. Elles sont entrées en relations : tantôt elles se sont fait la guerre, et l'une a soumis l'autre ; tantôt, au contraire, leurs rapports ont été pacifiques, et elles se sont alliées. Dans les deux cas, il s'est formé ainsi un groupe complexe, embrassant plusieurs des primitives familles. Dès lors, le lien du sang n'a plus été le seul lien entre les hommes. Les unions fondées sur la parenté se sont trouvées fondues en des unions plus vastes, reposant, elles, sur le voisinage, l'occupation d'un même territoire, la communauté des conditions d'existence et l'aide réciproque. Au groupement embryologique a ainsi succédé un *groupement topographique*. La formation de cette nouvelle unité a réagi sur les unités domestiques pour en amener la dissolution. Car les hommes ont pu commencer, grâce à elles, à chercher des compagnes hors de leur propre famille. Et d'autre part, il est devenu par là plus facile, à celui qui voulait cesser de vivre avec ses proches, de trouver ailleurs des moyens d'existence. La désagrégation progressive de la famille s'en est donc suivie. Les premières unités topographiques ont été des peupla-

---

1. On nous objectera peut-être que les familles primitives semblent souvent formées de « parents fictifs » plutôt que de parents réels. Nous répondrons que la fiction ne peut pas être à l'origine des choses ; si des associés ont cru devoir, pour justifier leur union, feindre d'être parents, c'est que les groupes préexistants, sur lesquels ils prenaient modèle, étaient formés de gens réellement unis par le lien du sang.

des ou cités, terme qu'il faut bien se garder de confondre avec
celui de villes, puisque ces groupes n'ont souvent pas de capitales fixes. Leur constitution a singulièrement activé la division du travail entre les êtres humains. Au sein de la famille,
même agrandie, il ne peut exister qu'une division du travail
rudimentaire, celle qu'impose la différence d'aptitudes entre
l'homme et la femme, entre l'enfant, l'adulte et le vieillard. Les
besoins étant peu développés, une spécialisation plus grande
n'aurait pas de raison d'être. Encore même la division des attributions entre les membres de la famille n'est-elle pas toujours
conforme à ce que nous croirions. Il serait rationnel de penser,
par exemple, que l'homme adulte, étant le plus vigoureux de la
maison, s'occupe des travaux les plus rudes, tels que ceux de
l'agriculture, ou les plus dangereux, tels que ceux de la guerre.
Mais nous savons que chez les peuplades africaines — lesquelles sont évidemment plus près de l'état sauvage primitif que
nos sociétés européennes — la femme est souvent chargée des
plus lourdes tâches de la culture, et assez fréquemment prend
part à la guerre. Il est fort possible que la répartition des
tâches ait trouvé à l'origine son principe moins dans les aptitudes physiologiques des sexes et des âges que dans le caprice de
l'élément le plus fort. Il faut ajouter d'ailleurs que, employée à
des travaux virils, la femme a acquis par là même des caractères virils, ce qui fait que sa différenciation par rapport à l'homme
s'est trouvée retardée dans ces climats par la similitude des
tâches, au lieu d'être accélérée, comme dans les nôtres, par
leur distinction.

Ce qui est certain, en tous cas, c'est que la division du travail est demeurée rudimentaire, tant que la famille, ou même
la tribu qui en est issue, sont restées isolées. Elle s'est fort accrue,
au contraire, dès que plusieurs familles ou tribus se sont rencontrées ou fusionnées. Un distingué sociologue autrichien,
M. Gumplowicz, a même soutenu, dans son livre sur *la Lutte
des races*, que la division du travail n'avait commencé qu'a-
vec cette fusion des groupes primitifs. Pour lui, elle se serait
marquée tout d'abord par la séparation entre le maître et l'es-

clave; or, cette séparation suppose préalablement la lutte de deux groupes et l'assujettissement de l'un par l'autre. Seulement on peut répondre à M. Gumplowicz que déjà, dans la famille primitive, il existe une distinction analogue, le faible étant en quelque sorte l'esclave du fort, la femme étant d'ordinaire assujettie à l'homme (quoique parfois le contraire ait pu se produire), l'enfant étant tenu d'obéir à l'adulte, et celui-ci lui-même écoutant souvent (mais non toujours) les conseils ou les ordres du vieillard. La division des fonctions a donc pu et dû apparaître dès le stade familial. Mais nous nous empressons d'ajouter que c'est seulement avec la formation de la cité qu'elle a pu prendre quelque extension. Pour qu'elle se développât, en effet, il fallait d'abord une population nombreuse, ayant des besoins considérables. Il fallait en outre que cette population eût des origines multiples, pour que les tendances de ses membres fussent différentes, que leurs besoins fussent variés. Il fallait enfin un territoire étendu, capable de fournir les ressources matérielles nécessaires pour la satisfaction de ces besoins. Or, toutes ces conditions n'ont été réunies que par la formation des groupements topographiques. C'est donc à celle-ci qu'il faut rapporter la spécialisation croissante des fonctions et la différenciation des métiers et des industries. Bien entendu, chaque peuplade ou cité, vivant d'abord à part, a dû renfermer primitivement dans son sein des représentants de chacune des professions dont le concours était indispensable à son entretien. Ce n'est que plus tard que les diverses peuplades se sont mises à commercer entre elles. Alors la spécialisation a pu être poussée plus loin encore. Une peuplade a renoncé à produire elle-même tout ce dont elle avait besoin, quand elle a vu qu'elle pouvait acquérir les choses qu'elle fabriquait difficilement, en échange d'autres qu'elle avait le moyen de produire sans peine et en excès. La division du travail s'est ainsi généralisée : au lieu d'être limitée aux membres d'une même unité, elle s'est opérée entre les divers groupes au grand profit (en général) de tous les co-échangistes.

Le développement des relations commerciales entre peuplades

amène forcément entre elles la formation de rapports politiques. Des conflits surgissent, ou des associations. L'assujettissement du vaincu dans le premier cas, la création d'une confédération dans le second, fusionnèrent les peuplades en cités. Ce fut l'origine des Etats. Leur constitution eut parfois immédiatement pour résultat un mélange des groupes antérieurs, surtout lorsqu'elle s'opéra par la soumission de l'un deux. Mais lorsqu'il s'agit d'une simple confédération, les cités auparavant isolées ne s'amalgamèrent pas complètement tout aussitôt. Pendant un temps plus ou moins long, chacune d'elles garda ses institutions et ses organes propres. La fédération put alors très justement être comparée à un animal composé, comme les vers, de segments mis bout à bout, ou plutôt encore, comme les étoiles de mer, de segments rayonnant autour d'un centre commun. Seules, quelques fonctions directrices, ayant trait notamment aux relations pacifiques ou guerrières avec les peuples étrangers, et à l'entretien d'un ou de plusieurs cultes communs, étaient centralisées au chef-lieu de la confédération. Tel semble avoir été le cas, dans l'antiquité, pour les ligues de la Grèce primitive, de l'Etrurie, du Latium, de la Judée. Mais peu à peu il dut arriver que la cité où s'accomplissaient ces fonctions directrices prit une supériorité de plus en plus marquée sur les autres, comme dans une annélide le segment céphalique, qui possède le plus volumineux des ganglions nerveux, jouit d'une certaine prééminence. Les autorités locales des autres cités se trouvèrent progressivement réduites à l'état de pouvoirs subordonnés, relevant de plus en plus complètement du pouvoir central.

En même temps le développement chaque jour plus grand des relations entre cités unies diminuait sans cesse l'autonomie de leurs organes. Grâce au développement des échanges, chaque cité pouvait désormais se consacrer exclusivement au genre de travail pour lequel elle avait le plus de goût ou de facilités, ou bien dont les produits s'échangeaient le plus aisément et avec le plus de profit contre ceux des cités-sœurs. Ainsi, tandis que chacune faisait autrefois toutes choses pour son compte, chacune fit maintenant une seule chose pour le compte de toutes. Mais dès lors ces cités perdirent leur complète indépendance, aussi bien économiquement que politiquement, puisque chacune, pour subsister, eut besoin désormais du concours de toutes les autres. Au lieu des organes segmentaires, il se forma des organes communs à l'être social tout entier. — Tantôt il y eut, tantôt il n'y eut pas coïncidence entre les anciens segments et les organes nouveaux. En effet, on peut penser que quand une cité avait un avantage marqué pour la fabrication d'un produit (avantage tenant, soit au territoire occupé, soit à des traditions industrielles), elle s'y consacrait d'autant plus exclusivement que l'existence d'une confédération lui donnait le moyen de le faire sans danger : c'est ainsi que, de nos jours encore, des villes comme Le Creusot ou comme Baccarat, et même comme Roubaix ou Lyon, vivent d'une spécialité. Mais, en somme, il ne pouvait en être partout ainsi. Très généralement, un organe, c'est-à-dire par exemple un genre d'industrie, dut s'étendre sur plusieurs segments, ne fût-ce qu'à cause de la complexité des opérations que cette industrie supposait, et qui ne pouvaient pas toutes se faire au même lieu (c'est ainsi que l'industrie de la soie, chez nous, rayonne de Lyon jusque sur les Cévennes). Et, réciproquement, un segment se livra d'ordinaire à plusieurs industries, c'est-à-dire participa à l'activité de plusieurs organes (pour garder le même exemple, il ne se fait pas, à Lyon, que des tissus de soie) : il y a partout un certain nombre d'industries vitales, celles de l'alimentation populaire, qui ne peuvent être enlevées à l'activité locale pour subir une totale centralisation. En un mot donc, la division nouvelle en organes fut loin de coïncider partout avec la division ancienne en régions. Elle tendit même à l'effacer, puisqu'un organe s'étend sur diverses régions, et met en rapport des travailleurs placés aux deux extrémités d'un territoire ; tout comme la division locale elle-même avait tendu à remplacer la primitive division familiale. Il se produisit, en somme, dans la société, le phénomène que nous avons déjà étudié dans l'organisme. Un groupement se forme au détriment d'un plus ancien ; ils entrent en conflit, puis, ne pouvant pas se détruire, ils se résignent à coexister ;

mais cette coexistence n'implique pas accord, et tous deux continuent à se disputer les individus (1), jusqu'à ce qu'un troisième vienne à entrer en lice et à les supplanter tous deux à la fois.

C'est ce que nous allons voir se produire une ou plusieurs fois encore. Nous avons trouvé, en dernier lieu, les cellules sociales unies professionnellement, c'est-à-dire suivant un *groupement physiologique*, chaque organe étant constitué, par exemple, par un atelier ou une fabrique, et l'ensemble des fabriques qui ressortissent à une même industrie constituant un appareil. Tel l'appareil de l'alimentation, subdivisé en sous-appareils de la boulangerie, de la boucherie, de la viticulture, etc., où chaque exploitation viticole ou chaque abattoir représente un organe. Il est clair que les sous-appareils d'un appareil (cette division en sous-appareils, inconnue à l'organisme, est nécessitée ici par la complexité de la structure sociale), que les organes d'un sous-appareil, et que les individus qui composent un organe, ont chacun sa forme et sa fonction distincte, mais que toutes ces fonctions sont coordonnées en vue d'une même fin générale, l'alimentation de la société, de même que dans chaque organe les travaux des divers individus, si distincts qu'ils soient, sont coordonnés en vue d'une même fin spéciale, l'entretien et le développement de « la maison ». Mais maintenant, il se trouve dans beaucoup d'organes des travailleurs ayant des fonctions semblables ; il s'en trouve aussi dans des organes différents; et jusque dans des appareils distincts. Par exemple, l'appareil de relation a pour but, dans la société, de mettre l'être social collectif en communication avec le milieu extérieur, et aussi de mettre ses différentes parties en communication les unes avec les autres. Pour remplir cette double fonction, il se divise en sous-appareils, tels que le sous-appareil de la presse, le sous-appareil des chemins de fer, etc.... Chaque journal particulier constitue un organe : la langue usuelle elle-même lui donne ce

_____

1. C'est ainsi que les hommes se trouvent partagés entre leurs devoirs familiaux et leurs devoirs civiques.

nom; chaque chemin de fer particulier, également. Ce qui veut dire, bien entendu, que l'ensemble des êtres humains employés à la confection d'un journal, ou l'ensemble des individus dépendant d'une même compagnie de chemins de fer constitue un organe: les choses, nous le savons, n'entrent dans une association de personnes qu'à titre de « suppléants », bien que ces suppléants finissent ici par prendre le rôle principal, par être le noyau autour et en vue duquel se groupent les individus (1).

Maintenant, dans l'organe appelé, par exemple, « chemin de fer du Nord », il y a des travailleurs de sortes bien diverses : on y trouve des aiguilleurs, des garde-barrières, des hommes d'équipe, des chauffeurs, des mécaniciens, des chefs de train, des chefs de gare, des ingénieurs, des contrôleurs, des directeurs. Ces diverses catégories d'hommes ont chacune son rôle distinct, bien que leurs rôles à toutes soient coordonnés en vue d'une fin commune. Mais, dans l'intérieur de chaque catégorie, les rôles sont les mêmes, parce que les aptitudes sont semblables. Tout homme d'équipe fait la même chose qu'un autre individu de la même classe, parce qu'il a (ou est présumé avoir) les mêmes facultés. On peut donc voir ici le principe d'un nouveau groupement, d'un groupement par similitude de nature et de fonction à la fois, d'un *groupement homoplastique*. Ainsi on nommera tissu l'ensemble des hommes d'équipe d'un chemin de fer. Mais, comme dans l'organisme vivant, ce tissu ne se rencontre pas seulement dans un même organe : il se rencontre aussi dans les divers organes d'un même sous-appareil, — puisqu'il y a des hommes d'équipe dans tous les chemins de fer — ; dans les divers sous-appareils d'un même appareil, — puisque ces hommes d'équipe ont des analogues dans les hommes de peine qu'emploie, par exemple, l'imprimeur, lequel fait aussi partie, par le sous-appareil de la presse, de l'appareil total de relation — ; et même dans des appareils différents,

---

1. Une compagnie de chemins de fer n'est que le substitut d'une compagnie de marchands; un journal n'est que le substitut d'une association de crieurs publics.

puisqu'on retrouve des hommes de peine au service des industriels appartenant à l'appareil de l'alimentation, etc... Il y a
plus ; ces tissus rentrent dans des unités plus générales. On
peut nommer système l'ensemble de tous les travailleurs d'un
même ordre, en rangeant d'un côté les travailleurs surtout
manuels, de l'autre les travailleurs surtout intellectuels : les
premiers pouvant être comparés aux fibres musculaires, les
seconds aux cellules nerveuses. Et il est certain que ces systèmes se retrouveront dans tous les appareils, sous-appareils et
organes. La distinction du système et de l'appareil, du tissu et
de l'organe, n'est pas moins nette dans la société que dans l'organisme. Dans l'une comme dans l'autre, tous les individus
dont les efforts distincts servent à un but commun (tel que l'exploitation d'un chemin de fer), font partie d'un même groupe
physiologique, c'est-à-dire d'un même organe, et plus généralement d'un même appareil. Tous ceux dont les aptitudes et
les fonctions sont analogues, fussent-ils employés à des buts
différents (par exemple, tous les ingénieurs, dont l'un est
employé dans les chemins de fer, tandis que l'autre construit
des navires ou s'occupe de métallurgie), font partie d'un même
groupe homoplastique, c'est-à-dire d'un même tissu et plus
généralement d'un même système. Groupement purement fonctionnel d'éléments différenciés, groupement morphologico-fonc-
tionnel d'éléments semblables, fondés, le premier sur la nature
de la chose à produire, le second sur la nature du producteur,
voilà, dans la société comme dans l'organisme, le principe des
unités physiologiques et celui des unités homoplastiques. Le
parallélisme, on le voit, se poursuit rigoureusement.

Seulement il faut immédiatement remarquer que les tissus
sociaux sont en bien plus grand nombre que les tissus organiques. Le système nerveux organique ne comprend que des cellules grises, des cellules blanches et des fibres. Le système nerveux social, qui est formé de l'ensemble des « travailleurs intellectuels », de l'ensemble des individus chargés de guider leurs
semblables au nom d'une idée — idée quelconque d'ailleurs —
comprend des gouvernants, des officiers, des magistrats, des

chefs d'industrie, des ingénieurs, des savants, des lettrés, des artistes, etc... En outre, dans l'intérieur de chaque tissu social, les variétés sont bien plus nombreuses que dans l'intérieur d'un tissu organique. Combien de catégories dans le seul groupe des ingénieurs, suivant leur spécialité ! — Il y a plus : sous le nom de tissus sociaux, apparaissent des unions sans analogue dans l'organisme. Celles que nous venons de voir correspondant aux tissus organiques. En effet, dans les unes comme dans les autres, il y a, pour les cellules appartenant à un même tissu, une similitude de nature engendrant une similitude de fonction. Mais il y a des cas où la similitude de nature, entre êtres humains, n'amène pas une similitude de fonction, et pourtant devient le principe d'un groupement nouveau. Ceci est la conséquence d'un grand principe que nous avons déjà posé, à savoir que, la complexité de l'être humain étant plus grande que celle de la cellule vivante, il est apte à entrer en un bien plus grand nombre de combinaisons. Expliquons-nous. L'individualité de l'homme est évidemment beaucoup plus riche que celle de la cellule organique. Celle-ci ne contient d'ordinaire que juste ce qu'il lui faut pour lui permettre d'accomplir son rôle par la satisfaction des besoins vitaux ; mais l'être humain contient bien davantage. Chacun de nous n'est pas seulement l'homme de tel ou tel métier ; il est quelque chose de plus. Sans doute, le métier que fait l'individu, il faut bien qu'il soit, de par sa nature, apte à s'en acquitter au moins passablement, sans quoi il ne pourrait continuer à l'exercer. Mais combien de fois ses tendances intimes dépassent-elles singulièrement sa profession ! Chez celui-là même qui remplit le plus exactement son devoir social, ne reste-t-il pas, une fois le devoir accompli, un surcroît d'énergies de toutes sortes qui ne demandent qu'à trouver leur emploi dans d'autres directions ? Ainsi, tandis que dans la cellule organique il y a adéquation parfaite entre la nature et la fonction, celle-ci n'étant que la conséquence de celle-là, dans la cellule sociale au contraire la nature, le tempérament, contient plus (et parfois aussi, à certains égards, moins) d'éléments que ce qu'il en faut pour assurer le bon exercice de la fonction. Ces éléments en excès, à leur tour, deviennent un lien entre les diverses cellules dans lesquelles ils se retrouvent identiquement constitués. Et c'est ainsi que les individus humains, outre les groupements que nous leur connaissons déjà, vont se rapprocher suivant d'autres ordres d'affinités.

Parmi ces affinités, les unes sont d'ordre en quelque sorte matériel. Ce sont celles qui tiennent au rang social, à la fortune, à la puissance. Les individus qui sont à la tête des divers groupements tendent à s'unir entre eux. Ainsi, jadis, les seigneurs des diverses régions s'associèrent pour constituer la féodalité. Ainsi, aujourd'hui, les chefs des grandes industries et les membres les plus élevés des corps officiels s'associent en quelque sorte pour former une aristocratie nouvelle. C'est ce qui n'existe pas dans l'organisme. Là en effet les cellules plus volumineuses ou plus importantes que les autres ne s'allient pas entre elles de système à système ou d'appareil à appareil. Les cellules nerveuses du cerveau sont assurément plus élevées que celles des ganglions et de la moëlle ; les globules sanguins qui sortent du poumon sont évidemment plus riches que les autres globules ; mais on ne voit pas ces éléments supérieurs s'unir pour constituer une caste aristocratique !

D'autres affinités entre cellules sociales sont d'ordre spirituel : ce sont des affinités religieuses, esthétiques, passionnelles, morales, intellectuelles, etc... Celles-ci donnent naissance aux amitiés, cercles et coteries ; aux partis politiques ; aux associations littéraires, artistiques, scientifiques ; aux institutions philanthropiques ; aux unions religieuses de tout genre, tant communautés de simples fidèles que corporations de prêtres ou ordres monastiques. Rien de semblable à ces groupements n'existe non plus dans l'organisme. Pour qu'ils fussent possibles, il fallait tout le développement intellectuel de l'être humain.

Un point curieux à noter, c'est que ces groupements nouveaux qui constituent par eux-mêmes des tissus et des systèmes, tendent, en appelant à eux comme auxiliaires des éléments venus d'autre part, à produire des organes et des appareils. Ainsi la noblesse était un système fondé sur des affinités matérielles, et dont les tissus étaient les divers grades de la hiérarchie féodale. Ainsi encore le clergé, système fondé sur des affinités spirituelles, voit ses tissus formés chacun par un des ordres de la hiérarchie ecclésiastique. Mais pour subsister, ces corps ont besoin d'agents différents d'eux-mêmes. Bien vite, des individus se présentent, pour remplir ces fonctions. Tels sont les divers auxiliaires, non ecclésiastiques, des Eglises. Dès lors, l'ensemble de quelques membres de ces groupements et de quelques-uns de leurs auxiliaires, constitue un organe; une église comme Notre-Dame de Paris est un organe en ce sens. Et l'on peut dire que la réunion de toutes les personnes attachées ainsi, à un titre quelconque, aux diverses églises de France, compose un véritable appareil social : l'appareil ecclésiastique.

Seulement, si ces groupements tendent à former des tissus et des systèmes, et même des organes et des appareils nouveaux, ils tendent aussi à détruire les tissus et organes, les systèmes et appareils préexistants, fondés, ceux-là, sur les nécessités les plus pressantes de la vie sociale, les nécessités économiques. Ainsi l'union des chefs d'industrie entre eux les éloigne de leurs ouvriers, et par là amène la ruine de l'ancien groupement d'atelier, au détriment de la paix sociale ; comme jadis l'afflux des gentilshommes, en les éloignant de leurs terres, rompit les liens d'affection qui pouvaient exister entre les vassaux et leurs seigneurs, ce qui ne fut pas problablement sans hâter la Révolution. Pareillement encore l'union des membres d'une même croyance, d'une même opinion, tend à provoquer des différends et des rixes, au sein d'une catégorie de travailleurs (tissu), entre ouvriers libres-penseurs et ouvriers chrétiens ; et au sein d'une corporation (organe) le développement du socialisme tend à séparer les ouvriers de leurs contre-maîtres et patrons : l'ébranlement de l'ancienne unité professionnelle, commencé par les chefs, est continué par les subordonnés. Il y a donc lutte, et lutte incessante, entre les formes nouvelles de groupement et les formes anciennes.

Mais, nous le savons déjà, il y avait conflit également entre ces formes anciennes elles-mêmes. L'histoire sociale, au fond, n'est guère que le récit de la substitution d'un groupement à un autre. Economiquement, on a vu le travail se diviser, d'abord entre les membres d'une même famille, puis entre ceux d'une même tribu, puis entre ceux d'un Etat, puis entre ceux de tous les Etats. Le troisième stade correspond au groupement physiologique, le quatrième au groupement homoplastique : car, fait à la fois bien remarquable et bien naturel, le développement actuel de l'industrialisme international amène les membres d'un même tissu à prendre conscience de leur solidarité à travers le monde entier. La formation des groupements sociaux va de pair avec l'élargissement de la société. Le droit, c'est-à-dire la soumission à des principes de vie communs, s'est transformé de la même manière. Il n'y a eu de lien juridique à l'origine qu'entre les membres d'une même famille, tout étant permis envers l'étranger. Puis ce lien a embrassé tous les membres de la cité. Plus tard est apparu le droit professionnel (droit commercial, maritime, industriel, agricole). Aujourd'hui on propose d'instituer un « droit des classes », dont le premier principe serait que le pauvre doit toujours avoir raison contre le riche. Intellectuellement, de même, nous voyons qu'il y a à l'origine une religion et une morale domestiques, plus tard une religion et une morale civiques, et aujourd'hui l'on commence à parler de morale professionnelle. L'art a peut-être lui-même suivi une évolution analogue. — Politiquement, enfin, nous voyons les raisons qui font attribuer l'influence gouvernementale changer avec les groupements. « Clisthène », nous dit-on, « partagea le territoire de l'Attique en dèmes, remplaçant les divisions d'après les phratries par des divisions topographiques (1) ». A Rome, de même, à la division aristocratique en curies, fondée sur la naissance, succéda, par l'intermédiaire de la division en centuries, la division plébéienne en tribus, fondée sur le lieu d'habitation. Aujourd'hui, la représentation dans les assemblées politiques est également réglée par des considérations territoriales :

---

1. H. Spencer, *Principes de sociologie*, V° partie, chap. 11, § 512.

chez nous, ce sont les arrondissements, les départements, circonscriptions essentiellement locales, qui élisent les députés et
les sénateurs. Mais on sait qu'il est question de substituer à ce
groupement, comme base de l'électorat, le groupement professionnel, plus important, dit-on, à l'heure présente ; ainsi il y
aurait au Parlement des délégués de l'agriculture, de l'industrie, du commerce, des professions libérales, des grands
services publics ; ce serait fonder la représentation sur le groupement physiologique (1). D'autres proposent de composer le
corps électoral, non plus d'après les organes sociaux, mais d'a-
près les tissus fondés sur des similitudes de situation ; de faire
nommer essentiellement les délégués par des syndicats professionnels ne comprenant, les uns que les patrons, les autres que
les ouvriers d'une catégorie déterminée. — La conclusion est que
les divers groupements sociaux se comportent comme des unités
véritables, comme des êtres individuels, qui lutteraient entre eux
pour la vie, et qui, sans se détruire, empiéteraient sans cesse les
uns sur les autres. Leurs apparitions et leurs floraisons se succè-
dent du reste dans un ordre irréversible, déterminé par des lois
naturelles, tout comme l'apparition et la floraison des espèces
végétales ou animales. Tout ce que nous venons d'établir prouve
donc, indirectement, que du concours d'êtres humains peuvent
naître des unités supérieures, douées chacune d'une vie propre
et d'une réelle cohésion. Mais s'il en est ainsi pour de simples
groupements particuliers et passagers, ne doit-il pas en être à
plus forte raison de même pour le groupement général qui les
réunit tous et qui leur servit à tous — la société — et peut-on
sérieusement dénier à celle-ci les caractères de l'individualité ? (2).

1. Voir Charles Benoist, la Politique.

2. Pour plusieurs des idées contenues dans le chapitre qu'on vient
de lire, nous nous sommes rencontrés avec un travail récent, l'étude
de M. E. Durkheim sur la division du travail social. M. Durkheim a
bien vu le passage de la division topographique à la division physiologique. Il a senti également que la division topographique avait dû
être précédée d'une division fondée sur la consanguinité. Il nous

paraît, en revanche, n'avoir pas aperçu la différence qui sépare les unités physiologiques des unités homoplastiques, les organes et appareils des tissus et systèmes. Nous n'avons, du reste, en aucune manière emprunté notre théorie à son livre, puisque les pages qu'on vient de lire étaient écrites près d'un an avant l'apparition de ce dernier. Le fait que nos idées se sont trouvées, au moins pour partie, coïncider avec celles de ce consciencieux investigateur, ne peut que leur servir de confirmation.

CHAPITRE SEPTIÈME

FEUILLETS, SEGMENTS, ORGANES ET TISSUS SOCIAUX.

Le précédent chapitre nous a montré la constitution succes-
sive des diverses espèces de groupements entre cellules sociales.
Nous avons vu aussi que ces groupements sont, d'une manière
générale, semblables à ceux des cellules organiques. Il nous reste
à les examiner plus en détail, pour chercher à établir, si faire se
peut, des analogies spéciales entre tel ou tel feuillet, segment,
organe ou tissu social, et tel ou tel feuillet, segment, organe ou
tissu du corps vivant. — Nous ne prétendons chercher d'ailleurs
que des analogies, et non pas des homologies. On sait la différence qui sépare ces deux termes dans le langage des sciences
naturelles. Tel organe d'un être vivant est l'homologue de tel
organe d'un autre être, s'il est formé aux dépens des mêmes
éléments originaires. Il lui est simplement analogue s'il remplit le même genre de fonctions, le même rôle que lui, sans qu'il
y ait entre eux similitude d'origine. Ainsi les pièces de l'armature buccale des insectes piqueurs peuvent être homologuées
aux pièces de l'armature buccale des insectes suceurs; car, malgré les très grandes différences de forme et de fonction qu'elles
présentent, elles sont dérivées d'une source commune. Au contraire, l'aile de l'oiseau et l'aile de l'insecte, qui jouent un même
rôle, ne sont qu'analogues, parce que les parties qui leur donnent naissance ne sont pas les mêmes. — Il serait assurément
préférable, si on le pouvait, d'homologuer les éléments sociaux
aux éléments organiques. Malheureusement cela ne saurait être
fait. La dérivation embryologique des éléments sociaux ne peut
être suivie avec assez de précision (on en verra la cause dans un
instant) pour permettre des rapprochements utiles avec la déri-

vation des éléments organiques. Il faut donc se résigner à abandonner la recherche des homologies, au moins jusqu'à ce que l'état de la science sociale soit beaucoup plus avancé, et se contenter de poursuivre la détermination des analogies organico-sociales.

I

Dans l'organisme, ainsi que nous l'avons précédemment indiqué, existent primitivement quatre éléments : l'exoderme, l'endoderme, le mésoderme (somatopleure et splanchnopleure), et peut-être le mésenchyme. Il semble même vraisemblable que l'exoderme et l'endoderme soient plus anciens que tous les autres, et les aient formés par différenciation. Or, M. Herbert Spencer a cru découvrir dans la société quelque chose d'analogue. Dans toute tribu, si sauvage qu'elle soit, il y a, dit-il, différenciation entre deux sortes de fonctions : les unes externes — relations avec les autres tribus —, les autres internes — préparation des aliments. Des individus différents sont adaptés à ces deux fonctions : les premiers forment l'exoderme, les seconds l'endoderme social. Le premier appareil fournit les soldats, et aussi le gouvernement, comme dans l'organisme l'exoderme donne la peau et le système nerveux. Le second appareil fournit les travailleurs agricoles ou industriels, comme dans l'organisme l'endoderme produit le système digestif. Le système circulatoire ou mésodermique, représenté par les négociants, n'apparaît que plus tard et ne saurait de longtemps être comparé en importance aux deux appareils — exodermique et endodermique — les premiers formés. Suivant que l'un ou l'autre appareil est plus développé, la société appartient au type militaire ou au type industriel. — Cette théorie est séduisante ; elle se rattache à la distinction générale que M. Spencer établit entre le militarisme et l'industrialisme, et elle en reçoit appui, en même temps qu'elle lui sert de soutien. Malheureusement, il y a des faits qui ne se laissent pas plier à cette théorie. Considérons le système nerveux. A son égard la doctrine de M. Spencer est deux fois en défaut. D'abord, il faudrait, pour que sa comparaison fût exacte, que le système nerveux organique dérivât toujours de l'exoderme. Or, chez les mollusques il y a des ganglions qui dérivent du mésoderme (1) et même, chez la comatule, les éléments nerveux viennent de l'endoderme. D'autre part, il faudrait aussi que le système nerveux social fût toujours tiré de l'exoderme. Cela peut paraître exact quand dans le système nerveux social on ne voit autre chose (comme M. Spencer) que le gouvernement : alors en effet il semble que, du moins pendant longtemps, le gouvernement sorte de l'armée, quoique cela ne soit plus vrai dans nos civilisations de l'Europe occidentale. Mais nous avons déjà dit que le système nerveux social comprend bien autre chose encore : tous les éléments directeurs en font partie ; donc un chef d'industrie ou un savant lui appartient, au même titre qu'un chef de bureau. Or, les chefs d'industrie assurément ne sont point issus de l'appareil militaire. Ils dérivent de l'endoderme social ; et le système nerveux social n'est donc, pas plus que le système nerveux organique, d'origine uniquement exodermique. M. Spencer n'a même pas la ressource de dire que les deux erreurs se compensent, puisque les parties non exodermiques du système nerveux organique ne sont évidemment pas comparables aux parties non exodermiques du système nerveux social. L'homologation des feuillets organiques et des feuillets sociaux ne peut donc pas se trouver par cette voie.

Il existe une autre théorie, qui n'a point été rapprochée encore, à notre connaissance, de la conception organique de la société, mais qui ferait pourtant la lumière, si elle était exacte, sur le point que nous examinons. Il s'agit de la théorie développée jadis par M. de Gobineau dans son *Essai sur l'inégalité des races humaines.* Suivant cet auteur, trois races ont suffi pour peupler la terre : la race blanche, la race jaune, la race noire. Leurs habitats primitifs étaient : pour la première, la

---

1. Il est vrai que ce mésoderme a peut-être lui-même une lointaine origine exodermique.

plateau de Pamir ; pour la seconde, l'Amérique ; pour la dernière, l'Afrique et le sud-ouest de l'Asie. Elles se sont mélangées en proportions diverses, l'élément blanc formant la partie vivifiante du mélange ; et il n'est pas de grande civilisation qui ne soit le produit de la fusion de la race blanche avec l'une des deux autres, ou, plus souvent encore, avec les deux réunies. Dans cette conception, chacune des trois races formerait évidemment un feuillet primitif, l'organisme social pouvant naître de deux ou de trois feuillets accolés. — Il y a longtemps déjà que le système de M. de Gobineau a été réfuté, dans ce qu'il avait d'évidemment exclusif et d'étroit. Il est clair qu'il y eut des grandes civilisations, en Chine, au Mexique, au Pérou, voire même, selon quelques-uns, en Afrique, sans que la race blanche (contrairement à la thèse fondamentale de l'auteur) y ait été pour rien. On ne saurait vouloir retrouver, dans toutes les sociétés les trois races fondamentales de cet écrivain, comme on retrouve dans tous les organismes un exoderme, un endoderme et un mésoderme. Mais d'ailleurs cela n'est pas nécessaire pour qu'une comparaison puisse être établie. En effet, lorsque nous disons que « on retrouve dans tout organisme un exoderme, un endoderme et un mésoderme », nous n'entendons pas soutenir par là que les exodermes de tous les êtres, les endodermes de tous les êtres, les mésodermes de tous les êtres, soient parents entre eux — une semblable idée paraîtrait, à bon droit, ridicule — ; nous disons seulement que tous les exodermes, etc., se présentent à l'origine avec des aspects analogues, et que tous jouent un même rôle général (car dans les détails il y aurait des distinctions à établir) chez les organismes. Donc, pour conserver l'analogie, il ne sera pas nécessaire que les feuillets de même nom chez toutes les sociétés aient même origine, qu'ils soient tous par exemple composés d'éléments blancs ; il suffira qu'ils se comportent de la même manière. Il est donc inutile de rattacher tous les exodermes à la race blanche ; l'essentiel est qu'ils produisent dans toutes les sociétés les mêmes appareils. En ce sens, la théorie de M. Spencer est supérieure à celle de M. de Gobineau, parce que la première caractérise les feuillets sociaux par leur productivité. Pourtant il y a quelque chose d'exact aussi dans la théorie de M. de Gobineau, à laquelle on pourrait rattacher l'idée de M. Gumplowicz examinée au chapitre précédent (1) : et cette vue exacte, c'est que les éléments à productivité différente ont généralement été des races distinctes. Il est vrai, et nous l'avons indiqué nous-mêmes, qu'une différence rudimentaire dans les travaux a pu et dû apparaître même au sein d'une famille unique. Mais, pour accroître cette différenciation physiologique, il a fallu qu'il s'accomplît dans l'organisme social une différenciation anatomique, et celle-ci n'a pu devenir très marquée que par la fusion d'au moins deux groupes primitifs en un seul. Il y avait déjà des assujettis au sein de la famille unique. Seulement l'esclavage véritable ne s'est formé que par la soumission d'une horde à une autre. Or, c'est la différence totale de travaux entre le maître et l'esclave, celui-ci cultivant le sol ou gardant les troupeaux, celui-là guerroyant et commandant, qui fait, dans la théorie même de Spencer, la distinction entre l'appareil industriel et l'appareil militaire, entre l'endoderme et l'exoderme social. Ainsi, bien que les feuillets ne prennent toute leur signification que par rapport aux appareils ultérieurs de la vie, faut-il concevoir leur formation définitive comme liée à la rencontre et à la fusion des races, c'est-à-dire des familles originaires.

Mais, bien entendu, il ne faut pas, comme M. de Gobineau, chercher à trouver, au début de toutes les sociétés, les trois mêmes races composantes. Il faut admettre, comme M. Gumplowicz, qu'il y a eu de nombreuses races primitives, nées peut-être isolément (nous retrouverons ailleurs ce problème), et que l'union de deux d'entre elles pour une raison quelconque a constitué les premières cités. Généralement, ce dut être la lutte, la victoire d'un des deux groupes sur l'autre, qui amena cette fusion. En ce cas, il est probable que les vainqueurs se réservèrent le rôle de chefs et de guerriers, réduisant les vaincus à l'état d'esclaves ; et sur ce point on peut penser que la théorie de

1. Page 143 et suiv.

M. Spencer, relative à la distinction de l'appareil militaire et de l'appareil industriel, est très fondée. Mais, en d'autres hypothèses, il dut sans doute y avoir union pacifique. Et, comme alors il n'y avait pas de raisons pour qu'un des groupes put s'adjuger la supériorité sur l'autre, la différenciation des fonctions dut s'accomplir autrement, d'une manière qui nous est d'ailleurs inconnue. D'autre part, il est certain qu'il se produisit plus d'une fois agglomération, non-seulement de deux, mais de multiples groupes originaires ; et c'est peut-être ainsi que s'explique la formation des sociétés à castes. Qu'il y eût deux groupes unis ou qu'il y en eût davantage, il est vraisemblable d'ailleurs, lorsque l'assujettissement avait été le principe de leur fusion, que l'écart entre les maîtres et les esclaves alla en diminuant progressivement. Les premiers, décimés par leurs guerres avec les autres cités et par leurs luttes entre eux pour le gouvernement intérieur, durent de plus en plus compter avec ceux dont le travail les faisait vivre, et qui par là devinrent peu à peu leurs égaux : c'est ce que nous montre l'histoire des patriciens et des plébéiens de Rome. En même temps que ce nivellement, d'autres faits contribuaient à faire disparaître le groupement primitif : l'affaiblissement des liens de famille, auxquels se substituaient des liens de voisinage ; la différenciation de plus en plus grande des professions, qui ajoutait aux précédents le lien corporatif ; plus tard, la libre formation des confréries, des associations, des syndicats, dont nous avons parlé. Malgré cela, il restait quelque chose de ces groupements originaires : à savoir l'attachement qu'ont les uns pour les autres les membres d'une famille, et même (dans les Etats qui, comme l'Autriche-Hongrie, n'ont pas su assimiler les races qui les composent) les membres d'un groupe ethnique. Il n'est pas de grand Etat moderne qui ne soit formé d'une multiplicité de races, mais le plus souvent il les a fondues, par l'identité de civilisation, en une société vraiment unique, acceptant et voulant son unité. Il n'est pas d'Etat, *a fortiori*, qui ne comprenne une multiplicité de familles ; mais presque toujours ces familles se considèrent comme les membres d'un grand tout. Toutefois, la persis-

tance d'une solidarité particulièrement intime entre parents
et entre membres d'une même race, parfois même l'opposition de l'esprit familial et de l'esprit de race à l'esprit
national, marque le reste de l'ancien groupement embryologique, de l'ancienne « division par feuillets ». Seulement
on voit maintenant combien il serait illusoire de chercher à
« homologuer » les organes sociaux aux organes de l'être
vivant, puisque la division par familles, qui seule garde la trace du primitif groupement embryologique, ne se confond plus,
presque sur aucun point, avec la division en organes et en appareils sociaux.

II

Le groupement qui succède à la division par familles et races,
c'est le groupement topographique par régions. Les régions
d'un pays peuvent être comparées aux segments successifs d'une
annélide, ou plutôt aux rayons d'une étoile de mer, ou mieux
encore aux divers « individus » d'un cœlentéré. Du moins, cette
dernière comparaison a-t-elle l'avantage de faire mieux comprendre la position relative de ces éléments du corps social, lesquels ne sont pas d'ordinaire disposés régulièrement bout à
bout (comme les segments d'une annélide), ni même en éventail
autour d'un centre commun (comme les bras d'une étoile de
mer), mais sont placés dans l'espace côte à côte sans que leur
tout forme une figure géométrique. En revanche, la seconde et
surtout la première comparaison ont l'avantage de montrer qu'il
y a dans cet ensemble un point plus important que les autres,
tête chez les colonies animales, capitale dans les sociétés humaines. Peut-être, du fait que telles sociétés peuvent être comparées à des cœlentérés, d'autres à des échinodermes, d'autres
encore à des vers, y aurait-il moyen de tirer un principe de
classification pour ces sociétés. Nous nous proposons de revenir sur ce point. Mais on voit dès à présent combien il est difficile d'établir une formule générale indiquant les analogies des
segments organiques et des segments sociaux. Il faudrait

d'abord pouvoir rapprocher une société déterminée d'un organisme déterminé pour être en mesure de comparer utilement les
divisions de l'une aux divisions de l'autre. Or, c'est ce que nous
ne savons pas encore faire.

Examine-t-on un segment social, une région ? On constate
que, d'ordinaire, les individus n'y vivent pas à l'état de dispersion : ils s'accumulent sur certains points, et forment là des
agglomérations plus denses qui se nomment les villes. Les villes, et d'une façon générale les agglomérations humaines, ont
été appelées les « points d'ossification » de l'organisme
social (1). Il y a certainement quelque chose d'exact dans cette
vue : car sur ces points la matière sociale est condensée comme
la matière vivante est condensée aux points d'ossification. Le
développement même des édifices pourrait faire songer à une
comparaison avec la charpente osseuse. Pourtant, nous croyons
devoir n'accueillir ce rapprochement qu'avec quelque défiance,
car les villes servent d'ordinaire de centre directeur et moteur
au reste de l'organisme social : il n'en est pas de même, dans
l'organisme individuel, des os, qui, au contraire, semblent la
partie la plus difficile à mettre en mouvement.

Au reste, les auteurs mêmes de la comparaison paraissent ne
l'avoir proposée qu'à titre de rapprochement ingénieux, — ce
qu'elle est assurément, — sans avoir voulu en tirer des déductions, qui pourraient en démontrer l'inexactitude. Le mieux
que nous ayons à faire est d'imiter ici leur réserve.

III

Après les segments, il faut étudier la troisième sorte d'unités
sociales, les appareils et organes. Ici les comparaisons seront
plus aisées et plus frappantes.

Examinons d'abord des organes isolés. Le type de l'organe
social, du genre industriel, c'est l'atelier, ou bien, en plus grand,

---

1. Mougeole, cité par Bordier, *la Vie des Sociétés*, chap. XII, § 1.

la fabrique. Or, M. Spencer a fort exactement montré (1) qu'on peut comparer le premier à une glande, la seconde à un follicule glandulaire. Un atelier de famille, où tous' les individus collaborent à la production d'un même objet et le vendent en commun, est évidemment l'analogue d'une glande élaborant son produit en de multiples cellules et le rejetant par un seul orifice. L'adjonction d'un apprenti à la famille industrielle est l'analogue de la formation d'un diverticule nouveau dans la glande. La réunion de plusieurs familles de travailleurs en un atelier unique rappelle l'union de plusieurs glandes simples en une glande composée. Enfin, l'agglomération d'un plus grand nombre encore de travailleurs (cette fois la division familiale étant d'ordinaire rompue) amène la constitution d'une fabrique, d'une usine, qui est l'analogue d'un organe glandulaire comme le foie. En effet, ses multiples divisions réunies par des communications aisées rappellent les follicules hépatiques joints par de nombreux canaux. Elle a ses hommes de peine (ou ses chemins de fer) qui lui apportent les marchandises brutes, comme le foie a ses vaisseaux afférents. De même elle compte des travailleurs qui élaborent ces matériaux, comme il a ses cellules qui tirent, du sang, à la fois les éléments du sucre et ceux de la bile. Ces travailleurs sont dirigés par des chefs, comme ces cellules par des rameaux nerveux. Ils sont nourris par des marchands et des restaurateurs, comme elles par des vaisseaux minuscules courant entre les tissus hépatiques. Enfin le produit est emporté, là par des routes pavées ou ferrées, ici par des veines efférentes. L'analogie peut donc se poursuivre d'un bout à l'autre.

Nous venons de voir ce qu'est un organe de l'appareil nutritif. Nous n'insisterons pas davantage pour le moment sur cet appareil d'une importance si considérable. En effet, dans la partie de cette étude consacrée à la physiologie sociale, nous traiterons bientôt des fonctions sociales de nutrition. Or, le fonctionnement de l'appareil ne peut être, en ce cas du moins, séparé de sa structure, et l'on ne comprendrait pas celle-ci si

1. *Principes de Sociologie*, IIᵉ partie, chap. IV, § 231-2.

l'on ne pouvait la rapprocher de celui-là. Nous attendrons donc le moment où nous aurons à décrire la physiologie de la nutrition pour indiquer la composition de l'appareil nutritif des sociétés.

Il n'en est plus tout à fait de même pour l'autre grand appareil de la vie sociale (comme de la vie organique), l'appareil de relation et de direction. Ici, sans trop anticiper sur la physiologie, nous pouvons poser quelques principes anatomiques.

On compare d'ordinaire le gouvernement de la société au cerveau de l'organisme. Le rapprochement est devenu banal. Il ne méritait pourtant pas cette vogue, car il est loin d'être d'une entière justesse. Sans doute, le gouvernement est une des formes les plus hautes de l'appareil directeur des sociétés ; mais ce n'est pas la seule. A côté de la direction qu'imprime le gouvernement à la société, il y en a, — du moins chez les peuples civilisés, — une autre, celle qui leur vient des penseurs de toute sorte : prêtres, artistes, lettrés ou savants. Tous ceux-ci méritent assurément d'être considérés comme faisant partie du cerveau social, au même titre que les gouvernants. Cette idée, nous l'avions indiquée il y a longtemps en l'opposant à l'assimilation incomplète (admise même par M. Spencer) du gouvernement au cerveau. Nous avons été heureux de la retrouver exprimée dans le livre récent d'un sociologue russe, M. Novicow. « On a souvent » dit cet auteur (1), « confondu le gouvernement et le cerveau. En réalité, le gouvernement ne peut pas élaborer les idées et les sentiments d'une société. Le gouvernement n'a jamais été (2) et ne sera jamais la partie la plus éclairée de la nation. La fonction de la production de la pensée et la fonction du pouvoir exécutif ne se confondront jamais. Le plus grand homme d'Etat doit seulement réaliser les aspirations qui travaillent une société, les transformer en institutions positives ; il ne pourra

1. *Les luttes entre les Sociétés*, livre III, chap. VIII, § 8.
2. Ici M. Novicow va trop loin. Le gouvernement a été jadis la partie la plus éclairée de la société. Il concentrait alors toutes les fonctions directrices. Nous verrons plus loin comment les fonctions directrices intellectuelles se sont différenciées.

jamais créer ces aspirations (1). Cette fonction appartient à l'élite sociale. D'ailleurs, si la physiologie du cerveau avait été mieux connue, jamais on ne serait tombé dans cette erreur. Une bien faible partie du cerveau exerce la fonction régulatrice. Cette fonction est même devenue complètement (?) inconsciente. La plus grande masse des cellules cérébrales travaille à produire la pensée et le sentiment ». Faut-il donc, comme M. Novicow semble nous y inviter, comparer le gouvernement à la partie motrice du cerveau, et les hommes de pensée à la partie sensitive? Nous ne le croyons pas. En effet, les hommes de pensée, d'ordinaire, n'agissent pas directement sur le gouvernement. Ils agissent sur la foule, laquelle exécute souvent elle-même les actes qu'ils lui ont conseillés : le grand mouvement populaire des croisades fut l'œuvre immédiate des prêtres et des moines, la Révolution française fut l'œuvre immédiate des encyclopédistes. Parfois aussi ces impulsions reviennent vers le gouvernement, qui se trouve forcé d'y donner suite : les mesures antiesclavagistes ont été prises de nos jours par les gouvernements civilisés sous la pression d'une opinion publique déterminée par les protestations des penseurs. Mais, même en ce cas, où l'élite intellectuelle et le gouvernement collaborent à une même œuvre, il y a un intermédiaire entre eux : c'est le public. Aussi ne peut-on guère les comparer à la partie sensitive et à la partie motrice du cerveau, puisque la première de celles-ci agit directement sur la seconde, sans avoir à ébranler préalablement tout l'organisme. En réalité, dans le monde social, la pensée et le gouvernement ont chacun leurs centres sensitifs et leurs centres moteurs. Ainsi, parmi les penseurs, on peut dire que les spéculatifs, ceux qui élaborent les idées, représentent les centres sen-

1. Il nous semble pourtant qu'on peut concevoir — et qu'on doit souhaiter voir naître — des hommes d'État très éclairés, ayant une intelligence et une instruction plus grandes que celle de leurs concitoyens, et par suite ne se bornant pas à réaliser les réformes mûres, mais travaillant aussi à préparer les progrès de l'avenir en répandant dans le public les notions nouvelles destinées à transformer la société.

sitifs ; et que les hommes d'action, ceux qui mettent ces idées
en œuvre et en circulation, représentent les centres moteurs. Ces
deux groupes se trouvent dans toutes les catégories intellectuelles : prêtres, lettrés, artistes, savants, comptent tous et des spéculatifs et des hommes d'action. De même, le gouvernement a
ses centres sensitifs et ses centres moteurs : les premiers recueil-
lent les impressions du dedans et du dehors et indiquent les
résolutions qu'il serait utile de prendre en conséquence ; les
seconds arrêtent la conduite à tenir, et exécutent les résolutions
prises. Dans nos organisations politiques où tant de rouages sont
enchevêtrés, il est assurément difficile de trouver une institution
qui corresponde uniquement à une seule de ces deux fonctions.
Voici toutefois un exemple qui permet de marquer la distinction.
Il s'agit d'une guerre à faire. L'agent diplomatique qui transmet
la nouvelle du *casus belli* est comparable au filet nerveux sensitif. Le ministre des affaires étrangères qui la reçoit, et le conseil des ministres qui propose la guerre, jouent le rôle des centres
sensitifs. Le parlement qui vote la guerre représente les centres
moteurs, à condition qu'on y adjoigne le ministère de la guerre
qui va en diriger les opérations. Enfin les filets nerveux moteurs
auront leurs analogues dans les généraux et les états-majors
qui mèneront les troupes au combat. — En résumé, le gouvernement politique et ce qu'on peut appeler le « gouvernement
intellectuel » sont deux choses bien distinctes (sans compter que
dans le second se trouvent encore réunis des groupes, qui, primitivement confondus, sont aujourd'hui très différenciés : les
prêtres et les savants, par exemple). Chacun d'eux représente un appareil indépendant. Il faut donc dire que, dans la
société, l'appareil de direction se dédouble ; et cela en suppo-
sant même que, comme nous l'admettons, on fasse rentrer, dans
l'appareil gouvernemental entendu *lato sensu*, l'appareil juridique, dont on pourrait aussi faire un ensemble distinct (1), ce

---

1. Ici, la police et le parquet représenteraient les nerfs et centres
sensitifs ; les tribunaux et les auxiliaires de la répression, les centres
et nerfs moteurs, du moins en ce qui concerne les procès d'ordre pénal.

qui porterait à trois le nombre des appareils nerveux présidant à la vie animale des sociétés. Il y a là, assurément, quelque chose de beaucoup plus complexe que ce qui se passe dans l'organisme. Mais cela ne doit pas nous étonner, puisque la société se caractérise justement, en face de l'être individuel, par une complication beaucoup plus grande. Tout ce qu'on peut demander aux appareils sociaux, ce n'est pas d'être identiques aux appareils organiques, c'est seulement d'en rappeler la structure. Et nous venons de voir qu'ils le font.

En tous cas, il est un point sur lequel les analogies sont plus frappantes encore. Nous parlions des appareils directeurs de la vie animale. Mais, au-dessous de celle-ci, il existe, chez les sociétés comme chez les organismes, une vie végétative. Elle se caractérise par la nutrition. Et elle a son appareil de direction distinct. Ce dernier est formé par le grand sympathique chez les organismes. Il est représenté, dans les sociétés, par l'ensemble des individus qui président à la vie économique de la nation. Cette fonction est évidemment différente, dans les grandes sociétés modernes, de celle du gouvernement politique ou intellectuel : elle incombe aux chefs d'exploitations agricoles, industrielles, ou commerciales. On sait aussi que dans l'organisme, une partie du sympathique se différencie pour présider spécialement à la circulation du sang : ce sont les nerfs vaso-moteurs. Leurs analogues sociaux sont les banquiers. Nous retrouverons l'ensemble de cet appareil quand nous traiterons des fonctions sociales de nutrition. Nous verrons alors quelles relations il entretient avec le gouvernement politique. Constatons seulement pour le moment qu'il en est distinct, comme dans l'organisme le grand sympathique est distinct de l'appareil cérébro-spinal, quoique en rapports constants avec ce dernier.

Après avoir traité des portions centrales des divers appareils

---

Pour les procès civils, les particuliers et les officiers ministériels joueraient le rôle des nerfs, sensitifs ou moteurs. La Cour de Cassation aurait, par rapport aux tribunaux ordinaires, le rôle régulateur qu'a le cerveau par rapport aux centres inférieurs.

directeurs de la société, il faudrait parler de leurs portions
périphériques. Les nerfs sensitifs et moteurs sont représentés
dans la société par les agents de toute sorte qui transmettent des
avertissements aux centres sociaux des divers genres et par
ceux qui exécutent leurs ordres. Sans en donner le détail fas-
tidieux, constatons seulement que le rôle de ces agents a été
singulièrement facilité par l'invention des moyens récents de
communication rapide, lesquels arrivent même à dispenser de
l'emploi d'un grand nombre de courriers jadis nécessaires. Le
télégraphe, par exemple, joue à lui seul le rôle d'un grand nombre d'agents de transmission et d'exécution. C'est pour cela
qu'on a pu le comparer aux filets nerveux. M. Spencer observe
finement qu'un fil télégraphique isolé est l'analogue d'une fibre
nerveuse simple, et qu'un câble contenant plusieurs fils correspond à un tube nerveux composé (1). Les câbles électriques
internationaux ont pu être ainsi appelés le réseau nerveux
du globe (2). Nous avons nous-même été frappé, en visi-
tant le poste télégraphique central de Paris, de la remarquable
analogie que présente le lacis des câbles à l'arrivée, avec l'enchevêtrement des cordons nerveux dans un cerveau humain. Il
ne faut pourtant pas se faire illusion sur ces rapprochements,
qui ne sont exacts que si l'on y voit seulement des comparaisons médiates, où est supposé un terme intermédiaire, l'individu humain analogue à l'élément nerveux et suppléé par le
mécanisme télégraphique (3).

Une annexe essentielle — périphérique — de l'appareil directeur est constituée par les organes des sens. Ils lui fournissent
des données sans lesquelles il ne pourrait utilement exercer son
action. Bluntschli a comparé les organes des sens au ministère
des affaires étrangères; sans doute parce que celui-ci entretient
à l'étranger une police vigilante (4). Il serait plus exact d'en

1. *Principes de sociologie*, II° partie, § 253.
2. E. Cheysson, *Les institutions patronales*, chap. IV, § 10.
3. Voir notre chap. IV, § 2.
4. D'après Lilienfeld, tome   chap. IX.

rapprocher les divers bureaux de statistique, qui donnent à un État des renseignements précis, numériques, sur tout ce qui peut l'intéresser au dedans comme au dehors de lui (1). Puisque l'appareil directeur n'est pas constitué uniquement par le gouvernement, il faut que les « organes des sens » sociaux puissent servir à la direction des particuliers comme à celle de l'État lui-même ; les bureaux de statistique remplissent cette condition : en effet leurs publications (surtout celles de la statistique économique), sont de nature à intéresser le public tout entier, et lui sont généralement communiquées avec un empressement dont il se montre d'ordinaire, en France du moins, bien peu reconnaissant. Mais d'ailleurs, pour la même raison, il faudrait se garder de réserver le nom de « organes des sens » à des institutions créées par le gouvernement, même pour un usage qui n'est pas exclusivement sien, telles que le sont les bureaux de statistique. Tout office de renseignement privé, voire tout laboratoire particulier, est aussi un organe sensoriel. Le savant qui poursuit sur la constitution des êtres ses patientes et instructives recherches, mérite bien d'être comparé pour le moins aux cellules rétiniennes, qui même le plus souvent attendent passivement la sensation, au lieu d'aller, comme lui, au devant d'elle.

Nous venons de décrire l'appareil de direction de la société dans son état actuel. Reste à dire comment il s'est formé. Chez les organismes tout à fait inférieurs, les protozoaires, il n'y a aucun élément directeur différencié : les fonctions nerveuses sont diffuses dans toute la masse. De même, dans les hordes primitives — comme dans certains groupes sauvages actuels, ceux des Andamènes et des Esquimaux par exemple — il n'existe aucun chef : le groupe se compose de membres tous égaux, dont chacun peut se séparer à volonté de ses associés. Comment l'appareil de direction est-il venu à se différencier du reste de la masse ? C'est, d'après M. Spencer, chez la société comme chez

1. Tarde, *Lois de l'imitation*, chap. IV, § 6.

l'organisme, en vue de la lutte contre l'étranger (1). L'on peut observer en effet qu'il y a des peuples qui n'ont de chefs qu'en temps de guerre, chefs dont l'autorité cesse avec la paix ; et que nombre de nations historiques, Grecs, Gaulois, Germains, ne formaient de confédérations, avec des chefs centraux, qu'au cas de lutte contre les sociétés avoisinantes. Et l'on comprend que, une fois institués pour la guerre, ces chefs aient tendu à se rendre permanents, et y soient souvent parvenus grâce à la persistance fréquente d'un état d'hostilité ou de semi-hostilité. Cette vue de M. Spencer renferme donc, croyons-nous, une grande part de vérité. Pourtant, telle n'est pas, à notre avis, l'unique origine de l'appareil de direction. Même en dehors de toute lutte, il a le plus souvent fallu des chefs. Dès que la société avait, pour se nourrir, à accomplir un travail un peu difficile, il était nécessaire qu'un membre de la tribu en prit la direction. Ce devait être, ou le plus vigoureux, ou le plus habile; tantôt un homme dans la force de l'âge, tantôt un vieillard expérimenté. Ainsi, le gouvernement n'a pas seulement apparu dans les sociétés du type appelé par M. Spencer « militaire », mais aussi dans les sociétés du genre qu'il nomme « industriel ». D'une façon générale, cet auteur a un peu exagéré, selon nous, la liaison existant entre le développement du militarisme et la force du gouvernement. Ce qui est certain, en tous cas, c'est que la loi qu'il a posée à cet égard ne saurait être vraie que du gouvernement politique: car, pour le gouvernement intellectuel et pour le gouvernement économique, ils croissent assurément en raison inverse du militarisme. — Il nous semble donc que, même chez les nations pacifiques, des chefs ont dû le plus souvent se différencier du reste du peuple. Leur création est surtout devenue nécessaire quand les tribus primitives ont grandi en nombre et ont accru leurs domaines, quand en se fusionnant elles ont formé des peuplades. Les chefs se sont alors multipliés. Il est même arrivé que, pendant qu'ils s'isolaient de plus en plus de leurs subordonnés, ils se différenciaient les uns des autres. Le chef

1. Spencer, *Principes de sociologie*, IIe partie, § 250.

primitif est souverain en toutes matières. Il commande à la guerre; il sacrifie aux dieux de la tribu au nom de tous; il réglemente le travail, et les échanges avec l'étranger; il juge les différends entre ses sujets; il est consulté par eux dans les occasions importantes, comme étant le seul homme instruit de la tribu. Un peu plus tard, quand le nombre de ses subordonnés s'est accru, quand il ne peut plus suffire seul à toute la besogne de direction, il se fait aider par des chefs inférieurs, souvent ses fils ou ses proches. C'est ainsi que Moïse choisit son frère Aaron et les descendants de celui-ci pour exercer le sacerdoce, et donne des juges aux tribus, se réservant le commandement politique du peuple. Il arrive par là que les offices militaires, pontificaux, judiciaires, etc..., se séparent les uns des autres. On voit naître des chefs de diverses sortes. Chez certaines tribus sauvages, le chef est prêtre. Mais, chez la plupart, il y a un prêtre distinct du chef. Chez beaucoup même, il y a une différence entre le prêtre et le sorcier. A l'époque franque, les abbés et les évêques portaient l'épée, donnaient l'assaut aux villes, étaient des chefs militaires. Plus tard, ce cumul leur fut interdit. En même temps, dans le sein du clergé s'opérait une différenciation nouvelle. Du clergé, qui était primitivement le seul corps relativement instruit, on commençait à distinguer « la clergie », c'est-à-dire l'ensemble des hommes instruits, qui, tout en portant encore l'habit ecclésiastique, se consacraient plutôt à l'étude qu'au service du culte. Un jour, ce corps se séparera tout à fait du corps sacerdotal, et entrera même en lutte avec lui. De même, à l'époque franque, le comte juge les différends de ses subordonnées. Plus tard, il déléguera ce soin à des officiers inférieurs, qui s'isoleront un jour pour former l'ordre judiciaire. De même enfin, le seigneur réglait d'abord le travail de ses paysans et vassaux. Postérieurement, grâce surtout à l'émancipation des communes, il se formera pour l'ordre économique des chefs spéciaux, les principaux maîtres des corporations, remplacés aujourd'hui par nos chefs d'industrie, qui demain peut-être cèderont la place aux bureaux des syndicats professionnels. Ainsi le pouvoir, d'abord unique, se fragmente en une multitude d'autorités distinctes, s'exerçant chacune dans une sphère spéciale. — Mais, en même temps que ce mouvement de dispersion, s'opère, d'un autre côté, un mouvement inverse de concentration. Les chefs des peuplades étaient d'abord sans lien les uns avec les autres. Quand les peuplades vinrent à s'unir, ces chefs durent, ou former un conseil central, ou accepter tous l'autorité supérieure de l'un d'entre eux. Progressivement, l'autorité centrale se fortifia, réduisit les autorités locales à un rôle de plus en plus humble. Seule elle garda des attributions politiques, ne leur laissant plus que des fonctions administratives. Elle réduisit même singulièrement le nombre de ces autorités subordonnées. Dans une région qui comptait, sous le régime féodal, des centaines de châtelains indépendants, il n'y avait plus sous Louis XIV qu'un gouverneur, un lieutenant-général, un intendant et quelques subdélégués. Il est vrai qu'ils avaient sous eux des nuées de commis. Il est vrai aussi que, à côté de ces autorités administratives, s'étaient développés des corps sacerdotaux, judiciaires, militaires, financiers, des corps municipaux et industriels, etc. Il y avait simplification d'une part, mais différenciation et complication de l'autre. Et c'était la réduction du premier personnel qui permettait la formation des seconds. Au lieu d'un grand nombre de châtelains sans relation, chacun exerçant toutes les fonctions directrices dans son domaine, on avait maintenant un grand nombre d'officiers remplissant des missions différentes, mais tous correspondant entre eux et relevant d'un même pouvoir central. De l'homogénéité confuse on était passé, suivant la loi évolutive bien connue, à l'hétérogénéité coordonnée.

Telle est, en bref, l'histoire de l'appareil de direction des sociétés. Il est aisé de montrer comment elle rappelle l'histoire de cet appareil chez les organismes. Ici aussi, il y a indifférenciation de la fonction directrice à l'origine. Plus tard, apparaît une différenciation rudimentaire, avec les cellules nerveuses des cœlentérés, les filets nerveux des échinodermes. Plus tard encore, cette différenciation produit, en se perfectionnant, les ganglions et les chaînes nerveuses des vers, arthropodes et mollusques, le cerveau et la moelle des vertébrés. Puis, dans cet appareil ainsi constitué, s'opèrent les deux mêmes séries de transformations que chez les sociétés : division des fonctions entre les parties, se marquant par l'établissement d'un lien entre tel ou tel ganglion et telle ou telle fonction (nutritive, locomotrice, etc...); unification, d'autre part, se marquant par la prééminence qu'acquièrent les ganglions cérébroïdes, fusionnés en un cerveau chez les animaux les plus élevés. En somme, de part et d'autre, ce sont les mêmes faits généraux, les mêmes lois évolutives qui se retrouvent.

Ayant terminé avec l'appareil de direction, renvoyant à un prochain chapitre ce qui concerne l'appareil de nutrition, nous n'avons plus à parler brièvement que de quelques appareils secondaires.

Dans l'organisme, l'appareil de revêtement est constitué par le derme, l'épiderme et leurs annexes. Nous savons déjà (1) que l'analogue social de ces moyens de protection consiste dans les soldats placés à la frontière dans un but de défense, et dans les fortifications sur lesquelles ces soldats s'appuient.

L'appareil de soutien est représenté, dans l'organisme, par le squelette osseux. Nous avons dit tout à l'heure (2) qu'on ne saurait lui comparer que partiellement les agglomérations humaines.

L'appareil moteur de l'organisme consiste essentiellement dans les muscles. Ceux-ci peuvent servir à deux fins : à opérer les mouvements intérieurs, ceux de la digestion, de la circulation, etc...; à opérer les mouvements extérieurs, ceux de la marche, de l'attaque, etc... Au premier point de vue, on le sait, les muscles ont pour analogues les hommes de peine, les travailleurs purement manuels et mécaniques (3), et les machines qui les suppléent (4). Au second, on peut leur compa-

1. Voir chap. IV, § II.
2. Voir chap. VII, § II.
3. Voir chap. VI, § II.
4. Voir chap. IV, § II.

rer, comme le fait M. Schœffle, l'armée et la marine, mais en considérant celles-ci dans leur rôle offensif; car, dans leur action défensive, elles n'équivalent qu'aux organes de revêtement.

Ce qu'on doit appeler l'appareil éliminateur d'une société, c'est ce qui sert, comme le rein et les glandes sudoripares dans un organisme, à expulser (ou du moins à séparer du reste de la société) les individus nuisibles à l'ensemble. On peut donc considérer que cet appareil est représenté par la police, les tribunaux répressifs, et les prisons avec leur personnel.

Il y aurait enfin à signaler le curieux phénomène, commun à l'organisme et à la société, de la persistance des organes rudimentaires. Mais son explication, et par suite tous les développements qu'il appelle, seront mieux placés dans la section de ce livre consacrée aux phénomènes d'évolution sociale.

IV

En quatrième et dernier lieu, nous aurions à examiner par le détail les analogies des tissus et systèmes sociaux avec les tissus et systèmes organiques. Mais, dans le chapitre qui précède celui-ci, nous avons déjà indiqué que plusieurs sortes de tissus, ceux qui se fondent sur des affinités psychiques ou, au contraire, sur le rang, n'existent que dans la société. Quant à ceux qui ont leurs analogues dans l'organisme, nous avons dit en quoi consistaient socialement les tissus nerveux, musculaires, épithéliaux. Nous parlerons du tissu sanguin au chapitre des fonctions de nutrition. Reste le tissu conjonctif. On peut, croyons-nous, le comparer à la masse des « employés » de tout ordre, qui forment, sans grande initiative personnelle, le lien entre les dirigeants et le public. Une curieuse variété de tissus est le tissu adipeux, en lequel presque tous les autres peuvent se convertir par diverses causes. Un zoologiste éminent, qui enseigne à la Sorbonne l'évolution des êtres organisés, compare volontiers aux cellules adipeuses ce qu'on nomme dans la société « les riches » : comme ces derniers, fait-il observer, ces cellules disparaissent dans les révolutions qui bouleversent l'être. Il ajoute même que le clergé est l'analogue d'un tissu nerveux qui serait devenu adipeux. La comparaison, pour n'être point révérencieuse, ne manque pourtant pas de justesse. Et les premiers chapitre de l'*Ancien Régime* de Taine en offriraient au besoin la justification.

Mais nous ne voulons pas poursuivre dans le détail la recherche de ces analogies, plus curieuses en somme que véritablement instructives. Ce qu'il faut retenir essentiellement, c'est la similitude générale de la structure organique et de la structure sociale, ce n'est pas telle similitude particulière. Même lorsqu'elles sont complètement exactes, des analogies de détail nous instruisent moins que la démonstration de cette vérité d'ensemble, que les mêmes lois de coexistence s'appliquent au monde social et au monde animé. Cette démonstration, nous avons le droit de la considérer maintenant comme faite, et de la structure de la société nous passons à son fonctionnement.

TROISIÈME PARTIE

PHYSIOLOGIE DES SOCIÉTÉS

CHAPITRE HUITIÈME

VIE CELLULAIRE ET VIE GÉNÉRALE.

L'anatomie sociale nous a montré que, pour les sociétés comme pour les organismes, il y a tout ensemble indépendance et interdépendance des éléments composants : indépendance, puisque chacun d'eux est un tout ayant ses limites définies et sa complexité interne déjà très grande ; interdépendance, puisqu'ils sont liés en groupements multiples, qui se les partagent. La même loi générale domine également la physiologie sociale. Ici, l'indépendance des éléments se marque par la vie propre à chacun d'eux : leur interdépendance, par la vie de l'être total et par la réaction de celle-ci sur les existences individuelles des composants. Examinons ce double phénomène dans la société.

La vie, disait Claude Bernard, réside en chaque cellule. Cette proposition est aujourd'hui hors de doute en biologie ; et la proposition correspondante en sociologie : « la vie réside en chaque être humain » est pour le moins aussi certaine. On serait même tenté de dire que ce sont, dans la société, les hommes seuls qui vivent. Nous corrigerons bientôt ce qu'il y a d'erroné dans cette idée. Mais disons tout d'abord ce qui peut lui donner quelque apparence de solidité. Ce qu'on nomme la vie collective se marque par la constitution et le fonctionnement de grands appareils, communs à l'être tout entier : appareil nutritif, appareil de relation, etc... A quoi servent ces appareils ? A nourrir les cellules du corps social, à les mettre en relations entre elles et avec le dehors, etc... Toujours, en somme, leur activité aboutit à produire quelque modification dans l'intimité des individus

humains, et c'est seulement par ce résultat dernier que cette
activité peut se caractériser. La raison d'être du tout, et des
organes dont ce tout est pourvu, c'est donc — disent certains —
l'entretien de la vie des parties. Telle est leur fin ; mais telle est
aussi leur origine. En effet, le mécanisme qui a amené leur formation, c'est la division du travail entre cellules sociales. Originairement, chaque individu possède toutes les fonctions qui lui sont
nécessaires pour durer et évoluer : chacun se nourrit, pense et se
reproduit par lui-même. Postérieurement, certains d'entre eux,
ayant une supériorité marquée pour l'accomplissement de telle ou
telle tâche, s'y consacrent exclusivement ; et ils reçoivent, en
échange, des autres hommes, qui se sont également spécialisés
suivant leurs propres aptitudes en des sens différents, des services
comparables à ceux qu'ils leur rendent. En un mot, la différenciation d'un élément social n'a eu que deux raisons : l'intérêt de
cet élément lui-même, qui est d'acquérir une plus grande perfection dans le sens où il lui est le plus aisé de se développer ;
l'intérêt de tous les autres, qui est de voir mieux accomplie par
lui, pour le compte de tous, la fonction que chacun jadis remplissait pour son propre compte médiocrement. Ce sont toujours,
en somme, des causes individuelles qui amènent la division des
efforts et la différenciation des éléments. — Cette théorie, on le
voit, est directement contraire à celle qui a été récemment soutenue par M. Durkheim dans son étude sur la *division du travail social*, phénomène auquel il attribue des causes essentiellement « sociales ». Nous ne choisissons pas pour le moment
entre les deux théories, nous exposons seulement la première,
celle qu'on admet en général dans l'école économique dite indifféremment, par une synonymie singulière, l'école orthodoxe ou
l'école libérale. La conclusion de cette théorie, c'est qu'il faut
chercher seulement dans les cellules sociales elles-mêmes, dans
les éléments et non dans le tout, la raison de la différenciation
des organes. — Une conséquence importante en résulte. C'est
que cette différenciation ne pourra jamais être poussée au-delà
du point où elle sera utile à la vie des éléments composants,
c'est qu'elle aura pour limite l'utilité des individus qui seront

appelés à la fois à manifester et à en profiter. D'abord il faut bien que chaque partie continue à vivre elle-même pour aider au maintien de la vie de toutes les autres. Elle gardera donc en soi l'exercice des fonctions vitales essentielles. S'agit-il d'une cellule sociale, d'un homme ? il se nourrit, il pense, il se reproduit (ou du moins il collabore à la reproduction) individuellement. Ces fonctions fondamentales, la division du travail ne saurait les enlever aux éléments isolés : elles continuent à appartenir à chacun d'eux, et à peu près sans différence entre les éléments d'un même corps ; la quantité de nourriture ou les jouissances de l'esprit peuvent varier de l'un à l'autre, mais — c'est l'école « orthodoxe » qui parle — jamais dans des limites extrêmement considérables. Il y a plus. Ces fonctions qui échappent ainsi à la différenciation, par une « harmonie naturelle » que Bastiat aurait pu ajouter à sa liste, croissent en même temps que les fonctions différenciées elles-mêmes. En effet, le but de celles-ci c'est de servir à l'entretien de la vie des éléments. Mais cette vie se marque surtout par ces fonctions indifférenciées qui restent propres à chacun : nutrition, pensée, reproduction. Le progrès de la division du travail a nécessairement pour résultat de les activer : il augmente la somme d'aliments mise à la portée de chacun, il développe l'esprit de tous, et en accroissant le bien-être il rend plus aisée la procréation des rejetons, puisque la génération est, suivant une expression de Claude Bernard, en fonction de la nutrition. On va même plus loin. Non-seulement, dit-on, la division du travail a cet effet bienfaisant pour le pauvre comme pour le riche, mais on peut dire qu'elle agit plus encore dans l'intérêt du premier que dans celui du second, que ses conséquences amènent la diminution progressive de l'écart qui les séparait. La division du travail, en permettant à chacun d'utiliser complètement tous ses talents, a donné aux humbles des moyens de s'élever plus haut et plus rapidement qu'autrefois. En multipliant les richesses matérielles, elle a amélioré l'alimentation et le vêtement du pauvre, au cours de ce siècle, en une tout autre proportion que l'alimentation et le vêtement du riche. En développant d'une manière prodigieuse la science et l'art, et en reproduisant à des millions d'exemplaires leurs œuvres capitales, elle a mis le moins fortuné en mesure de goûter des jouissances intellectuelles aussi intenses que celles d'un souverain. Les fonctions indifférenciées se développent donc en même temps que les fonctions différenciées, et par le fait même de celles-ci. Qui plus est, elles se développent chez tous les hommes d'une manière presque égale, ou plutôt d'une manière telle que leurs anciennes inégalités disparaissent. Plus chacun fait pour la société, pourrait-on dire en résumant cette doctrine, plus il vit pour lui-même. Et plus il devient distinct des autres hommes, plus il leur devient égal.

Voilà la théorie de l'école des économistes classiques. Nous avons essayé de dégager le principe « individualiste » dont elle part, et de suivre les déductions les plus importantes qu'elle en tire, sans couper cet exposé de remarques critiques. Il nous est maintenant permis, et même l'équité nous commande, de mettre en regard la doctrine adverse, celle de Karl Marx et de ses disciples. Ici le point de départ est tout opposé. Au lieu de considérer l'individu, pour tirer de ses besoins et de ses idées l'explication du développement social, on considère la société comme un tout préexistant, en quelque sorte, à l'individu lui-même; nullement façonné par lui, mais, au contraire, le façonnant à sa propre guise, suivant ses propres nécessités. La division du travail, dans cette doctrine, n'a plus pour cause l'utilité de l'individu, plus ou moins sagement appréciée mais toujours voulue par lui; elle a sa raison dans des phénomènes supérieurs aux volontés individuelles, pour ainsi dire indépendants de celles-ci, car l'histoire et la statistique en démontrent le caractère quasifatal : dans des phénomènes purement sociaux. Quels sont ces phénomènes? M. Durkheim les a mis fort exactement en lumière, et l'école marxiste n'a qu'à emprunter sa démonstration (1). La première cause qui contribue à produire la division du travail social, c'est la croissance du volume de la société, c'est-à-dire l'augmentation du nombre de ses membres. La

---

1. *De la division du travail social*, II⁰ partie, chap, II.

seconde, plus importante encore peut-être, c'est l'accroissement
de ce que l'auteur précité appelle « la densité morale de la
société », c'est-à-dire le degré de cohésion de ses membres. Les
facteurs qui amènent cette plus grande cohésion, ce sont : la
concentration des individus, qui de nomades deviennent séden-
taires ; la formation et l'extension des villes ; enfin le développement des voies de communication. Dans toutes ces causes qui
amènent la différenciation des fonctions entre membres d'une
même société, rien qui ressemble à un intérêt économique des
individus, compris et cherché par eux. Quoi d'étonnant dès
lors, si, ce qu'ils n'ont pas poursuivi, ils ne l'obtiennent pas ?
Car ce serait une singulière erreur de croire, selon les
marxistes, que la division du travail ait servi en quoi que
ce soit les intérêts des travailleurs. Au contraire, elle a
rendu leur existence de plus en plus précaire. En s'étendant, la différenciation des fonctions a réduit au minimum, malgré les affirmations gratuites des optimistes, les
fonctions indifférenciées. L'atelier a tué la vie de famille ;
les progrès du capitalisme ont réduit à la misère l'ouvrier.
Suivant la fameuse « loi d'airain » imaginée par Lassalle,
loi que les marxistes avaient admise d'abord, qu'ils ont rejetée
ensuite pour complaire à leur maître, brouillé avec son inventeur,
mais loi qui fait logiquement corps avec leur doctrine, le salaire
de l'ouvrier tend nécessairement à tomber au chiffre stricte-
ment indispensable pour empêcher cet ouvrier de mourir de
faim : car, dès qu'il dépasse ce chiffre, il y a surproduction
d'hommes, et, les travailleurs se trouvant en excès, la concurrence entre eux ramène le salaire au niveau fatal. Aussi, dit-on,
malgré tous les progrès réalisés par l'industrie, la condition de
l'ouvrier ne s'est-elle pas améliorée. Il faut même certainement
reconnaître qu'elle a empiré. Sans doute, le travailleur ne vit
pas plus mal, absolument parlant, aujourd'hui qu'il y a un
siècle. Il ne faut pas dire non plus, que, absolument parlant,
il vit mieux : car, s'il a de meilleurs aliments et un linge plus
fin, c'est simplement parce que le « minimum de vie », les exigences *minimæ* de la vie se sont élevées depuis un siècle,

et il ne jouit pas plus aujourd'hui de ce qu'il a, que son bisaïeul ne jouissait il y a un siècle de ce qu'il pouvait posséder ; les satisfactions sont restées égales, voilà tout. Mais, relativement parlant, c'est-à-dire comparativement au patron, et surtout au rentier, la situation de l'ouvrier est devenue bien plus mauvaise que jadis. Sans invoquer des chiffres (on en trouve toujours dans les deux sens), n'est-il pas évident, toujours, bien entendu, d'après les marxistes, qu'un abîme s'est creusé entre l'employeur et l'employé ? Avec la petite industrie de jadis, le maître travaillait au milieu de ses compagnons et de ses apprentis, qui souvent logeaient sous son toit. Avec la grande industrie d'aujourd'hui, qu'y a-t-il de commun entre un ouvrier minier et son directeur, et surtout entre lui et l'actionnaire qui touche chaque année une partie du fruit de ses labeurs ? Loin d'aller en se comblant, le fossé qui sépare le riche du pauvre s'élargit et s'approfondit chaque jour. Les inégalités sociales paraissent d'autant plus criantes que les inégalités politiques sont tombées. On se demande s'il ne faudra pas bientôt faire, contre ceux qui opérèrent la Révolution de 1789, contre l'ancien Tiers-État, une Révolution plus sanglante et plus décisive encore. Et cependant la société continue sa marche, portant chaque jour plus loin la division du travail entre ses membres, sans souci des maux qu'elle engendre et des ruines qu'elle accumule, poussée qu'elle est par la vitesse acquise et par la nécessité d'obéir aux lois inflexibles que sa nature lui impose.

Telles sont les deux doctrines. Leur débat est sans doute le plus grand qu'ait vu ce siècle. C'est certainement le plus redoutable, puisque de sa solution peuvent dépendre, à la lettre, la vie, la mort ou la transformation de nos sociétés.

Malgré le caractère exclusivement scientifique que nous voulons maintenir à notre étude, malgré notre intention bien arrêtée de ne point transformer cette esquisse de sociologie en un livre de politique ou d'art social, nous n'avons pas pu ne pas poser la question, tant elle se relie naturellement à la conception qu'il faut se faire de la physiologie de la société ; puisque son point de départ est la divergence de deux doctrines, l'une qui réduit la vie de l'ensemble à la vie des éléments, l'autre qui croit à une subordination totale des existences individuelles à l'existence collective. Et nous ne pouvons pas non plus, par là même, nous refuser à indiquer, au moins sommairement, la solution qu'il convient, selon nous, de donner à ce grand problème.

Il y a du vrai dans les deux thèses opposées, cela nous semble indiscutable. Mais il faut le bien entendre. Hegel nous a donné l'exemple du procédé de conciliation à employer. Admettre à la fois la thèse et l'antithèse, en reconnaissant que chacune exprime parfaitement une des faces de la réalité, mais reconnaître aussi que chacune de ces faces est incomplète sans l'autre, et qu'il faut les accoler pour avoir la synthèse, telle est la méthode qn'il nous a léguée. Il a seulement eu le tort de croire que cette conciliation des contraires ne peut se faire que dans l'absolu, c'est-à-dire dans un domaine pratiquement inaccessible à l'effort humain. En réalité, cet accord se réalise chaque jour dans la vie même : la vie n'est pas autre chose qu'une perpétuelle conciliation des contraires, une synthèse qui se fait sans cesse entre des éléments et des impulsions contradictoires. C'est ce que nous semble avoir compris M. Alfred Fouillée, qui a perfectionné, sur ce point, la dialectique hégélienne. Le duel de la thèse et de l'antithèse n'est plus, avec lui, un combat purement logique, un simple contraste d'idées, c'est un duel réel, c'est une lutte de forces: chaque idée étant active et vivante, et tendant à modeler le monde à son image. La synthèse dès lors n'est plus quelque chose de « divin », qu'il faut attendre de la Providence Inconsciente ou du développement à la fois libre et fatal de l'Idée; cette synthèse, c'est nous-mêmes qui sommes appelés à la faire, par notre activité personnelle, en harmonisant par l'emploi de notre raison et de notre volonté les forces opposées.

Telle est, croyons-nous, la méthode synthétique de M. Fouillée, et nous en acceptons pleinement le principe. Seulement, l'application qu'il en a faite dans son étude, d'ailleurs remarquable, sur *la Science Sociale contemporaine*, ne nous paraît par exemple d'imperfection. M. Fouillée estime que les deux théories principales qui s'opposent en sociologie sont celles du contrat social et de l'organisme social, et il propose de les concilier par l'idée de « l'organisme contractuel ». Il identifie la théorie individualiste avec celle du contrat social, et la théorie socialiste avec celle de l'organisme social. — A vrai dire, une seule de ces deux assimilations est exacte, la première. En effet, quelque effort que fassent les individualistes pour ne pas paraître entichés de l'utopie de Jean-Jacques Rousseau, c'est toujours à la théorie contractuelle de l'Etat qu'ils sont obligés de revenir. Suivant eux, les attributions de l'Etat doivent être réduites au minimum ; il ne peut utilement être chargé que des fonctions que l'individu ou l'association libre ne sauraient accomplir. Mais sur quoi appuie-t-on cette proposition ? Sur cette idée que l'individu doit être présumé n'avoir abandonné à la société, en échange de la sécurité garantie par celle-ci, que le minimun de ses droits : c'est là la réponse uniforme de tous les individualistes. N'est-il pas évident qu'elle suppose l'existence d'un contrat, tacite si l'on veut, mais enfin toujours réel, entre chaque individu et le corps social ? Il est donc vrai que la théorie individualiste et la théorie contractuelle (dont aucun partisan ne parle plus de contrat exprès), sont une seule et même chose. — Mais il est inexact d'assimiler la théorie socialiste à la théorie organique. Pour le socialisme marxiste, qui est la plus rigoureuse, et peut-être la seule rigoureuse de toutes les théories socialistes, l'Etat n'est pas un organisme dont les individus seraient les cellules, mais une machine dont ils seraient les rouages. Son développement fatal n'est pas comparable à l'évolution des corps vivants, dont le fonctionnement présente toujours une latitude plus ou moins grande, très grande même pour le jeu de certains organes, mais à la marche à peu près uniforme des astres, ou peut-être plus exactement encore à celle des mécanismes presque automatiques que l'industrie moderne a multipliés. Le caractère de nécessité absolue qu'on reconnaît aux lois sociales ne saurait s'expliquer autrement. — Or, ces deux points de vue sont vrais chacun en un certain sens. Il y a une part de liberté, de raison, d'activité intelligente et contractuelle dans la société. Il y a aussi une part de fatalité. Ces deux éléments sont constamment en lutte, c'est-à-dire qu'ils sont constamment (comme deux corps d'armée qui s'attaquent) distincts et mêlés à la fois. Si l'on s'attache uniquement à l'activité libre, on construira une théorie contractuelle de la société. Si l'on est porté à ne voir que le fonctionnement fatal, on aboutira à une théorie du mécanisme social. Mais que, au lieu de les considérer isolément, on les envisage simultanément, on verra que le résultat de leur lutte est d'imprimer à la société la forme organique. L'organisme, en effet, est la vraie synthèse du mécanisme et du contrat. Son développement n'est pas arbitraire, comme le serait celui d'un être totalement libre ; mais il n'est pas non plus fatal, il est spontané. Comme l'être inorganique, l'organisme a des lois ; seulement ces lois sont le produit de l'activité interne de ses éléments, et d'une sorte d'accord, de *consensus* entre ces activités, *consensus* qui n'est pas pleinement conscient ni volontaire, mais qu'on ne peut pourtant considérer comme s'établissant sans un rudiment de conscience et de volonté. Le conflit de la liberté et de la fatalité a précisément donné à la société cette constitution ; et c'est pourquoi nous pouvons et devons dire qu'elle est construite comme un organisme.

Si l'on part de ce point de vue, l'antinomie qui existait entre le principe de l'individualisme et celui du socialisme disparaît. La société et l'individu sont aussi réels l'un que l'autre ; et leur opposition apparente se transforme en un lien indissoluble. Car, dans un organisme, le tout n'existe pas sans les parties, ni les parties sans le tout. La vie de l'ensemble résulte de celle de chacun des éléments composants, et la vie de ceux-ci, à son tour, résulte de celle de l'ensemble. En biologie, tout le monde admet que l'être total est à la fois, en un certain sens, la simple somme de ses cellules, et en un autre sens un être nouveau et distinct ; et tout le monde comprend que ces deux conceptions ne peuvent être exclusives l'une de l'autre, mais doivent être au contraire incessamment associées. Maintenant, si la société est un organisme, les mêmes principes vont s'appliquer à elle. Elle aussi est, en un sens, une simple somme d'individus, et, en un autre sens, un être distinct et supérieur à eux. Comment cela ? c'est que d'un côté il n'y a en elle que des êtres humains sentant et voulant, mais que d'autre part cependant leur accord se fait généralement sans sentiment ni volonté expresse, et que l'individualité nouvelle qui en résulte, dépassant singulièrement les êtres qui la composent, les modèle suivant ses propres lois, les transforme, et leur survit. Il y a sans doute quelque chose de contradictoire dans ces deux propositions, mais c'est justement le propre de la vie de synthétiser les thèses opposées. En un mot donc, les éléments sociaux et le tout social ne sont que deux aspects d'une même réalité, et chacun de ces aspects est incomplet sans l'autre. Le législateur, telle est la conclusion pratique qui découle de notre théorie, ne peut faire une réforme destinée à assurer le bien-être des individus (c'est-à-dire, en général, d'une certaine classe d'individus) sans avoir mûrement pesé au préalable les conséquences qui en découleront pour la cohésion de la société, pour la vie de l'être total ; et il ne peut prendre une mesure destinée à fortifier l'être total (en développant tel ou tel de ses rouages), sans avoir songé aux répercussions que cette mesure produira sur le sort de chacune des espèces d'éléments composants qui entrent dans la société.

Le même point de vue nous explique le phénomène, constaté tout à l'heure, de la coexistence, en un même individu, de propriétés communes à tous les éléments sociaux et de propriétés différentielles. Car ce phénomène se présente aussi dans l'organisme, et là d'une manière très frappante et très claire. Dans l'être vivant, chaque cellule a un rôle spécial : l'une sert à telle fonction nutritive, l'autre à telle fonction sensorielle, etc., c'est-à-dire que chaque cellule assume, dans la vie de l'ensemble, un rôle nutritif ou sensoriel déterminé. Mais, en outre, chacune garde pour elle-même un certain nombre de fonctions élémentaires, qui ne font l'objet d'aucune différenciation et que tous les éléments exercent individuellement. Chacune absorbe des aliments, a un rudiment de sensibilité et de motilité spontanée, se reproduit par division. Ces fonctions individuelles de la cel-

lule sont parfaitement distinctes de celles qu'elle remplit pour le
compte de l'organisme entier, à tel point qu'elles sont parfois
tout l'opposé. Ainsi un globule sanguin est destiné à nourrir
des cellules appartenant à d'autres tissus, en leur cédant son
oxygène ; mais d'autre part il se nourrit pour lui-même. Socialement, c'est-à-dire au point de vue de l'être total, il est destiné
à être absorbé ; mais individuellement, il est au contraire
« absorbant ». De même, la fonction reproductrice est exercée
très différemment par la cellule et par l'ensemble : pour l'ensemble, le rôle reproducteur est joué seulement par les cellules-
mères des spermatozoïdes ou de l'ovule, car elles seules donnent
naissance au germe qui continuera l'être total ; mais, individuellement, chaque cellule de l'organisme peut se reproduire en se
divisant. Dira-t-on que chaque cellule contribue aussi à la reproduction de l'ensemble ? C'est une idée qui tend à se répandre
aujourd'hui : on admet volontiers que chaque cellule du corps
parent transmet quelque chose d'elle-même — soit un élément
matériel, soit un mode spécial de mouvement — à l'être engendré, ce qui expliquerait que les moindres particularités d'un
être puissent passer à sa postérité. Mais, en fut-il ainsi, cette
façon pour chaque cellule de collaborer à la reproduction générale resterait encore très distincte de son mode de reproduction
propre et locale, le bourgeonnement ou la scissiparité. Concluons
donc que la vie de la cellule se marque par deux sortes d'actions différentes : celles qu'elle accomplit pour elle-même, celles
qu'elle accomplit pour tout l'organisme ; sans oublier que les
premières sont aussi conditionnées que les secondes par le
« milieu interne » ambiant, par la vie de toutes les autres cellules. L'exemple de l'organisme nous fait ainsi saisir d'une
manière frappante en quel sens il y a indépendance, en quel
sens il y a interdépendance des éléments d'un même corps, et
ce qui est vrai du corps vivant l'est aussi du corps social. Ce
n'est pas d'ailleurs le seul point sur lequel la théorie organique
de la société aide à comprendre le rapport existant entre la vie
individuelle et la vie générale au sein de l'Etat. En voici plusieurs autres, non moins essentiels.

La possibilité pour le corps total de survivre à ses éléments est une des caractéristiques qui, d'après M. Spencer, rapprochent la société de l'organisme. Ce trait en effet est frappant. Tous les individus d'une nation peuvent périr (pourvu que ce ne soit pas simultanément) sans que l'ensemble meure. Comment s'expliquer cela avec les théories contractuelle ou mécanique? Une machine s'arrête dès qu'un de ses ressorts est brisé. Un contrat, du moins un contrat d'association, se trouve en principe rompu par la mort d'un seul des co-contractants. Puisque l'Etat survit, au contraire, à la disparition d'un — ou même d'un grand nombre — de ses membres, c'est qu'il n'est ni une machine, ni le résultat d'un contrat. Qu'est-il donc? un organisme. Car l'organisme présente exactement le même phénomène. Il n'est pas anéanti par la destruction d'une de ses parties, sauf s'il s'agit d'un élément de première importance, cerveau, cœur ou poumon; au contraire, il sait d'ordinaire régénérer le membre perdu. Nous avons déjà vu que cette faculté de régénération est même très grande dans les organismes inférieurs et dans les sociétés les moins élevées. — Et cela tient à un autre caractère, lequel est lui aussi commun au corps vivant et au corps social. Un rouage d'une machine vient-il à faire défaut? aucun autre rouage préexistant ne le remplacera : il faudra substituer au défaillant une partie nouvelle. Un associé d'une maison de commerce, chargé par le pacte social d'une fonction importante, s'en sépare-t-il? on doit modifier le pacte pour investir un autre associé du même rôle. Au contraire, dans la société humaine, dans la nation, dès qu'un individu disparaît, un autre prend sa place sans qu'il soit besoin de toucher à la constitution même de la société. Le jeu naturel des lois sociales produit ce résultat. Mais c'est exactement aussi ce que nous voyons se passer dans l'organisme, où la prolifération des cellules restantes donne un successeur à la partie supprimée, à moins qu'elles-mêmes ne puissent se charger de la suppléer. Voilà donc un trait caractéristique de la vie sociale qu'explique la théorie organique, et qu'elle peut seule expliquer.

Il en est peut-être d'autres encore. Nous n'invoquerons pas

ici le *consensus* des faits sociaux et sa similitude avec le *consensus* des faits organiques. Car on pourrait nous dire qu'un semblable accord s'expliquerait, plus complètement encore, par un contrat; ou, s'il n'exige pas réflexion et volonté libre, qu'il peut alors s'expliquer par les simples lois du mécanisme. Mais ce que nous mettrons en lumière, c'est le fait singulier que ce *consensus* coexiste dans la société avec un phénomène tout contraire : car il n'y a pas seulement accord des parties du corps social, il y a aussi, en même temps, lutte de ces parties entre elles. Il ne s'agit plus ici des luttes entre groupements d'individus, sur lesquelles nous nous sommes expliqué précédemment ; il s'agit de luttes entre individus appartenant à un même groupement. C'est un fait bien connu que les membres d'une corporation mettent à peu près autant d'ardeur à se faire concurrence qu'à se réunir contre l'ennemi commun. « Les médecins », a dit l'un d'entre eux, « se traitent l'un l'autre d'empiriques devant le public ; mais ils s'associent pour donner la chasse à l'empirique qui n'est pas diplômé, et parfois ils se liguent contre le public lui-même ». Ce fait n'est pas propre au groupement corporatif, à celui que nous avons nommé physiologique. On le trouvait déjà dans les groupements plus anciens. Les membres d'une famille sont parfois en querelle incessante, et pourtant en public chacun tâche de mettre en évidence les mérites de ses proches. De même, « dans le sein d'un conseil général, les diverses parties d'un département luttent entre elles pour obtenir, soit des diminutions de charges, soit des augmentations d'allocations ; tandis que tous s'allient au sein du Parlement central (1) ». Le même phénomène se rencontre encore dans les groupements plus récents que le groupement corporatif, dans les « tissus sociaux » des différentes espèces. Les ouvriers d'un même genre d'aptitude se disputent le travail, mais tous forment front au besoin contre le patronat. Les membres d'une aristocratie sont souvent absorbés par des querelles de préséance, mais ils s'unissent pour accabler de leurs dédains quiconque n'est pas de noble extraction.

1. Novicow, *les Luttes entre les sociétés*, page 17.

Les serviteurs d'une église ne sont pas toujours pleins de charité les uns à l'égard des autres, mais ils s'entendent pour excommunier ceux qui n'acceptent pas leurs rites. Les exemples pourraient être multipliés à l'infini. Mais voilà des faits qui, si nous les comprenons bien, ne sauraient s'accorder ni avec la théorie mécanique, ni avec la théorie contractuelle de l'État. Dans la théorie contractuelle, pour laquelle l'État dérive d'un accord libre et raisonné, comment comprendre les luttes des individus ? leur raison ne les porte-t-elle pas à les cesser ? le contrat social lui-même n'en marque-t-il pas la fin ? On dira peut-être : « non, parce qu'il laisse une large place encore aux initiatives individuelles, et que celles-ci vont se heurter ». Mais alors à quoi bon le contrat, s'il n'a pour but et pour résultat de prévenir ces chocs ? — De même, dans la théorie mécanique, comment comprendre, encore une fois, ces luttes ? Est-ce que les parties d'une machine luttent entre elles (si ce n'est par métaphore) ? Un essai de résistance se produisant dans un rouage, le jeu de l'ensemble n'en viendrait-il pas presque immédiatement à bout ! Et comment cette résistance elle-même pourrait-elle prendre naissance ? Comment l'évolution nécessaire et fatale des sociétés engendrerait-elle des forces destinées précisément à la contrarier ? L'école du mécanisme ne devrait pas avoir le droit de parler de cette « lutte des classes » sur laquelle pourtant elle insiste si longuement. — Mais, dira-t-on, dans la nature physique aussi il y a des forces discordantes, et pourtant la nature physique est régie par le seul mécanisme. — Cela est parfaitement vrai. Seulement, dans la nature, les forces discordantes (deux électricités contraires, l'action de l'eau et l'action du feu, etc...), se combattent et ne s'unissent pas. Avec le mécanisme on n'explique pas ce phénomène remarquable, la combinaison de la lutte et de l'accord, que nous trouvons dans les sociétés. Au contraire, ce phénomène se comprend immédiatement avec la théorie organique. Car en fait, d'abord, on le voit se produire sans cesse dans le corps vivant. Chaque partie de l'organisme dispute le sang nourricier à toutes les autres ; et dans un même membre, chaque cellule le dispute à

ses voisines. Un volume tout entier a été écrit sur ces luttes (1).
Le phénomène le plus caractéristique est assurément celui que
présentent les cellules du cerveau. Elles se liguent ensemble
contre toutes les autres : et c'est ainsi que, chez certains individus dont l'intellectualité est très haute, nombre de fonctions
physiques s'exercent moins bien par suite de l'atrophie de leurs
organes au profit du cerveau. Mais d'autre part, les cellules de
celui-ci se combattent entre elles, et c'est par ces luttes que
divers biologistes expliquent le conflit des idées contraires dans
un même esprit. En logique, maintenant, on comprend très bien
pourquoi le corps vivant présente à la fois cette lutte et cet
accord de ses éléments. Leur accord tient à leur interdépendance ; leur lutte, à leur indépendance ; et nous avons vu que,
anatomiquement et physiologiquement, cette lutte et cet accord
sont choses à la fois liées et irréductibles l'une à l'autre. Le consensus se manifeste anatomiquement par la cohésion des cellules ; physiologiquement par la division du travail entre elles.
La lutte se traduit anatomiquement par leur isolement, puisque
leur cohésion est toute relative (2) ; physiologiquement par la
persistance, en chacune d'elles, de fonctions indifférenciées.
Seule, ainsi, la théorie organique de la société peut rendre
compte de la coexistence, en celle-ci, de la discorde des parties
et de leur entente, tandis que les autres doctrines ne font comprendre que la moitié du phénomène.

Cette preuve, jointe aux précédentes, ne montre-t-elle pas,
d'une manière bien claire, de quel côté il faut chercher la véritable explication des phénomènes sociaux ?

Quelle lumière cette conception projette-t-elle sur les redoutables problèmes d'organisation sociale que nous avons vus se
poser devant nous au début de ce chapitre ?

---

1. W. Roux, *der Kampf der Theile in Organismus* (Leipzig, 1881).
2. Voir chapitre II.

En premier lieu, à quelles causes faut-il attribuer la division du travail entre les hommes ? Nous sommes tout disposé à croire que les causes proprement sociales y ont joué un rôle considérable. Cette division, en effet, n'a été possible que lorsqu'ont été formées des unités sociales un peu considérables. A cet égard, nous admettons parfaitement que les facteurs étudiés par M. Durkheim aient exercé une action très réelle et très importante. Mais, d'autre part, ce serait à nos yeux une grave erreur que de nier la part des causes individuelles dans ce grand mouvement. Le nombre des membres de la société et sa « densité morale » auraient beau croître indéfiniment. La division du travail ne s'y produirait pas, si elle n'était imposée par la volonté du plus fort, agissant dans son propre intérêt, pour se débarrasser sur les plus faibles des labeurs pénibles ou désagréables. Elle ne s'y maintiendrait guère, ou tout au moins elle n'y pourrait progresser, si peu à peu chaque homme ne trouvait quelque profit à se spécialiser dans le genre d'efforts qui convient le mieux à ses aptitudes. La volonté consciente de l'individu a donc ici son rôle, aussi bien que la poussée inconsciente de forces sociales quasi-mécaniques.

Quel est, maintenant, l'effet de cette division grandissante du travail ? En accroissant chez les êtres humains les fonctions différenciées, que fait-elle des fonctions indifférenciées ? Les économistes classiques disent qu'elle les exalte chez tous les êtres ; les socialistes répondent qu'elle les exalte chez les uns, et les affaiblit chez les autres. Logiquement, les économistes classiques devraient avoir raison. La division du travail devrait profiter à tous les individus, de telle sorte que leur vie propre en fût accrue, dans la proportion même où leurs efforts développent la vie générale. Notons que cette formule corrige déjà ce qu'il y a d'excessif dans les propositions des économistes « orthodoxes » intransigeants : car elle montre que l'effet de la division du travail n'est pas *nécessairement* de combler les écarts entre individus, mais seulement de proportionner ces écarts aux services rendus. — Mais cette formule même n'est vraie qu'idéalement. Elle exprime ce qui devrait se passer en théorie, ce qui pourra se passer un jour. Seulement, il y a un grand fait qui vient empêcher qu'elle ne soit vraie immédiatement dans la réalité. Ce grand fait, que nous avons déjà signalé (1), c'est la substitution du groupement homoplastique au groupement physiologique des cellules sociales, par l'effet des progrès de l'industrie. Le développement du machinisme, on le sait, et la création de la grande industrie, ont brisé l'ancienne échelle des travailleurs. Ils ont remplacé l'union des membres d'un même métier en corporation, par leur division en deux groupes : les travailleurs manuels, unis dans les syndicats ouvriers, et les capitalistes et entrepreneurs, unis dans les syndicats patronaux. Et voici ce qui en résulte. L'ouvrier a beau être mieux payé et matériellement plus fortuné que jadis : il n'en sent pas moins — ou il n'en croit pas moins — qu'il est plus éloigné de son patron que jadis. De là naît dans sa classe une cause de mécontentement profonde et active. La division du travail, en séparant de plus en plus les fonctions directrices et les fonctions opératrices, s'est montrée funeste à ce point de vue. Le gain que les ouvriers avaient fait du côté de l'aisance et de l'instruction s'est trouvé neutralisé par le sentiment de la distance établie entre eux et leurs chefs. Les fonctions indifférenciées ont donc vainement grandi à leur profit : il leur semble que les fonctions différenciées sont les principales, et qu'elles n'opèrent qu'à leur détriment.

Le danger, à coup sûr, est grave. Si la distinction entre employeurs et employés s'étendait, du commerce et de l'industrie, jusqu'à l'agriculture et aux professions d'ordre spécialement intellectuel, elle finirait par couper la société en deux moitiés opposées et rivales, et c'en serait fait de l'unité morale de la nation. Où doit être cherché le remède ? Dans une participation plus étroite du chef d'industrie et de sa famille à la vie de l'ouvrier, d'une part ; et de l'autre, dans une série de réformes qui donnent à l'ouvrier lui-même le moyen de s'émanciper, de devenir patron à son tour, ou plutôt qui fassent de

1. Voir chap. VI.

tous les ouvriers des patrons, travaillant pour leur compte, ou
du moins des associés du patron travaillant à leur profit. Ce
n'est pas ici le lieu, bien entendu, d'indiquer le détail des
mesures à prendre à cet égard. Ce que nous avons voulu, seulement, c'est montrer que le conflit des doctrines économiques et
socialistes n'est pas insoluble. Ce conflit se rattachait logiquement à notre sujet, puisqu'il découlait d'un débat sur les relations de la vie individuelle et de la vie nationale. Nous venons
d'établir d'une manière générale le principe de ces relations.
Suivre la vie individuelle des éléments du corps social n'est pas
notre dessein : c'est affaire à l'anthropologie, à l'anatomie, à la
physiologie, et à la psychologie humaines. Mais la vie collective du corps social est de notre ressort. Et nous allons l'examiner en détail dans les chapitres suivants de notre étude, en
parcourant successivement les diverses fonctions par lesquelles
elle se manifeste.

CHAPITRE NEUVIÈME

FONCTIONS DE NUTRITION.

On distingue généralement dans l'organisme trois groupes de fonctions : les fonctions de nutrition, les fonctions de relation, les fonctions de reproduction, termes qui s'expliquent d'eux-mêmes et qu'il n'est pas besoin de définir. Les mêmes fonctions se retrouvent dans la société, où nous allons les envisager tour à tour. C'est par la fonction de nutrition qu'il faut logiquement commencer. Elle est en effet le support commun des deux autres, l'être ne pouvant penser et se reproduire qu'à condition d'être entretenu par une suffisante alimentation. D'ailleurs, c'est celle aussi pour laquelle le rapprochement de la vie sociale et de la vie organique est le moins contesté et le plus clair.

Considérons donc d'abord comment la nutrition s'opère chez un être vivant. On peut décomposer en quatre « temps » les phénomènes qu'elle présente.

Première phase. — La proie d'abord est saisie. S'il s'agit de la nutrition d'un carnassier ou d'un herbivore, cette opération se réduit à l'acte de préhension lui-même. Pour certains animaux, elle est beaucoup plus complexe. Plusieurs espèces de fourmis, par exemple, entretiennent des pucerons qu'elles « traient », comme l'homme fait pour ses animaux domestiques. On peut dire, dans ce cas, qu'il y a, avant la préhension, toute une phase préparatoire de « production » de l'aliment. De plus, une fois la proie saisie et ingérée, elle n'est pas encore apte à nourrir les tissus vivants. Il lui faut pour cela subir une préparation complète. Ici s'opèrent la mastication, qui la broie ; l'insalivation,

13

qui l'humecte et la lubréfie ; la digestion, qui la réduit en particules assimilables ; l'absorption par les villosités intestinales ;
la chylification, qui la transforme en lymphe, laquelle se modifie
elle-même progressivement pour donner le sang ; enfin la respiration, simple annexe de la digestion, qui vient charger le sang
ainsi formé de la quantité d'oxygène qui lui est nécessaire pour
nourrir les éléments anatomiques. La proie transformée ne
devient donc un aliment complet qu'après avoir traversé les
poumons, c'est-à-dire au moment où elle parvient au cœur. Or,
les faits que nous venons de décrire s'opèrent chez tous les animaux un peu élevés, chez tous ceux où les phénomènes de
digestion, de respiration et de circulation, quoique en continuité, ont des organes distincts. Il n'est même pas un animal
où la proie ne soit plus ou moins modifiée par l'être capteur
avant d'être absorbée par ses tissus et de se fondre avec eux.
Quant aux plantes, on sait que, à l'aide de la chlorophylle dont
elles sont pourvues, elles fabriquent elles-mêmes une grande
partie de leurs aliments, dont elles empruntent seulement les
substances simples composantes au milieu extérieur. En somme
donc, chez tous les êtres vivants, il y a, sinon création, au
moins préparation de l'aliment par l'être vivant, qui contribue
ainsi toujours, quoique dans une mesure variable, à « produire »
ce qu'il consomme.

Deuxième phase. — Une fois l'aliment parfait, et condensé
dans le globule sanguin artériel, le cœur l'envoie, par les artères et les capillaires qui leur font suite, à tous les éléments anatomiques. Il est certain d'ailleurs que les matières cédées ainsi
par le sang aux tissus ne demeurent pas toujours fixées dans la
première cellule qui les a reçues, mais souvent sont transmises
par elle à d'autres par suite d'échanges. Cette double série de
phénomènes constitue la première partie de la « circulation »
du sang, de l'aliment complet.

Troisième phase. — Une fois distribué aux cellules qui doivent définitivement le retenir, l'aliment est utilisé par elles. Il
se divise à leur intérieur, et les moindres particules de la cellule
en prennent leur part. Il va restaurer chacune d'elles, leur don-

ner à toutes une nouvelle vigueur. Les forces que la cellule prend ainsi, elle les utilisera bientôt pour accomplir, au profit de l'organisme entier, la fonction spéciale, différenciée, dont elle est chargée. Pour cela d'ailleurs, elle doit mettre son énergie en commun avec celle des autres éléments différenciés dans le même sens. Ainsi, tandis que l'assimilation de l'aliment se fait en chaque élément anatomique isolément, les résultats de cette assimilation ne peuvent se produire que par le rétablissement du concours entre les éléments. La production de la force est une fonction individuelle, son utilisation est une fonction collective. Mais cette utilisation elle-même amène dans les cellules d'importantes modifications. Elle enlève de l'oxygène aux tissus, et y détermine la production d'acide carbonique. La matière contenue dans la cellule qui a fonctionné se transforme ainsi, de matière utilisable, en matière utilisée, résiduelle, c'est-à-dire impropre à un nouveau service immédiat, et qui doit être expulsée de la cellule sous peine de la vicier. Il va donc falloir que la cellule la rejette dans le torrent circulatoire. C'est ce qu'elle fait en cédant aux capillaires veineux ces déchets de sa « consommation » ; et alors commence la dernière partie du processus alimentaire.

Quatrième phase. — Le sang apporté par les capillaires artériels a traversé les cellules organiques, leur amenant l'aliment assimilable. Il en reçoit en échange (singulier échange, à vrai dire, et pour le moins inégal), les produits de désassimilation. Il devient alors sang veineux. Sous cette forme, il traverse les capillaires veineux et les veines, et retourne au poumon. Là, il fait avec l'air inspiré un échange inverse de celui qu'il a opéré tout à l'heure avec les éléments anatomiques : il en reçoit la substance vivifiante, l'oxygène, et il lui cède la substance nocive, l'acide carbonique. Après quoi il se rendra au cœur, complétant le processus de la « circulation ». Seulement, avec ce retour du sang au cœur, tout n'est pas fini. Outre l'acide carbonique, d'autres éléments vicient le sang. Ils en seront retirés par le rein, qui les éliminera dans les urines, tandis que seront expulsées sous forme de fèces les parties inassimilables des *ingesta*, et, sous forme de sueur, etc..., divers autres produits de désassimilation. L'entrée de l'aliment dans le corps sera donc suivie de deux phénomènes caractéristiques : la production des forces organiques, et le rejet, l' « excrétion » des matières non utilisables. Ce sont les deux points extrêmes où aboutit le processus nutritif. — Remarque essentielle : ce processus a été collectif dans les deux premières phases et dans la dernière, individuel seulement dans la phase intermédiaire. L'ingestion, la préparation, la circulation se font par des organes communs à tout l'être. Au contraire, l'emmagasinement est opéré par chaque cellule pour son propre compte. Mais, aussitôt après, les éléments anatomiques se mettent de nouveau en contact, tant pour utiliser les forces qu'ils viennent d'absorber que pour expulser les résidus de leur alimentation. La vie cellulaire est donc enveloppée de toutes parts par la vie collective. En un sens, la vie collective paraît faite pour la vie cellulaire, puisque l'ingestion de l'aliment sert à nourrir la cellule. Mais, d'un autre côté, la vie cellulaire pourrait tout aussi bien sembler faite par la vie collective, puisque la nutrition de la cellule amène la production de forces que l'être total utilise à son profit, dans sa lutte contre le dehors, dans son adaptation au milieu. Ces deux existences sont donc réciproquement fin et moyen l'une de l'autre. Aucune d'elles ne pourrait ni s'exercer ni se concevoir isolément.

Nous allons rencontrer des phénomènes exactement analogues à ceux-là, en passant de la vie organique à la vie sociale. Les phases fondamentales sont identiquement les mêmes.

Première phase. — Il faut trouver et préparer l'aliment. Ce sont là, comme dans l'organisme, deux opérations distinctes, mais liées : préhension, élaboration. La préhension, ici encore, se présente sous deux formes. Tantôt elle est simple, la société vivant alors en pillarde au détriment des sociétés voisines, tout comme un carnassier ou un herbivore. Tantôt elle nécessite un travail antérieur, la société produisant elle-même sa nourriture par la culture des plantes, l'élevage des bestiaux, la fabrication des boissons etc... Une fois la préhension faite, il faut élaborer l'aliment : c'est ce dont se chargent ceux qui transforment le blé, le bétail et le raisin en denrées comestibles. L'ensemble de ces fonctions constitue la « production » de l'aliment, car il n'est ingérable par l'individu que lorsqu'elles se sont accomplies. Il est aisé de constater comment l'appareil producteur d'une société s'adapte aux nécessités du milieu dans lequel il exerce son activité, tout comme l'appareil digestif d'un organisme s'adapte à la nature de l'aliment qu'il absorbe le plus ordinairement. Sans nous extasier plus que de raison sur la manière dont la société sait ainsi tirer parti des ressources mises à sa disposition, ni sur l'équilibre ordinaire de la production et de la consommation — équilibre qui doit se réaliser de lui-même, et qui pourtant est si souvent rompu soit par un défaut, soit par un excès de production, — passons immédiatement aux « temps » suivants de la nutrition sociale.

Deuxième phase. — L'aliment une fois prêt pour l'ingestion individuelle, il faut le livrer aux membres de la société. C'est l'œuvre du marchand, du marchand de détail surtout, qui le fait circuler, en l'achetant au producteur, et en l'offrant au consommateur. Celui-ci, d'ailleurs, le passe parfois directement à d'autres, par échange. De sorte qu'on retrouve ici les deux moments de la « circulation » organique : apport par les globules spécialisés à cet effet; échange direct entre les éléments profonds. Car il est exact de comparer les marchands à ces globules qui se font à travers l'organisme les véhicules de la substance nutritive. La comparaison peut être poussée encore plus loin. Les routes et chemins de fer, qui livrent passage aux marchands, peuvent être comparés aux vaisseaux, qui charrient les globules. Nous avons même vu qu'ils sont le produit d'une formation ultérieure à la différenciation des globules sanguins, tout comme, dans la série animale, le sang se constitue avant qu'il n'y ait encore de vaisseaux spécialement destinés à le contenir. Claude Bernard déjà faisait le rapprochement des deux appareils : « le système circulatoire, écrivait-il, n'est autre chose qu'un ensemble de canaux destinés à conduire l'eau, l'air et les aliments aux éléments organiques de notre corps, de même que des routes et des rues innombrables serviraient à mener les approvisionnements aux habitants d'une ville immense (1) ». Herbert Spencer a repris ce parallèle, et l'a fort développé (2). Voici le résumé des indications qu'il donne. A la base de la série organique comme de la série sociale, on ne trouve aucun appareil circulatoire différencié. C'est le cas pour les protozoaires, c'est le cas pour les clans qui ne comptent que quelques dizaines de membres. Un semblable appareil serait d'ailleurs inutile, la cohésion des granules organiques ou des individus humains permettant chez ces êtres la diffusion immédiate de l'aliment. Un peu plus haut dans l'échelle des êtres, on rencontre, chez les organismes, un système circulatoire tout à fait rudimentaire, formé de lacunes à contours indécis et à communications intermittentes. L'analogue de cette formation dans la société, c'est un appareil circulatoire comprenant seulement des sentiers mal tracés et incomplètement reliés les uns aux autres. Un perfectionnement est marqué par la transformation de ces lacunes en vaisseaux et de ces sentiers en routes. Plus tard ces vaisseaux simples se transforment en un système complet d'artères et de veines, et ces routes en un réseau développé de chemins de fer, à double voie afférente et efférente. Mais les traces de l'organisation primitive subsistent : les artères et veines se continuent par des capillaires, aboutissant eux-mêmes à des lacunes ; les voies ferrées sont prolongées, dans les régions qu'elles ne traversent pas encore, par des routes, où débouchent des sentiers. Il n'y a donc pas complète substitution, mais simple juxtaposition des nouvelles formes aux anciennes. — A ces perfectionnements anatomiques de l'appareil correspondent des perfectionnements physiologiques de la fonction. Au début, l'organisme ne connaît que des ondes circulatoires irrégulières,

---

1. *Le Curare*, III.
2. *Principes de Sociologie*, livre II, chap. VIII, § 245-246.

et les membres de la société ne font leurs échanges que dans des foires intermittentes. Plus tard, l'onde devient continue, et le marché permanent : il se tient d'abord un jour par mois, puis un jour par semaine, puis chaque jour une heure, puis tous les jours et à toute heure. La circulation sociale, comme la circulation organique, procède, de mouvements faibles, lents, irréguliers, à des mouvements rapides, réguliers et puissants. On le voit, l'analogie est jusqu'ici complète entre l'appareil circulatoire de la société et celui de l'organisme, entre le mécanisme circulatoire de l'une et celui de l'autre. Nous montrerons même tout à l'heure qu'on peut l'étendre aux organes régulateurs et aux systèmes nerveux directeurs des deux circulations. Remarquons encore, pour le moment, deux autres traits curieux de ressemblance. C'est, d'une part, que la voie ferrée est longée par le fil télégraphique comme le vaisseau sanguin par le filet nerveux. Le télégraphe transmet les offres et demandes que se font les producteurs et les consommateurs, et par suite les ordres qui amènent le transport des marchandises. Il règle donc la circulation sur la voie ferrée, de même que le filet nerveux vaso-moteur, en dilatant ou en obturant le canal sanguin, y règle le passage du liquide nourricier. C'est, en second lieu, que le médecin, pour faire refluer le sang vers certaines régions qui en manquent, met parfois une ligature à des vaisseaux, tout comme l'homme politique, pour enrichir certaines fractions de la société (c'est-à-dire pour faire affluer chez elles l'aliment) établit des tarifs de douane, ce qui équivaut à mettre des ligatures sur les vaisseaux sociaux. Le résultat est le même dans les deux cas : si le sang ou la richesse affluent d'un côté, ils cessent d'arriver de l'autre. Ici il y a congestion, mais là se produit l'anémie ; au fond, d'un côté comme de l'autre, survient un trouble trophique. Il n'existe à ce trouble qu'un remède : c'est la formation d'une circulation collatérale, d'un système de canalicules supplémentaires. Dans l'organisme, des filets de sang se feront jour à travers les membres traversés par les vaisseaux barrés. Dans la société, si la grande route est fermée, les marchandises passeront en fraude par des sentiers connus des seuls maraudeurs. La contrebande deviendra ainsi une cause d'adoucissement au mal dont souffre la société. Elle sera un bienfait pour le corps social anémié (1).

Troisième phase. — Nous venons de voir comment s'opère la circulation sociale. Son résultat est d'amener l'aliment à l'individu. Ici cesse la fonction collective et commence la fonction individuelle. L'être saisit l'aliment, le rend assimilable, l'absorbe, s'en pénètre, le transforme en force, en excrète les restes. Nous avons vu tout à l'heure le mécanisme complet de cette activité. Sans y revenir, nous n'avons qu'une remarque à faire. C'est que la nutrition de l'être humain individuel se trouve placée par rapport à la nutrition générale de la société, exactement dans la même relation que la nutrition de la cellule par rapport à celle de l'être humain lui-même. Ici aussi, il y a vie générale et vie locale se conditionnant réciproquement. L'individu reçoit l'aliment de la société. Il l'assimile, en dégage des forces, en élimine des résidus. Mais ces forces, il va immédiatement les combiner avec celles d'autres êtres humains, et l'activité par laquelle elles se manifesteront sera une activité sociale. Quant à ces résidus, il les rejettera dans le torrent de la circulation collective. C'est ce que va nous montrer la dernière phase.

Quatrième phase. — Les produits de désassimilation ont été expulsés par l'individu. La société s'en empare, leur fait subir une circulation nouvelle, les transforme, et enfin les utilise pour la production d'autres aliments. Ici donc, comme dans l'organisme, la phase de la nutrition individuelle est suivie, aussi bien que précédée, par une phase d'élaboration collective.

En tout ce qui précède, nous avons comparé la circulation du sang dans l'organisme, seulement à la circulation des aliments proprement dits dans la société. Mais, en réalité, le second terme de la comparaison devrait être compris d'une manière plus large.

1. Bordier, *la Vie des sociétés*, chap. XIV, § V.

Il faudrait y faire rentrer l'ensemble de ce que les économistes appellent « richesses », c'est-à-dire l'ensemble des choses utiles à l'homme, et auxquelles il attribue une valeur, soit en usage, soit en échange. Il n'y a aucune incorrection à les comparer en bloc aux aliments, puisque par ce terme d'aliments pris *lato sensu*, les biologistes eux-mêmes entendent, non-seulement les substances digérables et assimilables, mais aussi tout ce qui sert à entretenir la vie de l'homme, les excitants, les médicaments, etc... Nous croyons donc que l'on peut, sans abus, comparer à la circulation sanguine la circulation sociale des richesses en général, y compris même celle des vêtements, des parures, des objets de luxe. Il est clair d'ailleurs que, pour toutes ces choses, les phases du processus étudié tout à l'heure se retrouveraient. La production et la circulation, l'utilisation par l'individu, le rejet dans la circulation générale de l'objet qui a cessé de rendre service, s'opèrent et se suivent de la même manière. Ici aussi, la fonction individuelle est entourée de fonctions collectives. Il n'est même pas inexact de voir là des modes collatéraux de la nutrition générale, puisque le vêtement et la parure servent, le premier à conserver des forces à l'individu, la seconde à lui donner, par l'excitation qu'elle lui procure, un surcroît d'énergie. C'est donc bien à côté de l'alimentation proprement dite qu'il fallait les placer.

Maintenant, l'ensemble du processus nutritif une fois dégagé, on peut et on doit se demander sous quelles influences directrices il s'opère. Nous avons déjà indiqué la solution d'une partie de cette question, en disant que la vie végétative est placée sous la dépendance du système nerveux grand sympathique, et que spécialement la circulation dans les vaisseaux sanguins est réglée par les nerfs vaso-moteurs, soit vaso-constricteurs, soit vaso-dilatateurs. Et nous savons que ces phénomènes organiques se retrouvent dans la société. Ici, en effet, la vie végétative, la vie nutritive, est distincte — comme chez l'être individuel — de la vie animale ou vie de relation. La première est représentée par les fonctions économiques ; la seconde, par les fonctions intellectuelles et politiques. Entre ces deux groupes de fonctions, il y a à la fois distinction et liaison. Les autorités politiques (gouvernement, administration) et les autorités intellectuelles (clergé, science) ne sont pas sans quelque influence sur la vie économique d'un pays. Pourtant, du moins dans nos régions, ils n'y président pas directement. Les autorités économiques (chefs d'industrie, grands agriculteurs, hauts négociants ou banquiers) sont distinctes d'elles, et exercent leur action à part, bien qu'évidemment elles subissent le contre-coup des décisions des premières, sur lesquelles d'ailleurs elles réagissent à leur tour. C'est exactement ce qui se passe dans l'organisme, où le sympathique a ses ganglions séparés de ceux du système cérébro-spinal, quoique influencés par ceux-ci et les influençant réciproquement. De même pour les vaso-moteurs. A ces derniers on a fort justement comparé les banquiers. En effet, l'afflux des richesses (non-seulement du numéraire, mais des produits industriels dont son abondance détermine la formation) ou au contraire leur rareté, sont causés par la plus ou moins grande facilité avec laquelle les banquiers cèdent leurs fonds à l'industrie et au public. En ce sens, l'abaissement et l'élévation du taux de l'escompte peuvent être très utilement rapprochés de l'action des nerfs vaso-dilatateurs et de celle des nerfs vaso-constricteurs : l'abaissement du taux de l'escompte et l'action des vaso-dilatateurs développent la circulation organique ou sociale, l'élévation du taux ou le triomphe des vaso-constricteurs la diminuent. On peut penser d'ailleurs que bientôt cette fonction régulatrice ne sera plus remplie dans la société par les banquiers seuls, et qu'à côté de leur action s'exercera celle des sociétés coopératives de crédit. — Quoiqu'il en soit, le plus souvent, cette régulation circulatoire correspond à des besoins réels : le sang se porte en plus grande quantité aux régions où une nécessité particulière s'en fait sentir ; le numéraire se rend en abondance aux points où des initiatives nouvelles sollicitent son concours. Mais parfois aussi il se produit des erreurs dans cette répartition : une région du corps souffre alors d'hypertrophie ou d'anémie, il y a dans la société surproduction ou disette. Le résultat fâcheux de ces erreurs s'étend jusque sur le système nerveux de la vie animale : le cerveau de l'organisme se plaint de malaises, l'Etat souffre d'une crise qui se dénoue quelquefois par une révolution.

Nous venons de parler des régulateurs locaux de la circulation. Mais il est aussi, pour elle, un régulateur central. Dans l'organisme, c'est le cœur, avec ses ganglions autonomes. Dans la société, ce qui doit correspondre au cœur, c'est la Bourse. Elle est, en effet, le point central où se réunissent les principaux banquiers, et d'où partent les impulsions qui vont partout animer le commerce et l'industrie. Les émissions de valeurs qui y sont lancées correspondent, nous semble-t-il, à une partie au moins de l'émission du sang par le ventricule gauche (1). Les opérations de la Chambre de compensation, établie auprès de chaque grande Bourse, et d'où résulte chaque soir pour l'ensemble des principales banques un total égal de sorties et d'entrées, représentent le retour du sang qui a accompli sa circulation complète; à condition qu'on attribue à celle-ci pour analogue, outre le mouvement général des fonds dans la société, le mouvement particulier des valeurs en Bourse et les transactions auxquelles elles y ont donné lieu. — Chose remarquable ! Claude Bernard, en une leçon célèbre sur la physiologie du cœur, a montré que, de tous les organes de l'individu, c'est celui-ci qui entretient avec le cerveau les relations les plus intimes : l'état du cœur et celui du cerveau se réflètent réciproquement, les plus faibles modifications de l'un se répercutant en l'autre. Or il en est exactement de même pour les rapports de la Bourse et du gouvernement, lequel représente, en partie du moins, le cerveau de la société. Les moindres nouvelles venues du ministère ou des Chambres, sur la politique étrangère ou sur les luttes intérieures des partis, font osciller le cours des valeurs. Par

1. Nous disons à une partie, parce que l'émission du sang est la seule origine de la circulation organique, tandis que les émissions de valeurs ne sont qu'une des origines de la circulation sociale.

une réciprocité fatale, l'état du marché est souvent pour beaucoup dans les décisions des politiques. Trop fréquemment même, on le sait, c'est surtout du côté de la Bourse qu'ils vont chercher leurs inspirations. Ce fait, entre autres, nous prouve que les deux ordres de fonctions, si distincts qu'ils soient, ne sont pas, ne peuvent pas être isolés (1). Toujours, forcément, il y aura action de la vie végétative sur la vie animale, des fonctions de nutrition sur les fonctions de relation, et réaction de celles-ci sur les premières. Le concours incessant de toutes les parties n'est pas moins indispensable à l'existence de la société qu'au développement de l'organisme.

1. Et pourtant nous sommes loin de nier leur indépendance *relative*. Deux cœurs peuvent battre à l'unisson, chez deux individus dont les cerveaux sont conformés de façons bien différentes. Pareillement, deux Bourses peuvent présenter les mêmes cours, bien qu'elles appartiennent à des Etats dont les régimes politiques sont opposés. Un fait est même à noter. En France, toutes les lignes télégraphiques aboutissent à Paris à un poste central, sauf les lignes qui partent de la Bourse de Paris et la relient aux grandes Bourses étrangères. Celles-ci ont leur autonomie. C'est là une reconnaissance de cette indépendance relative des fonctions économiques par rapport aux fonctions de direction gouvernementale, que nous venons de signaler.

CHAPITRE DIXIÈME

FONCTIONS DE RELATION.

I

La composition de l'appareil social de relation nous est connue. Il s'agit maintenant de rechercher comment il fonctionne. Son but est d'unir les éléments de la société, soit entre eux, soit dans une action commune en face des êtres extérieurs. Nous pouvons dès maintenant prévoir que sa façon d'opérer sera sensiblement la même que celle de l'appareil organique correspondant. Et nous reviendrons bientôt sur le détail de ce mécanisme. Mais tout d'abord nous sommes obligés de nous poser une question plus générale, souvent agitée, et la plus difficile sans doute de toutes celles que soulève la comparaison de l'organisme et de la société : la question de savoir s'il existe une conscience sociale. — Si nous suivions un ordre rigoureusement scientifique, nous devrions sans doute réserver au contraire cette question pour la fin, aborder l'étude des mouvements sociaux réflexes avant celle des mouvements sociaux conscients. Mais on est tellement habitué à voir contester la réalité de la conscience sociale par les esprits même les plus favorables à la théorie organique (M. Spencer et M. Fouillée, par exemple) qu'il est nécessaire de s'expliquer tout d'abord sur ce problème capital, et de montrer que l'analogie du corps social et du corps vivant se poursuit ici comme ailleurs. D'ailleurs l'étude des réflexes sociaux prend elle-même une tout autre physionomie, quand on sait qu'à ces mouvements réflexes peuvent se superposer des mouvements conscients. — Y a-t-il donc une conscience sociale ?

Dans l'organisme, dit-on d'ordinaire, le tout est sensible, les parties ne le sont pas ; dans la société, au contraire, les parties — qui sont des hommes, des touts organiques — possèdent la conscience, mais l'ensemble en est dépourvu. Les individus humains ont conscience de leur vie propre, ils ont même l'idée d'une certaine solidarité qui les unit à leurs concitoyens, mais c'est tout. La société n'a pas, elle, d'esprit collectif unique. Où résiderait cet esprit ? Les spiritualistes, qui ont assez à faire à défendre l'existence de l'âme individuelle, ne se soucient pas de se créer des difficultés en admettant en outre une âme sociale ; et les matérialistes, de leur côté, ne sauraient montrer le gigantesque cerveau qui produirait, s'il existait, les idées de la collectivité. Tels sont les arguments, parfois spirituellement présentés, sous lesquels on accable les partisans de la « conscience nationale ». Il est vraiment permis de les trouver trop peu concluants.

L'existence d'une force se manifeste par ses effets. S'il est des phénomènes qu'on ne peut comprendre qu'en les considérant comme produits par l'esprit social collectif, il faudra évidemment mettre hors de doute l'existence de ce dernier. Or, plusieurs phénomènes de cet ordre ont déjà été signalés par différents auteurs, et nous pourrons ajouter des exemples à leur liste. Un premier fait, sur lequel M. Durkheim (1) a insisté, c'est l'attitude de la foule en présence du crime. Ici, le sentiment d'indignation est unanime. Un meurtrier est-il pris sur le fait, la foule d'ordinaire, si elle le peut, fera justice sommaire, « lynchera » l'individu qu'elle estime coupable. Cette façon de « dire le droit » est évidemment déplorable : elle ne permet pas d'apprécier l'état d'esprit du meurtrier, de savoir s'il n'avait pas des raisons légitimes de frapper, s'il n'a pas agi sous l'empire de la démence, etc... ; elle empêche d'apprendre par l' « instruction », s'il avait des complices ; elle ne garantit même pas la société contre les

---

1. *De la division du travail social*, livre I, chap. II.

actes qui peuvent le plus réellement lui nuire, mais seulement contre ceux qui ont le caractère nocif le plus apparent. Mais cela ne met que mieux en lumière le caractère de très vive inten-sité appartenant au sentiment qui traverse à ce moment la cons-cience sociale. Puisque, sans raisonner, sans chercher d'expli-cation, le peuple se porte spontanément à cet acte si grave, et l'accomplit avec l'idée très nette qu'il fait justice, c'est donc qu'il y a dans son esprit un sentiment profondément blessé, et une volonté extrêmement ferme de réagir. Nous ne nous deman-dons pas actuellement comment ce fait psychologique se produit, nous nous bornons à en constater l'indubitable réalité.

La passion de la justice, ou si l'on veut de la vengeance, se révélant dans la société avec une très grande intensité à propos d'un acte criminel, n'est pas d'ailleurs la seule passion sociale. Il en est qui se manifestent plus longtemps, et par des actes plus compliqués. « On peut » dit M. Novicow (1), « citer plusieurs exemples d'orages de ces passions, outre celui de l'égalité qui animait la France vers 1789. Telle fut la passion du libre-échange en Angleterre en 1846. Dans l'*Union américaine,* vers 1860, l'abolitionnisme était devenu une passion dans les États du Nord. De nos jours nous avons vu en Europe la colonisation des régions trans-océaniques devenir une véritable fièvre. Enfin, on voit poin-dre en France une nouvelle passion, celle de la décentralisation ». Nous craignons que l'auteur, qui voit d'un peu loin les choses de notre pays, ne se soit mépris dans ce dernier cas, et qu'il ait pris pour un grand mouvement naissant ce qui est seulement le vœu de quelques esprits libéraux ou le programme de quel-ques opposants. Mais on citerait quantité d'autres exemples du fait qu'il allègue : le mouvement qui porta jadis le monde romain vers la religion du Christ, celui qui jeta les sectateurs de Mahomet sur l'Asie, l'Afrique et l'Europe, le courant inverse qui fit naître les croisades, celui qui précipita les Espagnols et les Portugais sur l'Inde et l'Amérique, celui qui rapproche aujourd'hui dans un élan de sympathie deux nations européen-

1. *Les luttes entre les sociétés,* livre V, ch. II, § III.

nes que tout semblait devoir séparer. Passions religieuses, politiques, esthétiques, modes de parure et de vêtement, tout cela est phénomène collectif, tout cela est une idée, suivie d'une volition de l'esprit social. Fait curieux, cet esprit social s'attache surtout, non pas aux choses les plus utiles, mais à d'autres qui sont relativement moins importantes (1). Rarement le peuple se passionnera pour une question purement économique, dût la prospérité nationale en dépendre au plus haut point : les consommateurs chez nous ont bien peu pétitionné en faveur du libre échange ; les syndicats agricoles pour la diffusion du crédit et des machines se propagent assez lentement ; un grand mouvement est encore à créer en faveur de la participation aux bénéfices et de la coopération industrielle. Ce qui passionne la masse, c'est ce qui est « de luxe » pour elle en tous les sens : une parure ou une doctrine politique, un cheval de course ou un adjectif étranger. Il n'en est pas moins vrai pourtant qu'à de certains moments elle sait aussi s'éprendre de grandes choses. La passion de l'art chez les Athéniens, la passion de la vie éternelle chez les chrétiens du moyen-âge, la passion de la liberté à donner au monde chez les hommes de la Révolution, en sont de nobles exemples.

Mais le plus frappant, c'est que, en ces moments d'enthousiasme, la société prend vraiment pleine conscience de son unité. Parfois une nation est divisée par les factions, au point qu'on peut se demander si elle forme bien un corps unique : tel était le cas de la Pologne au XVIIIe siècle. Qu'à ce moment l'étranger l'attaque, veuille la mutiler, et l'on verra ses membres se serrer les uns contre les autres ; dans l'emportement de leur passion, de leur colère contre l'ennemi, de leur volonté énergique de lui résister, ils sentiront leur unité nationale, et le lien intime qui les assemble : la Pologne, précisément, ne se saisit comme peuple qu'au moment où elle allait disparaître. Presque toujours, c'est devant un grand danger commun que la conscience collective de la société se révèle :

1. De Greef, *Introduction à la sociologie*, tome II, chap. XIII.

ainsi la France des Valois après le traité de Troyes, ainsi la France moderne devant l'invasion des alliés en 1791 et devant l'invasion allemande en 1870, ainsi l'Allemagne elle-même, après les victoires de Napoléon Iᵉʳ. Ce sentiment de l'unité nationale, né de la résistance à l'étranger, va même si loin, qu'un grand nombre de membres de la société n'hésitent pas alors à donner leur vie pour le salut et la gloire de l'Etat. L'individu comprend, à ce moment, qu'il n'est qu'une faible partie d'un grand tout, et qu'il se doit à l'ensemble dont il dépend : preuve évidente que la conscience sociale le pénètre tout entier, puisque, au maintien de celle-ci, il sacrifie la sienne propre.

Une objection est à prévoir. Tout cela, dira-t-on peut-être, montre bien qu'il y a des individus pensant, à un certain moment, de la même manière, et même ayant connaissance de la similitude de leurs pensées ; mais cela ne suffit pas à dire qu'il y a conscience sociale. Il faut s'entendre, répondrons-nous. Il est clair que si, par conscience sociale, on veut comprendre quelque chose qui soit totalement séparé des consciences individuelles, un semblable être est un mythe. La conscience sociale ne peut avoir d'autres éléments que les consciences individuelles. Seulement, pour qu'elle forme quelque chose de distinct, il faut, mais il suffit, qu'elle soit plus qu'une simple juxtaposition de ces éléments, il faut qu'elle en soit l'unification. Elle sera toujours, en somme, une pluralité, mais cette pluralité doit être aussi, d'une certaine manière, une unité consciente de soi. Cet ensemble de « mois » doit être un « moi » lui-même. Comment cela est-il possible ?

En premier lieu, l'unité morale des membres de la société peut, de l'aveu de tous, se réaliser. M. Fouillée, qui n'est pourtant pas partisan de la conscience sociale, en a indiqué les raisons avec beaucoup de sagacité (1). Trois étapes successives peuvent être distinguées dans la formation de cette unité. D'abord, le simple fait du voisinage amène entre individus un

1. *La science sociale contemporaine*, 2ᵉ éd., p. 100 et ss.

contact, qui modifie chacun d'eux de manière à l'adapter à son voisin, c'est-à-dire à les rendre semblables l'un à l'autre dans une certaine mesure. Puis, des relations naît la *sympathie :* chacun s'aperçoit que son voisin agit en grande partie comme lui-même ; il se retrouve donc en lui, et par là il est porté à l'aimer. Enfin, après le mécanisme et le sentiment, agit la *raison :* l'individu comprend qu'il lui est utile de coordonner ses efforts avec ceux de ses semblables, et ainsi naissent entre les hommes des accords et des conventions réfléchies.

Tout cela explique la pénétration réciproque des « mois indi-viduels » les uns par les autres, fait comprendre qu'ils puissent devenir et se reconnaître identiques. Seulement, avec cette con-ception, on ne dépasse pas « l'individualisme ». Quand l'être a conscience de l'unité nationale, c'est moins parce qu'il est péné-tré par les autres « mois » que parce que son « moi » propre, s'agrandissant en quelque sorte, arrive à pénétrer les « mois » étrangers et à réfléter d'une certaine manière en lui-même l'en-semble des autres esprits compris dans la même société. On n'a donc pas le droit de dire avec cette théorie que la société se pense dans l'individu, mais seulement que l'individu pense la société, ou plus exactement qu'il crée la société en la pensant, puisque c'est seulement en l'esprit de cet individu qu'elle prend son unité. — Mais une semblable conception est évidemment in-suffisante pour expliquer les faits que nous avons rappelés tout à l'heure. Comment croire que l'être qui se dévoue pour son pays n'obéit qu'à une chimère de son esprit ? que la fin à laquelle il se sacrifie n'a aucune réalité ? Ce qui est certain, du moins, c'est qu'il croit se dévouer à quelque chose de réel. Et sans doute on peut bien soutenir que ce n'est là qu'une apparence, qu'il est l'auteur de l'illusion à laquelle il donne sa vie. Mais comment cette illusion compliquée, construisant une société avec les représentations d'esprits individuels, faisant concevoir à l'esprit qui l'a formée, qu'il est lui-même un membre de cette société, le persuadant enfin qu'il se doit à elle entièrement, naîtrait-elle à la fois dans les intelligences les plus simples, incapables d'un tel effort imaginatif, et dans les intelligences les plus hautes,

incapables de se laisser à ce point duper pa
de leur imagination ?

Il faut donc recourir à une explication diffe te. ndu
pense la société, ce n'est pas qu'il la crée, c'est que véritablement elle se pense en lui. La similitude des membres de la
société n'est pas une simple aperception des esprits individuels,
c'est une réalité. Ces membres sont en grande partie identiques
les uns aux autres, parce qu'ils subissent l'action commune des
mêmes institutions sociales. Tout les rapproche : la parenté, la
langue, le régime politique, juridique et économique, la religion, la culture morale, intellectuelle et technique, la tradition
historique, les voies de communication (routes, canaux, chemins de fer, postes et télégraphes), la diffusion de la mode, et
généralement l'éducation. Or, toutes ces causes de similitude
agissent autant sur le moral que sur le physique. Étant
façonnées de même sorte par l'action de la société, il n'y a rien
d'étonnant à ce que ces esprits se reconnaissent identiques (au
moins partiellement), se sentent liés les uns aux autres, se
croient obligés d'agir en commun et de tout faire pour sauver
la communauté. On est ainsi porté à penser que chaque être
humain, en même temps qu'il se conçoit comme un « moi »,
perçoit sa liaison avec les autres hommes, se saisit comme membre d'une collectivité, comme fragment d'un ensemble, auquel
il se doit. Cette idée a été simultanément exprimée, il y a peu
de temps, par plusieurs sociologues. M. Durkheim l'a indiquée,
dans le livre que nous avons déjà cité (1). M. Duguit surtout l'a
clairement rendue, en des pages dont nous nous permettons de
citer les lignes caractéristiques. « Toute conscience individuelle »,
écrit-il (2), « est, à chaque instant de la vie psychique, *double*.
Le dédoublement de la personnalité consciente n'est point un
fait anormal et accidentel, c'est un fait normal et permanent.
L'homme a toujours à la fois conscience de sa propre person-

1. *De la division du travail social*, livre I, chap. II, § IV.
2. Léon Duguit, *un Séminaire de sociologie* (*Revue Internationale de Sociologie*, n. 3, mai-juin 1893).

nalité et conscience de la collectivité dont il fait partie. Il se saisit en même temps comme individu et comme cellule sociale.
Chaque homme a la conscience claire qu'il existe, et en même
temps qu'il n'est pas isolé dans le monde, parce qu'il fait partie
intégrante d'un tout vivant et agissant. Il a conscience de son
individualité et de la solidarité sociale... C'est en ce sens qu'il y
a une conscience sociale. — Laquelle de ces deux consciences
(l'individuelle et la sociale) a apparu la première dans le développement de l'esprit humain ? C'est assurément la conscience
sociale. Les premières idées humaines ont été des idées sociales.
Tout dans l'homme primitif a convergé vers la vie sociale ; ce
point de vue explique clairement toutes les institutions primitives. Ce n'est que lentement, lorsque la société humaine a grandi
et s'est consolidée, lorsque de cet affermissement de la vie collective est né pour chaque individu un bien-être sensible, qu'a
pu se former, à une époque relativement récente, la conscience
individuelle... Il n'y a là d'ailleurs que l'application au développement de l'esprit humain de la grande loi de l'évolution,
du passage de l'homogène à l'hétérogène défini. A mesure que
le groupe humain se développe, la conscience humaine se différencie, et la conscience individuelle se superpose à la conscience sociale. — De ces observations il résulte que, dans nos
sociétés modernes, d'une structure si complexe, la conscience
sociale forme toujours le fond irréductible de la conscience
humaine. L'homme a le sentiment d'aspirations et de besoins
personnels ; mais ils sont le produit du milieu social où il est
placé ; et l'homme a conscience, en même temps, que ces aspirations et ces besoins sont subordonnés à ceux du corps social,
dont il est une cellule composante. Toute cellule individuelle
est conditionnée par la conscience sociale et lui est subordonnée,
et le développement psychique de l'individu est le résultat de la
pénétration constante de ces deux consciences. — Cela explique
comment, à un moment donné, les mêmes idées, les mêmes tendances se retrouvent dans l'esprit de tous les hommes appartenant à un même corps social ; et comment toutes les idées pro-
ductives sont en réalité des idées sociales, et non pas des idées

individuelles (1). Il y aura donc, à côté de la physiologie sociale, une psychologie sociale ; ou, plus exactement, il existe une psycho-physiologie sociale, comme il y a une psycho-physiologie individuelle ».

Ce qui résulte des lignes que nous venons de citer, c'est qu'il existe une conscience sociale formée par les parties réellement identiques des consciences individuelles. Mais, bien que ce tout soit composé de parties évidemment aptes à s'agencer, il lui manque encore quelque chose pour former une véritable unité : il lui manque l'agencement même, il lui manque le centre en lequel ces éléments semblables vont se réunir. Les auteurs qui ont élucidé la question précédente ne semblent pas s'être occupés de celle-ci, et par là même leur démonstration reste incomplète. Nous pouvons suppléer à leur silence. Puisque toutes les parties (les fractions sociales des consciences individuelles) sont semblables, il est clair qu'elles sauront aisément prendre conscience de leur similitude. Chacune d'elles va pouvoir se reconnaître dans les autres, mais en même temps reconnaître les autres en soi. Le simple voisinage, le sentiment de sympathie, l'accord raisonné, y auront tous leur part. L'idée de la fraternité des individus et de l'unité sociale s'élaborera ainsi grâce au processus subjectif indiqué par M. Fouillée, processus qui n'est lui-même intelligible que par suite des similitudes objectives dont nous avons dégagé les causes. — Où cette idée se formera-t-elle? Elle pourra naître chez l'un quelconque des individus composant la société, précisément parce qu'elle est très simple; elle sera donc très répandue. Mais il y a des êtres

1. En effet, remarquerons-nous personnellement, d'ordinaire les grandes découvertes ont été faites en même temps par plusieurs hommes ; c'est que l'idée était « dans l'air », parce qu'il y avait un besoin social de trouver une solution sur ce point. Il est vrai que, dans certains cas, ce besoin ne se faisait sentir que dans une sphère très restreinte, dans un cercle formé uniquement de savants : tel le besoin, chez les astronomes, d'expliquer les perturbations d'Uranus, qui conduisit simultanément Leverrier et Adams à la découverte de Neptune; mais, même en ce cas, il y avait besoin collectif, besoin « à forme sociale ».

chez qui elle naît avec une intensité particulière. Ceux-là alors en sont possédés tout entiers, et il peut arriver deux choses. Les uns sacrifient leur existence propre pour assurer la durée de la collectivité ; nous en avons déjà parlé, et il est inutile de citer des exemples de ce genre de dévouement. Les autres consacrent aussi leur vie au même but, mais d'une autre façon. Ils deviennent les chefs de la collectivité, « l'âme » des mouvements nationaux. La conscience sociale se concentre en quelque sorte dans leur esprit, d'où partent désormais les grandes impulsions qui détermineront l'action de tout un peuple. Ainsi la conscience collective du peuple athénien s'est incarnée, à un certain moment, en Périclès ; celle du peuple français, en Napoléon. Et la parole de Louis XIV « l'État, c'est moi », pour dangereuses que pussent être ses conséquences, n'était peut-être pas psychologiquement inexacte, à une époque où toutes les individualités s'efforçaient de copier directement ou indirectement le souverain (1).

Nous avons vu que la conscience collective est surtout intense aux heures de danger national : c'est à celles-là aussi qu'elle se crée d'ordinaire un centre chez tel ou tel membre de la société. Jeanne d'Arc, Kozciusko, Daniel Manin, Gambetta en ont été tour à tour la démonstration. On peut alors vraiment reconnaître que la société, comme l'individu, atteste son unité en disant « moi ». Car elle le dit par la bouche de celui qui la dirige ainsi, et par celles également de toutes les unités subordonnées, qui pensent de la même façon. — En somme, l'individu ne fait pas autrement. Ce qui en nous-même dit « moi », c'est un de nos états de conscience qui se prend pour l'être total, et affirme que la concentration s'en fait en lui. Et ce qui lui permet de le croire, c'est que les autres états de conscience concomitants n'y contredisent pas, mais au contraire y « consentent ». L'esprit individuel n'est jamais absolument un, pas plus que l'esprit collectif. Notre conscience est formée d'une multitude d'idées qui souvent

_____

1. La cour copiait le roi ; la ville imitait la cour ; la province reproduisait Paris.

se contrarient. Seulement, à un moment donné, une de ses idées prend le pas sur toutes les autres. Une passion, par exemple, s'établit en maîtresse dans l'esprit ; elle se subordonne tous nos autres sentiments ; son objet devient le but auquel nous tendons essentiellement ; toutes nos aspirations se « cristallisent » autour de ce désir unique. A ce moment, nous sommes cette passion, et elle est nous-même. Elle peut se prendre pour notre esprit tout entier, parce que tout notre esprit s'irradie autour d'elle. De même, dans la société, à certains instants, un individu devient le foyer où converge l'esprit national ; toutes les intelligences sont tournées vers lui, toutes les volontés se mettent au service de la sienne. Il peut se donner pour l'Etat même, toute la nation en est d'accord. Et c'est ainsi que la société arrive, comme l'être humain isolé, à se créer un centre de conscience, à se constituer un « moi ».

Y a-t-il là, pour la société, une personnalité véritable ? Nous n'en doutons pas. Pour le contester, vainement dirait-on que la personnalité suppose l'unité du sujet considéré. Nous savons que l'individu est multiple, autant que la société elle-même ; et que celle-ci peut devenir une, tout comme lui. Vainement encore objecterait-on qu'il faudrait, pour constituer l'unité de la personnalité sociale, une parfaite unanimité des esprits compris dans la conscience collective, et que cette unanimité n'est jamais complètement réalisée. Dans l'esprit individuel non plus, il n'y a jamais parfait accord de toutes les idées : toujours quelque levain de résistance y opère, tout comme dans l'être social. Enfin, c'est sans plus de succès qu'on alléguerait le changement incessant des éléments qui composent l'esprit collectif, puisque ceux de l'esprit individuel, pensées ou volitions, ont une durée bien plus courte encore. En réalité, la conscience, le moi, la personnalité, sont des propriétés de la société aussi bien que de l'individu. La conscience et la personnalité sociales sont collectives, en ce sens qu'elles enveloppent une multiplicité ; mais on sait qu'il en est de même pour la conscience et la personnalité organiques. La conscience centrale de l'individu, qui siège en un point du cerveau, n'est que le lieu où se réunissent les sensations qu'ont élaborées les couches cérébrales inférieures, les couches médullaires, les diverses espèces de ganglions, et dont le point de départ se trouve dans les impressions cellulaires. Bien des plaisirs ou des douleurs obscures sont senties dans les cellules des ganglions, et n'arrivent pas jusqu'à la pleine conscience. De même, bien des idées naissent dans les esprits individuels et se répandent dans une région sans parvenir à émouvoir la conscience nationale. On peut, en une certaine mesure, comparer les consciences ganglionnaires échelonnées dans l'individu, aux consciences collectives locales des régions ou des corporations. Les premières sont intermédiaires entre les consciences cellulaires et la conscience cérébrale, comme les secondes entre les consciences individuelles et la conscience nationale. On n'hésite pas à dire qu'il y a dans l'être humain une conscience une et personnelle, bien qu'elle soit faite d'idées venues de centres inférieurs et que beaucoup d'idées semblables lui échappent. Pourquoi hésiterait-on davantage à reconnaître les mêmes caractères à la conscience sociale, analogue en somme à la première sur ces deux points essentiels?

Mais enfin, sur quoi repose cette unité de l'esprit collectif? Trois explications sont possibles, fondées toutes trois sur l'analogie de cet esprit avec l'esprit individuel. Il existe, en effet, trois principales façons de concevoir la raison de l'unité de l'esprit humain. Pour les uns (spiritualistes), l'âme humaine est une substance simple spéciale. Pour d'autres (criticistes), l'unité de l'esprit vient seulement d'une certaine forme que prennent toutes nos idées. Pour d'autres enfin (matérialistes), l'unité de l'esprit n'est autre chose que l'unité du cerveau. Chacune de ces trois théories peut être appliquée à l'esprit collectif.

Pour les uns, l'esprit national sera une substance spirituelle. Pour les autres, ce sera la forme sociale des pensées individuelles. Pour les derniers, ce sera l'ensemble des cerveaux des êtres humains appartenant à la société.

Dans ce travail purement scientifique, nous ne voulons pas discuter ce problème d'essence métaphysique, pour la solution

duquel les données manquent. Nous ferons simplement observer que, des trois hypothèses indiquées, la seconde est celle qui
se tient le moins loin des faits accessibles à l'observation, puisqu'elle constate simplement que la conscience sociale se manifeste par une forme commune imprimée aux idées des individus, sans chercher dans les propriétés d'une « substance » l'explication de cette forme. L'être social est le dernier venu dans
la liste des individualités. Il n'y a donc point à s'étonner que les
métaphysiciens n'aient pas encore beaucoup disputé sur sa
nature. Cela viendra sans doute un jour ; mais la matière manque à présent pour qu'ils puissent faire à son sujet autre chose
que de simples conjectures, et c'est une voie périlleuse où nous
ne voulons pas nous engager.

Mais ce n'est point faire de la métaphysique que constater une
évolution graduelle de la conscience sociale. Il est certain qu'elle
varie d'un siècle à l'autre, même d'une génération à l'autre.
L'esprit national n'est plus en France ce qu'il était il y a trente
ans. Et nous ne parlons même pas des variations de la mode,
indices pourtant d'un changement superficiel, mais réel, dans la
conscience publique. La plus importante question est celle de
savoir si la conscience sociale va se renforçant ou diminuant.
Pour M. Durkheim, elle irait diminuant sans cesse (1), cédant
de plus en plus des fragments de son ancien contenu à la conscience proprement individuelle. M. Durkheim, à l'appui de sa
théorie, remarque que le droit pénal, produit de la réaction
immédiate de la société contre le crime, va sans cesse en se sim-
plifiant, en s'adoucissant, et que la religion, institution sociale
par excellence dans la société primitive, tend à n'être plus
qu'une affaire privée. Il pourrait ajouter aussi, avec M. Spencer,
que, la coercition devenant moindre chaque jour, le gouvernement ne peut plus imposer aux individus une façon unique de
penser sur toutes choses. Malgré cela, nous préférons la doctrine
contraire, celle qui croit, avec M. Duguit (2), que la conscience
sociale et la conscience individuelle croissent en raison directe

1. *De la division du travail social*, livre I, chap. V.
2. *Loc. cit.*

l'une de l'autre. En effet, les manifestations précitées de l'unité
nationale ne relèvent que de cette forme inférieure de la solidarité que M. Durkheim a appelée la « solidarité mécanique ». Et
lui-même a montré que lorsque cette forme de solidarité disparaît, c'est pour céder la place à une autre plus élevée, la « solidarité organique ». Remarquons en passant que cette terminologie pourrait être invoquée à l'appui de notre thèse générale :
l'auteur que nous citons conçoit que les éléments de la société
sont d'abord reunis à la manière des atomes d'un cristal, mais
que par un perfectionnement ultérieur ils peuvent s'agencer à
la façon des cellules d'un organisme ; il admet donc, dans son
livre (contrairement peut-être à ce qu'il avait dit dans des études précédentes) que la société ressemble à un organisme, non
seulement par ses fonctions inférieures, mais par son mode de
cohésion le plus élevé. Remarquons surtout que le passage de
la solidarité mécanique à la solidarité organique doit avoir pour
résultat, non de briser la conscience sociale (comme M. Durkheim semble parfois le croire), mais au contraire de la ren-
forcer. Au lien coercitif des individus va succéder un lien volontaire. Cela diminuera-t-il en rien le nombre des idées communes à leurs consciences? Nous serions porté à croire plutôt
que cela devra l'augmenter. En effet, la pensée étant désormais
affranchie, il y aura peut-être d'abord un débordement d'individualisme dans les conceptions — bien que cela même soit peu
probable, vu que sans doute on n'usera que timidement et peu à
peu de l'indépendance conquise — ; mais bien vite, celles de
ces idées individuelles qui seront fortes et grandes, s'imposе-
ront à la masse; elles entreront dans la conscience sociale. Or,
ces idées seront plus nombreuses que celles que contenait jadis
l'esprit collectif. Autrefois, en effet, celui-ci vivait sur les notions
traditionnelles ; s'il était permis à quelqu'un d'innover et de
faire innover la société, c'était au chef seul. Aujourd'hui chacun
a ce droit, et, comme il se rencontre généralement dans une
société plus d'une intelligence ouverte et curieuse, des idées
nouvelles pénètrent dans la conscience nationale de plusieurs
côtés à la fois.

Il est vrai que le droit pénal, que la religion échappent peu à peu à la conscience sociale, en ce sens que l'esprit collectif se montre de moins en moins sévère et réagit de moins en moins énergiquement contre certaines formes de crimes (pas contre tou- es pourtant : M. Durkheim lui-même est forcé de reconnaître que la personne humaine est plus respectée aujourd'hui que jadis), en ce sens aussi qu'il se montre de moins en moins porté à exiger de l'individu l'adhésion à une croyance religieuse déterminée.

Mais par contre d'autres idées sont entrées dans cet esprit : le respect de la convention tend à y prendre la place du respect de l'autorité, le respect de la croyance individuelle a remplacé le respect de la tradition. D'autre part, la science a pénétré peu à peu l'esprit collectif, et, chez les nations modernes de l'Europe occidentale, les superstitions ont progressivement reculé devant les données de l'observation positive. Or, la science, quand elle se sera développée davantage encore, mettra dans l'intelligence générale, non-seulement des notions plus saines, mais encore bien plus de notions, que ne pouvait lui en inculquer la supers- tition. Dès maintenant, on peut dire que l'esprit public est plus riche en vérités bien établies, acceptées par tous, qu'il y a, par exemple, quatre siècles. Ainsi il nous semble qu'il faut dire que la conscience sociale va en s'élargissant chaque jour. Mais ne serait-ce pas au détriment de sa solidité ? Autrefois les notions acceptées par l'esprit public, notions économiques, religieuses, juridiques, politiques, concouraient toutes à un même but : lier étroitement les hommes d'une même société, et en même temps les séparer des hommes de tous les autres groupes. Il n'en est plus tout à fait de même aujourd'hui : les notions collectives actuelle- ment acceptées tendent au contraire à devenir internationales, à se faire admettre dans tous les pays, à former ainsi le noyeu d'une société universelle. Seulement, il serait évidemment très prématuré d'en conclure que le sentiment national proprement dit en est affaibli. Au contraire, on peut constater que le patrio- tisme fait sans cesse des progrès. C'était, au moyen-âge, un sentiment presque inconnu. On tenait à sa ville, à sa province, non au pays tout entier, dont le signe visible, la royauté, était trop loin. Les historiens notent que la première manifestation du sentiment national en France date de la guerre de 1214, qui aboutit à la bataille de Bouvines. C'est surtout à la suite des malheurs de la guerre de Cent Ans qu'il s'éveilla. Il semble avoir ensuite sommeillé, ne s'intéressant guère aux campagnes d'Italie, contrarié par les divisions religieuses, jusqu'au temps de Louis XIV, où nos défaites le ranimèrent de nouveau vers 1710. Mais il était encore bien incomplètement formé : on sait comment Voltaire accueillait la nouvelle de Rosbach. Ce furent les guerres de la Révolution et les invasions de 1814 et de 1815 qui lui donnèrent sa consistance définitive, et, à coup sûr, il a plutôt grandi depuis lors.

En somme, il s'est fortifié avec la civilisation, quoique peut-être celle-ci doive un jour le faire disparaître dans un sentiment plus large, l'amour de l'humanité, — lequel serait d'ailleurs le sentiment social par excellence, serait le plus parfait produit d'une conscience collective généralisée. Ce qui est certain, en tous cas, c'est qu'elle l'a dès maintenant épuré, moralisé. Nous ne concevons plus, comme les Romains primitifs, que l'affection pour notre pays entraîne la haine ou du moins le mépris des autres nationalités. Nous savons que l'étranger doit être traité, en principe, autrement qu'en adversaire ou même qu'en indifférent. Le sentiment national, en un mot, gagne chaque jour à la fois en intensité et en noblesse. — Ce caractère d'ennoblissement progressif est ce qu'il y a, suivant nous, de plus frappant dans l'évolution de la conscience collective. Elle s'élargit sans cesse, nous l'avons montré ; elle devient en même temps plus intense (chaque notion admise, étant acceptée par l'individu même, au lieu de lui être imposée, est crue plus fortement) ; mais surtout les notions qu'elle embrasse deviennent plus hautes. Au primitif fétichisme, elle substitue les religions unitaires ; à l'étroitesse du clan, le patriotisme large ; à l'empirisme et à la sorcellerie, la science et la technique ; au droit barbare, admettant le talion et la punition immédiate du coupable, un droit savant, qui cherche à démêler les intentions et organise des procédures préservatrices, etc., etc. L'histoire de ses perfectionnements serait l'histoire même de la civilisation. On comprend que nous ne puissions songer même à l'esquisser ici : mais qu'il nous soit permis de conclure que la conscience collective, loin de diminuer, sans cesse se fortifie, s'élargit, et s'élève.

Ceci même peut nous servir comme réponse à ceux qui, malgré tout, s'obstineraient à nier l'unité de l'esprit national. Regardez l'animalité, leur dirons-nous. Chez des êtres comme les hydro-coralliaires, il n'y a sans doute qu'une conscience collective rudimentaire : chaque « individu » vit pour soi. Chez les annélides, il y a progrès dans la concentration conscientielle : chaque ganglion segmentaire a une certaine indépendance, mais pourtant la masse céphalique commence à marquer sa prééminence. Ce mouvement est plus accusé encore chez les insectes, chez les mollusques, et il s'achève chez les vertébrés. Là, l'existence d'un centre de conscience, dominant de haut les consciences ganglionnaires, est un fait indéniable. L'unité de la conscience est donc, chez les organismes, un produit de l'évolution. Eh bien, sans doute, il en est de même dans la société. L'unité des consciences individuelles ou locales (cellulaires ou ganglionnaires) ne s'opère, ici non plus, que progressivement, lentement. Dans les sociétés antiques, cette unité a sa forme la moins parfaite. Elle n'acquiert que peu à peu, dans les sociétés modernes, sa forme la plus haute, et elle est loin de l'avoir définitivement atteinte. Mais il n'est pas niable qu'elle progresse sans cesse. Si l'unité de l'esprit collectif n'est pas encore faite sur tous les points, elle se fera. Et ce qui est aujourd'hui vérité contestée sera vérité incontestable demain.

Le rapprochement que nous venons d'indiquer nous conduit à une dernière remarque. L'unité de l'esprit individuel s'est achevée plus vite que l'unité de l'esprit social. Ce n'est pas le seul point sur lequel il y ait retard de celui-ci par rapport au premier. Bien d'autres phénomènes rentrent dans la même loi. Citons-en quelques-uns. Une collectivité est d'ordinaire moins intelligente que ses membres individuellement considérés : on sait de quels absurdes spectacles, de quelles ridicules chansons, une foule peut s'éprendre. On a vu les hommes les plus éclairés

et les moins superstitieux accepter, réunis, les rêves du spiri-
tisme. — Une collectivité est aussi, plus que ses membres, portée à la colère, à la cruauté : elle lynchera un individu pour un
léger grief ; alors que probablement quelques hommes isolés se
seraient contentés de le remettre à la justice. Des nations entiè-
res se font criminelles à certains jours — exemple : les fêtes
sanglantes au Dahomey, les jeux de gladiateurs à Rome (1) —
alors que depuis longtemps le crime est condamné chez l'individu. De même, l'égoïsme individuel est universellement blâmé ;
l'égoïsme national, se dissimulant sous le manteau du patriotisme, trouve encore des défenseurs (2). Les hommes ont
renoncé, il y a des siècles, à vider leurs différends par voie de
duel, de guerre privée ; non-seulement ils ont éprouvé le besoin
d'instituer des arbitres, mais ils ont même compris l'utilité d'a-
voir des juges permanents pour tous les débats. Les nations,
au contraire, pratiquent encore la guerre, parfois pour les
motifs les plus futiles ; l'arbitrage international ne se généralise
pas encore assez, et, quant à un tribunal international permanent, sa conception ne rencontre guère que le scepticisme. Il y
a plus : lorsqu'on consulte les citoyens isolément sur l'opportu-
nité d'une guerre projetée, presque tous, songeant à leurs vrais
intérêts, se prononcent contre ; prenez-les en masse, il y aura
aisément une majorité pour. — L'esprit collectif nous apparaît
ainsi comme singulièrement en retard sur l'esprit individuel.
D'où cela vient-il ? Est-ce de ce que, dans un ensemble, aucun
membre n'a un intérêt aussi considérable à faire adopter la
solution la meilleure, qu'il l'aurait s'il s'agissait de sa conduite
individuelle (3) ? Cela est en effet vraisemblable, et peut expliquer la lenteur de certaines réformes, auxquelles personne ne
trouve assez d'avantages personnels pour en hâter la réalisation.
Mais nous croyons qu'il y a encore une autre cause, plus pro-

1. G. Ferrero, *les Fêtes criminelles* (*Revue scientifique*, 14 janvier
1893).

2. H. Spencer, *Introduction à la science sociale*, chap. IX.

3. G. Ferrero, *loc. cit.*

fonde. La société est plus complexe que l'individu ; elle doit donc nécessairement évoluer moins vite, puisqu'il lui faut modifier plus d'organes. Cette remarque suffit à faire comprendre, dans la plupart des cas, pourquoi les organes sociaux sont moins vite complètement usés, et par suite remplacés, que les organes individuels ; pour que ce remplacement apparaisse comme nécessaire, il faut que ces organes soient en désaccord choquant avec tout le reste de l'être social, et ceci doit mettre nécessairement un très long temps à se produire. — Il convient d'ailleurs d'observer que, si l'on constate un retard de l'esprit collectif par rapport à l'esprit individuel, c'est à condition de prendre pour représentant de l'esprit individuel un homme éclairé. Car, dans nombre de cas, l'esprit collectif pourrait se trouver au-dessus de l'esprit d'un individu moins développé que la moyenne de ses contemporains. Que d'intelligences attardées, en nos régions mêmes, dans la croyance aux fantômes ou aux revenants, dont l'esprit public s'est pourtant à peu près dégagé ! Que d'intelligences, cultivées parfois, qui répugnent encore à l'organisation sociale et politique imposée par les circonstances actuelles ! Que de gens qui se refusent, en toutes choses, à marcher avec leur siècle ! Il n'y a peut-être pas un seul d'entre nous qui ne soit, sur certains points, en arrière de sa génération. Ce n'est là pourtant qu'un phénomène relativement secondaire ; et, s'il est vrai que l'entrée d'une vérité dans l'esprit public n'entraîne pas immédiatement son acceptation par toutes les intelligences, il faut reconnaître en revanche que cette idée n'a pénétré dans la conscience collective que grâce à l'effort persévérant de quelques individualités, guides de leur nation dans la voie du progrès. En somme, il y a des esprits humains en arrière de l'esprit collectif ; mais il y en a sans doute un plus grand nombre en avant, et c'est fort heureux, car autrement l'évolution de l'intelligence sociale s'arrêterait.

II

Sachant maintenant ce qu'est la conscience sociale, sachant d'autre part (1) en quoi consiste le système nerveux de la société, nous pouvons comprendre comment ce système nerveux fonctionne,

Les mouvements du système nerveux peuvent avoir, dans la société comme dans l'organisme, trois origines. Dans l'organisme individuel, l'impulsion peut venir : 1° du dehors ; 2° d'un organe interne (généralement quand il se sent lésé); dans ces deux cas elle se transmet par les nerfs centripètes au cerveau. Mais il se peut aussi que le mouvement prenne directement naissance dans le cerveau, où des forces accumulées se dégagent parfois tout à coup. C'est ce qui expliquerait, d'après les psycho-physiologistes, comment une idée jaillit quelquefois des profondeurs de l'esprit, par suite de la combinaison de deux ou plusieurs souvenirs qui y persistaient à l'état latent. — Les mêmes faits se retrouvent quand il s'agit du système nerveux social. Ici aussi :

1° *L'impulsion peut venir du dehors.* — Ainsi un acte d'hostilité de la part de l'ennemi provoque des démonstrations militaires. Ainsi un perfectionnement dans l'industrie étrangère amène la modification (généralement, hélas ! l'élévation) des tarifs de douane.

2° *L'impulsion peut venir du dedans, d'une cellule quelconque de l'organisme social.* — Ainsi la sourde plainte du peuple détermine un changement de ministère, ou le renvoi d'un agent peu aimé, etc... Ainsi parfois l'acte d'un seul individu détermine une révolution (exemples, à Rome : Lucrèce, Virginius).

3° *Enfin, le mouvement peut naître dans les centres nerveux eux-mêmes.*—Il en est ainsi, fréquemment, dans les centres cons-

1. Voir notre chap. VII, § III.

tituant ce que nous avons nommé « le gouvernement intellectuel ». Souvent, des idées s'élaborent là, qui se répandent ensuite dans la masse de la nation, et, renvoyées par elle au gouvernement politique, amènent des décisions importantes : tel l'exemple, déjà cité, des mesures anti-esclavagistes, prônées par les philanthropes, réclamées à leur suite par l'opinion publique, et prises enfin par les gouvernements.

Le schéma de ces mouvements peut se faire très simplement. Dans le premier et le deuxième cas, il y a uniquement ébranlement d'un nerf sensitif, impulsion transmise aux centres sensitifs, décision prise par les centres moteurs, exécution opérée par les nerfs moteurs. Dans le troisième, la complication est un peu plus grande. L'impulsion, née dans les centres sensitifs de l'appareil de direction intellectuelle, passe dans ses centres moteurs, puis dans ses nerfs moteurs, et va, par ceux-ci, ébranler les cellules sociales ; ces dernières, à leur tour, réfléchissent l'impulsion sur les nerfs sensitifs de l'appareil de direction politique, dont elle gagne les centres sensitifs ; les centres moteurs la transforment en résolution, qu'exécutent les nerfs moteurs gouvernementaux.

Dans ces diverses hypothèses, le mouvement peut évidemment être plus ou moins conscient. On dira que le mouvement de cet appareil de direction a été inconscient, socialement parlant, quand l'opinion publique ne s'en est pas inquiétée. Ainsi, le gouvernement prend journellement des mesures qui passent totalement inaperçues de la masse de la nation. Elles sont saisies par les intéressés, elles ont été prises consciemment par les gouvernants, mais elles n'ont pas ému l'opinion publique, elles ne sont pas parvenues jusqu'à la conscience nationale. Au regard de celle-ci, le mouvement a été inconscient, purement réflexe (1).

1. C'est sans doute de la même manière qu'il faut expliquer l'existence des mouvements réflexes dans l'organisme. Aucun mouvement organique ne peut être totalement inconscient. Seulement, il peut n'émouvoir que les cellules qui l'exécutent. En ce cas, bien que conscient pour elles, il est inconscient pour l'ensemble de l'être, parce qu'il n'est pas saisi par la conscience générale.

Il y a donc des faits qui échappent à la conscience sociale, alors même qu'ils se passent dans l'intérieur de la société. On pourrait dire qu'il y a un « seuil de la conscience sociale » que les impulsions doivent franchir pour être socialement aperçues, tout comme il y a un seuil de la conscience individuelle. Et les raisons qui empêchent une excitation de devenir individuellement consciente, l'empêchent aussi de le devenir socialement. Une excitation trop faible n'est pas suivie de sensation sociale. Une excitation trop répétée cesse de l'être. C'est ainsi que les faits de la vie journalière du peuple ne sont remarqués de personne, pas même (sauf depuis peu d'années) des historiens. Il faut pour émouvoir la conscience sociale quelque évènement qui sorte du commun, — un météore, un voyage du souverain, — ou quelque acte qui entraîne pour la collectivité une douleur ou un plaisir marqué, par exemple un crime ou un acte de générosité extrême. Les faits réellement les plus importants ne sont pas ceux (nous le savons déjà) qui émeuvent le plus l'esprit public : car la diminution de la natalité ou l'augmentation de certaines formes de la criminalité le touchent bien moins, par exemple, que certaines élections ou certains discours politiques qui n'ont souvent, au fond, aucune portée.

Mais quand une idée est parvenue à franchir le seuil de la conscience sociale, tout n'est pas fini pour elle. Elle est loin d'être maîtresse du terrain. Il lui faut combattre contre d'autres idées, qui lui sont contraires, ou directement, parce qu'elles la nient, ou indirectement parce que, étant relatives à d'autres objets, elles attirent sur ceux-ci l'attention publique et la détournent ainsi de l'objet de la première. En revanche, notre idée n'est pas sans trouver des alliées, soit dans d'autres idées du même ordre qu'elle (par exemple, une grande découverte scientifique s'appuie sur des découvertes précédentes), soit parfois aussi dans des idées d'un tout autre ordre (des raisons politiques ne sont pas toujours étrangères à la vogue d'un système de philosophie). Il est clair que ces phénomènes de lutte et d'accord, qui se produisent dans la conscience sociale entre idées émises par différents esprits, se sont produits antérieurement dans l'intelligence individuelle entre tendances provenant de plusieurs sources. La psychologie collective, ici encore, rappelle donc fort exactement la psychologie de l'être isolé (1).

Elle la rappelle, enfin, par l'ensemble des facultés dont elle est douée, c'est-à-dire par la diversité des phénomènes qui la manifestent. Comme l'esprit individuel, l'esprit social a des sensations brutes et des perceptions élaborées : un crime est-il commis, la conscience publique en a une sensation très intense, mais c'est seulement après l'instruction et les débats qu'une perception nette des faits de la cause lui sera possible. Comme l'esprit individuel, l'esprit public associe ses idées : par exemple, chez nombre de Français, la notion de gouvernement monarchique s'associe à celle de catholicisme. Il a sa mémoire : on ne saurait dire que la France ait oublié 1870. Il a son imagination : elle est même portée à s'exalter trop aisément, par exemple à l'occasion de démonstrations politiques des partis ou d'actes insignifiants qui se produisent à l'étranger. Il n'est pourtant pas dépourvu des facultés de juger et de raisonner : en somme, le pays apprécie souvent assez exactement ses véritables intérêts ; chez les peuples instruits et libres, les résultats des élections législatives le prouvent généralement. Enfin, s'il est d'ordinaire prompt à l'émotion et à la passion, il a parfois aussi une énergie de volonté et une ténacité indiscutable : l'esprit romain, l'esprit anglais — nous voulons dire l'esprit de la nation romaine et de la nation anglaise, tels qu'ils se manifestent par leur politique constante — brillent au plus haut degré par ces qualités. Sans doute, ces propriétés de l'esprit collectif d'un peuple se retrouvent chez les esprits indivi-

---

1. Ce sujet si intéressant, des luttes et des alliances entre idées sociales, avait déjà été effleuré par M. Tarde en des pages intéressantes de ses *Lois de l'imitation* (chap. I, § 3, et chap. V). Il l'objet, de la part du même auteur, d'une étude développée dans un livre nouveau, relatif à la *Logique Sociale*. Aussi avons-nous cru devoir nous borner à des indications extrêmement générales sur ce très intéressant sujet.

duels des membres de ce peuple. Mais, si ceux-ci les possèdent, n'est-ce pas le plus souvent pour des raisons sociales, raisons d'éducation ou de milieu ? De sorte qu'il est encore plus exact d'en faire l'apanage de la nation, que de les considérer comme caractéristiques. des individus. L'être individuel bénéficie de tout le patrimoine intellectuel de la société dans laquelle il vit. C'est lui qui est formé par elle, plutôt qu'elle n'est modifiée par lui. Chacun de nous se meut dans une atmosphère d'idées qu'il n'a pas formées, qu'il ne comprend pas toujours fort bien, mais qu'il accepte pourtant, et sur lesquelles il vit. Si nous ne naissions pas au sein de la société, chacun de nous aurait à se faire toute son expérience. Au bout une vie entière d'efforts, combien le bagage de l'homme le mieux doué et le plus persévérant serait petit, à côté de celui qne nous trouvons actuellement chez le dernier de nos villageois ! C'est la société qui nous fait en gros ce que nous sommes. Par les conditions communes d'existence, qu'elle nous impose à tous, elle crée notre similitude, qui permet notre solidarité. Par les conditions d'existence plus ou moins particulières qu'elle sait combiner avec ces conditions communes, elle crée notre originalité. L'esprit individuel est donc tout imprégné des produits de l'esprit collectif. S'ils sont faits l'un comme l'autre, c'est plutôt à l'action de la collectivité sur l'individu qu'à l'action inverse de l'individu sur la collectivité, qu'il faut l'attribuer (1). Et, comme nous avions pu dire, au chapitre précédent, que la nutrition individuelle n'est possible que par et dans la nutrition sociale, nous pouvons dire maintenant, en concluant celui-ci, que la pensée individuelle n'est possible que par et dans la pensée sociale.

1. Cette action générale de la société sur les individus, bien entendu, se concilie avec l'action spéciale des individus, surtout des individus les plus remarquables, sur l'esprit social, action que nous avons signalée à la fin de la première section de ce même chapitre.

CHAPITRE ONZIÈME

L'organisme social est-il doué, comme l'organisme indivi duel, de la faculté de se reproduire ? Les sociologues qui se sont posé la question ont généralement répondu par la négative. Il semble que pour eux la reproduction ne soit pas une fonction sociale, mais seulement une fonction individuelle, et que seuls les êtres composant la société aient la possibilité d'engendrer. Même ceux qui mettent au nombre des fonctions sociales la fonction génésique, comme M. de Greef, n'entendent guère autre chose par là que l'action du milieu social sur les facultés repro-ductrices de l'individu. Disons-le d'ailleurs nettement : la repro-duction sociale ne fut-elle autre chose qu'un ensemble d'actes individuels, notre théorie générale n'en serait pas ébranlée. Nous avons reconnu en effet que certains phénomènes, tels que l'assimilation des aliments, ne peuvent se passer que dans les éléments sociaux individuellement considérés, et nous pourrions inscrire la reproduction au nombre de ces phénomè-nes sans que cela dut empêcher d'admettre l'existence d'une vie sociale distincte des existences particulières et supérieure à elles. — Mais nous n'en sommes pas là. En réalité, il existe une fonction sociale de reproduction, liée aux fonctions individuelles du même nom, mais ne se confondant pas avec elles. La société, considérée comme être collectif, peut se reproduire, sans que tous ses membres le fassent, parfois même sans qu'un seul d'entre eux ait à le faire.

Comment cela est-il possible, demandera-t-on ? Une première explication serait d'entendre la reproduction sociale dans un sens tout spirituel. Une société peut engendrer, comme le Dieu d'Aristote, « par le seul attrait de la perfection ». C'est ainsi que la société française du XVIIᵉ siècle se voyait reproduite dans toute l'Europe. Les peuples étrangers se modelaient sur elle, étaient ses filles intellectuelles. Sans action directe de sa part, par la simple vertu de son organisation, elle créait partout des sociétés semblables à elle. — A plus forte raison peut-on parler de reproduction, dans le cas où il y a action formatrice directe de la société-mère. Ainsi la République Française, en 1800, était entourée d'une ceinture de Républiques-filles : Républiques batave, helvétique, ligurienne, parthénopéenne. La France n'avait pas peuplé ces régions de ses fils, et pourtant tous ces Etats se trouvaient construits à son image et la reconnaissaient comme leur mère. — Ces phénomènes de génération intellectuelle méritent à coup sûr toute notre attention, car c'est par eux que se font peu à peu l'assimilation et la fusion de tous les Etats. Toutefois, s'ils étaient les seuls, on pourrait trouver à bon droit que le mode de reproduction des sociétés est trop différent de celui des organismes pour pouvoir lui être utilement comparé. Il nous faut donc, pour continuer le rapprochement qui fait l'objet de cette étude, passer à d'autres phénomènes, qui vont, eux, manifester de la façon la plus nette l'existence d'une véritable reproduction organique, aussi bien matérielle que spirituelle, chez les sociétés humaines.

I

L'histoire a gardé le souvenir d'un très grand nombre de sociétés qui ne sont plus. Parfois même, de nos jours, nous en voyons qui s'éteignent. A la place où elles vécurent, d'autres groupes humains se constituent. Quelquefois, les sociétés d'aujourd'hui n'ont aucun lien avec celles qui les précédèrent. Il a pu y avoir totale extermination d'un peuple, et substitution d'une nation nouvelle, destinée elle-même à être remplacée, après semblable destruction, par une ou par plusieurs autres. Mais, le plus souvent, la société actuelle n'est pas seulement l'héritière de celle qui la précède à la même place, elle en est aussi la descendante directe. Des éléments du sang ancien et des institutions anciennes se retrouvent en elle. Presque jamais, en effet, une nation ne disparaît tout entière. Vaincue, conquise, écrasée, elle subsiste, et peu à peu mêle son sang à celui de ses vainqueurs. L'union des conquérants et de leurs sujets s'opère ainsi progressivement, et de cette lente incubation il naît une race et une société nouvelles. La nation soumise ne peut être dite tout à fait morte que le jour où cette société nouvelle, sa fille, s'est complètement formée, avec son individualité bien nette, avec ses traits et son organisation caractéristiques. Ce jour-là, d'ailleurs, la nation conquérante est morte également, cédant elle aussi la place à sa fille. Toutes deux, la victorieuse et la vaincue, ont donc disparu. Mais toutes deux revivent dans leur postérité commune. Toutes deux se sont reproduites par leur union. Les historiens observent que ce phénomène se rencontre à l'origine de presque toutes les grandes nations. Rome est un mélange de Latins et de Sabins, auxquels des Etrusques se joignirent sans doute plus tard. Notre sol a vu se mêler les Gaulois et les Romains, puis les Gallo-Romains et les Francs, avant que la nationalité française ne naquît. Il a fallu l'union des Anglo-Saxons et des Normands pour fonder la société anglaise actuelle. La Prusse a dû son origine à un amalgame de Finnois, de Slaves et de Germains, etc., etc...

Chose curieuse, la fécondité de ces unions entre sociétés différentes semble soumise à la même loi que la fécondité des unions entre organismes individuels. On sait que, chez les animaux et les végétaux, l'hybridation, c'est-à-dire le mélange d'espèces distinctes, entraîne d'habitude la stérilité, et qu'au contraire le métissage, c'est-à-dire l'union de variétés ou de races différences d'une même espèce, accroît d'ordinaire la fécondité. En somme, il est bon qu'il y ait une différence assez prononcée entre les organismes parents, et il est mauvais qu'il y en ait une très considérable. Or, il en est de même pour les sociétés. Le mélange de deux sociétés assez différentes de tendances et d'institutions donne un produit vigoureux : ce fut le cas dans les exemples cités plus haut. Mais le mélange de deux sociétés très différentes est stérile. Ainsi la société des émigrants anglais et la société hindoue, la société des colons français et les sociétés kabyle et arabe, ne se sont pas unies pour créer une unique société hindoustanienne, une unique société algérienne. Ce n'est pas que des croisements individuels ne s'opèrent, et ne donnent des rejetons : le mélange de deux sangs humains est toujours (en principe) fécond, en ce sens que la différence d'origine ne rend jamais stérile par elle-même l'union d'un homme et d'une femme (preuve qu'entre les hommes il n'y a que des différences de race et non d'espèce). Mais les deux sociétés, prises en masse, considérées comme êtres collectifs, ne se pénètrent pas, parce qu'elles sont trop différentes. Il ne se fait pas, ou du moins il ne s'est pas encore fait, un mélange général de l'esprit anglais et de l'esprit hindou, de la civilisation française et de la culture arabe. Et cela nous montre trois choses. D'abord, la reproduction sociale est distincte de la reproduction individuelle des membres de la société, puisque la première est impossible dans des cas où la seconde ne l'est pas. Puis, il peut y avoir entre des sociétés humaines une véritable différence d'espèce, alors même qu'il n'y a, entre les individus qui les composent, qu'une différence de race : cela s'explique fort bien, si l'on songe que les différences entre individus s'apprécient surtout par l'organisation anatomique, tandis que les différences entre sociétés reposent principalement sur leur constitution économique, intellectuelle et politique. Enfin, la reproduction sociale elle-même, la reproduction des sociétés considérées comme êtres collectifs, suit quant à sa fécondité les lois qui régissent l'ensemble des êtres organisés.

Mais alors, puisque la génération des sociétés, par fusion de deux groupes préexistants, s'opère de la même façon que la génération des organismes, il faudra donc dire que les deux sociétés qui s'unissent pour en former une nouvelle sont de sexualité différente. Il faudra dire que la société a un sexe ! Embarrassante question. — La première réponse qu'on y pourrait donner, c'est qu'il existe des organismes chez lesquels l'accouplement se produit sans qu'il y ait sexualité véritable. Nombre de protozoaires — notamment le Paramœcium, dont la reproduction a été si complètement étudiée par M. Maupas — sont dans ce cas (1). Les deux êtres qui confondent leur substance ne présentent aucune différence d'ordre sexuel ; ils semblent ne chercher dans cette fusion qu'un rajeunissement, un principe de vigueur nouvelle pour leurs éléments respectifs. L'union de deux sociétés ne ressemblerait-elle pas à celle-là ? Ce qui pourrait confirmer cette idée, c'est qu'on voit souvent plus de deux protozoaires — trois, quatre et jusqu'à sept, d'après M. Espinas (2) — se fusionner de la sorte, et que pareillement une société peut être le produit de plus de deux groupes préexistants. Pour reprendre les exemples cités plus haut, Rome comptait des éléments latins, des éléments sabins et des éléments étrusques ; la France, des éléments gaulois, romains et francs ; l'Angleterre, des éléments saxons, danois et normands. Il est vrai que, pour former ces sociétés, il y eut d'abord conjugaison de deux groupes d'éléments, le troisième ne s'y adjoignant que plus tard. Mais on peut penser qu'il en est de même chez les protozoaires. Ici sans doute l'intervalle entre les diverses fusions est beaucoup plus court, mais cela tient à ce que la vie d'un protozoaire (comme masse isolée) est infiniment moindre que celle d'une société. Le parallélisme demeure donc exact.

Seulement on peut trouver étrange que les sociétés — qui, si elles sont des organismes, sont du moins évidemment les organismes les plus élevés de tous — ne se reproduisent qu'à la façon des organismes les plus humbles, les protozoaires. A vrai dire, ce rapprochement n'aurait rien d'absolument étrange : nous avons déjà indiqué les raisons qui font qu'on doit retrouver chez les sociétés, à côté de formes rappelant les animaux les plus parfaits, d'autres dispositions qui ne se rencontrent qu'à la base de l'échelle des êtres organisés (3). Mais ici nous n'en som-

1. Voir Edmond Perrier, *Traité de zoologie.*, p. 510 et ss.
2. *Sociétés Animales*, 2ᵉ éd., p. 271.
3. Voir chap. III.

mes pas réduits à comparer les sociétés humaines aux seuls
protozoaires. Non-seulement nous avons pu constater chez les
sociétés une reproduction par fusion, mais nous pouvons
même découvrir dans leur union une sexualité véritable. En
effet, si les deux sociétés qui entrent en contact présentent une
sensible différence d'organisation (comme c'est le cas ordinaire),
elles joueront forcément, dans la production de l'être nouveau
qui résultera de leur concours, des rôles différents. Si cette
fusion s'opère à la suite d'une conquête, ce qui est l'hypothèse
la plus fréquente, nous dirions volontiers que c'est la société
soumise qui joue le rôle féminin. Car c'est elle qui est pénétrée
par l'élément étranger, et vivifiée par lui, exactement comme
l'ovule par le spermatozoïde. D'ailleurs, quand s'opèrent des
unions entre vainqueurs et vaincus, n'est-il pas remarquable que
le mâle soit issu d'ordinaire de la société conquérante, et la
femme de la société conquise ? « Dans le croisement entre
races humaines inégales » écrit M. de Quatrefages (1), « le
père appartient à peu près toujours à la race supérieure. Partout, surtout dans des amours passagères, la femme répugne
à descendre ; l'homme est moins délicat ». Aux Antilles, où
le mélange des sangs s'opère sans cesse, accompagné ici d'une
vraie fusion des sociétés qui produit une civilisation originale,
ce phénomène s'observe constamment. La raison en est simple : dans ces régions, la race détermine la situation sociale ;
aussi la femme, qui tend toujours à s'élever, cherche-t-elle à
s'unir à l'homme d'une race plus haute que la sienne propre.
« La femme négresse ou indienne » dit le même anthropologiste (2) « se croise aisément avec le blanc. La métisse,
issue de ces unions, fière du sang de son père, croirait déchoir
en se livrant à un individu de race colorée et réserve toutes
ses faveurs à ceux dont le croisement l'a rapprochée. La
tierceronne, la quarteronne, raisonnent et agissent de même.
C'est toujours à de plus blancs qu'elles, et par dessus tout au

1. *L'espèce humaine*, 10ᵉ éd., p. 200.
2. *Id.*, p. 202.

blanc pur, qu'elles tendent à s'unir ». Inversement, d'après
notre auteur, la femme blanche ne contribue au métissage que
pour une proportion infinitésimale. Or, des phénomènes analogues à ceux-là ont évidemment dû se produire chaque fois que
deux sociétés, l'une inférieure, l'autre supérieure, l'une soumise, l'autre victorieuse, se sont trouvées en contact. Les
Romains ont pris femmes parmi les Gauloises, les Francs parmi
les Gallo-Romaines ; exactement comme au XVIII° siècle et de
nos jours encore on a vu souvent les représentants de la noblesse
épouser des filles de bourgeoisie, mais rarement de grandes
dames donner leur main à des gens moins bien nés qu'elles.
Dans tous ces phénomènes, remarquons-le, l'union des sociétés
a pour facteurs les unions entre individus, et la sexualité de
l'une des sociétés par rapport à l'autre est déterminée par celle
de la majorité de ses représentants. Ceci ne contredit d'ailleurs
en rien ce que nous avons dit tout à l'heure de l'indépendance
des deux fonctions : car, de ce que la reproduction sociale
n'est pas nécessairement liée à celle des membres de la société,
il ne s'en suit pas qu'elle n'ait jamais, ni même qu'elle n'ait pas
d'ordinaire, une relation avec celle-ci.

On le voit donc, dans la théorie que nous venons de présenter,
la sexualité des sociétés ne serait pas un caractère préconstitué
de chacune d'elles ; ce serait un caractère qui n'apparaîtrait que
par la conjugaison, et dont la nature (masculine ou féminine)
serait déterminée par le rôle des membres de la société dans les
unions métisses. Une société ne serait pas, *a priori*, et de tout
temps, mâle ou femelle. Elle deviendrait mâle ou femelle dans sa
conjugaison avec une société différente. La sexualité (si l'on peut
ainsi dire) ne serait pas absolue, mais simplement relative. —
Nous devons indiquer toutefois que certains auteurs sont allés
plus loin, qu'ils ont cru pouvoir attribuer une sexualité absolue,
préconstituée, aux sociétés, ou du moins aux grandes races,
blanche, jaune et noire. M. de Quatrefages cite, parmi ces auteurs, MM. G. d'Eichthal et de Gobineau (1). Pour tous deux, la

1. A. de Quatrefages, *du croisement des races humaines* (*Revue des
Deux Mondes,* 1er mars 1857).

race noire et les sociétés noires seraient éminemment passives et féminines, parce qu'elles sont, disent-ils, caractérisées par leur sensibilité très vive, mais très superficielle. Les sociétés blanches seraient éminemment actives et masculines, étant caractérisés par la solidité de leur intelligence et la force de leur volonté. Pour les sociétés jaunes, on était moins fixé : tantôt, à cause de leur ténacité, on leur attribuait aussi le caractère mâle ; tantôt on y voyait plutôt des organismes femelles, ou du moins on leur attribuait le rôle féminin dans l'union avec les sociétés blanches. Ces comparaisons étaient évidemment inspirées par le désir de glorifier la race blanche, de faire sortir d'elle l'élément fécondateur universel, le principe de toutes les grandes civilisations (¹). Elles reposent sur certaines analogies entre la psychologie individuelle et la psychologie sociale dont la recherche ne saurait sans doute être totalement proscrite, mais doit du moins être déclarée absolument prématurée. La psychologie individuelle ne nous a pas encore donné la formule permettant de caractériser dans leur opposition l'esprit de l'homme et celui de la femme. Quant à la psychologie sociale, il est clair qu'elle est encore dans l'enfance, et que nous n'avons jusqu'ici aucune définition précise de l'esprit d'aucun peuple. Il faut tout au moins attendre que ces deux lacunes soient comblées pour tenter avec quelques chances de succès des assimilations dans le genre de celles que nous venons d'indiquer. D'ailleurs, lors même que ces comparaisons seraient scientifiquement possibles, à quoi aboutiraient-elles ? Uniquement à définir le rôle *intellectuel* de chaque société-parente dans la formation des sociétés-filles. En effet, puisqu'elles sont fondées sur les caractères psychiques des races en présence, elles ne peuvent jamais conduire qu'à montrer l'influence de leurs deux esprits dans le processus qui a donné naissance à l'esprit de leur descendante. Mais alors nous revenons simplement à l'idée de la génération *intellectuelle* d'une société par une autre. Ici sans doute il y a aussi génération

---

1. Voir l'Essai précité de M. de Gobineau sur l'*Inégalité des races humaines.*

matérielle, mais c'est seulement des influences spirituelles que les doctrines précitées s'occupent. Or, pour comparer utilement la reproduction des sociétés à celle des organismes, nous l'avons déjà dit, il faut surtout s'occuper des phénomènes matériels de la genèse, et ces théories sur la sexualité préconstituée des sociétés y sont étrangères. Le plus sûr est donc, croyons-nous, de s'en tenir, pour le moment tout au moins, à la notion d'une sexualité physique relative des deux groupes sociaux conjugués, l'un par rapport à l'autre.

II

Nous venons de constater qu'on trouve, chez les sociétés humaines, comme chez les organismes individuels, une reproduction par accouplement, avec sexualité véritable. Mais l'appariation n'est, dans l'animalité, ni la forme la plus fréquente, ni sans doute la forme originaire de l'acte reproducteur. La génération se fait agamiquement chez la plupart des êtres, et tout porte à croire qu'elle se faisait toujours ainsi à l'origine. On sait en quoi consiste cette reproduction agamique ou asexuée. Parfois l'organisme (très rudimentaire) se divise simplement en deux moitiés par un étranglement, et les deux parties s'isolent peu à peu complètement, de façon à former deux êtres nouveaux d'égale grandeur : c'est la reproduction par scissiparité. Plus souvent, et ceci se trouve chez des organismes très élevés (jusque chez les ascidies, qui sont les êtres les plus voisins des vertébrés, et représentent peut-être même les vertébrés primitifs), la reproduction asexuée se fait par bourgeonnement. En ce cas, il se forme, sur un point de la périphérie de l'organisme, un petit groupement de cellules faisant une légère saillie au dehors ; peu à peu cette saillie grandit, le bourgeon se développe, il s'y introduit une différenciation des parties, analogue à celle qui existe dans l'organisme parent : cette masse représente donc en petit l'être dont elle provient, et l'on peut dire qu'il est né à celui-ci un rejeton. Tantôt ce rejeton reste indéfiniment uni à son auteur (c'est le cas chez les ascidies sociales); tantôt (comme dans les ascidies simples) il s'en sépare pour mener la vie libre. Lui-même se reproduit plus tard, quelquefois sexuellement (de là les générations alternantes des alpes), mais plus souvent par le procédé qui lui a donné naissance, c'est-à-dire asexuellement.

N'y a-t-il pas des phénomènes sociaux qui rappellent fort exactement cette reproduction asexuée des organismes? Sans doute. S'agit-il de la reproduction par scissiparité? on en a maint exemple dans l'histoire. Que de fois les tribus nomades, à la mort d'un chef qui laissait deux fils, se sont-elles ainsi divisées en deux groupes, dont les destinées parfois sont devenues fort distinctes! Ainsi, d'après la Bible, la tribu que conduisait Isaac se partagea entre Jacob et Esaü; ainsi plus tard la tribu de Manassé se fractionna en deux demi-tribus, dont l'une habita en deçà, et l'autre au delà du Jourdain; la division même du peuple tout entier en deux royaumes, Israël et Juda, bien que provenant d'autres causes, n'eut pas un caractère différent. De même, dans le monde hellénique, Agamemnon et Ménélas se partagèrent le royaume d'Argos et de Mycènes. Plus tard, dans le monde romain, Dioclétien sépara l'Empire d'Orient de l'Empire d'Occident. Les Etats, en somme à peu près unifiés, de Charlemagne, se fractionnèrent entre les mains des fils de Louis-le-Débonnaire, exemple d'une trichotomie qui se réduisit plus tard à une dualité. Il est donc clair que les sociétés peuvent, tout comme les organismes, en périssant comme unités, donner naissance à des groupements nouveaux formés par leur division scissipare. — L'autre mode de reproduction agamique, le bourgeonnement, ne leur est pas davantage inconnu. Ce qui correspond au bourgeonnement dans le monde social, c'est la formation d'une colonie. Une colonie — en prenant ce mot, bien entendu, au sens qu'il a dans la langue politique (1) — est un

_____

1. Ce qu'on nomme en zoologie « colonie animale » n'est pas tout à fait la même chose. Ce terme y désigne un ensemble d'êtres semblables, tous dérivés agamiquement de l'un d'eux, mais restés contigus à celui-

bourgeon que la société émet, projette au dehors. D'abord très intimement lié à la mère-patrie, ne subsistant que par l'appui qu'il en tire, ce bourgeon acquiert progressivement une certaine indépendance. Ses dimensions grandissent ; il s'organise sur le modèle de la mère-patrie; il finit souvent par devenir un être égal en force et en puissance à son auteur, et parfois un être supérieur : telle Carthage en face de Tyr.

Cette comparaison de la reproduction de l'animal par bourgeonnement et de la société par colonisation, peut se poursuivre très loin. —D'abord, bourgeon et colonie ont même origine. Tous deux naissent en un point déterminé de l'organisme parent. Mais en tous deux confluent des germes venus de toutes les parties de cet organisme. On sait comment Darwin et Hœckel ont cherché à expliquer la ressemblance du rejeton et de ses ascendants. Dans l'élément reproducteur — spermatozoïde ou ovule, s'il s'agit de reproduction sexuelle ; bourgeon, s'il s'agit de reproduction asexuée — coexisteraient, selon eux, ou des germes, ou du moins des mouvements vitaux venus de toutes les cellules de l'organisme parent (théorie de la périgénèse des plastidules, de Hœckel), ou même de toutes les cellules de tous les organismes ancestraux (théorie de la pangénèse, de Darwin). Ainsi chaque portion de l'auteur contribuerait à former le descendant, ce qui explique comment celui-ci ressemble à son générateur, non-seulement dans l'ensemble, mais souvent jusque dans des détails insignifiants. Les mêmes théories pourraient être fort aisément appliquées à la reproduction sociale. Car, dans la colonie humaine en voie de formation, se rassemblent des hommes venus de toutes les parties (races, régions, corporations, classes) de la société parente, et se retrouvent les principales tendances qui coexistent et souvent luttent entre elles dans cette société. — Les origines étant les mêmes, les évolutions ultérieures sont semblables également. Le bourgeon, quand il commence à prendre forme, rap-

---

cl. L'organisme parent est compris dans la colonie aussi bien que ses descendants, dont il ne se distingue, au reste, par aucun caractère anatomique ou physiologique tranché.

pelle d'abord en petit l'organisme parent. Il se divise, exactement
de la même façon que lui, en feuillets, puis en segments : les
tissus et les systèmes, les organes et les appareils, s'y forment
comme chez son auteur. Progressivement pourtant, quelques
différences s'introduisent, par suite de la nécessité qu'éprouve
le rejeton de s'adapter à un milieu toujours plus ou moins différent de celui de son auteur : restât-il accolé à celui-ci, leur
différence de position fait que les impressions qu'ils perçoivent
ne peuvent pas être identiquement les mêmes. L'évolution ne
s'opère pas autrement chez les colonies humaines. La colonie se
calque d'abord sur le pays dont elle est issue. Elle en reproduit
les divisions embryologiques, au sens où nous avons pris ce
mot (chapitre VI) : ses membres sont groupés par familles et
par races, comme ils l'étaient dans la mère-patrie. Elle en
reproduit ensuite les divisions topographiques : les colons se
répartissent en villes construites, en provinces organisées autant
que possible de la même façon que celles de la terre natale, et
qui souvent portent le nom de ces dernières ; beaucoup de pays,
de régions, de cités de l'Europe ont ainsi leurs homonymes
aux Etats-Unis. Puis la colonie reproduit l'organisation corporative de la métropole, et sa division en tissus sociaux : les
mêmes industries, les mêmes administrations s'établissent ; les
mêmes groupes de travailleurs se retrouvent. Elle en reproduit
enfin les groupements par castes, et les groupements par affinités morales : il y eut une aristocratie puissante dans les premiers établissements fondés par les Européens en Amérique, et
aujourd'hui encore il n'est guère de colonie qui n'élève, à sa
naissance, autant d'églises ou de temples qu'elle compte de confessions parmi ses membres. Ainsi la colonie humaine, comme
le bourgeon organique, passe successivement par les diverses
phases qu'a traversées l'être dont elle sort.

Elle en rappelle, à ses débuts, les stades originaires. Voilà
pourquoi on a pu dire que « les colonies sont, à bien des égards,
une rétrogradation : on y voit renaître des procédés de culture
abandonnés depuis longtemps dans la mère-patrie, ou des institutions disparues de celle-ci, comme l'esclavage, ou parfois

même la composition pécuniaire pour crimes » (1). « Lorsque les premiers émigrants anglais s'établirent dans la Nouvelle-Angleterre, ils se distribuèrent en communautés de village (2). » Mais d'autre part la colonie traverse les phases évolutives qu'a connues sa métropole, plus vite que celle-ci : car elle bénéficie de l'expérience acquise par cette dernière, et l'exemple de la mère-patrie, parfois même ses ordres ou ses conseils, activent l'évolution de la société-fille. C'est ainsi que l'esclavage a disparu du Nouveau-Monde au bout de quatre siècles, donc infiniment plus vite qu'en Europe. Dans ce raccourcissement de l'évolution chez l'organisme-fils, nous trouvons un nouvel exemple de la loi de condensation embryogénique, en vertu de laquelle l'ontogénie (évolution de l'être individuel) ne reproduit la phylogénie (évolution du type, évolution ancestrale) qu'en l'abrégeant et la resserrant. Parfois même il arrive que la colonie bénéficie d'emblée de toute la civilisation accumulée par la métropole, et n'a pas à passer par la phase de barbarie que celle-ci a connue. Ainsi, il a fallu des milliers d'années à l'Europe pour inventer l'usine et le télégraphe. Mais aujourd'hui le télégraphe et souvent l'usine sont parmi les premières choses que fondent, dans le poste où ils se fixent, les émigrants russes qui s'avancent vers la Haute-Asie. Sur certains points, donc, la colonie atteint du premier coup à la perfection de l'organisme maternel. Mais, ce qui est toujours vrai, c'est qu'à l'origine elle ressemble forcément à la mère-patrie : qu'elle en reproduise l'aspect primitif, ou qu'au contraire elle en imite l'organisation perfectionnée, c'est nécessairement sur le type ancestral qu'elle se modèle tout d'abord.

Seulement, progressivement, elle est forcée de prendre des caractères nouveaux, qui la différencient de la métropole. Les conditions d'existence (sol, climat, faune, flore, productions minérales, etc.), ne sont pas les mêmes. Les industries doivent

---

1. G. Tarde, *Les transformations du Droit*, chap. IV.
2. H. Sumner Maine, *Etude sur l'Histoire des Institutions Primitives*, chap. III.

donc plus ou moins différer. La population se trouve plus condensée ou plus raréfiée. Le sang se modifie par le croisement
avec les populations indigènes. Pour toutes ces causes, les idées
des colons cessent peu à peu de ressembler à celles de leurs com-
patriotes du pays d'origine, et les principes du gouvernement
qui sont admis en celui-ci doivent se modifier en s'appliquant à
eux. — En somme, il s'établit une lutte, au sein de la nouvelle
société (comme cela se passe au sein de tous les organismes)
entre les caractères transmis par la société parente et les caractères pris au nouveau milieu, entre l'hérédité et l'adaptation. La
lutte de ces deux éléments, le premier conservateur, le second
novateur, est très visible dans toute société en voie de développement. Parfois c'est le premier de ces éléments qui l'emporte.
Cela arrive surtout lorsque la colonie est en contiguïté avec la
mère-patrie — tels les prolongements que pousse aujourd'hui
la Russie dans le centre du continent asiatique —, ou du moins
lorsqu'elle est établie à son voisinage immédiat — telle l'Algé-
rie. Dans ce cas, en effet, l'action novatrice est à son minimum
d'intensité, parce que les conditions d'existence ne sont pas très
différentes pour la mère-patrie et pour la colonie ; et l'action
conservatrice au contraire est très forte, parce que le métropole,
étant proche, peut aisément refouler toute tentative de soulève-
ment. Au contraire c'est le plus souvent l'élément novateur qui
l'emporte quand la colonie est établie au loin, ce qui rend à la
fois les milieux plus divers et les relations plus difficiles et plus
rares. Alors la société-fille diverge de plus en plus de la société-
mère. Elle prend un esprit local, une organisation administrative distincts. Les intérêts économiques et moraux des deux
groupes finissent par paraître opposés. La colonie éprouve alors
le besoin de se séparer complètement de sa métropole. Elle
proclame son indépendance, et le plus souvent elle arrive à la
faire reconnaître. Ainsi, au XVIIIe siècle, les Etats-Unis ont
rompu la chaîne qui les unissait à l'Angleterre ; Saint-Domin-
gue s'est séparé de la France. Plus près de nous, le Mexique,
l'Amérique centrale, la plus grande partie de l'Amérique du
Sud, se sont rendus indépendants de l'Espagne ; le Brésil a

rejeté le joug portugais. Il n'est pas bien sûr que les îles de la Sonde doivent toujours rester unies à la Hollande, dont le Transvaal s'est déjà affranchi. La colonie du Cap, les états australiens, le Dominion du Canada, ont une autonomie administrative qui se changera sans doute un jour en une autonomie politique complète. Qui sait ce que deviendront l'Hindoustan et l'Indo-Chine ?

Quoi qu'il en soit de cet avenir incertain, un point est hors de doute. C'est qu'il y a, dans ces deux façons dont peuvent se comporter les colonies à l'égard de leurs métropoles, l'analogue exact de ce qui arrive aux bourgeons vis à vis de leurs parents organiques. Les uns restent unis au corps qui leur a donné naissance ; nous avons déjà cité les ascidies composées, et il faut y ajouter la plupart des annélides, les hydro-méduses, et sans doute aussi les échinodermes : les segments de l'annélide, les « individus » du coralliaire, les bras de l'étoile de mer naissent par de semblables bourgeons. Les autres au contraire s'isolent, pour former un organisme nouveau, plus ou moins semblable au parent : cela se produit chez les ascidies libres, et aussi chez certaines annélides (les Dero et les Naïs parmi les Oligochètes, les Syllis et les Autolytus parmi les Polychètes), lesquelles bourgeonnent, à côté de segments qui leur restent unis, d'autres individus semblables à elles, qui se séparent. Il y a donc, là encore, concordance parfaite entre les phénomènes de la vie organique et ceux de la vie sociale (1).

---

1. Ne pourrait-on pas tirer de cette vue spéculative des conseils pratiques, dont feraient leur profit les nations qui cherchent à coloniser ? Peut-être. En tous cas elles feraient bien de méditer cette loi, vraie pour la vie sociale comme pour la vie organique, que la reproduction n'est possible — tout au moins d'une manière utile — qu'aux êtres bien constitués et vigoureux. C'est ce qu'a exprimé, en termes heureux, un économiste que ses doctrines ne portent pourtant pas à admettre trop aisément l'analogie qui fait le fond de notre travail. « La colonisation, écrit M. Edmond Villey (*Principes d'Economie Politique*, 2ª éd., livre II, chap. I, p. 154), n'est pas seulement un bien, elle est une nécessité pour les nations fécondes, dont la population

Nous n'en voulons pas dire ici plus long sur la reproduction des sociétés. Quand nous parlerons, dans le prochain chapitre, de leur origine, nous examinerons quels furent leurs modes initiaux de genèse, de production ; et naturellement ce qui fut vrai au début l'est encore aujourd'hui : les modes de production sont demeurés, sous la forme de modes de reproduction. On verra là de nouveaux arguments en faveur du parallélisme poursuivi par nous. Mais dès maintenant nous croyons avoir donné, au moins dans les grandes lignes, la démonstration de cette idée, qu'il existe une véritable « reproduction des sociétés », et qu'elle est analogue, quant à ses lois les plus générales, à la reproduction des individus. Or, la fonction reproductrice est celle qui semble le plus étrangère à la nature de la société, celle qu'on conçoit le moins aisément séparée d'un organisme individuel. Si donc il est prouvé que, en dépit des apparences, elle peut être une fonction vraiment sociale, la même vérité ne sera-t-elle pas plus évidente encore pour les fonctions de relation et de nutrition ?

croît suivant la loi de nature. Pour les nations stériles et stationnaires, elle peut n'être qu'un danger ; mais celles-là sont en révolte contre la loi naturelle. Les premières fondent des colonies comme l'animal adulte et dans l'épanouissement de sa vie fonde une postérité ; et loin que par là elles s'appauvrissent, elles assurent l'équilibre normal de leur circulation. Les secondes, quand elles colonisent, ressemblent à l'enfant ou au vieillard qui, en se livrant avant ou après l'âge à l'œuvre de la reproduction, se prive de la vie qu'il communique et s'appauvrit parfois jusqu'à la mort. »

QUATRIEME PARTIE

ORIGINE, DÉVELOPPEMENT ET CLASSIFICATION DES SOCIÉTÉS

CHAPITRE DOUZIÈME

ORIGINE DES SOCIÉTÉS.

Les considérations que nous avons présentées jusqu'à présent sur l'anatomie et la physiologie sociales, sont applicables à chaque groupe humain individuellement considéré. Il nous faut maintenant envisager, non plus un organisme social dans le détail de sa structure et de ses fonctions, mais l'ensemble de ces organismes, mais le « règne social » tout entier, et nous poser les questions générales que son étude soulève.

La première de ces questions générales est évidemment celle-ci : quelle est l'origine de la vie sociale ; quand, pourquoi et comment les hommes ont-ils commencé à vivre en société ? C'est l'examen de cette question qui doit former la matière du présent chapitre.

Une doctrine célèbre dans l'histoire des idées politiques pense que la formation des sociétés est le produit d'un contrat. Cette théorie a trouvé son expression la plus connue dans le *Contrat Social* de Jean-Jacques Rousseau. Mais elle lui est bien antérieure. Hobbes et Spinoza (1) l'avaient professée au siècle précédent. Dans l'antiquité, Epicure et Lucrèce s'en étaient déjà faits les interprè'es (2). Voici en peu de mots la doctrine commune à ces penseurs si divers. La formation de la société,

---

1. Nous nous permettons de renvoyer pour l'exposition des idées de Spinoza sur le contrat social, et leur comparaison avec les idées de Hobbes, à notre essai sur *la Morale de Spinoza* (Hachette, 1892 ; chap. XII : *la Politique de Spinoza*).

2. Voir Guyau : *la Morale d'Epicure.*

c'est là le point essentiel, serait l'œuvre de la volonté humaine. Primitivement existait « l'état de nature » ; les hommes vivaient isolés, sans lois et sans mœurs, comme dit Lucrèce (*nec legibus inter se scibant, nec moribus uti*). Mais cet état amenait le conflit permanent des intérêts ; les individus comprirent donc qu'il était de leur intérêt d'y mettre fin. Ils s'assemblèrent, ils convinrent de renoncer à la lutte et de substituer désormais l'association à la guerre. Cette convention fut le contrat social. Par ce contrat, chaque homme sacrifiait une partie de sa liberté, — la liberté de nuire à ses semblables —; mais, en revanche, ces derniers lui garantissaient tous le maintien du reste de son indépendance, c'est-à-dire le droit d'exercer à sa guise son activité dans tout autre sens. Pour assurer l'exécution du contrat, les hommes assemblés établirent des lois, et instituèrent un gouvernement chargé de faire régner l'ordre. Telle est, en bref, la théorie.

Au temps où elle parut, ou plutôt où elle reparut, nous voulons dire au xviie siècle, elle marquait un progrès considérable. Elle était, en effet, la première théorie scientifique (au moins en apparence), qu'on eut donné de l'État : elle montrait aux esprits quelque chose de rationnel et de logique dans des faits où semblait jusque-là régner uniquement le hasard et l'arbitraire. Qui plus est, en voyant dans l'État une association analogue aux sociétés privées, en lui donnant une origine contractuelle, elle permettait de le soumettre aux lois juridiques, de poser à son activité absorbante certaines limites (indiquées même par Hobbes et par Spinoza), en un mot de le déclarer régi, comme tout autre être, par des principes d'ordre moral. C'était le moment aussi où Grotius et Puffendorf édifiaient le droit des gens. Les deux théories se rencontraient sur un point essentiel ; elles étendaient à l'État des règles établies jusque-là pour des particuliers seuls ; à côté du droit privé, elles constituaient cette nouveauté, le droit public. On ne saurait ainsi s'étonner que, se prêtant un mutuel appui, elles aient obtenu un si grand succès, particulièrement auprès des légistes, qui, au xviiie siècle, conduiront l'esprit national : ce seront surtout des parlementaires et des avocats qui, dans les assemblées de la Révolution, voudront mettre en pratique les théories de Jean-Jacques. Le rôle historique de la doctrine du contrat social a donc été considérable, et à tout prendre, malgré le caractère utopique des tentatives d'organisation publique que cette théorie a inspirées, ce rôle n'a été dépourvu ni de grandeur ni d'utilité. En Allemagne, dans le pays où depuis longtemps on fait reposer le droit sur la force seule, il est admis que cette théorie n'a fait que fausser les esprits, et les détourner de la recherche vraiment scientifique des origines sociales. Nous croyons, au contraire, pour notre part, qu'elle a été une initiatrice indispensable. C'est elle qui la première a montré qu'il y a dans la société autre chose qu'un arrangement arbitraire, qui la première a assigné des lois à l'être social. Les lois qu'elle proposait, il est vrai, étaient essentiellement des lois morales, c'est-à-dire des préceptes que l'être doit suivre s'il veut être fort, mais qu'il est libre de ne pas suivre. Or, avant d'avoir des lois morales, la société, comme tous les êtres, a des lois naturelles, c'est-à-dire des lois qu'elle suit forcément, par la nécessité même de son existence. Ces lois, précisément parce qu'elles sont constamment obéies, parce qu'elles forment la trame permanente des événements sociaux, sont moins remarquées. On finit pourtant par s'apercevoir de leur réalité, et la science sociale se propose aujourd'hui pour principal but de les dégager. Mais leur recherche même a été rendue possible par les analyses des théoriciens du contrat. Ils ont déblayé la surface des faits sociaux ; les investigateurs de notre siècle essaient d'en pénétrer les profondeurs. Ceux-ci ne doivent donc pas oublier qui leur a frayé la route.

Maintenant, cette justice rendue aux fondateurs modernes de la science politique (car il ne serait peut-être pas exact de les appeler les fondateurs de la science sociale), il convient de dire que leur théorie ne saurait plus, aujourd'hui, être soutenue. Que la première société soit née d'un contrat exprès entre les hommes, c'est ce que personne n'admettra de nos jours. L'esprit humain naissant n'avait évidemment pas la force de concevoir, en la créant de toutes pièces, la notion d'un contrat formel, réglant l'abandon de la vie isolée, la mise en commun des exis-

tences, la forme et le gouvernement du groupe. Cette idée fût-
elle apparue chez quelques esprits d'élite, comment auraient-ils
eu les moyens de la communiquer à leurs semblables, puisque,
par le fait même de l'isolement, le langage humain n'existait
pas? et comment auraient-ils pu forcer ceux qui préféraient
l'état ancien à subir les lois de l'association ? On peut appliquer
ici le raisonnement si concluant que Lucrèce, partisan, lui, du
contrat social, opposait aux docteurs qui voyaient dans la parole
l'invention de quelque sauvage de génie :

> .... *Unde insita notities est*
> *Utilitatis, et unde data est huic prima potestas,*
> *Quid vellet facere, ut scirent animoque viderent !*
> *Cogere item plures unus victosque domare*
> *Non poterat. . . . .*
> *Nec ratione docer; ulla suadereque surdis*
> *Quid sit opus facto, facile est. . . . . . .* (1)

Quant à penser que tous les hommes primitifs ont eu simultanément l'idée de renoncer à leur lutte, c'est ce qui est vraiment impossible. Conçoit-on sérieusement ces hommes s'assem-
blant un jour de toutes parts et inventant subitement le langage
pour dire : nous sommes misérables à l'état sauvage, associons-
nous, cédons chacun une part de notre indépendance pour que
la collectivité nous en garantisse le reste ? Il est donc clair que
la théorie du contrat exprès n'est pas soutenable. Aussi parle-t-
on plus volontiers, et les illustres auteurs de la doctrine par-
laient-ils déjà, d'un contrat *tacite*. Mais, pour réfuter cette
conception, il suffit d'observer qu'elle ne diffère pas, en principe, de la précédente. Elle ne suppose plus, il est vrai,
l'invention du langage, et c'est pour elle une grosse difficulté
de moins. Mais elle implique chez les hommes la même intelligence et la même volonté que la théorie du contrat exprès,
c'est-à-dire des facultés infiniment au-dessus de celles qu'ils
devaient posséder à l'origine. De plus, elle oblige à admettre

1. *De Rerum Natura*, V, 1045-1051.

l'existence, au début de l'humanité, d'un « état de nature » où les hommes auraient vécu isolés. Or, cette existence est, non-seulement hypothétique, mais totalement invraisemblable. Nous n'avons pas, il est vrai, le moyen direct de constater comment vivaient les hommes primitifs. Mais il existe pourtant trois sources desquelles nous pouvons tirer d'utiles conjectures sur ce que devait être cette vie. En premier lieu (c'est le moyen le plus imparfait) nous pouvons observer les sauvages modernes, qui, de l'aveu unanime de ceux qui ont étudié scientifiquement ces questions, doivent être plus près que nous de l'homme primordial : ce ne sont pas des types dégradés de l'humanité, ce sont des types qui ont peu progressé, c'est-à-dire qui se sont moins élevés que nous au-dessus du niveau originaire. En second lieu, et ce procédé vaut mieux, on peut remonter par l'histoire à des étapes très lointaines de la civilisation ; on peut atteindre, par la paléontologie humaine et l'archéologie préhistorique, la civilisation de l'âge paléolithique, peut-être même, d'après certains auteurs, la civilisation de l'âge tertiaire (?). Enfin, si l'on admet la théorie transformiste, on doit chercher dans les mœurs de certains animaux, dans celles des singes anthropoïdes surtout, ces « parents pauvres » de l'homme, d'utiles indications (n'ayant d'ailleurs, vu le caractère collatéral de la parenté, que la valeur de simples rapprochements) sur ce qu'ont pu être ses institutions les plus anciennes. Interrogeons donc l'ethnographie, la préhistoire, la zoologie. Les hommes les plus sauvages vivent en très petits groupes, variant d'une vingtaine à une cinquantaine de membres, au Groënland et dans les îles Andaman et Nicobar; mais on ne trouve pas d'hommes isolés, si ce n'est à la suite d'un accident qui les a séparés du groupe dont ils faisaient primitivement partie. D'un autre côté, à l'heure où l'homme paraît avec certitude dans les couches géologiques, il est déjà en société ; dès les temps les plus reculés de la période paléolithique, les cavernes sont visitées et habitées, non par des individus isolés, mais par des groupes humains; et les esprits, aventureux peut-être, qui croient trouver l'homme dans les terrains tertiaires, estiment que l'industrie

et le mode d'existence par lequel il se révèle à nous (silex
taillés de Thenay, côtes incisées d'halithérium à Pouancé) attes-
tent chez lui une vie sociale. Enfin, on sait fort bien que chez
les singes anthropoïdes il existe des bandes qui reconnaissent
l'autorité d'un mâle âgé et expérimenté. Tous ces faits concourent donc à prouver que l'humanité, dès qu'elle a apparu sur la
terre, a formé des sociétés. Elle a immédiatement hérité de la
« forme sociale » que lui léguait l'animalité. Les enfants sont
dès l'origine demeurés groupés autour de leurs parents, ou du
moins autour de leur mère. Sans doute ils ont eu l'obscure
conscience de l'utilité que cet accolement présentait pour eux ;
mais le milieu et l'hérédité expliquent leur conduite, sans qu'il
soit nécessaire de faire intervenir un acte de volonté libre. Ils
sont restés groupés, parce que les nécessités de la vie les y obli-
geaient, et parce que depuis longtemps l'animalité pratiquait
ce mode de défense. Il n'y a point là de contrat, il y a une
impulsion naturelle primordiale et irrésistible. Les hommes
n'eurent pas à s'associer ; ils naquirent associés, et ils le demeurèrent.

Ainsi la doctrine qui met un contrat à l'origine des associations humaines se trompe. L'entente a joué un rôle dans la
formation des sociétés, mais seulement par la suite, comme nous
le verrons bientôt : et alors elle s'est opérée, non entre individus,
mais entre groupes déjà formés. Quant aux associations primitives, elles ont existé sans convention, naturellement et par
elles-mêmes. — D'où vient donc que des esprits distingués, aujourd'hui encore, veulent trouver une part de vérité dans la
théorie du contrat social (1) ? C'est que, au lieu de considérer ce
qui a été à l'origine, ils envisagent ce qui devrait être et ce qui
se trouve en effet réalisé plus complètement chaque jour. Oui,
idéalement, la société, pour être parfaite, devrait ressembler à
une association privée où chacun observerait scrupuleusement
la loi du contrat. Les hommes devraient se traiter les uns les

1. Alfred Fouillée, la *Science sociale contemporaine*. — G. de Greef,
Introduction à la Sociologie.

autres comme un associé honnête traite son co-associé, avec équité, avec bienveillance, avec fraternité si possible. Cet idéal, heureusement, tend sans cesse à devenir une réalité. De plus en plus on voit pénétrer dans la conscience publique l'idée, que la société n'est point l'asservissement des faibles, mais la coopération d'êtres égaux en droits et en devoirs. Économiquement, cette évolution se marque par la substitution, à l'esclavage et au servage, du salariat reposant sur le « contrat de travail », et par l'apparition de ces organisations nouvelles, la participation aux bénéfices, qui fait du serviteur un demi-associé, et surtout la production coopérative, qui ne laisse plus subsister que l'association. Juridiquement, on voit l'égalité apparaître dans les relations de famille, dans la division des héritages ; la liberté des terres devenir le principe du droit réel ; la liberté des contrats s'affirmer comme le fondement du droit personnel. Intellectuellement, les dogmes imposés, en religion, en science, en art, tombent de tous côtés, et les individus n'appartiennent plus qu'aux groupes choisis par eux-mêmes. En politique, on veut que la chose publique soit gérée par l'ensemble des citoyens, comme étant leur patrimoine commun. Même dans les relations internationales, à l'état d'hostilité à peu près permanente se substitue peu à peu le régime des traités plus ou moins librement conclus ; on pense de plus en plus qu'il n'est pas permis à une nation de se faire « justice » à elle-même par la force, mais qu'un droit commun doit être constitué ici également, et appliqué par des juges neutres ; la pratique de l'arbitrage international, sans faire encore des progrès bien rapides, se généralise pourtant. En somme, on tend à passer, à tous les points de vue, du régime dit du « statut », où le plus faible est obligé de subir le règlement fait par le plus fort, au régime du contrat, où chacun n'obéit plus qu'à la loi qu'il a lui-même pu contribuer à établir. Chaque jour donc la société humaine ressemble davantage à une société privée (civile ou commerciale) et adopte plus complètement le principe de celle-ci, l'égalité des associés. Déclarons-le hautement, c'est à cette organisation égalitaire, c'est à ce principe contractuel qu'appartient l'avenir.

Mais quant au passé, il ne leur appartient pas. L'idée de faire reposer la société sur un contrat, nous la voyons naître dans l'esprit de quelques penseurs et ne pénétrer que progressivement dans la conscience sociale — bien que déjà, sans doute, divers faits de l'évolution des sociétés en eussent préparé la naissance. Comment pourrions-nous croire que, à l'origine des temps, elle ait présidé à la formation des premiers groupements humains ? N'est-ce pas une chimère, que de prêter à des êtres primitifs des conceptions issues d'un travail intellectuel qui a demandé des siècles pour s'accomplir ? Et si tous nos efforts ont pour but aujourd'hui d'organiser un état social qui mérite véritablement d'être appelé contractuel, comment admettre que par là nous tendions simplement à revenir à l'état de nos premiers parents — comment l'admettre, sans se voir obligé d'accepter du même coup toutes les fables de l'âge d'or et toutes les mythologies ?

En un mot, la forme future des sociétés sera contractuelle, leur forme originaire ne l'est pas. La société humaine ne s'est point constituée comme se créent aujourd'hui des associations commerciales, par une assemblée d'actionnaires unissant leurs fortunes jadis rivales, mettant en commun des profits et des pertes. Elle s'est constituée à la manière des organismes animaux, issus d'une cellule, — laquelle est elle-même le produit de la fusion d'un élément mâle et d'un élément femelle, comme le couple social primitif, — cellule autour de laquelle restent groupées celles auxquelles par sa division elle a donné naissance. Et certes, cette ressemblance d'origine entre les sociétés et les organismes n'est ni le moins frappant ni au fond le moins important des rapprochements si nombreux que leurs constitutions appellent.

Seulement, la question reste de savoir s'il a existé à l'origine une seule société ou plusieurs. Ce qui revient à se demander (puisque d'après nous il y a une société partout où il y a des hommes) si l'humanité a apparu sur la terre en un seul point, ou bien en plusieurs simultanément. — Une question analogue, remarquons-le, se pose à propos des organismes les plus simples, de ceux qui ont été l'origine de tous les autres, des protozoaires.

Les conditions qui ont permis l'apparition de la vie, qui ont donné à une combinaison chimique très complexe les mouvements du protoplasme, se sont-elles tout d'abord réalisées en un seul point de l'écorce terrestre, ou se sont-elles trouvées réunies en même temps dans plusieurs régions distinctes ? Des généralisateurs hardis discutent le problème, mais les plus aventureux, comme Hœckel, sont obligés d'avouer qu'ils ne trouvent, pour se décider, que des raisons *a priori*, c'est-à-dire des raisons extra-scientifiques. En réalité, nul ne peut dire, dans l'état présent de la science, si la vie a une origine unique ou des origines multiples. — En serait-il de même pour l'humanité ? Ici, il y a quelques données plus certaines. Le débat entre « monogénistes » et « polygénistes » peut au moins être posé sur un terrain scientifique. Les polygénistes allèguent les différences, selon eux radicales, qui séparent les races humaines actuelles quant à leur conformation physique et mentale. Les monogénistes répondent que ces différences sont moindres qu'on ne le croit. En somme, aucune d'elles n'est suffisante pour constituer la caractéristique d'espèces humaines distinctes. Dans le monde vivant, les croisements entre espèces sont stériles ; au contraire les croisements entre races et variétés d'une même espèce sont d'ordinaire remarquablement féconds. Or, l'union entre hommes et femmes de couleur différente, non seulement n'est pas stérile, mais est généralement plus féconde que l'union, dans les mêmes régions, entre hommes et femmes de même couleur (1). C'est donc que tous les groupes humains ne sont que les races ou les variétés d'une même espèce zoologique. Les différences qu'on constate actuellement entre eux n'empêchent pas qu'ils n'aient tous une même origine. Leur centre commun d'apparition, on le plaçait autrefois vers le plateau de Pamir, on le place aujourd'hui plus volontiers dans les plaines sibériennes (jouissant à l'époque quaternaire d'un climat tempéré) parce que les hommes fossiles les plus anciens que l'on connaisse

---

1. Tout le livre d'A. de Quatrefages sur l'*Espèce humaine* est la démonstration de cette proposition.

rappellent les populations actuelles de la Sibérie, et parce qu'on croit pouvoir suivre la trace de migrations venues de ce pays. Les différences entre les branches de l'humanité proviendraient de ce que le groupe primitif, devenu trop nombreux pour subsister sur un territoire restreint, se serait fractionné, et que ses éléments dispersés auraient acquis, par l'adaptation aux conditions des milieux dans lesquels ils se fixaient, des caractères progressivement divergeants, quoique les caractères communs l'emportent encore de beaucoup. — Telle est la thèse monogéniste, qui, par l'appui qu'elle trouve dans les faits relatifs à la reproduction, par l'explication qu'elle a pu donner du peuplement de régions importantes (la Polynésie entre autres) grâce à des migrations de races venues parfois de très loin, balance encore les avantages que donne à la thèse polygéniste sa simplicité au moins apparente (1). Nous n'avons pas la prétention de nous prononcer dans un débat où la science est loin d'avoir dit encore son dernier mot, où les deux opinions comptent des partisans illustres parmi les non évolutionnistes comme parmi les évolutionnistes, puisque, ici, Hœckel se rencontre avec Quatrefages, et Vogt avec Agassiz.

Il y a pourtant un point qu'il est possible de constater. Dès les premiers temps sur lesquels la science jette quelques lueurs, dès l'époque de la pierre taillée, il existe plusieurs groupes humains séparés, un très grand nombre vraisemblablement. Or, lors même qu'on admettrait l'existence de plusieurs lieux d'apparition de l'espèce humaine, il ne serait pourtant pas possible de croire que tous ces groupes sont primordiaux. Il en est, forcément, qui dérivent d'unions préexistantes. Les associations primitives (ou, dans l'hypothèse monogéniste, l'association primitive) ont donc dû se disjoindre, et la

---

1. Il n'est pas bien sûr, en effet, que ce soit une simplicité réelle, tout au moins pour des évolutionnistes. Car on conçoit que les races du vieux continent soient issues d'un ancêtre qui a, d'autre part, engendré les singes anthropoïdes; mais peut-on admettre une parenté égale entre la race rouge et les singes si inférieurs du nouveau-continent (saïmiris, sagouins, etc.) ?

question se pose de savoir pourquoi. Mais, ici encore, ce qui se passe dans les organismes animaux peut nous éclairer. Les protozoaires se segmentent souvent, et cela peut arriver sous l'influence de l'une ou l'autre de ces deux causes, d'ailleurs directement opposées : une abondance extrême de nourriture ou une disette caractérisée. Si l'être trouve des aliments à profusion, ses dimensions augmentent ; mais il y a une limite que sa taille ne saurait dépasser. Ce point une fois atteint, si la nutrition continue à être active, l'animal se divise peu à peu en deux portions, dont l'une finit par se séparer pour vivre de sa vie propre. Inversement, si les aliments sont rares, le protozoaire s'enkyste, c'est-à-dire concentre sa substance en un amas central. Celui-ci ne tarde pas à se segmenter en deux ou quatre noyaux minuscules, lesquels se dispersent, en rompant l'enveloppe commune, pour aller chercher isolément fortune dans des milieux mieux pourvus. — On doit penser que les choses se sont passées à peu près de même pour la division des sociétés humaines. Quand les subsistances ont été abondantes, la famille s'est multipliée. Par là-même elle s'est étendue dans l'espace. Double raison pour que son unité se rompît. Chacun des fils de l'aïeul, père et grand père lui-même d'une nombreuse postérité, a voulu être indépendant, et l'étendue du territoire occupé par la tribu a empêché l'autorité centrale de se faire aussi rigoureusement obéir en toutes les parties. De là vinrent des scissions. Inversement, quand les subsistances ont été rares, quand la terre natale n'a plus pu nourrir qu'une partie de la tribu, il a bien fallu qu'un certain nombre d'hommes émigrât, allât chercher ailleurs des conditions plus favorables. La société a donc dû se séparer pour les mêmes causes que l'organisme : pléthore ou pénurie. Ce n'est pas là une pure hypothèse : l'histoire primitive des Hébreux et des Grecs a gardé le souvenir de ces modes de formation de sociétés nouvelles. L'on comprend dès lors aisément comment une unique famille primitive ou un petit nombre de familles primitives a pu donner naissance à tous les groupes épars qui, en très grande quantité, ont dû exister dès les premiers temps de l'état sauvage ; puisque toute variation un peu forte, soit en plus, soit en moins, dans la quantité des aliments dont le groupe disposait, en déterminait la dissociation.

La scission d'un ou de plusieurs clans préexistants, tel est donc le mode de formation le plus ancien des sociétés. Mais maintenant, une fois les groupes primordiaux disjoints, les tribus secondaires nées de leur division ont-elles continué à vivre perpétuellement isolées, et la division à l'infini a-t-elle été le seul agent de la création des sociétés? Nous ne saurions le penser. Il est arrivé forcément que des tribus, en se déplaçant pour se livrer à la chasse ou à la vie pastorale, se sont trouvées en contact les unes des autres, qu'elles appartinssent à un même groupe originaire ou à des groupes originaires différents. Souvent, ces tribus sont entrées en conflit. Nous parlerons plus loin, en détail, des causes et des résultats de ces luttes. Mais il est dès à présent évident que, hors le cas de destruction ou d'expulsion totales de l'une d'elles, celle qui était vaincue dut généralement être réduite en servitude ou en demie-servitude. De là la formation d'un groupe plus puissant, la peuplade, où la différenciation du travail, comme nous l'avons déjà indiqué précédemment (chap. VI), peut être poussée plus loin que dans la simple tribu. Seulement il est très probable que, dans certains cas, les succès ayant été à peu près également partagés entre les deux tribus en conflit, elles finirent, de guerre lasse, par faire la paix. Et alors, ou bien elles demeurèrent étrangères l'une à l'autre, s'étant bornées à tracer entre leurs possessions une frontière, ou bien (plus souvent sans doute) elles s'allièrent. Ce dernier parti, il est possible aussi que diverses tribus l'aient pris en se rencontrant dans leurs pérégrinations, avant même d'en être venues à la lutte. Dans l'un et l'autre cas, il se forma avec ces tribus des peuplades, non plus par assujettissement d'un groupe à l'autre, mais par association des deux groupes sur le pied d'égalité, par union défensive et offensive. — Mais c'est le contrat social, dira-t-on! — Avec cette différence considérable, répondrons-nous, que le contrat n'est plus invoqué ici comme le mode *originaire* de formation des sociétés, mais seulement comme un mode *dérivé*. L'importance du contrat dans l'histoire primitive des sociétés se trouve par là singulièrement réduite. De plus, l'intervention même du contrat, qui ne s'expliquait pas dans la théorie réfutée par nous, se comprend ici aisément.

En effet, si l'on admet avec Rousseau que les hommes ont vécu primitivement dans l'isolement, on ne peut expliquer ni comment ils ont eu l'idée d'un état de société propre à le remplacer, ni comment ils ont eu les moyens de réaliser cette idée. Au contraire, dans notre conception, les hommes avaient déjà, — lors de la formation des contrats entre groupes dont nous parlons, — des siècles de vie commune tant au sein des tribus primitives qu'au sein de celles qui s'étaient formées par la dissociation des premières. On conçoit ainsi qu'ils aient su à ce moment ce qu'est une collectivité, quelle en est l'organisation, quels avantages présente la vie en commun, et qu'ils aient eu dès lors l'idée d'agrandir leur association. On comprend aussi, par là, qu'ils aient eu les moyens de le faire. Il est évident, notamment, que le langage, au moins sous sa forme rudimentaire, a été nécessaire pour conclure une union. Or, des hommes isolés ne pouvaient posséder aucun langage, puisque la parole ne sert normalement à l'homme que dans ses relations avec ses semblables. Au contraire, si nos premiers ancêtres vivaient déjà (comme nous le croyons) en commun, la faculté de se faire comprendre par sons ou par gestes, la faculté du langage s'est forcément développée au sein de la vie de famille, et ceux qui l'avaient ainsi acquise ont pu s'en servir pour s'entendre avec des étrangers. On objectera que les sons usités dans deux tribus distinctes étaient différents. Nous répondrons que cette différence était très minime, puisque les deux tribus qui songeaient à s'associer devaient vivre dès auparavant très près l'une de l'autre, et que les langues de deux groupes localement voisins sont, par l'influence commune du même milieu, et à moins de circonstances exceptionnelles, très voisines elles-mêmes (1). D'ailleurs,

---

1. Dans l'Iliade, les Grecs et les Troyens se comprennent les uns les autres.

les gestes pouvaient servir, et l'éducation de la mimique avait
dû se faire, elle aussi, dans la vie familiale antérieure. Ainsi
donc, la théorie qui croit à la formation d'unions entre un certain nombre de groupes (nous ne disons pas entre tous les groupes) préexistants, — les uns primitifs, les autres nés de la division de familles primitives, — cette théorie ne se heurte pas aux
objections qui doivent faire repousser la théorie du « contrat
social » entre individus d'abord isolés. Et les faits mêmes parlent en faveur de la première. Les plus grandes cités de l'antiquité se sont formées par de semblables unions. Rome est née
du concours de deux bandes, celle des Latins de Romulus et
celle des Sabins de Tatius (*Ramnes* et *Tities*). Athènes est issue
de la réunion des douze dèmes de l'Attique sous le chef que la
légende nomme Thésée. Ce dernier exemple montre bien quel
a dû être le mécanisme de la formation des premières sociétés.
Un groupe ionien s'établit en Attique ; la pauvreté du sol le
force à se diviser ; il se scinde peu à peu en douze tribus, dont
chacune occupe une partie de la contrée ; ces tribus vivent sépa-
rément, mais sans avoir perdu le souvenir de leur origine commune. Un jour, une série d'évènements, peut-être l'action d'un
chef particulièrement énergique, rapprochent ces douze clans :
la cité athénienne est fondée. Ailleurs, comme à Rome, les
groupes qui se fusionneront n'auront qu'une origine commune
beaucoup plus lointaine (1). L'histoire de ces deux cités nous
semble être l'histoire de tous les peuples primitifs, bien que
nous ne voulions point nier *a priori* la possibilité d'autres modes de constitution des sociétés inconnus de nous.

1. Pouvait-il se faire que des groupes sans origine commune se
fusionnassent ? Nous n'y voyons aucune impossibilité logique, à supposer bien entendu qu'on admette préalablement la théorie polygéniste. Mais d'ailleurs, pour les polygénistes modérés, pour ceux qui
n'admettent qu'un nombre restreint de souches primitives, le cas ne
devait pas se présenter bien souvent : l'habitat des tribus issues d'une
même souche étant très grand, c'était presque toujours des tribus
plus ou moins congénères qu'elles devaient rencontrer.

Cette histoire des premières sociétés est aussi celle des premiers organismes. Nous savons déjà que les protozoaires, êtres vivants primordiaux, se segmentent tout comme les familles et tribus, êtres sociaux primitifs. Or, de même qu'après s'être divisées les tribus humaines se réunissent, de même, chez nombre de protozoaires, les êtres formés par la division d'une même unité vont ensuite se combiner, soit entre eux, soit avec d'autres êtres issus d'un individu différent. Cette opération de la fusion a été bien observée chez les Vorticelles, les Paramœciums, les Euplotes, etc. Il y a donc là une loi générale, commune aux organismes et aux sociétés, et qu'on peut formuler ainsi : « la fusion des êtres ne s'opère qu'après leur division ». — On le voit même, il existe un parallélisme constant, en ce qui touche les origines, entre le monde animé et le monde social. Dans l'un comme dans l'autre, l'association est une forme originaire, une donnée primordiale : les hommes, nous l'avons dit, sont nés associés ; mais le protoplasme le plus simple a dû, dès sa naissance, comprendre, lui aussi, une multiplicité de granules unis ; et, si l'on suppose un premier granule né isolément, il faudra toujours admettre qu'il possède des parties plus simples, puisque tout être concret est divisible. Pour l'organisme comme pour la société, on doit accepter cette complexité primitive sans pouvoir en rendre totalement raison. Puis ces êtres primitifs ont grandi ; en grandissant, ils se sont scindés. Ensuite, leurs membres épars se sont rapprochés, soit de leurs congénères immédiats, soit d'êtres formés par la division d'autres individus. Unité complexe, division, retour à l'unité par la formation d'individualités plus compliquées que les premières : tels sont les trois états par lesquels ont passé les organismes et les sociétés originaires. Naissance, scission, fusion, voilà les trois phénomènes caractéristiques de leur commune existence primitive.

CHAPITRE TREIZIÈME

DÉVELOPPEMENT DES SOCIÉTÉS.

Après avoir cherché comment les sociétés naissent, il faut voir comment elles se développent. Trois ordres de facteurs contribuent à ce développement, ce sont :

1° le milieu physique dans lequel vit la société, et dont elle utilise le contenu : air, eau, terre, minéraux, végétaux, animaux ;

2° les individus humains qui composent la société même, et dont l'ensemble constitue ce qu'on pourrait appeler son milieu interne ;

3° les sociétés humaines voisines.

Tous ces facteurs agissent d'ailleurs les uns sur les autres et la société agit sur eux tous. Ainsi elle transforme son milieu (par exemple en creusant le sol, en cultivant les plantes, en domestiquant les animaux), elle modifie ses propres membres (en les obligeant à se différencier, à se diviser le travail), elle modifie les sociétés étrangères (par la guerre, l'influence civilisatrice, etc...). Cette action qu'elle exerce sur eux est suivie à son tour d'une réaction qu'ils opèrent sur elle. Il y a ainsi constamment échange d'influences réciproques, et cet échange produit l'évolution de la société.

Occupons-nous d'abord des effets produits sur la société par le milieu physique et le milieu interne, réservant pour une autre section ce qui concerne les relations entre sociétés différentes.

I

Le premier phénomène qu'on observe dans l'évolution des sociétés, c'est celui de la croissance. Nous savons déjà qu'il est analogue au phénomène organique du même nom puisqu'il se produit, comme lui, par suite de ce double fait, que les unités primitives se segmentent et que leurs rejetons leur demeurent unis. D'autre part, nous avons aussi expliqué (chapitre VI) comment cette croissance produit, dans la société comme dans l'organisme, d'abord des feuillets, puis des segments, ensuite des organes et des appareils, des tissus et des systèmes. Sans revenir sur ce que nous avons dit précédemment, indiquons quelques rapprochements nouveaux entre le processus organique et le processus social relatif à la formation des organes.

La raison générale qui explique leur production, c'est la différenciation. Toutes les cellules à l'origine sont semblables, sous la forme de « cellules embryonnaires ». Tous les individus, de même, le sont primitivement. Plus tard des différences de forme se marquent, en corrélation avec des différences de fonction. Plusieurs auteurs ont fait observer que l'appareil de direction, dans la société, se différencie le premier : le chef s'est spécialisé dans une fonction déterminée, celle du gouvernement, bien avant que divers métiers se soient séparés chez ses sujets. De même, chez les plus inférieurs des métazoaires (êtres polycellulaires), à savoir les célentérés, particulièrement chez les méduses, où la digestion, la circulation, la respiration, l'excrétion n'ont point encore d'organes séparés, on voit poindre un rudiment de tissu nerveux. L'organe de relation, dans les sociétés comme dans les organismes, se sépare donc tout d'abord des organes de nutrition, après quoi seulement ceux-ci se différencient les uns des autres. — Le développement des organes dans l'être social se fait aussi par les mêmes procédés que dans l'être vivant. Pour ce dernier, un histologiste distingué, M. Prenant, a indiqué quatre procédés généraux de modification des organes (1) :

1° Extension par dilatation, allongement, bourgeonnement, ramification, anastomose, végétation ;

2° Apposition, soit d'une cellule, qui émigre d'un tissu voisin (ainsi, même chez l'adulte, des cellules lymphatiques migratrices vont s'incorporer à l'épithélium des cavités séreuses), soit même d'un organe complet (exemple : enchevêtrement du foie avec un réseau vasculaire et connectif, qui remplit toutes ses mailles) ;

3° Segmentation ;

4° Résorption.

Tous ces procédés ont leurs analogues sociaux.

1° Extension : il y a dilatation et allongement d'une industrie quand elle embrasse un plus grand nombre de travailleurs ou de machines ; il y a bourgeonnement, ou végétation quand les fils des ouvriers primitifs viennent se joindre à eux ; il y a ramification quand cette industrie s'ouvre des débouchés nouveaux ; il y a anastomose quand elle s'associe avec d'autres industries.

2° Apposition : l'adjonction au corps industriel d'un ouvrier venu d'une autre profession représente l'apposition cellulaire ; la pénétration dans ce corps d'un autre organe ayant sa vie propre (par exemple, la pénétration d'un élément militaire dans les corps des chemins de fer, des postes, des télégraphes, etc.), représente l'apposition organique.

3° Segmentation : la division entre deux villes d'une industrie jusque-là réservée à une seule en est le modèle.

4° Résorption : la fermeture d'une usine faute de travail nous en montre trop souvent l'application.

Une autre remarquable ressemblance évolutive entre sociétés et organismes consiste dans les métamorphoses. Généralement, elles s'opèrent lentement, chez les unes comme chez les autres.

---

1. Notions d'embryologie (dans le *Traité d'anatomie humaine* de P. Poirier).

C'est ainsi que la métamorphose du monde romain en monde chrétien mit trois siècles pour s'accomplir ; c'est ainsi que la transformation de la chenille en papillon se fait par une modification des organes qui exige un temps considérable relativement à la durée ordinaire de l'existence de ces petits animaux. Mais, si la préparation a été lente, l'explosion peut être soudaine. Il n'est pas de métamorphose organique qui ait mis moins de temps à se manifester — toutes proportions gardées bien entendu — que la métamorphose de la société française par la Révolution de 1789, préparée d'ailleurs de longue main par une évolution intellectuelle et sociale considérable. Même parfois, dans la société, le changement total, ses phases préparatoires comprises, peut être extrêmement rapide. Ainsi, dit Spencer, « l'immense transformation que les chemins de fer et les télégraphes ont causée subitement, a fait que, dans le cours d'une génération, l'organisme social a passé d'un état semblable à celui d'un animal à sang-froid pourvu d'un appareil circulatoire médiocre et de nerfs rudimentaires, à un état semblable à celui d'un animal à sang chaud, pourvu d'un système vasculaire complet et d'un appareil nerveux développé, grâce à l'évolution rapide des appareils distributeur et internoncial ». Une transformation analogue a exigé des siècles dans la série évolutive des organismes. La singulière rapidité avec laquelle elle s'est accomplie dans les sociétés humaines tient à la plasticité bien plus grande de ces dernières, plasticité qui constitue même l'un des caractères qui les différencient — nous le savons — des êtres vivants individuels.

Si certaines sociétés présentent des métamorphoses fréquentes, rapides et profondes, il ne faudrait pas croire qu'il en soit ainsi pour toutes. Quelques-unes sont très réfractaires au changement, les tribus arabes par exemple. Plus longtemps une société a vécu sous des institutions, plus ces institutions lui tiennent à cœur ; elles passent héréditairement « dans le sang » de ses membres, qui ne veulent plus y renoncer même en vue d'avantages considérables. Ainsi la société chinoise, la plus vieille des grandes sociétés que nous connaissions, est aussi la plus immobile. Un fait analogue se retrouve dans l'animalité. Les types les plus anciens sont, là aussi, rétifs à la transformation. Nos foraminifères rappellent totalement ceux des temps primaires ; jusque parmi les mollusques, le trochus traverse des couches innombrables sans transformations. Moins un être a changé dans le passé, moins il est à croire qu'il changera dans l'avenir.

L'hérédité ne fixe pas seulement les caractères ancestraux. Elle ramène aussi ceux qui ont momentanément disparu. Les *retours ataviques* ne sont pas plus rares dans les sociétés que dans les organismes. Devant des malheurs publics, ou parfois simplement sous l'empire de la crainte de malheurs imaginaires, renaissent chez les peuples les plus civilisés quelques-unes des plus étranges, ou parfois des plus barbares pratiques de l'antiquité. De notre temps même, on a vu surgir parmi nous des sectes nouvelles, qui se disent les héritières des prêtres d'Eleusis, de certaines fractions de la primitive Eglise ou des Templiers ! La cause de ces bizarres formations est la même que celle qui fait reparaître chez un individu, à cinq ou six générations de distance, les traits oubliés d'un aïeul.

Enfin il y a encore une analogie évolutive à relever dans le fait des *organes rudimentaires*. En biologie, à prendre ce mot dans son sens littéral, il semblerait devoir indiquer un organe à peine naissant, et qui a encore tout son développement à accomplir. C'est pourtant le sens directement contraire qu'on lui donne habituellement. On entend d'ordinaire par ce terme un organe qui fut jadis bien développé, mais qui, étant devenu inutile, s'est réduit anatomiquement peu à peu et qui est en voie de disparition. La glande pinéale des vertébrés en est un exemple frappant. Cet organe (où Descartes plaçait le siège de l'âme) est en réalité le reste d'un appareil oculaire. Les vertébrés primitifs possédaient un troisième œil, impair, placé sur le sommet de la tête (1). Cet œil, dont il subsiste encore des traces chez

---

1. C'est peut-être ce qui a donné naissance à la légende des Cyclopes.

quelques reptiles (*Halitheria punctata*) a progressivement disparu chez les autres vertébrés, et l'hypophyse en est chez l'homme le « témoin ». Pareillement, il y a des appareils qui ont eu jadis dans la société une réelle importance ; qui, à un certain moment, ont vu leur rôle physiologique diminuer et ont par suite décru anatomiquement ; qui pourtant survivent encore, alors qu'ils sont devenus à peu près totalement inutiles. On en peut citer un curieux exemple, celui des « gardes du commerce » dont la loi de 1866, abolissant la contrainte par corps presque en toutes matières, n'a pas amené la disparition. Mais de bien plus considérables pourraient être donnés. La noblesse, et à certains égards le clergé, sont en France des organes anciens qui tendent à devenir rudimentaires ; Taine a admirablement montré, dans le premier volume de ses *Origines de la France contemporaine*, comment le rôle de la noblesse s'était progressivement réduit, et a indiqué que la Révolution n'a fait que consacrer cet état de choses en lui enlevant des privilèges depuis longtemps injustifiables, hors de toute proportion avec les services actuellement rendus. Des corporations de cette sorte passent donc lentement à l'état rudimentaire. Pour la doctrine qui voit dans les institutions les vrais « éléments » de la société, il faut considérer comme organes rudimentaires les *pratiques* (économiques, religieuses, politiques, etc...) en voie de se perdre, et non plus les corps en train de disparaître. Aussi M. Edward Tylor a-t-il noté très curieusement dans sa *Civilisation primitive* ces *survivances* des régimes disparus, au premier rang desquelles on doit placer les *superstitions*, croyances ou pratiques religieuses qui eurent autrefois leur raison d'être, mais qui nous choquent aujourd'hui, parce qu'elles sont en désaccord avec tout le reste de notre organisation sociale et qu'elles représentent les débris, trop lents à disparaître, d'un passé que nous avons rejeté. N'adoptant pas le principe même de la théorie de M. Tylor, la comparaison de l'institution et de la cellule, nous ne pouvons que signaler ici les recherches, d'ailleurs intéressantes et approfondies, par lesquelles il l'a « illustrée » sur le point qui nous occupe.

II

Nous passons aux effets produits sur les sociétés par leurs relations réciproques. On sait déjà quelle importance et quel rôle nous attribuons à leurs unions. Expliquons-nous maintenant sur leurs luttes. Ce sujet est d'une très haute importance, surtout si l'on songe que les luttes entre sociétés ne se manifestent pas seulement par des guerres, mais bien par des rivalités de toute sorte. A côté de la guerre proprement dite, il faut placer la lutte industrielle, non moins âpre et souvent non moins meurtrière ; la lutte politique ou diplomatique entre gouvernements cherchant chacun à attirer les autres puissances dans son cercle d'attraction ; la lutte intellectuelle enfin, tout peuple voulant faire adopter, par les peuples voisins, sa religion, ses arts, sa science. En somme, par tous les moyens possibles, chaque nation tend sans cesse à assurer sa prééminence sur les nations étrangères, à les englober en elle ou à les asservir, c'est-à-dire, au fond, à s'établir sur leurs ruines. La lutte pour la vie est donc la loi universelle des sociétés, comme elle est la loi universelle des organismes individuels. Est-il du moins exact de dire, avec M. Schaeffle (1), qu'elle soit moins âpre entre les sociétés qu'entre les organismes ? Cela ne paraît vrai, dans le livre de l'auteur précité, que parce qu'il compare les sociétés humaines aux animaux autres que l'homme. En réalité, les luttes ne sont pas moins cruelles entre les sociétés animales qu'entre les animaux, entre deux fourmillières qu'entre deux fourmis ; ni entre les sociétés humaines qu'entre leurs éléments, entre deux nations qu'entre deux hommes. Ce qui est exact seulement, c'est que les luttes entre sociétés humaines tendent à devenir moins sanglantes que par le passé. Il est vrai que les engins de guerre sont plus meurtriers qu'autrefois ;

---

1. *Structure et vie du corps social*, 2ᵉ édition, 1881, tome 1, p. 5.

mais cela même abrège considérablement la durée de la lutte :
on ne reverra plus, sans doute, de guerre de cent, ni même de
trente ans ; il n'y a guère d'exemples en Europe, depuis la chute
de Napoléon Ier, de guerre qui ait duré des années. Bien plus,
l'idée des ravages épouvantables que produirait toute guerre
nouvelle, agit à la façon d'un frein pour empêcher qu'aucune
nation veuille en donner le signal ; en somme, depuis plus de
vingt ans, l'Europe occidentale jouit de la paix, bien que les
conséquences funestes du militarisme pèsent toujours sur elle.
D'autre part, sans doute, les luttes industrielles sont plus
redoutables aujourd'hui que jadis ; mais elles ont, à coup sûr,
un caractère moins odieux que les guerres proprement dites.
Quant aux luttes diplomatiques, elles n'amènent la mort de
personne. Et les luttes intellectuelles sont bienfaisantes au lieu
d'être meurtrières, puisque le vaincu ici n'est ni tué ou asservi,
comme dans la guerre, ni privé de son travail et réduit à la
misère, comme par l'effet de la lutte industrielle, mais au contraire formé à une civilisation plus parfaite que la sienne, c'est-
à-dire instruit et élevé. Au reste ces luttes intellectuelles n'en
sont pas moins parmi les plus actives. Les langues, les religions,
les littératures, se livrent des combats acharnés, dont M. Novicow a donné d'instructifs tableaux dans son livre récent sur *les
Luttes entre les Sociétés*. Les conclusions de cet auteur sont
que la France a, en général, dans ces sortes de joutes, une supériorité marquée. Souhaitons que cette victoire pacifique, — la
conquête du monde par l'idée, — seul genre de triomphe dont
on puisse vraiment s'enorgueillir, lui reste définitivement !

Examinons maintenant les causes qui provoquent les guerres
entre sociétés humaines. Ces causes sont économiques, intellectuelles, politiques. — Diverses raisons « économiques » peuvent
pousser un peuple à en attaquer un autre. Ou bien il veut faire
de celui-ci sa proie, son aliment ; ce sont des luttes dont l'an-
thropophagie est le but. Ou bien il ne s'agit pas de se nourrir
de l'adversaire, mais il faut supprimer en lui un compétiteur
aux aliments auxquels la tribu prétend ; tel groupe cultive des
terres, ou bien il occupe des territoires de chasse qui sont néces-

:saires à un autre clan pour vivre ; celui-ci le massacre ou l'expulse pour s'en emparer. Ou bien encore il s'agit de se procurer des esclaves, de la main d'œuvre supplémentaire et gratuite: on fait la guerre pour avoir des prisonniers. Ou enfin on la fait pour enlever du butin, pour obtenir un tribut annuel. — D'un autre côté, la lutte peut avoir une cause intellectuelle : les guerres de religion en sont un exemple. — Elle peut avoir une cause purement politique, le désir d'un souverain de s'assujettir des provinces d'un autre Etat. — Tels sont les divers mobiles qui poussent les groupes humains à se jeter les uns sur les autres. Presque toujours, ce sont leurs voisins immédiats qu'ils attaquent. Or, deux peuples placés en contact sont d'ordinaire assez semblables par le tempérament et les mœurs. On peut donc dire que l'hostilité est ici en raison directe de la similitude. Une loi analogue se rencontre d'ailleurs dans l'animalité. Quand deux espèces sont très analogues l'une à l'autre, elles vivent d'ordinaire dans un même milieu (1). Se disputant les mêmes aliments, elles en viennent presque fatalement à se combattre. D'ordinaire l'une détruit l'autre. C'est ce qui explique que les « types de transition » sont relativement rares. Attaqués à la fois par les deux espèces auxquelles ils ressemblent, entre lesquelles ils forment traits d'union, ils succombent nécessairement, et souvent disparaissent sans laisser de traces. Voilà pourquoi l'animalité ne se présente pas, ainsi qu'elle l'est vraiment, comme une chaîne continue et ininterrompue d'êtres tous plus ou moins dissemblables, plus ou moins semblables, ayant chacun son individualité, mais chacun tenant à tous les autres ; et qu'elle nous apparaît, au contraire, comme un ensemble fragmentaire d'espèces souvent séparées par de grandes distances les unes des autres. La lutte pour la vie, en éliminant les types intermédiai-

---

1. Similitude et voisinage s'entraînent l'un l'autre. Le voisinage a d'abord été effet de la similitude, les êtres nés d'une même souche restant primitivement unis. Plus tard, après la dispersion des groupes, les êtres qui se ressemblaient se trouvaient naturellement portés vers les mêmes lieux, ce qui faisait encore de la similitude la cause du voisinage, quoique d'une autre façon.

res, en forçant les êtres à diverger pour échapper à la concurrence, a produit cette apparente discontinuité.

Quelles raisons, maintenant, ont assuré la victoire à une tribu, à une nation, sur ses concurrentes ? On en peut relever plusieurs. D'abord, le nombre des individus composant le groupe. Quoique le chiffre n'ait plus la même importance dans les guerres actuelles que dans celles d'autrefois, on sait combien la faible natalité de la France est inquiétante à ce point de vue. Elle l'est surtout à l'égard des luttes industrielles et mentales. Il est clair que, à intelligence égale, le pays qui a le plus de travailleurs, manuels ou intellectuels, doit l'emporter. — Mais, nous venons de le dire, c'est seulement « à intelligence égale » que ce résultat se produit. Le facteur psychologique est en effet le plus considérable de tous. Déjà, dans les luttes entre individus vivants, on voit des êtres plus petits l'emporter sur de beaucoup plus volumineux grâce à des qualités essentiellement mentales, l'adresse, la ruse, le courage. Il en est de même, *a fortiori*, dans les luttes entre société humaines. Ici les qualités intellectuelles et morales sont incontestablement les plus précieuses. A la guerre, c'est le courage des combattants, leur discipline, leur patriotisme, et aussi la science et l'habileté tactique de leurs chefs, qui décident de la victoire. Dans les luttes industrielles, c'est l'ingéniosité de l'inventeur, la hardiesse et l'esprit pratique du chef d'entreprise, l'énergie et le zèle de ses ouvriers qui font le succès. Dans les luttes diplomatiques, tout est affaire de tact ou d'audace. Dans les luttes de civilisation, c'est le degré de perfection d'une doctrine ou d'une langue qui assure son expansion. — Entre tous les moyens de combat, il en est un auquel il faut faire une place à part : c'est l'imitation. En un sens, c'est souvent le but de l'agresseur d'obtenir du vaincu son imitation : tel est le cas pour les guerres où un Etat se propose de faire de l'autre son vassal, de lui imposer sa religion, etc. Mais, d'autre part, l'imitation est aussi un moyen de résistance. Si votre adversaire a une arme meilleure que la vôtre, copiez-la. On sait que les Romains usèrent largement de ce procédé, qu'ils refirent tout leur outillage militaire primitif en empruntant à chacun de leurs adversaires le casque, le bouclier, l'épée, qui faisait sa supériorité. Les nations modernes, de même, s'empruntent (ou plutôt se volent), des modèles de fusils, des engins explosibles, etc. S'agit-il d'une lutte industrielle, diplomatique, intellectuelle? Ici encore, le meilleur moyen pour se défendre, et même pour pouvoir prendre l'offensive à son tour, sera souvent d'imiter l'adversaire, en tâchant de faire mieux que lui dans la direction même où il excelle. L'industrie met chaque jour ce principe en pratique. — Il y a là, on le voit, quelque chose d'analogue à ce qu'est pour l'être individuel le *mimétisme*, cette ingénieuse manœuvre par laquelle une espèce échappe à ses adversaires en *imitant* la couleur et l'aspect du sable, des feuilles mortes, d'une autre espèce plus redoutable, etc., ou par laquelle un individu se sauve en « faisant le mort ». L'analogie évidemment est bien loin d'être complète, puisqu'ici l'attaqué contrefait, non l'agresseur, mais un autre être. Cependant il y a toujours là un fait d'imitation, et le principe lointain, sinon le principe immédiat des deux actes est bien le même.

Demandons-nous maintenant quels sont les résultats des guerres. Par rapport au vaincu, tout d'abord, la défaite peut amener pour lui :

1° La mort, soit qu'il soit dévoré, soit qu'il soit massacré par le vainqueur ;

2° L'expulsion du territoire qu'il occupait ;

3° La réduction à l'état d'esclave ou de serf, le vainqueur s'emparant de sa terre, de ses biens et de sa personne et l'obligeant à travailler pour lui ;

4° La simple réduction à l'état de tributaire, le vainqueur lui laissant sa liberté et une semi-autonomie, mais l'obligeant au paiement d'une redevance annuelle, et à certains actes de vasselage (prêter hommage, fournir des contingents militaires, etc.) ;

5° L'incorporation directe des vaincus dans la société victorieuse, à titre plus ou moins égal à celui des vainqueurs mêmes.

6° Enfin, il peut arriver que le vainqueur, sans toucher à la liberté des vaincus, à leurs biens, ni à l'indépendance de leur Etat, se borne à exiger de celui-ci une indemnité de guerre, des avantages commerciaux, ou une certaine attitude politique, par exemple, l'adhésion à une confédération dont lui-même a l'hégémonie.

Mais les effets de la victoire sur le peuple vainqueur ne sont pas moins dignes de remarque. Ils sont à la fois heureux et funestes. Le succès augmente la fierté de ce peuple, le sentiment qu'il a de sa puissance et de sa grandeur : cela contribue à lui donner plus d'assurance dans les relations diplomatiques, et par suite plus d'influence ; mais souvent aussi cela l'endort dans une trompeuse sécurité, présage d'une ruine prochaine. La victoire, en outre, fait généralement affluer chez le vainqueur les richesses du vaincu : de là, pour un moment, développement du bien-être et surexcitation de l'industrie chez le premier. Mais bientôt, d'ordinaire, cette source artificielle de prospérité se tarit, et, si le vainqueur ne peut plus faire de nouvelle conquête, la surproduction amène un effondrement dans son commerce, et à côté des splendeurs de la veille, l'état actuel de son peuple paraît misérable. Enfin, la victoire a d'ordinaire aussi pour effet de donner à tout ce qui a trait à la guerre une place à part, une place d'honneur dans les préoccupations publiques : il en résulte qu'on attribue plus d'importance à l'éducation physique, aux arts qui peuvent, de près ou de loin, servir dans les opérations militaires, au développement de l'esprit de discipline dans la nation. Mais, en revanche, le peuple vainqueur subit tous les inconvénients du militarisme. Etait-il en république, il risque de tomber sous la domination du général triomphateur et de ses soldats. Etait-il monarchique, il voit s'opérer une recrudescence de l'esprit martial, se marquant notamment par la restriction des libertés publiques, par la nomination d'officiers aux principales charges de l'Etat, par l'obligation d'observer dans la vie civile même la réglementation minutieuse des armées. L'éducation nationale se ressent des mêmes influences : les vertus guerrières y sont exaltées aux dépens de toutes les autres ; l'humanité, la générosité, la recherche désintéressée du bien et du vrai cessent d'y être mises en honneur; il en résulte fatalement que ce peuple s'arrête dans la voie du progrès véritable, le progrès économique, intellectuel et moral, et cesse de servir les vrais intérêts de l'humanité.

En dehors des résultats spéciaux au vaincu ou au vainqueur, la lutte entre sociétés amène encore d'autres résultats dont il faut dire un mot. Elle est l'un des principaux facteurs de la différenciation des groupes sociaux. En effet, nous avons déjà vu que, dans l'animalité et dans le monde social en même temps, les êtres les plus voisins sont d'ordinaire ennemis, parce que, vivant de la même façon, ils se disputent les mêmes subsistances. Par suite, deux peuples voisins, s'ils veulent subsister côte à côte sans se faire une guerre de tous les instants, sont obligés de se différencier : l'un se tourne vers l'agriculture, l'autre vers tel genre d'industrie, un troisième vers une industrie différente, un dernier vers le négoce maritime. Bien entendu, ils sont obligés de tenir le plus grand compte des nécessités imposées par la situation et la fertilité du sol sur lequel ils vivent. Mais enfin ils peuvent réagir, modifier le pays lui-même, et en tous cas y développer toutes sortes d'industries et de trafics où leur ingéniosité se donne libre carrière. C'est par le progrès de la différenciation entre sociétés qu'on peut espérer voir les guerres proprement dites devenir plus rares et peut-être cesser : si les modes d'activité et les ressources diffèrent, les occasions de conflit diminuent ; de plus, chaque nation, ne produisant plus qu'une partie de sa subsistance, est obligée d'emprunter à toutes les autres leurs denrées, en échange des siennes ; il s'établit ainsi entre toutes les sociétés une véritable solidarité économique qui agit puissamment en faveur du maintien de la paix. — Mais il faut d'autre part, pour qu'elle dure, qu'à ce sentiment de solidarité économique se joigne un sentiment de solidarité morale. Celui-ci, c'est à l'éducation à le développer. Il faut que les hommes apprennent à se reconnaître tous frères les uns des autres, comme ayant tous la même nature fondamentale, les mêmes facultés générales, la même destinée. Il faut, en un mot, que, plus leur différenciation industrielle s'accentue, plus les nations prennent conscience de leur unité intellectuelle et morale. Chose remarquable! Les luttes, ici encore, ont un rôle utile. Non pas assurément les luttes guerrières : celles-là détruisent au contraire le sentiment de la fraternité universelle. Mais nous voulons parler des luttes de civilisation. Les idées d'un peuple, quand elles sont larges et élevées, se répandent peu à peu au delà de ses frontières. Sa langue, ses mœurs, son culte, ses arts, sa conception philosophique et scientifique du monde et de la vie sont progressivement adoptées par ses voisins immédiats, puis par ses voisins éloignés. Comme plusieurs grandes nations agissent à la fois de cette manière, il se produit sans doute des conflits d'influence au sein des sociétés envahies, et même au sein de ces grandes nations, car elles sont à la fois, intellectuellement, conquérantes et conquises. Mais les forces en conflit, ici, finissent par se composer. Soit deux civilisations en lutte pour prendre possession d'un pays tiers. Chacune d'elles triomphe sur les points où elle est la plus avancée, et du mélange des parties les meilleures de chacune d'elles se forme une culture nouvelle. Celle-ci à son tour agit sur les deux nations d'où elle avait tiré son origine, et fait peu à peu admettre par chacune d'elles ce par quoi elle peut lui être utile. Le nivellement des civilisations s'opère ainsi lentement, mais à coup sûr. Le résultat est que les peuples vont se ressemblant de plus en plus quant à la culture morale et intellectuelle. Par là-même ils sont amenés à se rendre chaque jour mieux compte de leur similitude essentielle, et cela est un obstacle au renouvellement incessant des guerres. — Ainsi la lutte pour la vie a produit tour à tour la différenciation et le rapprochement des groupes sociaux. Or, cette divergence et cette convergence favorisent toutes deux l'extinction des guerres. On est donc amené à penser que la lutte entre sociétés se portera de plus en plus, du terrain militaire, sur le terrain industriel, où elle est moins malfaisante, et sur le terrain mental, où elle est bienfaisante. Elle ne cessera pas sans doute, mais elle se transformera dans le sens le plus utile à l'humanité.

Un dernier point reste à signaler. Nous savons qu'il y a tantôt lutte, tantôt union entre les sociétés. On peut rattacher à cette double idée la notion des diverses formes d'agrégations qui existent entre groupes humains : ces agrégations d'ailleurs peuvent être comparées très exactement aux sociétés animales. On sait que dans le monde vivant il existe trois principaux types de groupements entre animaux ou plantes d'espèces différentes : 1° le *parasitisme*, où un être exploite son hôte en vivant à ses dépens : telles les diverses sortes de vers et d'insectes, parasites externes ou internes de l'homme ; 2° le *commensalisme*, où un être vit des aliments qu'un autre lui abandonne, mais sans beaucoup nuire à celui-ci : tel le pinnothère, crustacé commensal de la moule ; 3° enfin le *mutualisme*, où les deux êtres se rendent des services réciproques : tels le bernard — l'hermite et l'actinie qui vit sur la coquille de gastéropode dans laquelle le bernard se loge ; dans le règne végétal le *mutualisme* prend le nom de *symbiose*, et le type de celle-ci est fourni par l'association d'une algue et d'un champignon pour constituer un lichen. — Or les mêmes formes de groupements se rencontrent parmi les sociétés humaines. Les pirates d'Alger étaient les parasites de l'Europe occidentale ; les Turcs sont peut-être encore ceux de l'Europe orientale. L'état monégasque est le commensal de la France. Les unions de deux pays sous un même souverain, Autriche-Hongrie, Suède-Norwège, nous donnent un exemple de symbiose, bien que souvent les Etats associés croient devoir réclamer leur complète autonomie. Le *mutualisme* est aussi la règle pour les États confédérés, tels que l'Empire d'Allemagne depuis les évènements de 1870, et pour les confédérations d'Etats proprement dites, telles que la République helvétique, les Etats-Unis de l'Amérique du Nord, les diverses Républiques sud-américaines. Les ligues, les alliances politiques de deux ou de plusieurs Etats représentent aussi un *mutualisme* temporaire.

Le vœu des philanthropes est que le régime du *mutualisme* et de la symbiose, le régime de l'association avec services respectifs, où il n'y aurait plus d'autres conflits que des luttes fécondes entre idées et cultures, se généralise progressivement et finisse par englober, non-seulement les nations européennes, mais toutes les sociétés humaines. Ce vœu, moins chimérique peut-être que certains ne le disent, est en tout cas très noble, et très digne que tous les esprits élevés travaillent à sa réalisation.

CHAPITRE QUATORZIÈME

CLASSIFICATION DES SOCIÉTÉS.

Qu'est-ce, en biologie, que la classification? On reconnaît d'ordinaire à cette opération deux buts : former des espèces avec les individus, indiquer les affinités des espèces entre elles. C'est donc sur la notion d'espèce que tout le travail repose. Mais en quoi consiste l'espèce elle-même? Il en existe d'innombrables définitions, qui peuvent être partagées en deux groupes. Pour les uns, l'espèce se caractérise par la similitude des êtres qu'elle renferme : suivant la formule des logiciens, elle est l'ensemble des individus qui présentent entre eux plus de ressemblances que de différences, et plus de ressemblances entre eux qu'avec n'importe quel autre être. Mais pour d'autres, l'espèce se caractérise, non plus par la forme des êtres rapprochés, mais par leur genèse : elle est l'ensemble des individus qui dérivent, qui descendent, ou les uns des autres, ou tous d'un ancêtre commun déterminé. La première définition s'attache, comme on voit, à des considérations *statiques;* la seconde, à des considérations *dynamiques.* A vrai dire, elles arrivent sensiblement aux mêmes résultats pratiques : car les organismes qui se ressemblent le plus sont ceux qui sont dérivés d'une même souche. L'un ou l'autre de ces critères peut donc, en biologie, être adopté indifféremment. Il y a d'ordinaire avantage à se servir du premier : les ressemblances, en effet, se constatent plus aisément que les filiations. Ce n'est pas sans doute qu'il soit toujours aisé de dire si un individu déterminé ressemble plus aux membres de tel groupe qu'à ceux de tel autre. S'il fallait compter tous ses caractères pour les comparer aux leurs, l'opération n'aurait pas de fin. Heureusement la pratique a appris qu'il est des caractères *dominateurs*, c'est-à-dire tels que leur présence entraîne toujours celle de divers autres : par exemple, on peut considérer comme un caractère dominateur la forme de la dentition chez les mammifères ; elle est liée d'une façon étroite au mode d'alimentation de l'animal, et par suite on est sûr que de nombreux traits de la conformation interne de l'individu varient en même temps qu'elle. Dans d'autres classes, le caractère dominateur sera tiré d'un organe différent. Mais en somme il y a toujours des caractères dominateurs qui permettent de reconnaître les espèces (1). Dès qu'un de ces caractères est rencontré chez un individu, on sait à quel groupe rapporter celui-ci.

Ainsi, le premier caractère, celui qui est tiré de la ressemblance, est celui qui peut le plus utilement servir pour placer un individu dans telle ou telle espèce. C'est aussi grâce à lui qu'on peut le mieux comparer les espèces entre elles, et les répartir en genres, familles, etc... Mais si cette notion est la plus commode pour reconnaître et décrire, c'est, au contraire, l'autre notion, celle de parenté, qui seule peut permettre d'expliquer. Pourquoi un certain nombre d'êtres se ressemblent-ils, au point que connaître l'un c'est presque connaître l'autre ? C'est parce qu'ils descendent d'un même ancêtre, relativement rapproché d'eux. Pourquoi maintenant un plus grand nombre (appartenant non plus à une seule espèce, mais à diverses espèces d'un même genre, d'une même famille, etc...) se ressemblent-ils, moins

---

1. Le nom de caractère dominateur n'est peut-être pas parfaitement choisi. En effet, ce n'est pas parce qu'il a telle dentition qu'un animal a les organes internes conformés de telle et telle façon ; mais sa dentition est la marque d'un genre de vie qui entraîne ces conformations. Les caractères auxquels s'attache le spécificateur ne sont donc pas, par eux-mêmes et objectivement, dominateurs. Ce n'est pas une loi de causalité, mais une simple loi de coexistence, qui leur rattache les caractères dits subordonnés. Ils ne sont que les signes externes, facilement reconnaissables, d'un mode d'existence qui, lui, est vraiment dominateur, puisqu'il produit réellement toute une série de caractères anatomiques dérivés.

étroitement sans doute, mais pourtant d'une façon sensible encore ? C'est parce qu'ils ont aussi en commun un ancêtre, plus éloigné celui-là. La théorie de la descendance explique seule le vrai sens de ces notions d'espèce, de genre, etc... Avant elle, la ressemblance des individus, les analogies des espèces demeuraient incompréhensibles. Pourquoi deux espèces de fourmis, par exemple, se rapprochent-elles et diffèrent-elles tant à la fois ? La réponse aujourd'hui est simple. Elles ont une même souche. Elles ont hérité de leur commun ancêtre certaines formes : de là leurs similitudes. Mais les descendants immédiats de cet ancêtre se sont adaptés à des milieux plus ou moins différents, parce que un milieu unique ne leur eût pas permis de subsister côte à côte. Ils ont acquis par là des caractères différentiels. Ils les ont transmis à leurs propres descendants, qui les ont accentués encore en continuant à vivre dans le même milieu. De là, les dissemblances qui séparent actuellement les deux espèces. En somme, la classification, de ce point de vue, prend un aspect nouveau, un sens autrement profond. Elle ne se contente plus de constater les affinités des êtres, elle en rend raison.

Au lieu d'être simplement un tableau de la division des individus dans l'espace, elle cherche à montrer leur relation dans le temps, à prendre la forme d'un arbre généalogique. Elle se lie, par là, à l'étude des questions relatives à l'origine et au développement des formes vivantes. Aussi ses procédés d'investigation s'étendent-ils singulièrement. Elle ne se borne plus à recourir à l'anatomie comparée des organismes, étude des formes vivantes existant actuellement. Elle interroge aussi la paléontologie, science des formes disparues, parmi lesquelles elle espère retrouver les ancêtres des types contemporains. Elle s'adresse, en outre, à l'embryologie, pensant que celle-ci pourra former le lien entre les deux autres : en effet, les êtres vivants actuels passent dans leur évolution individuelle par une série d'états représentant les formes ancestrales; il se pourrait donc qu'on vît l'embryon aller, d'un stade analogue à celui de tel fossile, par une série d'autres stades rappelant tels autres êtres

disparus, à un dernier qui ne serait autre qu'un type actuel ;
tout au moins y a-t-il lieu de chercher dans cette voie, et c'est ce
que font aujourd'hui presque tous les biologistes (1). L'emploi
de ces trois méthodes combinées a déjà donné de brillants résultats, et a permis, notamment à Hœckel et à M. Giard, de
dresser des tableaux généalogiques du règne animal qui, sans
être définitifs évidemment, sont déjà une notable approximation
de la vérité cherchée.

Ne pourrait-on pas employer en science sociale ces divers
procédés, qui réussissent si bien en biologie? Ne pourrait-on
donner des groupes sociaux une classification fondée sur leurs
ressemblances? Ne pourrait-on essayer de dresser leur arbre
généalogique ? Les deux problèmes ne sont pas totalement
identiques : on peut reconnaître des similitudes, sans être en
état de préciser la descendance ; on peut sentir que certaines
formes ont une parenté, sans savoir d'où elle leur vient. De ces
deux questions, la première seule a été bien posée jusqu'ici par
les sociologues ; nous examinerons d'abord ce que valent les
solutions qu'ils en ont données, puis nous chercherons à résoudre le problème de la descendance.

I

Existe-t-il, tout d'abord, un critérium clair et certain par
lequel on puisse reconnaître le plus ou moins d'affinité des organismes sociaux? Il faut répondre malheureusement par la négative. Déjà, dans l'animalité, la détermination des caractères
dominateurs est chose fort difficile. Elle l'est bien davantage
dans le monde social. La raison s'en doit chercher dans l'influe

1. Mentionnons toutefois le dissentiment de M. Edmond Perrier.
Selon cet éminent zoologiste, l'anatomie comparée et la paléontologie
devraient seules être prises en considération immédiate. L'embryologie ne pourrait qu'être expliquée par elles, et nullement servir à les
élucider.

complexité des sociétés. Ici les séries de phénomènes enchevêtrées sont beaucoup plus nombreuses ; et, bien que sans doute
il y en ait, ici encore, qui soient caractéristiques, il est plus difficile de les dégager de la masse énorme des phénomènes environnants. Voilà pourquoi on n'a pu jusqu'à présent se mettre
d'accord sur un principe général de classification des organismes sociaux. Nous allons étudier successivement les divers
principes qui ont été proposés, en les divisant en deux grandes
séries : ceux qui se rattachent à la considération anatomique des
structures ; ceux qui se rattachent à la considération physiologique du genre de vie, des fonctions.

Au point de vue anatomique tout d'abord, les êtres peuvent
se classer suivant la complexité de leurs parties. L'animalité
nous montre la série des êtres s'élevant de la forme la plus simple à la complication la plus haute. Il en est de même dans la
série sociale. M. Herbert Spencer dit très justement qu'on peut
distinguer des sociétés simples et des sociétés composées ; et,
parmi celles-ci, des sociétés simplement composées, doublement
composées, triplement composées, etc... La société simple est ce
que nous avons appelé une famille primitive ; la société simplement composée répond à une tribu (1) ; la société doublement
composée est une peuplade ; les républiques de la Grèce antique
nous offrent l'exemple de sociétés triplement composées ; les
grands peuples modernes représentent des sociétés d'un degré
de composition encore plus élevé.

Le difficile est de préciser à quel degré appartient tel ou tel
groupe ; mais on sait qu'il en est de même dans l'animalité (2),
et il ne faut pas prétendre, au début d'une science (la sociologie

----

(1) Ce que les auteurs appellent horde ou clan correspond tantôt à
une famille, tantôt à une tribu.

(2) M. Edmond Perrier divise les êtres, d'après leur complexité, en
plastides, mérides, zoïdes, dômes (voir ses *Colonies Animales* et son
Traité de zoologie). M. Alfred Giard adopte une division analogue.
Mais il est impossible à ces auteurs d'indiquer, autrement que d'une
façon générale, à quel rang il faut placer les diverses formes organiques.

n'est encore qu'à son début), résoudre immédiatement les questions de détail : l'indication de principes généraux exacts est
tout ce qu'on peut espérer.

Ce qui donne plus de valeur encore au principe de cette
classification et ce qui en même temps permet peut-être de l'appliquer plus aisément, c'est que la complication de l'organisme
est accompagnée, comme nous l'avons montré, d'une différenciation de ses parties. La différenciation, à son tour, entraîne
un concours plus intime des éléments et une plus haute centralisation de l'ensemble. La complexité anatomique a donc ses
répercussions sur l'organisation physiologique, et peut-être,
lorsqu'on sera embarrassé pour déterminer le degré de complication d'une société, pourra-t-on s'aider d'indications tirées du
degré qu'y atteint la division du travail, la solidarité entre
individus et la cohésion de l'ensemble.

M. Durkheim a récemment présenté une vue fort analogue à
celle de M. Spencer, quand il a proposé de diviser les groupes
sociaux en sociétés segmentaires et sociétés centralisées, la division du travail se faisant entre localités dans les premières, entre
professions dans les secondes. Cet auteur ne semble pas d'ailleurs
avoir tiré tout le parti possible de l'idée juste qu'il émettait. Les
deux grandes divisions qu'il indique comportent en effet des
subdivisions. Les sociétés segmentaires pourraient être classées,
d'après leur forme, comme les animaux segmentaires. Il existe,
dans le monde organique, trois grands types d'animaux à segments. Les plus rudimentaires sont les cœlentérés, où les
« individus » composants sont disposés irrégulièrement. Puis
viennent les échinodermes, où ils se répartissent suivant les lois
de la symétrie rayonnée (exemples : les bras de l'étoile de mer,
les rayons de l'oursin). Au-dessus encore, on trouve les vers anne-
lés et les arthropodes, où les segments sont placés bout à bout,
en série linéaire. Ces trois types se retrouvent dans le monde
social. La masse confuse des douze dèmes athéniens, avant
Thésée, représente le type cœlentéré. L'organisation primitive
du peuple romain — trois tribus, divisées chacune en dix curies,
et habitant sur trois collines entourant le Forum — correspond

au type échinoderme. Enfin, la série linéaire des nômes de l'Egypte ancienne, forme de société segmentaire qui confine le plus aux sociétés centralisées, est l'analogue exact du type annelé. — De même, parmi les sociétés centralisées, où s'opère la division professionnelle, il faudrait faire bien des distinctions, suivant que le groupement local a encore de l'importance, ou qu'il s'efface complètement devant le groupement physiologique. — Mais ce n'est pas tout : les types de société « segmentaire » et « organique » ne sont pas les seuls. Ce ne sont, ni les premiers en date — puisque nous avons signalé, avant eux, le type « embryologique » (exemple : les tribus hébraïques et arabes) —, ni les derniers qu'on connaisse — puisque nos sociétés modernes tendent à s'organiser d'après un nouveau principe, le principe « histologique » ou « homomorphique », comportant division essentielle du groupe social en tissus et en systèmes. C'est en s'inspirant de la succession de ces quatre formes de groupement qu'on pourrait, croyons-nous, tenter le plus utilement une classification anatomique des sociétés.

Les essais de systématisation que nous venons de rappeler reposent essentiellement sur la morphologie, bien que des différences fonctionnelles soient liées aux caractères anatomiques qu'ils invoquent en premier lieu. Voici maintenant d'autres tentatives, inspirées directement, celles-là, par des considérations d'ordre physiologique.

Deux d'entre elles, qu'il faut mentionner les premières, reposent sur des notions de physiologie générale. M. Alfred Fouillée (1) a proposé de grouper les formes sociales de la manière suivante : 1° Sociétés très rudimentaires et décentralisées où le tout existe plutôt pour les parties que les parties pour le tout ; exemple : les peuplades sauvages. — 2° Sociétés à centralisation et à décentralisation encore imparfaites, où le tout existe autant pour les parties que les parties pour le tout : « le moyen-âge

_____

1. *La Science sociale contemporaine*, livre II, VII, § II.

pourrait » dit M. Fouillée « nous en offrir plus d'un exemple ».
— 3° Sociétés supérieures aux précédentes, où les individus existent pour l'Etat plus que l'Etat pour l'individu. « On y peut
faire rentrer les Etats militaires fortement centralisés ». —
4° Sociétés très supérieures où l'Etat existe pour les individus
autant que les individus pour l'Etat. « C'est la synthèse idéale
de la centralisation et de la décentralisation, synthèse qui est
en même temps la forme suprême de l'organisme et de la société ».
— Le point de vue auquel se place ainsi M. Fouillée est assurément intéressant. Nous doutons pourtant qu'il puisse conduire
à quelque chose de bien précis. Est-il fort juste, par exemple, de
présenter les peuplades sauvages comme des groupes « décen-
tralisés, où le tout existe plutôt pour les parties que les parties
pour le tout » ? Ne semble-t-il pas, au contraire, que l'ensemble
exerce ici d'ordinaire une véritable tyrannie sur les individus ?
Nulle part la force de la coutume n'est plus grande que dans ces
agglomérations, nulle part le genre de vie n'est moins laissé à
la fantaisie, à la liberté individuelles. Inversement, même dans
« les Etats militaires, fortement centralisés », dans les Etats
despotiques, est-il bien exact de dire que l'individu existe pour
l'Etat plus que l'Etat pour l'individu ? Le gouvernement, ici,
s'occupe fort de ses sujets et de leur bien-être ; il s'en occupe
même trop, en ce sens que ceux-ci préféreraient d'ordinaire être
moins protégés. Il vit donc beaucoup pour eux, s'il exige en
retour qu'eux aussi vivent pour lui-même. D'autre part, y a-t-il
une différence bien grande entre ces Etats militaires, dont
M. Fouillée forme sa troisième classe de sociétés, et les Etats
du moyen-âge dont il compose la seconde ? On ne le pensera
sans doute pas. — Concluons que le *criterium* proposé n'est pas
des plus rigoureux. A notre sens, ces expressions même : « le
tout vit plus pour les parties que les parties pour le tout » ou
inversement, ne marquent rien de bien exact. Les parties vivent
toujours pour le tout exactement autant que le tout vit pour
elles. Car, dire que les éléments existent pour l'ensemble, c'est
dire qu'il y a entre ces éléments une étroite solidarité ; et, si cette
solidarité fait que chacun travaille pour tous les autres, elle fait

aussi que tous les autres travaillent pour celui-là. La vie générale
et la vie locale sont toujours en raison directe l'une de l'autre ; ou
plutôt, elles sont une même chose, considérée sous deux aspects
différents. — La classification précitée de M. Fouillée n'est donc
fondée, en somme, si on veut la renfermer dans les limites où
elle est exacte, que sur le plus ou moins grand développement
de l'organe gouvernemental ; non pas même, comme M. Fouillée paraît le croire, sur le degré de puissance du « système nerveux social », mais seulement sur le degré de puissance de
cette partie de l'appareil directeur des sociétés qui est l'appareil politique. Ainsi restreinte, cette classification ne peut plus
prétendre reposer sur un caractère de physiologie générale, mais
seulement sur un caractère   physiologie spéciale. Nous la
retrouverons sous cette forme quand nous parlerons des classifications fondées sur la considération de telle ou telle fonction
sociale particulière.

L'autre principe de classification tiré de la physiologie
générale, a été proposé par M. Tarde (1), qui déclare l'emprunter au *Traité de l'enchaînement des idées fondamentales*
d'Augustin Cournot. « Les sociétés humaines » écrit M. Tarde
« passent, en se civilisant, d'une phase barbare et en quelque
sorte *organique* (où tous les faits généraux de leur ingénieux et
instinctif développement dans leur poésie, leurs arts, leurs langues, leurs coutumes et leurs lois, rappellent étrangement les
caractères et les procédés de la vie), à une phase administrative,
industrielle, savante, raisonnable, *mécanique* en un mot, qui,
par les grands nombres dont elle dispose, et dont le statisticien
fait des tas égaux, donne lieu à l'apparition des lois ou pseudo-
lois économiques, si analogues sous tant de rapports aux lois de
la physique, et en particulier de la statique ». Ces lignes, à première vue, étonnent. Soutenir que la société passe d'une forme
organique à une forme mécanique, n'est-ce pas bien paradoxal ?
L'auteur, déjà souvent cité par nous, d'un essai récent sur *La*

1. *Les Monades et la Science sociale* (*Revue Internationale de sociologie*, n° 2, p. 167.)

division du travail social s'est efforcé d'établir, au contraire, que la solidarité des parties du corps social, d'abord toute mécanique, c'est-à-dire analogue à la solidarité des cristaux d'un minéral, devient ensuite organique, c'est-à-dire comparable à la solidarité des cellules d'un être vivant ; et, sur ce point, nous ne pouvons qu'accepter ses conclusions. Mais l'idée de M. Tarde est-elle vraiment opposée à celle-là ? Peut-être pas nécessairement. M. Durkheim a parlé uniquement de la nature du lien qui unit les éléments sociaux, et la théorie de M. Tarde peut s'appliquer plutôt aux résultats de leur activité. Ce qu'il voudrait dire seulement, c'est qu'il y aurait plus de cohérence, plus de régularité, dans les phénomènes de la vie des sociétés supérieures ; et à cet égard il pourrait sembler qu'il eût raison, puisque les *lois* de la vie sociale, en particulier de la vie économique, n'ont pu être constatées que chez les sociétés civilisées. — Toutefois, la théorie de M. Tarde nous paraît appeler plus d'une critique. D'abord, la régularité qu'il remarque dans les États civilisés, il l'attribue bien, en partie, à la contrainte : cette phase plus haute, s'il l'appelle une phase « savante et raisonnable », il l'appelle aussi une phase « administrative », comme si administration et raison allaient toujours absolument de pair. Or, ce qui, au contraire, caractérise la régularité du développement des peuples civilisés, c'est qu'elle est une régularité non contrainte, mais spontanée, non organisée par une autorité quelconque, mais produite par le simple jeu des libertés individuelles. On connaît l'exemple du suicide. Il y a chaque année, la statistique le démontre, un même nombre de suicidés dans une grande ville que l'année précédente, si la population est restée stationnaire. Le suicide est pourtant certainement un acte auquel ne pousse aucune contrainte administrative. Mais il y a mieux : la régularité de la vie économique d'une nation est quelque chose d'extrêmement frappant ; l'afflux journalier des denrées alimentaires dans nos capitales a des lois très fixes ; pourtant, aucune autorité n'y préside, et le libre accord du consommateur et du producteur le règle seul. C'est donc que cette régularité si parfaite de notre vie sociale est purement et sim-

plement le résultat de la liberté laissée à l'individu. Mais alors
elle ne peut plus être appelée une régularité mécanique, puisque
la spontanéité, qui est son principal attribut, exclut le mécanisme. — Inversement, où donc se trouve vraiment la régularité
mécanique? C'est, croyons-nous, dans les sociétés barbares.
M. Tarde parle de « leur ingénieux et instinctif développement ».
Nous ne voulons pas nier qu'il se soit produit chez les barbares
des découvertes ingénieuses, bien qu'à notre sens il s'en
fasse chaque jour de beaucoup plus ingénieuses, de beaucoup
plus importantes et de beaucoup plus nombreuses dans les
sociétés civilisées. Mais, ce qui nous frappe, c'est que ces découvertes, quand elles se produisaient dans l'antiquité, étaient
immédiatement monopolisées et immobilisées par l'autorité.
Fabriquait-on un produit nouveau, dans les arts utiles ou dans
les beaux-arts? Le souverain d'abord se le réservait pour lui-
même ; ou, du moins, pour le répandre dans le public, il fallait
son autorisation toujours révocable. Puis, la concurrence
n'existant pas entre les consommateurs (pour cette cause précisément), il ne pouvait pas non plus s'établir de concurrence
entre les producteurs : l'art ne pouvait donc se perfectionner,
évoluer, que fort lentement, tout au moins en comparaison de
ce que nous le voyons faire aujourd'hui. En dehors même de
l'autorité constituée, la coutume avait alors un pouvoir tyranni-
que : les lois (dont parle aussi M. Tarde), ou tout au moins les
rapports juridiques et les façons de juger, restaient indéfiniment
les mêmes ; la poésie, elle aussi, avait un caractère tout tradi-
tionnel : les aèdes développaient les anciens thèmes, ils n'inno-
vaient guère. Il y avait sans doute déjà de la vie, et une vie très
élevée, dans ces sociétés antiques : il le faut bien, puisque la
société humaine, dernière venue dans la série des êtres vivants,
en était, dès sa naissance, le type le plus haut. Mais c'était une
vie sociale infiniment moins intense, infiniment moins libre que
celle d'aujourd'hui. — Dans l'une et l'autre sorte d'État, on
trouve un développement régulier des phénomènes sociaux.
Seulement, cette régularité, chez les États barbares, tient à la
simplicité de leur vie ; chez les peuples civilisés, elle naît au

contraire de la complexité même de l'existence sociale. Là, elle est imposée par l'autorité ; ici, elle est toute spontanée, toute libre. Le critère proposé par M. Tarde pour distinguer les deux grandes formes de sociétés ne semble donc pas acceptable (1).

Venons-en maintenant aux classifications fondées sur des caractères de physiologie spéciale. Divers ordres de phénomènes peuvent être distingués dans la société : les phénomènes économiques, correspondant à la vie de nutrition ; les phénomènes intellectuels (religieux, artistiques, littéraires, scientifiques), les phénomènes juridiques, et les phénomènes politiques, dont l'ensemble correspond à la vie de relation ; enfin les phénomènes de reproduction sociale. Ces derniers, nous les laissons pour le moment de côté, nous réservant de les envisager quand nous parlerons de la classification généalogique des sociétés. Mais nous allons immédiatement parler des classifications fondées sur les autres ordres de phénomènes sociaux.

Parmi les faits de la vie de relation, ceux qui les premiers attirent les regards, ce sont les faits politiques. S'ils sont ainsi aperçus les premiers, c'est évidemment parce qu'ils sont les plus superficiels. En effet, si la forme du gouvernement passionne aujourd'hui les nations de l'Europe occidentale, elle n'en a pas moins, au fond, une portée relativement secondaire. Ce qui importe réellement à un peuple, c'est beaucoup moins de savoir par qui il sera gouverné, que de savoir comment et tout d'abord de quoi il vivra. Les phénomènes politiques ne sont donc qu'en apparence dominateurs. En réalité, ils sont eux-mêmes conditionnés par les phénomènes intellectuels et économiques. Car ce sont les croyances, les idées, les mœurs d'un peuple, et en première ligne ses besoins, qui déterminent la nature de sa constitution politique. Voilà pourquoi on ne saurait chercher dans cette dernière la caractéristique des sociétés. Distinguer les

---

1. Nous devons dire d'ailleurs que l'auteur n'y a pas insisté et n'a pas cherché à déduire de cette vue d'ensemble une classification détaillée des types sociaux

peuples en monarchies et républiques, en aristocraties et démo-
craties, etc., ne serait évidemment qu'en donner une classification puérile. Car on arriverait ainsi, par exemple, à placer la
république française plus près de la république athénienne que
de la monarchie anglaise, aux mépris des affinités les plus réelles et les plus profondes.

Après la constitution politique, ce qu'on aperçoit le plus
aisément dans un pays, c'est son organisation juridique. D'elle
aussi on pourrait tirer un principe de classification. Mais ce
n'est pas encore le moment d'indiquer celui-ci. Car l'ordre des
phénomènes juridiques, à dire le vrai, n'a pas une individualité
aussi nettement marquée que les autres ordres de phénomènes
sociaux. Le fait juridique n'est qu'un fait économique, moral,
religieux ou politique, seulement prévu par une loi écrite, et qui
s'est produit, soit en conformité, soit en opposition avec elle.
La définition d'une société qu'on pourrait tirer de la manière
dont s'y passent les phénomènes juridiques, n'aurait donc pas
le même caractère spécifique que celle que donnerait la considération des autres faits sociaux. Nous devons donc la laisser un
moment de côté, pour la retrouver bientôt.

Les derniers phénomènes qu'on trouve dans la vie sociale de
relation sont les phénomènes intellectuels, qui se divisent eux-
mêmes en faits esthétiques, moraux, religieux et scientifiques.
Auguste Comte a voulu fonder sur eux la division des sociétés.
Il a classé celles-ci d'après le trait dominant de leur culture
mentale, d'après la façon dont elles se représentaient l'univers.
Elles se partageaient, suivant lui, en trois grands groupes :
1° sociétés à culture théologique (fétichistes, polythéistes et
monothéistes) ; 2° sociétés à culture métaphysique ; 3° sociétés
à culture scientifique ou positive. Ses élèves ont légèrement
modifié ou élargi ces cadres, mais le principe de la doctrine
reste le même chez eux. Pour classer les sociétés, ils font uniquement appel à des caractères mentaux. Ce n'est pas nous, à
coup sûr, qui contesterons la haute importance de ces derniers.
Nous reconnaissons bien volontiers, tant leur grande signification intrinsèque, que leur liaison avec les autres caractères

sociaux : il est clair que le fétichisme et le monothéisme, le polythéisme et la science ont sur la destinée des peuples des influences très différentes et très considérables. Mais il est clair pourtant que d'autres actions s'exercent à côté de celles-là : la nature du sol occupé a plus d'influence sur le régime économique, la lutte contre l'étranger en a autant sur le régime politique que n'en peuvent avoir les croyances religieuses ou les idées scientifiques. C'est assez pour qu'on ne puisse chercher dans les faits intellectuels l'explication de tous les autres faits sociaux, ni par suite fonder sur eux seuls toute la classification des sociétés.

Aurait-on plus de chances de trouver un principe solide de classification en s'adressant aux phénomènes économiques? Il le semblerait. Ces phénomènes, en effet, représentent la vie de nutrition. Or, la vie de nutrition est chez l'individu la base de la vie de reproduction et de la vie de relation. Il n'en est pas autrement dans la société. Nous avons vu précédemment que les faits de division, qui sont la principale origine des sociétés, sont sous l'étroite dépendance ac faits nutritifs. Les mœurs et les idées d'un peuple subissent évidemment aussi l'influence de sa structure économique : suivant qu'il est sédentaire ou nomade, qu'il vit de chasse, d'agriculture ou de commerce, sa façon d'agir et de penser varie extrêmement. Les phénomènes économiques étant ainsi les plus profonds de tous les phénomènes sociaux, puisqu'ils sont les plus voisins de l'existence proprement organique, cherchons comment, grâce à eux, on pourrait diviser les sociétés.

Une théorie très en honneur autrefois, et qui peut-être n'a pas complètement cessé de l'être, voulait que les peuples primitifs eussent tous vécu de la chasse. Ensuite, disait-on, les hommes ayant remarqué qu'au lieu de poursuivre chaque jour le bétail il était plus aisé de le conserver et de le faire reproduire, ils sont devenus pasteurs. L'élève des troupeaux les ayant alors progressivement fixés au sol, ils se sont mis peu à peu à le défricher, et sont devenus agriculteurs. Chasseurs, pasteurs, agriculteurs, tels seraient les trois grands types de peuples ; et

ces types seraient successifs, en ce sens que chaque nation passerait tour à tour par ces trois états. Cette doctrine s'appuie sur
des faits qui ont pu être vrais dans certains cas particuliers.
Mais, comme théorie générale, elle ne semble pas exacte. Il est,
d'abord, des peuples qui n'ont jamais sans doute traversé aucun
des trois stades précités : ce sont les peuples pêcheurs et marins
(Phéniciens, insulaires grecs) lesquels tirèrent presque tout le
fond de leur existence des dons de la mer et des produits du
commerce. En outre, il est nombre de peuples chasseurs qui en
sont restés au stade de la chasse : tels certains Peaux-Rouges.
Il est des pasteurs qui ne sont jamais devenus agriculteurs : tels
les Arabes. Il est des peuples enfin qui paraissent avoir toujours
pratiqué la culture : tels les Egyptiens et les Romains. A la
division en trois étapes successives, il semble donc qu'il faille
substituer la division en trois, ou plutôt en quatre types existant simultanément, et se partageant les diverses nations. Pour
M. Gumplowicz (1), on devrait ainsi distinguer dès l'origine
quatre sortes de peuples, caractérisés par leur genre d'existence.
Primitivement, les uns vivent de la cueillette des fruits de la
terre ; les seconds, de la pêche ; d'autres, de la chasse ; d'autres,
du vol. L'évolution rend les premiers agriculteurs, fait avec les
seconds des marins et des commerçants, transforme les troisièmes en pasteurs (c'est, mais sur un point seulement, la doctrine
traditionnelle), enfin change les derniers en nations guerrières.
Il y aurait là, pour l'auteur que nous citons, quatre types fort
différents, ne se transmuant pas les uns dans les autres. Ceci
est assurément un peu trop absolu. La nature ne connaît pas de
ces cadres rigides dans lesquels les logiciens aiment à enserrer
ses productions. Devant certains changements de milieu, occasionnés par une modification de la température ou par l'obligation de fuir devant une nation ennemie, un peuple a dû et pu
transformer tout son genre de vie. Aussi, bien que les quatre
types décrits par M. Gumplowicz soient généralement assez
tranchés chez les peuples de civilisation inférieure, ne saurait-on

---

1. *Die sociologische Staatsidee*, V⁰ partie.

leur attribuer une valeur caractéristique absolue. Et surtout, ce qu'il faut remarquer, c'est que, chez tous les peuples supérieurs, ces types se mêlent en une unique société. Ainsi l'empire perse et l'empire romain renfermaient et les Etats de l'Europe moderne renferment à la fois des agriculteurs, des pasteurs, et des commerçants, sans compter les guerriers. C'est qu'en effet le développement de la civilisation exige le concours de toutes es formes d'activités. Peut-être, il est vrai, pourrait-on chercher quelle est celle qui domine chez les sociétés supérieures, et ainsi continuer à appliquer le même principe de classification. Mais il est certain que cette recherche rencontrerait les plus grandes difficultés : vu l'intrication des divers actes et travaux nécessaires à la production des richesses, il nous semble presque impossible de définir lequel est le plus nécessaire, et partant le plus caractéristique. La classification économique des sociétés est donc bien loin d'être faite.

Si les phénomènes de nutrition nous ont paru plus près que tous autres d'être les phénomènes déterminants, caractéristiques des types sociaux, nous avons déjà vu que cela n'est pas admis universellement. Les opinions qui attribuent cette prédominance aux faits intellectuels ou politiques ont été plus haut examinées et repoussées. Mais reste à signaler une doctrine originale, suivant laquelle l'ordre de faits dominateurs ne serait pas le même pour tous les peuples, mais varierait avec chacun d'eux. Ne pourrait-on pas dire, par exemple : tel peuple vit surtout de la vie nutritive, d'une existence toute végétative (comme les organismes inférieurs) ; tel autre, au contraire, a une vie politique fort intense ; ou bien une vie religieuse, une vie artistique, une vie intellectuelle très haute ? Il y a quelque chose de séduisant dans cette idée que nous avons parfois entendu soutenir. Au fond pourtant, elle n'est pas acceptable. De ce qu'un ordre de faits est surtout apparent dans une société, il n'en résulte pas qu'il y soit réellement prédominant. Nous l'avons vu en ce qui concerne la vie politique. Cela n'est pas moins vrai pour la vie religieuse ou esthétique : elle aussi est conditionnée par des nécessités d'existence économiques, et les « his-

toriens de la civilisation » qui se bornent à décrire la religion ou
l'art d'un peuple, comme si c'étaient ses principales institutions,
oublient simplement cette fonction primordiale dont l'exercice
permet le jeu de toutes les autres !

Pour trouver le caractère dominateur, celui qui permettra
d'assigner à la société considérée sa vraie place dans la classification des organismes sociaux, on ne peut donc errer d'un ordre
de faits à l'autre. Mais ne pourrait-on chercher à tenir compte
de tous ces ordres à la fois ? M. Herbert Spencer l'a essayé. Et
il a dégagé, de l'ensemble des phénomènes sociaux, un critérium général permettant de classer les sociétés en deux grands
groupes. Ce critérium est celui qui résulte de la distinction entre
le type industriel et le type militaire (1). Cette distinction se
rattache à des considérations d'anatomie et d'embryologie sociales : les sociétés industrielles sont celles où la prédominance
appartient à l'appareil nutritif, issu de l'endoderme ; les sociétés
militaires sont celles où elle revient à l'appareil de relation, issu
de l'exoderme. Elle donne, d'après son auteur, la clef de toutes
les différences relevées entre les sociétés quant à leur fonctionnement : car elle peut se poursuivre dans tous les ordres de faits
simultanément. Economiquement, les sociétés industrielles
vivent de leur propre travail ; les sociétés militaires, de la rapine
et du pillage qu'elles font des produits du travail d'autrui. Intellectuellement, les sociétés industrielles sont celles où fleurissent
les sciences, les arts de la paix, les sentiments d'équité et de
bienveillance ; les membres des sociétés militaires, à l'inverse,
n'ont d'autre culte que celui de la force, d'autres arts que ceux
de la conquête. Politiquement, les sociétés industrielles sont
démocratiques, égalitaires, les sociétés militaires sont despoti-
quement organisées. Enfin, cette distinction marque son empreinte dans la vie juridique des peuples : cela est tout naturel
d'ailleurs, puisque les faits juridiques, comme nous venons de le
voir, vu tout récemment, sont simplement « un aspect » de tous
les autres. Juridiquement donc, les sociétés militaires sont sou-

1. *Principes de Sociologie*, V° partie, chap. 17-18.

mises au régime du « statut », où le plus fort dicte sa volonté au plus faible : les sociétés industrielles vivent sous le régime du « contrat », où chacun traite d'égal à égal avec tous les autres. En somme c'est, d'un côté, la coopération imposée à tous les membres du corps social ; de l'autre leur collaboration volontaire. L'opposition, comme on le voit, serait profonde et complète.

Il y a, nous le reconnaissons volontiers, beaucoup de vrai dans cette théorie. L'antithèse marquée ici par M. Spencer se trouve souvent d'accord avec les faits. Surtout elle offre à l'esprit une vue simple, élevée, synthétisant un grand nombre d'idées élémentaires qui semblaient difficiles à accorder. Mais précisément cette vue est trop simple pour pouvoir être complètement exacte, dans une matière aussi étrangement complexe que l'organisation sociale.

L'opposition des deux types précités est loin d'être aussi constante que M. Spencer le croit, et d'entraîner des effets aussi généraux. Par exemple, la coopération forcée, le régime statutaire, l'autoritarisme ne sont nullement liés à un régime économique prédateur : car on les trouve dans l'empire chinois, qui vit assurément, et plus que tout autre État peut-être, sur le produit de son propre travail. Inversement le régime industriel n'entraîne pas nécessairement coopération volontaire et libéralisme. Est-ce qu'il y avait égalité dans le contrat de travail sous le régime corporatif ? Est-ce que les syndicats professionnels sont bien tolérants envers leurs membres (1) ? Est-ce que le socialisme issu du régime industriel actuel n'est pas souvent autoritaire, lui qui abandonne volontiers à ses adversaires économiques la belle épithète de « libéraux » ? Est-ce que

---

1. On a vu récemment un syndicat, qui trouvait peu de docilité chez un de ses membres, obliger le patron à le renvoyer, sous la menace d'une grève générale. Le tribunal de Bourgoin et la Cour d'appel de Grenoble ont même refusé à l'ouvrier de condamner à des dommages-intérêts le syndicat, en déclarant que celui-ci avait agi dans la limite de ses droits. La Cour de Cassation vient de réformer leur jurisprudence (affaire Jost).

l'Allemagne n'est pas à la fois État autoritaire et pays d'industrie? — Et puis, admît-on comme exact en général le critère de
M. Spencer, il resterait impossible de l'appliquer aux détails
de la classification des sociétés. Cet auteur lui-même reconnaît
que nos États modernes présentent un mélange d'industrialisme et de militarisme, de liberté et d'autorité, les types purs
ne se trouvant, dit-il, que chez des peuples plus ou moins sauvages. Mais, si les doses respectives de liberté et d'autorité
varient incessamment dans nos sociétés avec chaque loi nouvelle, il faudra donc, presque tous les jours, modifier leurs classifications, pour mettre telle société un peu plus près du type
autoritaire, parce qu'elle aura voté une loi sur la limitation des
heures du travail, telle autre un peu plus loin, parce qu'elle aura
abaissé le cens électoral ! De semblables conséquences rendent
inutilisable, dans les détails, le principe de classification proposé. — Puis M. Spencer a reconnu que les deux types de sociétés
décrits par lui ne sont pas les seuls concevables. Lui-même
nous parle d'une troisième forme de société, non encore réalisée
sans doute, mais enfin réalisable, qui ne serait ni militaire, ni
industrielle, mais plutôt intellectuelle. Voici comment il la
définit (1) : « Comme le contraste entre les types déprédateur et
industriel a pour signe la transformation de la croyance que les
individus existent au profit de l'État en cette autre croyance
d'après laquelle l'État existe au profit des individus ; de même
le contraste qui existe entre le type industriel et le type qui doit
probablement s'en dégager a pour signe la transformation de la
croyance que la vie a pour but le travail, ou cette autre
croyance que le travail a pour but la vie.... Je donnerai comme
signe de cette transformation la multiplication des institutions
destinées à la culture esthétique et intellectuelle, et d'autres
fonctions analogues qui ne contribuent pas directement à l'entretien de la vie, mais qui ont pour but immédiat la satisfaction de
l'esprit ». L'avènement de cette troisième forme des sociétés est

---

1. *Principes de Sociologie*, II⁰ partie, § 263.

certainement une « belle espérance » à laquelle on est heureux
de s'associer. Seulement, cela même complique singulièrement
le principe de la classification. Car il faudra tenir compte, pour
classer une société, non seulement du degré de proximité qu'elle
présente avec les deux types industriel et militaire, mais aussi
des éléments par lesquels elle ressemble déjà au type idéal
qu'on vient de nous présenter. Les sociétés ne forment donc
plus une échelle où chaque société se meut entre deux points
fixes ; chacune d'elles est soumise à la fois à l'attraction (variable dans son intensité) de trois centres d'influence, et la courbe
représentative de son évolution devient par là singulièrement
compliquée. Concluons que les vues, si élevées d'ailleurs, de
M. Spencer, sur cette division générale des sociétés en deux ou
trois grands groupes ne sont que d'un faible secours à celui qui
veut faire une classification précise et détaillée des organismes
sociaux.

Si dans cette classification on veut prendre pour guide des
caractères physiologiques, le mieux est encore de se fier aux
phénomènes économiques, les plus profonds de tous, et ceux qui
peuvent le plus justement prétendre au titre de phénomènes
dominateurs. Mais d'ailleurs, à notre sens, dans la classification
des sociétés comme dans celle des organismes, il faut faire
appel, moins à des traits d'organisation physiologique, qu'à des
caractères anatomiques. La structure sans doute n'existe qu'en
vue de la fonction. Mais la fonction présente souvent des apparences trompeuses ; elle ne s'exerce pas toujours en réalité comme
elle semble s'exercer. La structure donne des indications plus
sûres. Aussi est-ce à elle qu'il faut surtout s'attacher. Nous
proposerons donc, en résumé, de classer les sociétés d'après leurs
affinités anatomiques, c'est-à-dire suivant leur degré de composition, qui coïncide avec le degré de différenciation et de coordination de leurs parties ; en d'autres termes, suivant qu'elles sont
parvenues à l'une ou l'autre des phases que nous avons caractérisées par la formation des feuillets, par celle des régions, par
celle des appareils d'organes, par celle des systèmes de tissus.
Ce n'est que dans l'intérieur de chaque groupe que, selon nous,

il faudra faire appel aux caractères d'ordre physiologique, et cela
en tenant compte, en principe, d'abord des phénomènes économiques, puis des phénomènes intellectuels (religion, art, lettres,
sciences), en dernier lieu seulement des phénomènes politiques.
L'anatomie pour indiquer les grandes lignes, la physiologie pour
distinguer les subdivisions, tel nous paraît être le vrai rôle de
chacun de ces guides essentiels de toute classification (1).

II

Beaucoup, parmi les systèmes de classification que nous
venons d'énumérer, reposent sur des idées d'ordre évolutif.
Ainsi notre classification anatomique, la classification économique des trois stades (chasse, élève du bétail, agriculture), la
classification juridique (statut, contrat), la classification « intellectuelle » d'Auguste Comte (phase théologique, phase métaphysique, phase scientifique), divisent les sociétés suivant le
point qu'elles ont atteint dans leur évolution. Chaque société
peut parcourir successivement les diverses étapes dont chacune
caractérise un genre, bien que généralement cette métamorphose coïncide avec la disparition de la société ancienne devant
une société nouvelle qui en est la fille. Ces diverses classifications valent donc, si l'on peut ainsi dire, à la fois dans l'espace

1. Nous n'avons pas parlé d'une dernière division des sociétés, indiquée elle aussi par M. Spencer (qui a bien compris qu'on ne pouvait
classer les groupes sociaux d'après un principe unique). C'est la division en sociétés plastiques et en sociétés rigides, les unes ayant gardé,
les autres ayant perdu la faculté de s'adapter à des conditions d'existence nouvelles. — Pour nous, la rigidité est un accident morbide.
Cette classification ne serait donc qu'une division des sociétés en
sociétés saines et en sociétés malades, ou plutôt en sociétés qui souffrent d'une certaine maladie et sociétés qui n'en souffrent pas. C'est
dire qu'elle ne saurait avoir aucune portée générale, qu'elle ne peut
être employée que dans la pathologie des sociétés, non dans leur anatomie comparée.

et dans le temps : dans l'espace, puisque, se plaçant à un moment déterminé et considérant à ce moment toutes les sociétés qui coexistent dans le monde, on les voit se répartir entre les divers groupes déterminés par le principe de la classification ; dans le temps, puisque, s'occupant d'une société donnée, la suivant dans son évolution, et réunissant celles dont elle dérive et celles qu'elle engendre, on constate d'ordinaire que cette série présente· la suite des formes distinguées au nom de ce même principe. On pourrait donc soutenir que toutes ces classifications sont déjà, en un sens, des classifications généalogiques. Et, en effet, il n'est pas possible qu'une classification quelconque fasse totalement abstraction de l'origine et des formes successives des êtres à classer. On peut donc considérer que, par le fait même de la constitution des groupements anatomiques et physiologiques, une grande partie du travail de la généalogie des sociétés se trouvera fait d'avance.

Mais tout ne sera pas fait. Il n'en serait ainsi qu'au cas où une société existerait depuis un temps infiniment long, auquel cas elle aurait pu passer sans se détruire par les divers stades distingués par le classificateur ; ou bien encore au cas où elle descendrait par reproduction agamique d'une société unique, engendrée elle-même de cette manière, de telle sorte que ces organismes successifs présentassent chacun un de ces stades. Mais, d'ordinaire, une société naîtra de la fusion, du concours de plusieurs groupes préexistants, lesquels présenteront le plus souvent des caractères distincts, et parfois directement opposés. Athènes est née d'un accord entre des populations dont les unes vivaient de la pêche et du commerce de mer, d'autres de l'agriculture, d'autres sans doute de l'élève du bétail ou de la guerre. Dans quelle classe, dans quel type économique ranger l'organisme enfanté de la sorte ? Bien d'autres populations présenteront de semblables phénomènes, qui ne se laisseront pas ramener aux principes relativement simples des précédentes théories. Par exemple, on se trouve en présence d'un peuple appartenant plutôt économiquement au type agricole, tel que le peuple français ; et d'un autre appartenant, économiquement aussi, au type marin et commerçant, tel que le peuple anglais. Sera-t-on autorisé à conclure sans distinction que les ancêtres du premier vivaient de la cueillette et les seconds de la pêche? Non, évidemment. Il se peut que, dans la série des peuplades qui ont précédé ces nations sur le sol que celles-ci occupent aujourd'hui, et qui ont même contribué à leur formation, il s'en trouve quelqu'une qui réponde à cette détermination donnée *a priori*. Mais il est clair que toutes les peuplades dont ces deux nations sont issues n'y répondent pas. Pour la France, par exemple, ses ancêtres romains étaient agriculteurs (ils commençaient à devenir plutôt pasteurs vers l'époque de la conquête), et ses ancêtres francs étaient guerriers. Les lois d'évolution qu'on peut tirer des classifications précédentes, sans être fausses, demandent donc à n'être appliquées qu'avec une prudence infinie ; car, dans la complexité des faits sociaux, il est extrêmement difficile de dégager de la masse les phénomènes entre lesquels existera réellement le rapport qu'on peut prévoir d'après la loi générale. En un mot, l'ensemble des transformations subies par les sociétés, les caractères des organismes générateurs en corrélation avec ceux des organismes engendrés, ne peuvent être indiqués *a priori* d'après telle ou telle des classifications précédentes ; mais il faut étudier directement, dans les faits, cette évolution et cette transmission des caractères.

Pour cela, on doit agir comme en biologie. Pour suivre l'évolution des formes organiques, nous le savons, il faut consulter à la fois l'anatomie comparée, la paléontologie et l'embryologie. Il en devra être exactement de même, si l'on veut suivre l'évolution des formes sociales. Ici aussi, il faudra relever fort exactement les structures actuelles, en les rapprochant les unes des autres quand faire se pourra, afin de reconnaître les sociétés-sœurs : ce sera l'anatomie comparée des groupes sociaux. En second lieu, on devra étudier d'aussi près que possible, grâce aux documents historiques, aux monuments d'ordres divers étudiés par l'archéologie, la numismatique, l'épigraphie et même la paléthnographie — la constitution et la vie des sociétés disparues : ce sera la paléontologie sociale. Enfin l'étude de la formation actuelle des sociétés, là où il s'en constitue encore, l'embryologie sociale, pourra peut-être nous donner quelques lumières sur la manière dont les types sociaux se sont métamorphosés pour procréer les types nouveaux : puisque, comme on sait, l'organisme social, de même que l'organisme vivant, avant d'atteindre l'état adulte, passe par une série de formes rappelant les types ancestraux. Seulement, il ne faudrait sans doute pas attendre de l'embryologie sociale autant de services qu'en a rendu l'embryologie organique. Nous avons déjà vu, en effet, que l'ontogénie des groupes sociaux est encore bien plus condensée que l'ontogénie animale, et par conséquent ne représente la phylogénie ou série des ancêtres que d'une manière beaucoup plus abrégée. Nous savons même que parfois les organes les derniers formés phylogénétiquement apparaissent ontogénétiquement presque les premiers. Il y a là des perturbations, des causes d'erreur, contre lesquelles il faudra se mettre en garde avec le plus grand soin. Interprétées avec prudence, pourtant, les données de l'embryologie sociale pourront venir utilement en aide à celles de l'anatomie comparée et de la paléontologie des groupes humains. Mais celles-ci resteront les deux principales sources d'informations en matière sociale.

Ce qu'il s'agit de dégager par l'emploi des méthodes d'investigation qui viennent d'être indiquées, c'est la succession des types sociaux. Si on y réussit, on sera amené par là à poser les principes d'une classification nouvelle, d'une classification vraiment généalogique. Deux auteurs semblent avoir soupçonné l'intérêt du problème. Le zoologiste Jaeger propose de diviser les sociétés en « États de génération » formés par le développement d'un seul groupe d'hommes, et en « États d'agrégation » formés par la coalescence de plusieurs groupes (1). A son tour, M. Spencer, dont on retrouve le nom à propos de toutes les questions de sociologie générale, a indiqué qu'il pourrait y

1. Les pages de son *Manuel de zoologie* relatives à cette question ont été traduites en français par M. Giard et insérées comme appendice à la fin des *Sociétés animales* de M. Espinas.

avoir lieu de distinguer entre les sociétés formées par une seule race
et celles qui en contiennent plusieurs. Ces idées ne nous paraissent pas fort exactes. Nous ne croyons pas, à vrai dire, qu'il y
ait une seule société (à moins qu'elle n'ait pris naissance et ne
soit toujours restée confinée dans un territoire particulièrement
fermé aux migrations venues du dehors) qui ait pu maintenir
sa race pure et à l'abri de tout croisement. Mais, quand cela
serait, il est clair qu'on ne donnerait qu'une idée très superficielle des autres sociétés en disant qu'elles ont été formées par
plusieurs races, ou même en distinguant entre elles suivant
qu'elles ont été formées par deux, par trois, par quatre, par cinq
races, etc... Ce qui importe ici essentiellement, ce n'est pas de
savoir combien il y a eu de races composantes, mais quelles
elles ont été, et de quelle nature fut l'influence de chacune d'elles
sur la société qui résulta de leur concours. C'est ainsi, par
exemple, qu'il est très intéressant, mais aussi très difficile, de
relever le rôle de chacune des races qui ont pu contribuer à former la nationalité française : chercher à distinguer, parmi les
primitifs habitants de notre sol, les dolichocéphales et les brachycéphales, qu'on retrouve, parfois séparés, parfois côte à
côte dans les sépultures préhistoriques ; deviner ensuite aux
lueurs de l'histoire naissante, les différences qui séparèrent
les Ibères des Celtes, et peut-être ceux-ci des Gaulois ; examiner en détail l'apport des Romains, et la diffusion de
leur influence sur notre sol ; puis, pour les bandes barbares
qui l'envahirent, reconnaître ce que possédait en propre chacune d'elles, Francs, Wisigoths, Burgondes, etc.., et ce que
chacune nous a légué. — Mais, pour parler exactement, cela
même n'est pas l'étude de la formation d'une société par plusieurs races, c'est l'étude de la formation d'une société par plusieurs sociétés préexistantes. Car ce qu'il y a d'essentiel dans
l'héritage que chacun des peuples précités a transmis à la France
actuelle, ce ne sont pas assurément les caractères proprement
ethniques (ou du moins les caractères physiques, les caractères
de morphologie externe que beaucoup d'ethnographes croient
suffisants pour caractériser une race), ce sont les caractères

sociaux, ceux qui concernent la civilisation, la langue, les arts, la religion, le gouvernement, les coutumes, le régime économique, etc. Le rôle de la classification généalogique n'est donc pas seulement de nous dire quels groupes ethniques ont fourni les ancêtres des hommes composant les sociétés actuelles, mais c'est surtout de faire apparaître les rapports de culture et de civilisation, qui existent entre ces dernières et celles dont elles tirent leur origine.

Seulement, alors, une autre difficulté apparaît. La civilisation d'un peuple ne lui vient pas seulement de ceux qui ont vécu avant lui et qui lui ont transmis leur sang, elle lui vient aussi des peuples voisins, qu'il imite, auquel il emprunte sans cesse. En ce sens, la société italienne du milieu du XVIᵉ siècle, la société espagnole du commencement du XVIIᵉ siècle, ont été pour beaucoup dans la constitution des « caractères de culture » qui distinguent la société française. Elles ont exercé sur celle-ci une influence quasi-maternelle. Ne faudra-t-il donc pas les ranger à leur tour parmi les sociétés génératrices de la nôtre? Pas précisément. Car, si elles ont agi sur nous, réciproquement nous avons réagi sur elle : non pas immédiatement sans doute, mais dès que notre société, instruite à leur école, a pris assez de force pour développer d'elle-même ses arts et ses lettres, et devenir un modèle à son tour. Or, cette réciprocité d'action ne se voit pas entre une société et celles qui lui ont à proprement parler donné naissance : car nous savons (voir chap. IV) que ces dernières meurent précisément à l'instant où la première vient au jour. Le lien qui unit les sociétés italienne et espagnole à la société française n'est donc pas le lien maternel : car s'il en était ainsi, la société française, après avoir été la fille des deux autres pendant l'époque où elle a subi leur influence, serait devenue leur mère pendant celle où elle les a dominées, ce qui est évidemment contradictoire. Le véritable lien qu'il faut voir entre elles, c'est le lien fraternel. Ces sociétés sont issues des mêmes parents : Romains d'un côté, Barbares de l'autre (1). Plus tard, elles se

_____

1. Si l'on remarque que ce ne sont pas les mêmes Barbares qui ont

sont comportées, entre elles comme des enfants de la même génération, qui tantôt s'accordent et tantôt se querellent ; l'aîné est d'abord le guide des cadets, mais ensuite subit leur ascendant à son tour. C'est même par cette parenté préexistante qu'on s'explique l'influence qu'elles ont pu exercer les unes sur les autres : car on imite volontiers ses proches, mais on se défie toujours des exemples de celui qui est totalement étranger. Même aujourd'hui, où l'imitation se généralise, où nous prenons nos modèles un peu partout, nous ne le faisons que parce que nous avons appris à voir en tous les hommes nos frères, et en toutes les sociétés des sœurs de la nôtre. Encore imitons-nous toujours plus volontiers ceux dont nous croyons le sang le moins différent du nôtre : c'est ainsi que, en dépit de la politique, les mœurs anglaises se répandent plus vite en France que les mœurs russes, fort heureusement d'ailleurs pour la cause de la liberté. Pourquoi, inversement, la civilisation chinoise n'exerce-t-elle aucune influence sur l'Europe, et la civilisation européenne rencontre-t-elle tant d'obstacles à pénétrer en Chine ? C'est que les Européens et les Chinois se croient de races profondément différentes. — Ainsi il peut être exact de définir l'espèce sociale, avec M. Tarde, « un groupe de sociétés qui s'imitent les unes les autres ». Mais il faut reconnaître qu'elles ne s'imitent que parce qu'elles s'attribuent un lien de parenté. Il reste bien vrai que ce ne sont pas seulement des races qui ont formé les sociétés, mais il n'est pas moins exact que toute société croit en même temps être une race, et se laisse guider dans ses imitations par un sentiment plus ou moins conscient des parentés ethniques qu'elle pense avoir. Concluons donc : il faut chercher les générateurs d'une société donnée, non pas à proprement parler dans des races, mais dans d'autres sociétés ; seulement il faut que la

conquis la France, l'Italie, l'Espagne, du moins faudra-t-il reconnaître que ces Barbares étaient frères les uns des autres : nos sociétés seront donc au minimum « des cousines germaines » ou peut-être serait-il plus exact d'y voir des enfants de différents lits, des sœurs utérines dont la société romaine est la mère commune.

parenté ethnique soit liée à la parenté de civilisation, il faut ne chercher ces générateurs que chez des sociétés dont les membres ont transmis quelque chose de leur sang à la société considérée. Ce qui ne dispense pas, bien entendu, de relever les actions ultérieures, parfois très considérables, exercées réciproquement entre sociétés issues d'une même souche ou de souches plus ou moins voisines.

Un fait caractéristique nous paraît confirmer cette idée. De tous les grands groupes de sociétés qu'on a cherché à établir, le mieux connu, et celui qui présente en même temps le plus de cohésion, est assurément le groupe dit aryen. Or, il existe de très notables différences physiques entre les membres de ce groupe, pour la taille, la couleur, la forme de la tête et des membres, etc. Entre eux, ou plutôt entre les sociétés *anciennement* formées par eux, on ne peut relever que deux ressemblances caractéristiques : celle de la langue, celle de la religion et du droit religieux. Pourtant, sur ce seul fondement, et malgré toutes les différences physiques, presque tout le monde conclut à la parenté originaire des divers membres de ce groupe. Est-ce une illusion ? Ce n'est point impossible. Des peuples d'origine très distincte peuvent, à la rigueur, s'être emprunté leur langue et leur religion. Mais on répugne à le croire, à admettre qu'un groupe ait accepté, sur des points aussi essentiels, l'influence d'un autre groupe qui ne lui eût pas été étroitement apparenté. En somme, qu'ils tiennent cette culture commune d'une même tribu mère de toutes les autres, ou qu'ils se la soient transmise fraternellement, l'une et l'autre hypothèse suppose une communauté de sang. On le voit, nous ne saurions nous dégager actuellement de l'idée que des ressemblances étroites de structure et de fonctions entre deux sociétés impliquent pour elles un lien généalogique. Peut-être des recherches nouvelles montreront-elles l'inexactitude de cette vue. Peut-être l'avenir reconnaîtra-t-il que des influences imitatives très énergiques ont pu s'exercer en dehors de toute consanguinité. Mais nous n'en sommes pas encore là. Aujourd'hui la recherche des dérivations sociales doit s'appuyer constamment sur celle des origines individuelles des membres de la société. L'arbre généalogique des sociétés implique l'arbre généalogique des races humaines, sans pourtant se réduire à ce dernier. Et c'est parce que les ethnographes n'ont pu encore se mettre d'accord sur celui-ci que les sociologues n'osent espérer pouvoir d'ici long-temps dresser celui-là.

CINQUIÈME PARTIE

PATHOLOGIE, THÉRAPEUTIQUE ET HYGIÈNE DES SOCIÉTÉS

CHAPITRE QUINZIÈME

LES MALADIES SOCIALES.

Après avoir envisagé les sociétés dans leur structure, leur fonctionnement et leur développement normal, il reste à étudier les anomalies qu'elles peuvent présenter.

Ces anomalies tiennent à deux sortes de causes. En indiquant (chap. XIII) les facteurs qui concourent à l'évolution sociale, nous avons vu qu'on peut les répartir en deux groupes principaux. D'un côté, il faut placer l'action exercée sur la société par le milieu physique ou biologique dans lequel elle vit, et par les éléments humains dont elle est composée; d'un autre côté, l'action exercée sur elle par les sociétés environnantes. Ces deux sortes d'agents, qui produisent le développement normal d'une société, peuvent aussi amener — si leur action s'exerce d'une manière différente — son développement anormal, occasionner en elle des troubles morbides. Et de là vient le lien étroit qui doit exister entre l'étude de l'évolution des sociétés et celle de leurs infirmités.

On est ainsi amené à distinguer deux sortes de maladies sociales : celles qui ont leur cause dans l'action nocive des sociétés étrangères, celles qui proviennent des éléments humains et du milieu biologique ou physique de la société elle-même. Dans une certaine mesure, les premières peuvent être assimilées à des traumatismes chirurgicaux, les secondes à des troubles relevant de la pathologie proprement médicale. Car, dans le premier cas, la lésion a une origine nettement externe; dans le second, au contraire, elle a une origine interne. Cela est évident lorsqu'elle provient des cellules sociales; mais lors même qu'elle provient du milieu biologique ou physique dans lequel vit la société, cela peut encore se soutenir : en effet, nombre de maladies de l'organisme proviennent aussi du milieu, et cependant, comme elles se révèlent par des troubles internes, on n'hésite pas à les ranger dans le domaine de la pathogénie médicale; telles la fièvre typhoïde ou la phthisie. Il faut toutefois observer que les actions nocives des sociétés étrangères, après s'être manifestées à la surface du corps social considéré, finissent par exercer leur influence jusque dans sa profondeur, jusque dans l'intimité de ses tissus; par exemple, en y provoquant une révolution. Inversement, des troubles d'abord tout intérieurs peuvent finir par se traduire au dehors : c'est ainsi que l'anémie de telle région du corps social peut déterminer une émigration. On le voit donc, ces classifications n'ont rien d'absolu ; nous ne nous en servons que comme de moyens commodes pour grouper les faits pathologiques que nous allons examiner.

I

Les lésions produites par l'action des sociétés étrangères sont elles-mêmes de divers ordres. Il faut placer au premier rang celles qui résultent d'une guerre. La guerre cause à chacune des sociétés qui y prennent part des torts graves. Un grand nombre d'hommes sont tués des deux côtés ; un plus grand nombre sont blessés ou emmenés en captivité ; les travaux de la paix — agriculture, industrie, commerce, arts et sciences — s'arrêtent, au moins temporairement. Il se produit donc exactement les mêmes effets que si, dans un organisme, on tuait un grand nombre de cellules, on en lésait une quantité plus considérable encore, on en séparait d'autres du corps auquel elles étaient attachées, et on arrêtait ou tout au moins on entravait le jeu de tout le reste. En outre, pour la nation vaincue existe généralement l'obligation de céder une partie de son territoire et de payer une contribution de guerre. L'analogue organique de ces mutilations consiste dans l'ablation d'un segment et dans une « saignée » considérable. Mais le vainqueur lui-même ne profite guère, le plus souvent, de ces cruautés, précisément parce qu'il est extrêmement difficile à un organisme de s'adapter le membre enlevé à un autre et d'utiliser le sang qu'il lui a fait perdre. Nous savons que l'arrivée des milliards français en Allemagne, à la suite de la guerre de 1870-1871, a déterminé en ce pays des troubles circulatoires aussi graves que ceux que pourrait occasionner chez un être vivant l'ingestion trop abondante d'un sang étranger : les mêmes effets ont été produits, dans les deux cas, par une réplétion excessive. Enfin, le résultat de la guerre, nous l'avons vu, est très souvent, chez les deux peuples ennemis, un retour au militarisme, c'est-à-dire un recul vers un état social moins avancé; et c'est parfois une révolution, transférant le pouvoir en des mains nouvelles, c'est-à-dire l'analogue de ce qui se produirait dans l'organisme si une partie de l'appareil directeur entrait en régression et se trouvait remplacée par d'autres éléments, maladie qui serait évidemment des plus graves, puisque les cellules nerveuses sont parmi celles qui normalement durent le plus longtemps.

La guerre d'ailleurs n'est pas la seule façon dont une société puisse nuire à une autre. La lutte industrielle entre nations amène des résultats partiellement analogues. En effet, à la suite de cette lutte, la nation qui peut produire un objet utile dans les plus favorables conditions, soit avec une meilleure qualité pour le même prix, soit plutôt à prix inférieur pour une qualité sensiblement égale, reste seule maîtresse du marché étranger. Les concurrentes moins heureuses sont obligées de fermer leurs ateliers et leurs maisons de vente. Toute une partie de leur appareil nutritif se trouve donc arrêtée dans son fonctionnement. Par suite, un grand nombre de leurs citoyens se voient privés de leurs moyens d'existence, soit temporairement, s'ils peuvent se replacer dans une autre industrie, soit même définitivement, s'ils n'y parviennent pas. Le résultat fâcheux est donc en grande partie le même, pour la société vaincue, que celui d'une guerre, sans pourtant être aussi généralisé ni se présenter sous un aspect aussi cruel.

La guerre proprement dite constitue un trouble temporaire. La lutte industrielle a le même caractère ; mais, comme dans nos sociétés il s'exerce à la fois un grand nombre d'industries et que presque toutes ont des rivales à l'étranger, on peut dire que quand cette lutte cesse sur un point elle recommence sur un autre, de sorte qu'il y a ici une succession permanente de troubles temporaires. Mais il y a même une forme de troubles qui est totalement permanente. C'est celle qu'amène la présence, à côté de la société considérée, d'un autre groupe humain qui vit en parasite à ses dépens. Tel était le cas pour les hordes barbares par rapport à l'empire romain au ive siècle de notre ère ; et même, jusqu'en 1830, pour les pirates d'Alger, par rapport aux populations chrétiennes riveraines de la Méditerranée occidentale. Soit que ces pillards procédassent par incursions armées, soit qu'on se fût plus ou moins garanti contre leurs méfaits en leur payant un tribut, il est clair que leur présence faisait subir aux populations aux dépens desquelles ils vivaient une lésion permanente d'origine externe. Cette lésion fut parfois mortelle à l'individu parasité. C'est ce qui se produisit pour l'empire romain. Parfois au contraire, elle provoqua chez la victime une réaction énergique, qui aboutit à l'anéantissement du parasite lui-même : ainsi s'explique la chute des Deys d'Alger. Mais l'un et l'autre événement nous montrent combien la lésion avait pu acquérir de gravité, et nous conduisent à placer ces troubles parasitaires parmi les plus dangereux de ceux qui peuvent affecter une société (1).

II

Après les lésions produites par des sociétés étrangères, examinons celles qui naissent dans le groupe social, soit par suite

1. Pour les effets du parasitisme sur le parasite lui-même, voir p. 611.

de malformations de ses éléments, soit comme résultats de l'action du milieu physique ou biologique.

Plusieurs groupes de maladies doivent être distingués : les unes n'affectant que des éléments isolés du corps social, les autres s'étendant à des groupes d'éléments, d'autres infestant le corps entier. En somme, toutes naissent dans l'intimité des cellules : car là où réside la vie, là aussi il est naturel de trouver le principe de ses troubles. Seulement certaines restent confinées dans la cellule où elles se sont produites, tandis que d'autres gagnent les cellules voisines. Or, les cellules ici sont des individus humains : comme dans l'étude des phénomènes présentés par elles on n'a d'abord vu que l'individu, et comme l'on n'est venu que plus tard à l'examen des actes et fonctions de la collectivité, il est arrivé naturellement que les maladies de l'homme isolé ont d'abord frappé les regards, tandis que les maladies de l'ensemble n'ont été considérées que postérieurement. La pathologie sociale a donc suivi une marche inverse de celle de la pathologie individuelle. Pour l'être humain, on a envisagé les maladies du tout complexe avant de comprendre qu'elles provenaient de maladies des éléments anatomiques. Pour la société au contraire on a connu les maladies des unités avant de soupçonner celles du tout. Ces deux marches, opposées en apparence, proviennent cependant de ce qu'on a choisi dans les deux cas un même point de départ, l'homme, pour aller de lui, d'un côté à son sous-multiple, la cellule, de l'autre à son multiple, la société. Et cela même s'explique par le fait que l'homme, étant l'auteur de la science, a dû s'en prendre lui-même pour objet, avant d'y faire entrer les êtres placés au-dessous ou au-dessus de lui.

Les premières maladies de la société, nous venons de le dire, sont celles qui n'affectent immédiatement qu'un de ses éléments isolés : nous disons « immédiatement », car il n'est guère possible que le mauvais état d'une cellule sociale soit absolument sans contre-coup sur les cellules voisines ; mais ici nous ne voulons envisager que l'effet direct. Ces maladies que nous considérerons donc comme localisées dans telle ou telle cellule sociale particulière, sont celles que la pathologie individuelle étudie. Nous n'avons pas, bien entendu, à nous appesantir sur elles. Nous dirons seulement qu'elles nous semblent provenir de deux sortes de causes : un défaut d'alimentation (en prenant le terme d'aliment dans son sens le plus large, en y faisant entrer tout ce qui est nécessaire à l'entretien de la vie), ou bien un excès d'exercice (travail ou plaisir). On dira sans doute qu'il y faut joindre les maladies à causes accidentelles, celles qui proviennent par exemple de germes microbiens. Mais ces derniers, remarquons-le, n'auraient pu se développer s'ils n'avaient trouvé dans la constitution préexistante de l'individu qu'ils attaquent un milieu favorable à leur développement, un milieu incapable de réagir contre leurs efforts. Cette incapacité tient à la pénurie des éléments organiques, laquelle provient elle-même de l'une de nos deux causes, défaut d'alimentation ou excès d'activité. En somme, il n'y a pas lieu de distinguer entre les maladies accidentelles et les maladies dues au tempérament ; car celles-ci ne deviennent aiguës que sous l'influence d'une cause externe plus ou moins accidentelle, et les premières ne peuvent se manifester que grâce à des prédispositions organiques. A ne considérer donc que le facteur interne des maladies des éléments sociaux, nous croyons ne rien devoir ajouter à la liste précédente. A vrai dire, l'une de nos deux causes, le défaut d'alimentation, et parfois même la seconde, l'excès d'activité, proviennent elles-mêmes en partie d'une action du milieu sur l'individu. C'est que, en effet, jamais la maladie, qui est, en somme, un défaut de parfaite adaptation au milieu, ne peut avoir des causes uniquement internes. On saisit pourtant qu'il y a une sensible différence entre ces deux causes d'affaiblissement de l'homme d'une part, et de l'autre la lésion produite par exemple par un instrument contondant : car celle-ci agit à la périphérie, et les deux autres agissent dans la profondeur de l'être. Nous pensons donc être autorisé à maintenir le défaut d'alimentation et l'excès d'activité comme vraies et seules sources internes de troubles pathologiques nés au sein des éléments sociaux isolés. On sait que leur action peut aller jusqu'à entraîner la mort de l'individu chez qui ces troubles se manifestent. Il se produit alors, au sein de l'organisme social, une disparition de cellule comparable à la mort d'une cellule dans l'organisme individuel, une « nécrobiose partielle ».

Mais maintenant, à côté des maladies spéciales à une cellule du corps social, s'en placent d'autres, plus importantes à notre point de vue, qui se trouvent diffuses dans toute une région de ce corps. Les raisons de cette diffusion ne sont pas toujours les mêmes. Tantôt il y a eu proprement contagion : le mal, après avoir envahi un individu, a passé à ses proches, à ses voisins, à ceux qui travaillent habituellement avec lui. Tantôt, au contraire, il a apparu simultanément chez eux tous, sous l'action des mêmes causes. C'est ainsi qu'il y a d'ordinaire, dans chaque famille, des maladies héréditaires, exemples du premier cas ; et dans chaque métier, des maladies professionnelles, exemples du second. — Les collectivités dont tous les membres sont ainsi frappés, soit successivement soit simultanément, sont celles que nous avons distinguées en étudiant les divers modes dont se groupent les cellules sociales. Chacun sait, en effet, qu'il y a des infirmités ou des maladies spéciales à telle famille ou à telle race, à telle ville ou à telle province, à telle corporation, à telle classe sociale. Nombre de ces maladies affectent le moral, plutôt encore que le physique ; mais, même en ce cas, les deux causes que nous avons indiquées tout à l'heure nous paraissent encore pouvoir être invoquées. La folie, qui est la plus caractérisée des maladies mentales, a souvent pour cause la misère (défaut d'alimentation), ou de trop grands efforts imaginatifs faits par l'individu (excès d'activité). Quand il n'en est pas ainsi, c'est qu'elle est d'origine « accidentelle », c'est-à-dire extérieure ; or, nous n'avons prétendu donner que les causes internes des maladies. D'ailleurs, même en ce cas, on pourrait dire comme précédemment que l'évènement accidentel ne détermine la folie qu'à cause de l'impuissance de l'esprit à réagir, impuissance qui s'explique précisément par nos deux causes internes. Si nous avons mentionné la folie parmi les maladies des groupes sociaux, c'est qu'elle est à la fois transmissible héréditairement et très susceptible de se diffuser chez les membres d'un même corps ou les habitants d'une même localité : on sait notamment combien la monomanie du suicide est contagieuse. Nulle maladie peut-être ne se répand plus aisément que les maladies mentales : parce que l'imitation agit pour diffuser celles-ci, plus encore sans doute que l'atmosphère pour transporter les germes des microbes pathogènes. Il est clair d'ailleurs que la contagion morbide ne s'arrête pas forcément aux membres d'un même groupement. Si, par exemple, une maladie sévit sur tous les ouvriers d'une industrie déterminée, elle peut, dans certains cas, être transmise par eux à tous les membres de leurs familles, se répandre par là dans une ville entière, puis, par l'émigration de certains habitants de celle-ci, dans un grand nombre de localités différentes. Il se peut donc que le mal, se servant successivement des diverses sortes d'affinités que présentent les êtres humains, se propage dans tous les sens à la fois. Heureusement ce sera rare : car le plus ordinairement son apparition n'aura été possible que grâce à l'existence chez l'individu atteint d'un certain genre de prédisposition qui ne se retrouvera pas ailleurs : c'est ainsi que les maladies professionnelles ne se développent guère qu'en raison des habitudes spéciales engendrées par la profession, et ne se transmettent héréditairement (d'ordinaire) que fort atténuées. C'est ainsi, pareillement, que les maladies héréditaires dans une famille ne se transmettent pas très aisément aux voisins ou aux collaborateurs de ses membres. Toutefois, on conçoit la possibilité de contagions généralisées, finissant par englober tout un pays. Mais plus habituellement les grandes maladies qui désolent à la fois toute une société, la peste, le choléra, bien qu'opérant aussi par contagion proprement dite, agissent surtout par l'influence commune des mêmes causes sur plusieurs êtres en divers lieux. On les voit simultanément apparaître en différentes villes, et dans une même ville en différents quartiers, sans qu'on puisse se l'expliquer autrement que par la présence dans tout l'atmosphère des germes morbides, qui se développent immédiatement chez tous les individus dans lesquels ils trouvent un terrain préparé. Ceux-ci évidemment les trans-

mettent par contagion à leurs proches, mais on voit que cette
influence d'individu à individu n'est qu'un facteur dérivé. En
somme donc, dans les maladies qui frappent tout un peuple
comme dans celles qui atteignent une catégorie sociale, il faut
distinguer deux causes de la dissémination : 1° l'influence d'un
milieu commun, 2° l'action de chaque être humain sur ses semblables, et d'abord sur ceux qui, pour une raison ou une autre,
l'approchent de plus près. Quant aux causes qui font que tel
individu est frappé le premier, nous les connaissons déjà.

Les maladies dont nous venons de parler sont « sociales » en
ce sens qu'elles affectent à la fois tous les membres ou un grand
nombre des membres de la société, et que des causes tenant au
groupement des hommes en favorisent la diffusion. Mais on
pourrait aussi dire qu'elles sont « individuelles », parce que
c'est l'individu qui en souffre tout d'abord, sa fonction sociale
n'en étant affectée que par contre-coup. Il en est d'autres qu'on
peut appeler des maladies sociales en un sens plus strict encore,
parce que, ici, c'est la fonction sociale qui est d'abord atteinte,
sans que l'individu en souffre autrement que par voie de conséquence, ou même sans qu'il en souffre du tout. C'est le cas
pour les maladies des tissus et des organes sociaux. Dans l'organisme, des tissus nerveux cessent parfois de fonctionner ; leurs
cellules se chargent alors de graisse, et ils deviennent des tissus adipeux. La société, elle aussi, offre des exemples d'une
semblable dégénérescence histologique. Des groupes d'hommes
qui ont, à un certain moment, dirigé toute une nation, une fois
gorgés d'honneurs et de richesses, tombent dans l'apathie et par
suite dans le discrédit. C'est en deux mots toute l'histoire des
privilégiés de l'ancien régime. Il est clair que, au moment où
ceux-ci ont commencé à se transformer de chefs véritables en
chefs nominaux, à se débarrasser de leurs devoirs tout en gardant leurs droits, ils n'en ont pas matériellement souffert comme
individus ; mais le corps dont ils faisaient partie s'est trouvé
immédiatement atteint et compromis dans son principe. —
D'autres maladies frappent les organes sociaux. Les unes
s'attaquent aux organes de la production : tels la grève ou

le chômage forcé ; l'individu en souffre assurément, mais c'est parce qu'il ne remplit pas alors sa fonction sociale, que ce soit ou non par sa volonté. D'autres s'en prennent aux organes de la circulation : c'est ainsi que certains tarifs douaniers arrêtent le commerce d'exportation ou d'importation, que l'abondance excessive ou l'excessive raréfaction de la monnaie nuisent également aux transactions. — Dans d'autres cas, ce ne sont plus les organes de la vie de nutrition, mais ceux de la vie de relation, qui sont atteints. Tantôt l'appareil gouvernemental est entravé dans sa marche ; les chefs de l'État sont désunis, l'administration est impuissante devant le mauvais vouloir des citoyens, la justice ne se rend plus : c'est l'anarchie. Ou bien au contraire cet appareil se développe avec excès, absorbant toutes les forces vives du pays, détruisant hors de lui toute initiative, paralysant le libre jeu des cellules sociales : c'est la tyrannie. Tantôt c'est l'appareil intellectuel qui souffre. Il souffre de disette si l'esprit public est trop peu tourné vers les choses de l'intelligence. Il souffre d'immobilité forcée si un dogme reçu sans discussion ôte toute franchise à son essor. Il souffre parfois même de pléthore, si le nombre de ceux qui cherchent à vivre de l'art, de la science ou des lettres est démesuré. « *Laboramus copia litterarum* », disait Pline. Et ce qui était vrai de son temps s'est depuis, parfois, trouvé l'être à nouveau.

La cause de ces maladies des parties du corps social se doit chercher souvent, à vrai dire, dans leurs luttes. Après ce que nous avons dit des divers groupements sociaux, on comprendra aisément qu'il peut y avoir trois sortes de luttes de ce genre :

1° *Luttes d'une forme de groupement contre une autre forme.* — Le passage de l'organisation familiale à l'organisation régionale, la substitution de la cité à la *gens* ne se sont pas faites sans difficulté, ni même sans déchirement. Il en fut de même pour la substitution de l'organisation corporative à l'organisation régionale ; et, plus tard pour la substitution du groupement suivant la condition du travailleur au groupement suivant le genre d'industrie, du syndicat ouvrier ou patronal à l'ancienne corporation.

2° *Dans une même forme de groupement, lutte des groupes entre eux.* — Des rivalités séparent les familles. Des jalousies existent entre villes. Les corps d'industrie, les corps administratifs ne voient généralement pas d'un œil bien favorable leurs voisins les plus proches. Les syndicats d'un même ordre ne sont pas toujours parfaitement d'accord. Les luttes entre confessions religieuses sont parfois sanglantes, etc...

3° *Enfin, dans un même groupe, luttes entre individus.* — Les membres d'une famille se querellent à propos de successions; les habitants d'une ville, à propos des intérêts municipaux ; les membres d'une association professionnelle ou même scientifique, s'en disputent la direction.

Ces luttes sont-elles un mal pour la société? *A priori*, on ne saurait l'affirmer. Il y a, en général, dans la lutte un principe de progrès, puisque, de deux combattants, c'est le mieux constitué qui l'emporte. L'on peut constater, en effet, que le résultat des luttes entre les diverses formes de groupements sociaux a été très souvent heureux. Le triomphe du groupement topographique sur le groupement embryologique a fort affaibli l'exclusivisme familial et les haines de races. La victoire du groupement fonctionnel sur le groupement topographique s'est marquée par un progrès dans la division du travail, ce qui est évidemment un avantage au point de vue économique, et ce qui en est un même au point de vue moral, si les travailleurs spécialisés, constatant leur interdépendance, sont amenés par là à reconnaître leur nécessaire solidarité. Enfin, de nos jours, l'extension des groupes fondés sur des affinités morales, en dépit des différences tenant au lieu et à la profession, est à plus d'un égard une chose excellente. — Même entre les groupes appartenant à une unique série, même entre les individus composant un groupe unique, la concurrence a forcément, dit-on, de bons résultats. Elle stimule les activités, elle fait atteindre à chacun son maximum de productivité. Elle a deux issues possibles. Ou bien les vainqueurs éliminent les vaincus, et alors on peut dire que c'est au bénéfice de la race, les individus ou les groupes les plus heureusement doués étant les seuls à se reproduire. Ou bien, au contraire, pour éviter cette cruelle conséquence, ceux qui se sentent moins forts cherchent à échapper en se différenciant de leurs concurrents, en faisant autre chose qu'eux, ce qui leur donne une raison de subsister à côté d'eux ; or, cette différenciation, menant à la division du travail, est elle-même un bien. — Ces raisonnements ont assurément quelque chose de fondé, et nous reconnaissons volontiers que, en certains cas, les conclusions qu'on en tire se trouvent exactes. Mais nous ne saurions penser qu'il en est ainsi dans la totalité des hypothèses.

D'abord, la supériorité dans les luttes n'est pas toujours due aux armes les meilleures ni les plus loyales. Ce qui fait la réussite d'un individu, c'est parfois le hasard, c'est-à-dire des circonstances tout à fait indépendantes de lui. Souvent aussi ce sont des « qualités » qui lui sont inhérentes, mais sans qu'il ait rien fait pour les acquérir, sans que leur possession puisse lui être comptée comme un mérite : telles sont une bonne conformation physique, d'heureuses dispositions d'esprit, une éducation sagement conduite ; tel est aussi, *a fortiori*, le fait de se trouver l'héritier d'une fortune acquise par autrui. Enfin, et ceci est plus grave, les défauts et les vices mêmes de l'individu peuvent lui être d'un certain secours : l'absence de scrupules, la déloyauté, l'habileté dans le crime aident au succès, à un succès bien misérable et bien méprisable sans doute, mais qui enfin fait souvent illusion aux yeux du monde. Or, ce ne peut pas être une bonne chose qu'une concurrence où la victoire ne reste pas au plus digne, c'est-à-dire à celui dont le succès servirait le mieux les intérêts de tous. — Voici encore un des côtés funestes de ces luttes : en exaltant le vainqueur, elles écrasent le vaincu. Si le succès restait toujours au travail et à la dignité de la vie, cette conséquence ne serait pas à craindre : les élus, formés par une longue pratique du devoir, n'auraient d'autre désir, après avoir touché le but, que de guider ceux qui resteraient en arrière vers le terme atteint par eux-mêmes. C'est ainsi qu'on constate d'ordinaire, chez les maîtres de la science, une ardente sollicitude pour l'instruction générale de l'humanité. Dans ce cas donc, le succès de quelques-uns est au fond à

l'avantage de tous. D'ailleurs, en fût-il autrement et l'écrasement des vaincus dût-il, ici aussi, suivre l'exaltation des vainqueurs, qu'on pourrait s'en consoler. Si le succès est pour les plus
courageux et les plus nobles, la disparition des pusillanimes
et des malhonnêtes n'a rien en somme de bien attristant, et il vaut
mieux que l'humanité ne demeure composée que des premiers. — Mais nous savons qu'il n'en est pas ainsi. Nous savons
que les vaincus de la vie sont souvent ceux qui méritaient le
mieux de vaincre, les esprits les plus délicats, les âmes les plus
droites, même les plus robustes. Alors ne doit-on pas condamner une lutte qui produit de telles conséquences, qui élimine
précisément la fleur de l'humanité ? — Car l'élimination du
vaincu, tel est bien le résultat le plus fréquent de la concurrence.

Sans doute elle va en s'adoucissant de jour en jour. Aux
temps où les ennemis défaits étaient dévorés ou détruits, succé-
dèrent ceux où leurs vainqueurs se bornèrent à les réduire en
esclavage. L'esclavage lui-même fit place au servage, au colonat.
Au lieu de ceux-ci nous ne trouvons plus actuellement que le
salariat, qu'il serait fort injuste de leur assimiler, mais qui
pourtant maintient un grand nombre de travailleurs dans la
dépendance d'une minorité de riches. N'est-ce pas un très grand
mal que l'absolue séparation du capital et du travail ? Ne peut-
on pas trouver funeste — au point de vue, évidemment, de l'intérêt général de la société — que certains hommes vivent des
produits d'un travail auquel ils n'ont pris aucune part, tandis
que d'autres ne reçoivent, pour rémunération de leurs labeurs,
que la moindre partie des bénéfices produits par leur propre
industrie ? Est-il bon, socialement, que les uns soient gorgés
de richesse, et que les autres meurent de faim ? alors que la
seule raison en est peut-être dans le fait que les uns sont nés
dans un palais, et les autres dans une chaumière. Il n'est pas
bien sûr déjà que ces extrêmes inégalités soient complètement
justes, lorsqu'elles résultent d'une différence dans les aptitudes
et dans le travail : car cette différence est moindre que les
inégalités qu'elle produit, vu qu'il ne faut pas mille fois plus d'intelligence et de moralité pour gagner un million que pour gagner

un millier de francs. Mais très certainement elles sont iniques, quand elles résultent d'autre chose, comme c'est le cas ordinaire. En voyant des fortunes, qui ne reposent que sur la ruine d'un grand nombre de citoyens, s'étaler auprès de certaines misères hideuses, telles qu'en présentent nos grandes villes, on comprend que l'esprit populaire se laisse séduire par l'idée des révolutions (1). Si dans un organisme certaines cellules recevaient en abondance le sang nourricier tandis que le plus grand nombre souffrirait d'anémie, et cela sans que l'hypertrophie des premiers correspondît d'ordinaire à une plus grande dépense de force, à plus d'activité mise au service de l'ensemble, ne jugerait-on pas à bon droit que cet organisme est très malade? N'est-il pas dès lors évident qu'une société où des phénomènes analogues se produisent court les plus sérieux dangers? A l'heure présente, pour les sociétés dans lesquelles nous vivons, il n'en est pas de plus redoutables.

Malheureusement, ce ne sont même pas les seuls. A côté de ces maladies tenant à l'état de tels et tels membres de la société et à l'antagonisme des cellules sociales, il en faut placer d'autres, qui n'ont plus un caractère plus ou moins local, mais un caractère diffus. D'abord il est des organismes sociaux qui portent avec eux un vice originel, qui les empêche d'être viables. Pour certains d'entre eux, ce vice réside dans le milieu où ils sont nés. Il est des terres qui ne se prêtent pas au développement d'un Etat : les îlots polynésiens sont de ce nombre. Il en est qui, après avoir semblé s'y prêter, s'y montrent subitement réfractaires : tel le Groënland, lequel au XII° siècle vit florir une brillante colonie danoise, que le refroidissement du climat fit plus tard totalement disparaître. D'autre fois, le vice congénital

1. Les Indiens venus à Rouen sous Charles IX s'émerveillaient, nous dit Montaigne, de ce que « ils avaient aperçu qu'il y avait parmi nous des hommes pleins et gorgés de toutes sortes de commodités, et que les autres étaient mendiants de faim à leur porte, décharnés de faim et de pauvreté, et trouvaient étrange que ces hommes nécessiteux pouvaient souffrir une telle injustice, qu'ils ne prissent les autres à la gorge ou missent le feu à leurs maisons ».

réside dans la constitution même de l'Etat : c'est le cas pour les sociétés hybrides. La superposition de deux populations qui ne se mélangent pas et qui continuent à se sentir perpétuellement antagonistes en fournit le meilleur exemple : voilà pourquoi, généralement, les empires fondés par les Tartares dans l'Indo et en Chine n'ont pu durer : les vainqueurs différaient trop des vaincus, et ne faisaient rien pour se rapprocher d'eux. Au lieu de l'amalgame de deux populations différentes, il peut y avoir simplement amalgame de deux principes politiques. C'est le cas pour les gouvernements théocratiques, qui veulent associer dans la main du prêtre le pouvoir temporel au pouvoir spirituel : aussi ces régimes, pas plus dans l'Hindoustan qu'en Egypte ou en Judée qu'à Rome, n'ont-ils été capables de subsister. Les Etats de ce genre sont, biologiquement parlant, de véritables monstres, pour lesquels on pourrait constituer une « tératologie sociale ».

En d'autre cas, le vice n'est pas congénital ; la nation est normalement constituée. Mais, par l'effet de certaines circonstances ultérieures, elle subit un arrêt de développement. Cela se produit, par exemple, lorsque par suite de l'ambition démesurée de ses gouvernants, elle s'est épuisée en efforts excessifs. Ce fut le cas pour l'Espagne après Charles-Quint et Philippe II ; c'est même ce qui arriva un moment à la France vers la fin du règne de Louis XIV.

. Une autre cause de déchéance pour la société, c'est ce qu'on pourrait appeler, d'un nom qui rappelle des phénomènes biologiques connus, la fixation ou la sclérification. Certains êtres vivants, quand une fois ils ont trouvé dans leur milieu tout ce qu'il faut pour satisfaire les premiers besoins de l'existence s'arrêtent là : ils se fixent au point où ils se trouvent relativement bien, ils ne font plus aucun effort pour trouver mieux, ils perdent leur appareil de locomotion ; par suite, les organes d'origine nerveuse et les organes des sens ne se développent pas; souvent même les tissus s'incrustent de substances dures qui amènent la rigidité de l'ensemble. Tel a été le cas pour les végétaux phanérogames; et aussi dans l'animalité pour les éponges, les coraux, les crustacés fixés (balanes) et parasites (sacculine, bopyriens), et même certains mollusques. De même, dans l: règne social, quand un groupe arrive à une organisation relativement élevée, qui assure d'une manière calme et régulière l'existence de ses membres, il s'y attache parfois d'une manière si tenace qu'il devient incapable de tout progrès ultérieur. Le résultat de cette fixation étant d'immobiliser la société dans son état acquis, on peut dire que ses causes — c'est-à-dire cet état lui-même — et ses effets sont identiques les uns aux autres. Or ces causes elles-mêmes sont de deux sortes. Dans nombre de cas, la société s'arrête parce qu'elle est arrivée à un état matériel satisfaisant, soit qu'elle vive de la culture du sol (Chine), soit qu'elle demande son alimentation à la chasse (Peaux-Rouges) ou à la pêche (Kamtchadales), soit qu'elle vive de rapines (Tartares, Turcs) (1) ; Les sociétés industrielles, elles ne paraissent ne guère connaître cette fixation. Il semble qu'elles voient sans cesse, à la différence des premières, s'ouvrir devant elles des horizons indéfinis, qui sont refusés aux autres genres de travaux. Cela tient sans doute à ce que les économistes ont appelé la loi du rendement plus ou moins que proportionnel. Dans l'agriculture, passé une certaine productivité, correspondant à un certain travail et à certains frais de production, le labour et les dépenses supplémentaires augmentent bien le rendement, mais dans une proportion moindre que celle des effets tentés. Au contraire dans l'industrie, tout accroissement dans le travail de production peut, s'il est bien dirigé, accroître le produit non seulement proportionnellement à lui-

---

1. Déjà chez les sociétés animales, des faits analogues se produisent. Certains groupes guerriers « se fixent » par l'effet de la guerre, et deviennent incapables d'accomplir aucune autre fonction que la fonction belliqueuse. C'est le cas, notamment, des sociétés formées par la fourmi dite *Polyergus rufescens*. Celle-ci fait captives d'autres fourmis qui sont alors chargées de la nourrir. Sans leur secours, elle ne pourrait même pas prendre les aliments qu'on met à sa portée. « Les mandibules ont perdu leurs dents et se sont changées en simples pinces, armes mortelles assurément, mais ne pouvant servir qu'à la guerre ». (John Lubbock, *Fourmis, abeilles et guêpes* ; trad. franç., 1883, tome I, page 70).

même mais dans une mesure plus forte encore. Ainsi, au-dessus d'un certain niveau le rendement agricole devient moins que proportionnel, tandis que le rendement industriel reste plus que proportionnel à l'effort. Ce qui est vrai pour l'agriculture l'est sans doute aussi pour la chasse et la pêche. En effet, la raison de la loi du rendement moins que proportionnel est que, forcément, avec une certaine intensité de culture, la fécondité de la terre est presque épuisée, et il ne saurait guère y être ajouté : or, l'on conçoit fort bien que de même, l'effort du chasseur ou du pêcheur ne puisse accroître indéfiniment le butin qu'il récolte. Au contraire, pour l'industrie qui fait appel à toutes les forces naturelles sans exception, le champ exploité est infiniment vaste, et la limite de son utilisation non-seulement n'est pas atteinte mais n'est même pas actuellement concevable. On voit donc pourquoi les nations agricoles ou chasseresses ont atteint bien plus vite que les nations industrielles le point où leur travail donne à peu près le maximum possible de résultat, et que les institutions économiques, politiques, intellectuelles, correspondant à ce point aient pris chez elles la plus grande fixité, le recul étant rare, le progrès étant à peu près impossible — tandis qu'à l'inverse les nations industrielles ont continué à aller de l'avant.

L'autre raison qui peut amener la fixation d'une société, c'est le fait qu'elle a atteint, non plus un état matériel, mais une organisation morale et politique qui la satisfait. En Chine, par exemple, la savante organisation des rites a contribué, non moins que le régime agricole, à immobiliser la société dans les cadres anciennement tracés. En Egypte, où le peuple a docilement accepté les croyances proposées par ses prêtres, et s'est accommodé du régime des castes, qui maintient rigoureusement l'activité de chaque homme dans une limite d'avance définie, la fixation s'est opérée également, aidée, ici aussi, par des raisons économiques. Pareillement, une des causes qui expliquent l'immobilité intellectuelle des peuplades sauvages et même de groupes élevés comme les tribus arabes, c'est l'acceptation passive de dogmes religieux et l'habitude de se plier aux ordres et aux indications des « anciens ». On ne se trouve pas mal de ce régime traditionaliste, parce qu'il est en somme un guide pour l'existence et parce que, ne sortant jamais de chez soi, on n'a pas l'idée de quelque chose d'autre, qui pourrait être meilleur ; ne s'en trouvant pas mal, on ne songe pas à en changer. De même, ce qui fait la durée du fonctionnarisme en Russie et en Allemagne, de la bureaucratie en France, c'est qu'ils rendent certains services au public, et que la majeure partie de celui-ci n'a pas assez le sentiment et le goût de l'indépendance pour comprendre qu'elle pourrait s'en passer. En fait même, dans toute société, quelle qu'elle soit, il y a ainsi une tendance à l'immobilité. Tous ceux qui en profitent : gouvernants, fonctionnaires, industriels que ses lois favorisent, etc., cherchent à conserver indéfiniment l'état de choses où ils trouvent leur profit. La masse des citoyens, pour qui la constitution actuelle a autant d'avantages que d'inconvénients, n'y met pas obstacle, estimant, non sans raison, qu'il faut faire un effort pénible pour changer la face des choses et que la récompense n'est pas toujours proportionnelle à l'effort. Il n'y a donc, d'ordinaire, qu'une faible minorité qui, se sentant très mal — soit qu'elle souffre réellement, soit qu'elle veuille simplement satisfaire des ambitions démesurées — travaille avec ardeur à la modification du régime. Lorsque cette minorité convainc la majorité de la nécessité de réaliser un de ses *desiderata*, il se fait une réforme. Lorsqu'elle entraîne la majorité contre un gouvernement qui se refuse à la réforme, il s'opère une révolution. L'idéal serait que la minorité réformatrice fût plus nombreuse, mais moins violente, que la majorité conservatrice fût à la fois assez sage pour accepter les innovations nécessaires et assez ferme pour repousser énergiquement les projets chimériques. « Il faut » dirons-nous avec M. Spencer (1), il faut que d'un côté la force qui résiste, dans une organisation sociale établie, tout comme dans un ensemble individuel d'habitudes et d'idées, soit assez grande pour offrir une résistance considérable au

_____

1. *Introduction à la Science sociale*, chap. X, trad. franç., 1880, p. 259.

changement, et que de l'autre côté il y ait une originalité, un
esprit d'indépendance, une opposition à l'autoritarisme, assez
vigoureux pour surmonter peu à peu la résistance... Dans un
agrégat social comme dans tout autre, il y a deux extrêmes
fatals à l'évolution : la rigidité et l'incohérence. Une plasticité
moyenne, voilà la bonne condition ».

En dehors des causes d'affaiblissement que nous venons
d'examiner, faut-il croire qu'il vient nécessairement avec le
temps, pour les sociétés comme pour les organismes, une perte
progressive des forces? Faut-il croire que la société passe fatalement, comme l'individu, par ces phrases successives: naissance, jeunesse, adolescence, virilité, déclin, sénilité, mort?
Il n'y a, remarquons-le, aucune raison logique qui oblige à ce
que, pour l'organisme lui-même, il en soit toujours ainsi. On
n'a jamais prouvé, *a priori*, que l'individu doive s'affaiblir avec
les années. La comparaison banale du corps humain avec la
machine qui s'use par son fonctionnement n'a rien de démons-
tratif. Car, si la machine s'use, c'est qu'on ne répare pas ses
pertes. Mais l'organisme est justement un être qui sait réparer
lui-même ses pertes. Pourquoi donc, à partir d'un certain âge,
le sait-il moins bien ? Pourquoi, tandis que dans la première
moitié de la vie ses acquisitions sont supérieures à ses déchets,
est-ce le contraire qui se produit dans la seconde, lorsque précisément l'expérience acquise devrait aider l'être dans sa résistance
à la destruction? On invoque l'hérédité, « l'habitude de mourir » invétérée dans la race humaine. Mais comment a-t-elle
pu prendre naissance, et pourquoi les premiers hommes se sont-
ils laissé mourir? Au fond, l'explication de Schopenhauer —
pour lequel la mort vient de ce que à un certain moment nous
cessons de vouloir suffisamment vivre — cette explication, toute
contraire qu'elle paraisse à des faits journaliers, est peut-être le
seule intelligible. Le vieillard veut vivre, sans doute, mais il ne
veut pas en même temps les moyens qui seuls pourraient prolonger sa vie. Et surtout, l'homme, quand il était jeune, a amé-
nagé sa vie comme si elle ne devait pas durer toujours. Il a

choisi l'effort intense avec les résultats prompts et considérables, au lieu de l'effort continu aux résultats lents et faibles, mais durables et sans cesse croissants. Ceux-ci, il les a réservés pour la race, sentant qu'en elle du moins il retrouverait l'immortalité qu'il abandonnait pour lui-même. Il a consenti à mourir, afin de vivre d'une vie plus intense pendant l'instant où il concentre ses efforts. Sa volonté de jeune homme lie sa volonté de vieillard. — L'explication sans doute est bien loin de résoudre toutes les difficultés du problème. Mais cela même nous démontre qu'il est impossible de prouver pourquoi, logiquement, l'homme doit vieillir et mourir. Si la preuve est impossible pour l'individu, à plus forte raison l'est-elle pour la société. Pour l'organisme, il est vrai, à défaut de démonstration rationnelle, il y a une preuve expérimentale des plus fortes : c'est que nous ne connaissons pas d'organisme dont on puisse suivre l'histoire avec exactitude, qui ait échappé à la mort — ni à la vieillesse autrement que par la mort précoce (1). Mais pour les sociétés, ce genre de preuves nous fait défaut. Sans doute nous en avons vu mourir un grand nombre. Mais il n'en est point une seule dont on puisse dire avec certitude qu'elle soit morte de vieillesse. Même les sociétés qui présentent les signes de ce qu'on a appelé la décrépitude sociale — affaiblissement du lien entre les parties, faiblesse de l'appareil directeur (gouvernemental et intellectuel) — ne sont mortes que « par accident », sous les coups de l'étranger : ce fut le cas de l'empire romain d'Occident, de l'empire byzantin, de la Pologne, du Saint-Empire romain germanique. Or, toutes ces causes de faiblesse sont indépendantes du grand âge des sociétés, puisqu'on les retrouve chez d'autres groupes beaucoup moins âgés. Les envahisseurs barbares, qu'on se plaît à opposer aux Romains comme la jeunesse à la sénilité, étaient travaillés par les mêmes maux, et c'est ce qui explique la prompte décomposition des royaumes fondés

1. Encore faudrait-il tenir compte des vues de Weissmann sur l'immortalité des protozoaires. La mort pourrait bien être l'apanage exclusif des êtres pluri-cellulaires et très différenciés.

par eux. Il n'y a qu'un seul cas où l'on pourrait dire avec
parfaite justesse qu'une nation meurt de vieillesse : c'est le cas
où elle périrait faute de savoir renouveler ses cellules, où elle
succomberait par l'arrêt de sa natalité. Mais ce cas ne s'est
jamais présenté : on a vu la natalité baisser chez certains peuples, on ne l'a jamais vue tomber à néant. Et, quand on cherche les causes de cette diminution de la natalité elle-même, on
peut toujours les trouver dans des conditions économiques, politiques, morales, parfaitement indépendantes de l'âge des sociétés considérées. La preuve en est que la natalité la plus forte de
l'Europe (1) appartient à l'une des nationalités les plus vieilles
de notre continent, celle des Hongrois, tandis que l'une des plus
faibles, après celle de la France (2), revient à l'une des sociétés
les dernières constituées, la Suisse. Qu'en conclure, si ce n'est
que, même à ce point de vue, l'âge n'implique pas par lui-même
un affaiblissement nécessaire des forces de l'être social ? On peut
donc ne pas se croire obligé de considérer la vieillesse comme
une « maladie normale » des sociétés. D'ailleurs, comment dire
ce qu'est la vieillesse d'une société ? La vieillesse ne s'apprécie
que par rapport à la mort, qu'elle précède et qu'elle prépare.
Mais nous ne savons pas quand arrive la mort d'une société ;
nous verrons même bientôt qu'il n'est pas sûr que cette mort
doive jamais arriver. Ainsi nous n'avons pas le moyen de dire à
quel moment un organisme social devient vieux, ni par suite
le moyen d'apprécier les effets de cette vieillesse, dont nous
ignorons la définition précise. ·

1. 132 naissances vivantes en un an pour mille femmes de plus de
15 ans. La France qui a la natalité la plus faible n'en compte que 68,
soit la moitié. Voir le tableau dressé par M. J. Bertillon (*Revue internationale de Sociologie*, n. 1, p. 26).

2. 85 pour 1000. Ce chiffre, comme les précédents, a été établi sur les
moyennes annuelles de la période quinquennale 1878-1882.

CHAPITRE SEIZIÈME

LES REMÈDES SOCIAUX.

Pour les divers maux de la société, comme pour ceux de l'organisme, il doit exister des remèdes. La constitution de la thérapeutique sociale n'aurait pas moins de prix que celle de la thérapeutique individuelle.

I

Mais d'abord, avant de vouloir nous faire les médecins des affections sociales, avant de chercher les remèdes que notre art pourrait leur appliquer, ne devons-nous pas reconnaître que souvent ces affections se guérissent d'elles-mêmes, par le simple jeu des lois de la nature ? Nous le devons, en effet. Et cela est vrai à la fois pour les blessures extérieures et pour les maux internes dont souffre le groupe social. La dépopulation et la misère causées par une guerre atteignent parfois des proportions considérables. Eh bien, d'ordinaire, elles portent avec elles leur remède. Souvent, après des combats qui ont coûté à un pays beaucoup d'hommes et de richesses, la natalité s'élève brusquement, et la production agricole et industrielle prend un large développement pour réparer les pertes récentes. C'est ce qu'on a constaté notamment en France après 1871. La raison en est simple. La nation éprouve le besoin de « se refaire », et, si les sources de sa vitalité ne sont pas complètement taries, elle en a le moyen, puisque l'accroissement du nombre de ses enfants et l'accroissement de son labeur ne dépendent que d'elle. Il existe chez les organismes un phénomène tout à fait analogue : c'est la régénération des tissus déchirés par une lésion externe. Quand celle-ci n'a point été trop profonde, les chairs se reconstituent rapidement. S'il y a, comme pour les sociétés, impossibilité de réagir quand l'énergie vitale se trouve très diminuée, il y a, comme pour elles encore, réaction rapide et efficace dans le cas contraire. Nous avons déjà dit que cette force réparatrice est surtout intense chez les êtres — individuels ou sociaux — qui sont, ou jeunes, parce qu'alors leurs tissus ont conservé leur plasticité, ou inférieurs, parce que la division du travail n'y a pas spécialisé les parties assez pour que l'ablation de l'une d'elles soit mortelle. Il faut pourtant bien se garder de pousser ces idées à l'extrême. Un organisme trop jeune, par exemple un enfant qui vient de naître, n'aurait aucune force de réaction ; de même un organisme trop inférieur, un protozoaire par exemple, ne sentirait point le dommage que lui cause la séparation d'une de ses parties, et ne chercherait donc pas à le réparer. D'autre part, nous savons aussi que les êtres sociaux supérieurs ont, à certains égards, une faculté réparatrice plus grande que celle des êtres inférieurs : si la régénération chez eux n'est plus spontanée, automatique, elle est réfléchie et voulue, ce qui peut être plus avantageux encore. Supposons par exemple que toute une catégorie vienne à disparaître : par exemple, le groupe des chefs militaires après un combat très meurtrier. La perte sera peut-être aisément réparable dans une société très inférieure, parce que la différence entre le chef et ses soldats n'y était pas assez grande pour que ces derniers ne pussent remplacer au besoin leur guide. Mais elle ne le sera sans doute guère moins dans une société d'ordre très élevé, parce que, ici, les individus étant plus intelligents et plus habitués à faire de leur intelligence des emplois variés, il se trouvera nombre de citoyens présentant les aptitudes voulues pour former, en cas de besoin, des officiers improvisés. De même, certains organismes sociaux qui semblent âgés, parce qu'ils ont déjà vécu une longue suite d'années, peuvent offrir une résistance plus grande, avoir une énergie réparatrice plus considérable que les organismes qui parais-

sent plus jeunes, l'âge n'étant point par lui seul une cause
d'affaiblissement pour les sociétés. La plus vieille des nations
actuellement existantes, la Chine, a survécu à la prise de sa
capitale par les armées européennes en 1860. La France, qui est
la plus anciennement unifiée des nations de l'Europe, a subi
plus récemment pareil malheur, et a même perdu une partie de
son territoire et de ses membres, sans que sa vitalité en ait été
définitivement amoindrie. On le voit donc, les plaies d'origine
externe se ferment fréquemment grâce à « la force médicatrice
de la nature », sans que les mesures prises par un gouvernement sage et habile y soient inutiles sans doute, mais aussi sans
qu'elles y puissent avoir le plus grand rôle, l'énergie spontanée
du corps social faisant presque tout.

Qu'en est-il maintenant pour les troubles de nature interne ?
Des faits analogues vont se rencontrer encore ici, tant
dans la vie de nutrition que dans la vie de relation. Dans
la vie de nutrition, on voit parfois la production, la circulation s'arrêter ou se ralentir. Les gouvernements croyaient
y pourvoir jadis de la meilleure manière par des décisions coer-
citives. Celles-ci pourtant, si parfois elles guérissaient le mal,
avaient au moins aussi souvent pour effet de l'aggraver.
Aujourd'hui, du moins dans nos régions, le gouvernement
n'intervient plus que rarement en ces hypothèses, il ne le fait
que si le mal est très grave, et d'habitude il opère avec réserve
et ménagement. C'est qu'en effet il est parfaitement démontré
que d'ordinaire ces sortes de crises se guérissent d'elles-mêmes.
Y a-t-il dans un pays insuffisance de la production ? L'échange
international parvient le plus souvent à y remédier. Aussi,
actuellement les famines sont beaucoup moins à redouter que
par le passé : car, lorsqu'en une contrée le blé manque, il y a
presque toujours ailleurs un excédant de récoltes en réserve qui,
si le commerce est libre, se porte immédiatement vers les pays où
sévit la disette. De même, si la consommation d'un pays ne parvient pas à rémunérer tous les producteurs, ils peuvent très fréquemment se créer un débouché à l'étranger. Supposons que,
par suite d'un évènement qui a ruiné la plus grande partie du

pays, ses habitants se voient forcés de restreindre dans la mesure des deux tiers leur consommation. Les prix des denrées baisseront nécessairement, puisqu'ils dépendent du rapport de la demande (consommation) à l'offre (production), et que, l'offre étant restée constante, la demande a diminué des deux tiers. Les marchands, dira-t-on, vont donc se trouver ruinés. Cela pourra arriver pour quelques-uns. Mais bien vite l'équilibre va se rétablir. En effet, les prix se trouvant avoir fléchi sur ce marché, les étrangers aussitôt y affluent, car ils peuvent s'y procurer les denrées à meilleur compte que chez eux (1). La demande va donc être sensiblement accrue de ce chef, ce qui fera remonter les prix à leur niveau primitif, et les négociants du pays ne perdront rien. Autre exemple. Dans l'organisme individuel, il arrive parfois que les vaisseaux sanguins se trouvent obstrués : la circulation du sang semblerait alors devoir s'interrompre. Mais alors il se crée spontanément d'autres vaisseaux, qui vont constituer une circulation collatérale. Par exemple, une ligature ferme une artère : le sang arrêté par elle se fraiera un passage au milieu des tissus voisins, et bien vite cette voie qu'il s'est ouverte, par le passage répété d'éléments analogues, se régularisera. Des faits du même genre se rencontrent dans les sociétés. Au moyen-âge, la circulation des monnaies et de toutes les marchandises se trouvait entravée par la prohibition du prêt à intérêt, édictée par le droit canonique. Comme il était interdit de demander un intérêt pour l'argent confié à autrui, il ne se trouvait plus de prêteurs, nul

1. Peut-être serait-on tenté de dire : il se peut que chez eux les prix *normaux* ne soient pas plus bas. Non, répondrons-nous, il n'est pas possible que le prix d'une denrée soit normalement triple dans un pays de ce qu'il est dans un autre ; car le mécanisme de l'échange international, grâce auquel chacun peut s'approvisionner de ce dont il a besoin dans la contrée où il le trouve en meilleur compte, supprime ces trop grandes inégalités. Resterait seulement le cas où la crise aurait sévi sur tous les pays avec une égale intensité : auquel cas nul acheteur n'aurait intérêt à se fournir à l'étranger. Mais cette hypothèse n'est guère de nature à se présenter en pratique.

ne voulant exposer ses fonds aux chances de la mauvaise gestion de l'emprunteur sans une rémunération compensatoire. L'argent ne circulait donc plus, du moins sous forme de prêt. Par conséquent, le commerce, qui vit de crédit, ne pouvait se développer ; les hommes d'initiative, mais peu fortunés, qui voulaient tenter des entreprises industrielles ou maritimes, n'y parvenaient point, faute de trouver les capitaux nécessaires. En un mot, il y avait engorgement, obstruction de l'appareil circulatoire social. Pour y remédier, une voie de dérivation, un canal collatéral, se constitua. La prohibition canonique, fondée sur des textes de l'Evangile et des Pères, ne s'appliquait naturellement qu'aux chrétiens. On recourut donc aux Juifs, qu'elle ne concernait pas, et ceux-ci devinrent les prêteurs, les agents de la circulation des métaux précieux. Chose curieuse, les sociétés au milieu desquelles ils vivaient leur reprochèrent plus tard ce rôle, comme si ce n'étaient pas elles-mêmes qui le leur avaient imposé ! Ce que prouvent ces exemples, c'est que les fonctions sociales de nutrition, tout comme les fonctions organiques analogues, lorsqu'elles sont troublées par une cause quelconque, savent d'ordinaire se rétablir elles-mêmes, sans que l'intervention coercitive du pouvoir central y soit nécessaire.

Des faits semblables peuvent être constatés, en ce qui concerne les appareils et les fonctions sociales de relation, de direction. On sait que l'appareil nerveux prend dans les sociétés un double aspect : appareil de direction intellectuelle (religion, arts, lettres, sciences), appareil de direction judiciaire et politique (nous croyons devoir réunir ici le gouvernement, l'administration et la justice), sans compter l'appareil de direction économique, intimement mêlé à l'appareil nutritif. Or, les phénomènes de régénération se retrouvent, tant dans le gouvernement intellectuel que dans le gouvernement politico-judiciaire des sociétés. Le corps chargé de la direction intellectuelle, amoindri par des circonstances d'ordre quelconque, parvient presque toujours à se reconstituer. Ainsi, quand, vers le xvi° siècle, le clergé commença à perdre la direction des esprits, les fonctions qu'il abandonnait passèrent à un

corps qui se créa pour les exercer, le corps des lettrés et des
hommes de science. Ainsi encore, quand sous Napoléon 1er le
militarisme et la compression administrative eurent à peu près
annihilé le « gouvernement intellectuel », on vit celui-ci se réorganiser grâce à l'action de certains individus qui, d'abord plus
ou moins en révolte contre les tendances dominantes de leur
temps, finirent par prendre eux-mêmes la direction de la pensée
publique : tels Châteaubriand, Madame de Staël, Victor Cousin.
Quand l'activité intellectuelle d'un peuple paraît assoupie, quand
les centres de sa vie religieuse, artistique, scientifique, semblent
frappés de paralysie, on voit souvent ces apparences se démentir
tout à coup, et un réveil de la vie mentale se produire : preuve que
les appareils qui y président réparaient en silence les pertes qu'ils
avaient pu subir, et avaient ainsi acquis une vigueur toute nouvelle. Des exemples de ce fait abondent : nous nous bornerons
à faire remarquer que, dans celui que nous citions il y a un
instant — la renaissance intellectuelle qui se produisit en
France à la fin du 1er Empire et surtout après la chute de Napoléon, — sont impliqués à la fois un réveil religieux, un réveil des
lettres et des arts, et même un réveil de la science. Démontrée
pour l'appareil de direction intellectuel, notre proposition n'est
pas moins exacte pour l'appareil de direction juridico-politique.
Lorsque le cours de la justice est interrompu dans un pays, la
nécessité fait le plus souvent qu'il se rétablit de lui-même par
d'autres moyens. Ainsi, au moyen-âge, pendant les troubles qui
agitèrent l'Allemagne, notamment à l'époque du grand interrè-
gne, les juridictions féodales étant devenues impuissantes à prévenir et à réprimer les brigandages, des associations de cheva-
liers et de bourgeois se formèrent spontanément pour assurer
la sécurité publique et rendre la justice. Ainsi, de nos jours
mêmes, aux États-Unis, les fonctions de judicature, étant données à l'élection populaire, sont trop souvent confiées à des hommes sans compétence et même sans moralité ; on en a vu,
paraît-il, qui se faisaient élire en promettant dans leurs circu-
laires de ne jamais condamner pour telle ou telle catégorie de
délits prévue et punie par la loi, l'ivresse publique entre autres ;

les sentences rendues par de semblables magistrats n'ont plus évidemment de la justice que le nom. Il arrive parfois que des citoyens, indignés de cet état de choses, s'unissent pour y mettre fin. Par un procédé dont la légalité est discutable sans doute, mais dont le but et le résultat peuvent n'être pas mauvais, ils chassent les juges élus du prétoire, et y installent à leur place ceux d'entre eux-mêmes qu'ils croient les plus dignes. Ainsi, à une magistrature impuissante, corrompue et corruptrice, se substitue un corps irrégulier dans son origine, mais d'ordinaire énergique et d'une sévérité plutôt louable. L'excès du mal a porté avec lui son remède. L'organe, atteint dans son principe, s'est reconstitué sur de nouvelles bases. Il n'en est pas autrement en ce qui touche le gouvernement politique lui-même. Le pouvoir central est-il détruit, soit par le fait de l'ennemi, soit par une révolution qui en a renversé les membres? On le voit se reformer tantôt sur les mêmes principes, tantôt sur des principes différents suivant les circonstances. Le premier cas s'est parfois rencontré dans les sociétés antiques, lorsque l'envahisseur avait tué ou emmené captifs tous les principaux chefs, en laissant les vaincus se réorganiser d'eux-mêmes, ou en choisissant parmi eux des individus quelconques pour lever sur leurs concitoyens le tribut annuel qu'il exigeait d'ordinaire. Quant au second cas, de multiples exemples en sont présentés par les sociétés modernes : chaque fois qu'une révolution considérable vient bouleverser l'un d'entre eux, tout le gouvernement central et bien souvent presque tous les membres des pouvoirs locaux sont complètement renouvelés. — Qu'en conclurons-nous? Si le gouvernement politique peut ainsi se régénérer lui-même, il doit croire, guidé d'ailleurs en cela par l'expérience, que les autres appareils de la vie sociale le peuvent également. Il ne doit donc pas se hâter d'intervenir, quand il les voit souffrir de quelque affection d'origine externe ou interne. Il doit d'abord examiner si le mal n'est pas de nature à guérir spontanément, si ce trouble n'est pas appelé à disparaître par l'effet même de ses conséquences. Laisser agir quand cela est possible l'énergie médicatrice de la nature, au lieu de lui substituer l'action artificielle et toujours faillible de l'homme, telle est la leçon de politique sociale qui se dégage des constatations qui précèdent.

II

Est-ce à dire toutefois que le pouvoir central doive rester inactif en présence de tous les troubles qui peuvent se produire dans l'organisme social? Evidemment non. Il est des cas où leur gravité réclame son intervention immédiate. Si des juges corrompus refusent de faire droit aux demandes équitables qui leur sont présentées, le gouvernement ne doit pas attendre que l'indignation publique les chasse de leurs sièges : il doit, si la constitution l'y autorise, leur y donner des successeurs. De même, si les intérêts intellectuels ou matériels du pays courent de trop grands dangers, le pouvoir central peut et doit s'en inquiéter. Il avise à la défense des premiers en multipliant les encouragements à l'art, à la science, aux lettres. Malheureusement il est à craindre qu'il ne provoque ainsi que le développement d'un art, d'une littérature ou même d'une science « officielles », cherchant avant tout à être agréables au pouvoir qui les entretient, et par suite privées de cette indépendance d'esprit qui est nécessaire à la confection de toute grande œuvre, de cette fierté, qui, suivant le mot d'un poète, « fait le génie ». Quant aux intérêts matériels du pays, le gouvernement ne peut pas non plus s'en désintéresser. Ce qui se passe dans l'organisme va nous éclairer sur ce qui devrait se passer dans la société. Dans la vie organique, l'appareil nerveux de la vie de relation (cerveau, moelle épinière et nerfs qui en dépendent) ne se confond pas avec l'appareil nerveux de la vie nutritive (grand sympathique). Toutefois, il le domine, et, s'il le laisse d'ordinaire agir de lui-même, il sait aussi au besoin lui communiquer ses impulsions. Ainsi, le cerveau exerce parfois sur des fonctions d'ordre végétatif, respiration ou circulation, une influence accélératrice ou inhibitoire qui ne dure sans doute qu'un instant, mais qui pourtant peut avoir les effets les plus graves, qu'ils soient utiles

ou funestes. Sur l'ingestion des aliments, son action est plus
considérable encore, puisque c'est grâce à son activité que l'être
trouve et prépare les aliments destinés à entretenir sa vie :
l'action cérébrale est donc ici normale, tandis qu'elle est excep-
tionnelle en ce qui touche la respiration et la circulation. Il
devrait y avoir quelque chose d'analogue en ce qui concerne la
nutrition sociale. Le rôle du pouvoir central pourrait être logiquement beaucoup plus considérable en matière de production
qu'en matière de circulation. En effet, personne ne saurait
refuser au gouvernement le droit de stimuler la production par
des encouragements à l'agriculture et à l'industrie. Nous
croyons même que, si la production nationale est trop menacée
par la concurrence étrangère, si elle risque de se voir étouffée
par elle, le gouvernement peut la protéger : non pas en mettant des droits de douane sur les produits importés, ce qui a les
plus fâcheux effets politiques, et ce qui encourage le travail
national à persister dans ses routines ; mais plutôt en accordant
des primes temporaires aux producteurs les plus menacés, pour
leur permettre de perfectionner leur outillage, en s'interdisant de
les leur renouveler au-delà du temps nécessaire pour que ce
résultat puisse être atteint (1). D'un autre côté, le gouvernement peut agir sur le mode de production lui-même. Ce n'est
pas qu'il doive, comme on le fit trop souvent en France sous
l'ancien régime, régler minutieusement la qualité des produits,
obliger par exemple les tisserands à faire entrer dans leurs
toiles un nombre de fils déterminé, etc.... Mais, si l'Etat ne doit
rien imposer, il peut prohiber un certain nombre de pratiques
dangereuses dans la production. D'abord il doit veiller à ce que
l'emploi du produit ne soit pas nuisible pour la société : de là,
pour lui, le droit d'inspection sur les industries nutritives. Puis
il doit aussi prendre des mesures pour que la façon même de

---

1. Cette idée a du moins été fort bien développée par M. Charles
Gide, dans une étude sur « la protection sans droits protecteurs ». Le
système des primes est appliqué, en France, à la marine marchande et
à la sériciculture.

produire n'ait pas des conséquences funestes pour les travailleurs industriels : de là le droit de faire des réglements prohibant une durée excessive du travail, au moins pour les femmes et pour les enfants, et exigeant de chaque atelier des conditions *minimæ* d'hygiène et de salubrité. Enfin, outre ces limites qu'il apporte à la liberté des producteurs privés, l'Etat peut, et peut-être doit en certains cas se faire lui-même producteur. Nous ne saurions, par exemple, que l'engager à se réserver la production des engins de guerre ou de certaines matières explosibles particulièrement dangereuses. Nous ne trouvons pas mauvais non plus qu'il fasse accomplir des travaux publics en régie, notamment en cas de crise générale, pour procurer de l'ouvrage à la masse des travailleurs inoccupés. Il nous semble donc que l'Etat (sans qu'il doive songer bien entendu à s'établir l'unique producteur) peut exercer sur la production nationale une influence régulatrice parfaitement normale et justifiée.

En matière de circulation, il n'en est plus de même. Ici l'Etat doit, en principe, laisser s'exercer librement l'initiative des citoyens. C'est ce qu'il comprend d'ailleurs de mieux en mieux, puisque, en notre pays du moins, on a vu disparaître successivement les principales entraves mises à la liberté du commerce (douanes intérieures, tarif maximum des denrées, etc...) et à la libre circulation de la monnaie (abolition du cours forcé, libre marché des métaux précieux, etc...). A l'étranger même on est parfois allé jusqu'à l'entière liberté des banques ; des esprits distingués réclament le même privilège pour la constitution de toute société de commerce ou de finances. Toutefois, à notre avis, il est des cas où l'intervention de l'autorité centrale en matière de circulation se justifie pleinement. L'histoire des monnaies en ce siècle nous en fournit plusieurs exemples. Par suite de la découverte de mines nouvelles, ou de diverses circonstances d'ordre industriel ou politique, le rapport de valeur des deux métaux précieux, l'or et l'argent, change sans cesse sur le marché. Tantôt c'est l'or, tantôt c'est l'argent qui se trouve déprécié. En vertu de la célèbre loi formulée par Gresham: « la mauvaise monnaie chasse la bonne », celui de ces deux métaux qui se trouve déprécié reste dans le pays, tandis que l'autre fuit à l'étranger, ce qui naturellement aggrave encore la situation. Il nous semble alors tout à fait légitime que le gouvernement du pays atteint prenne des mesures pour empêcher cette fuite du métal qui fait prime : non en interdisant son exportation et en frappant de pénalités ceux qui s'y livreraient, mais en diminuant la quantité de métal fin contenu dans la pièce d'argent, si celle-ci fait prime (comme en 1865), ou en suspendant sa frappe, si elle est dépréciée (comme en 1878). Les remèdes qui furent ainsi adoptés à ces deux dates par les Etats composant l'Union monétaire latine, rendirent évidemment de très grands services à ces Etats, sans léser aucun droit. Pareillement, l'établissement d'un prix maximum des denrées, et celui du cours forcé pour la monnaie de papier (1), bien que ce soient des mesures fort graves et en principe fort dangereuses, peuvent dans quelques hypothèses être indispensables, et alors il ne faut pas hésiter à les adopter, à titre bien entendu de mesures temporaires, comme un malade doit parfois se résigner à subir une médication violente, mais à effet rapide, dont l'application courageuse peut le sauver. Ainsi, l'intervention de l'appareil gouvernemental même dans les fonctions circulatoires peut se justifier à titre exceptionnel. Il s'agit du salut de l'Etat, et on ne saurait reprocher à ses représentants ordinaires de vouloir empêcher sa ruine.

Pourtant, nous devons le dire, il y a une école économique fort accréditée, l'école dite libérale, qui répugne à toute espèce d'intervention du pouvoir dans l'ordre économique, qu'il s'agisse de circulation, de production ou de consommation. Selon les membres de cette école, les maux sociaux viennent du mauvais usage que les individus ont fait de leur liberté. Comment donc

---

1. Le cours forcé du papier n'est pas l'obligation pour les particuliers de le recevoir dans les paiements à eux faits par l'Etat ou par d'autres particuliers, obligation qui existe actuellement et constitue simplement le « cours légal ». C'est le droit pour la banque qui l'émet de se refuser à le rembourser à vue.

guérir ces maux ? en éclairant l'esprit des individus, en leur
montrant leurs vrais intérêts, en les faisant revenir volontairement sur leurs premières décisions funestes, mais non en les
contraignant par la violence, en substituant l'action collective
(toujours maladroite suivant cette école) à l'action privée. La
liberté individuelle, « comme la lance d'Achille », peut seule,
dit-on, guérir les maux qu'elle a faits. — Pour notre part, nous
attachons tout autant de prix que les économistes précités au
développement spontané de la personne humaine, à l'initiative
éclairée et intelligente de l'individu. Mais nous ne saurions
croire toutefois que celle-ci suffise toujours. D'abord, il est des
travaux qu'elle est, dans l'état actuel des choses, incapable de
mener à bien. Non-seulement tout ce qui concerne la sécurité
extérieure et intérieure des individus doit nécessairement être
concentré entre les mains du gouvernement, mais l'expérience
prouve qu'il y a certains grands services, essentiels au développement et au progrès de la collectivité, qui ne peuvent être, en
France du moins, bien assurés que par l'État : nous avons
notamment en vue le service de l'enseignement national. De
même, bien des entreprises de travaux publics (1) ne sauraient
être attendues des particuliers : cela arrive notamment
lorsque ces travaux ne doivent donner des résultats rémunéra-
teurs qu'au bout de longues années ; l'État seul, pouvant espérer pour lui-même une durée indéfinie, a parfois intérêt à faire
de grands sacrifices présents en vue de bénéfices aussi lointains.
D'une manière générale, tous les projets qui exigent à la fois
une grande hauteur de vues dans la conception, beaucoup de
continuité et beaucoup de désintéressement relatif dans l'exécution, ne peuvent être réalisés que par l'État. Ce n'est pas à dire
que l'initiative privée, si elle adoptait de plus en plus et perfec-

1. Nous mettons bien entendu de côté certaines entreprises d'intérêt international, telles que le canal de Suez ou celui de Panama. Il
est clair qu'aucun gouvernement ne peut s'en charger directement,
parce que tous les autres interviendraient pour empêcher sa main-
mise exclusive, suite nécessaire des travaux qu'il aurait fait accomplir.

tionnait la pratique de l'association, ne saurait parvenir à faire d'aussi grandes choses. Elle aurait même l'avantage de pouvoir être appliquée à des travaux d'intérêt international, d'intérêt humain. Mais l'éducation de l'initiative privée est bien loin d'être terminée. La pratique de l'association, notamment, est encore très défectueuse : nos sociétés coopératives de production, de consommation, de construction, de crédit, le prouvent chaque jour, au désespoir de leurs défenseurs les plus intrépides. Presque partout, les associés ne recherchent qu'un profit pécuniaire immédiat, et, s'ils ne le réalisent pas très vite, la désunion se met entre eux.

Cela n'a rien d'ailleurs de fort étonnant. L'initiative individuelle à la fois prévoyante et hardie, on peut l'attendre peut-être d'hommes qui déjà jouissent au moins de l'aisance et qui l'ont acquise ou conservée par leur travail ou leur bonne conduite. Mais doit-on équitablement la demander aux individus placés dans les classes inférieures de la société, à ceux qui n'ont rien en naissant, à ceux qui n'ont jamais connu que la misère? Quand un homme parvient tout juste, avec le plus dur labeur, à gagner son pain et celui de ses enfants, n'est-ce pas une cruelle ironie de lui dire : épargnez, capitalisez, puis tentez quelque œuvre originale, faites preuve d'initiative ? A moins qu'il ne soit né avec un esprit particulièrement inventif ou particulièrement inquiet, il est condamné à ne jamais connaître cette initiative ; ou, s'il en concevait la pensée, à la réfréner aussitôt, pour ne pas gaspiller en tentatives aventureuses le temps dont il lui faut être si ménager. Sans doute il est un certain nombre de travailleurs dont l'ingéniosité naturelle a su se faire jour et qui sont devenus ainsi à leur tour des inventeurs ou des chefs d'industrie. Mais n'y en a-t-il pas beaucoup aussi qui, voyant leurs efforts impuissants, souvent raillés ou accusés parce qu'ils cherchaient à sortir de l'ornière commune, rejetés hors des rangs par leur originalité même, sont devenus des déclassés, des dévoyés et ont été grossir l'armée où se recrutent la folie et le crime ? Comprenons-le donc bien : l'initiative privée dans une société organisée comme la nôtre n'est point aisée pour tous les individus : au plus grand nombre, elle n'est que fort difficilement accessible. Eh bien, c'est à tous ceux-là que la société doit songer. C'est pour eux qu'elle doit agir puisque, par suite de son organisation à elle, ils ne peuvent guère agir pour eux-mêmes. S'ils sont opprimés pour une cause ou pour une autre, elle doit prendre d'autant plus énergiquement leur défense qu'autrement ils la rendraient responsable de cette oppression. Elle doit faire, dans les limites de la justice, tout ce qui est en son pouvoir pour améliorer leur condition, afin que, moins durement écrasés sous le fardeau quotidien de la vie, ils deviennent capables à leur tour de concevoir et d'exercer cette initiative dans laquelle les économistes classiques voient non sans raison le plus noble apanage de l'être humain.

Mais, parce que tous ces hommes méritent que la société les aide, ne faut-il pas qu'ils s'aident eux-mêmes tout d'abord ? Pour que les cellules menacées aient droit aux secours de l'organisme collectif, ne doivent-elles pas avoir fait elles-mêmes tous leurs efforts pour conjurer le danger ? Nous ne songeons pas à le nier. Assurément, il faut que les classes ouvrières — puisque c'est d'elles surtout qu'il s'agit — se montrent dignes des faveurs de l'Etat. Par exemple, puisque leurs meneurs réclament instamment la substitution du travail libre au salariat dans la production il faut que les ouvriers montrent qu'ils sont capables de pratiquer l'association dans le travail. L'Etat et les municipalités peuvent avoir, à titre d'encouragement, quelques faveurs pour les sociétés coopératives, notamment dans la concession des travaux publics : seulement, que ces sociétés fassent régner chez elles la stricte discipline qui a assuré jusqu'à présent le bon fonctionnement des ateliers patronaux ! N'allons pas trop loin pourtant, et ne réclamons pas trop des ouvriers. Nous avons dit il y a un instant qu'on ne saurait raisonnablement leur demander beaucoup d'initiative tant qu'ils plieront sous le faix de la misère. Sachons donc, de même, n'exiger de leurs groupements une bonne organisation que si nous aidons suffisamment ceux-ci à se former et à se développer. Soyons indulgents pour les erreurs et les fautes du début : elles se corrigeront évidemment par le fait même du succès de l'œuvre. — Donnons avant de demander. C'est plus sans doute que ce qu'exige la stricte justice ; mais, pour guérir les maux sociaux, comme les maux individuels, il n'est parfois de remède si efficace qu'un peu de bonté.

Nous avons cru devoir insister sur ces points, à cause du très grand intérêt qu'ils présentent actuellement. Ce qui résulte, croyons-nous, de la démonstration que nous avons essayé de faire, c'est que l'intervention du pouvoir se justifie dans certains cas, quand une des parties du corps social est très gravement atteinte. Nous pouvons maintenant remarquer combien cette conclusion, fondée uniquement sur des considérations sociales, s'accorde avec l'idée maîtresse de cette étude, le parallélisme de l'être vivant et de l'être social. Quand une partie de l'organisme individuel est malade, il sera souvent très sage à l'appareil nerveux central de ne pas intervenir : l'œil sait se débarrasser lui-même des poussières qui y ont pénétré, tandis que tous les efforts faits pour les expulser n'ont d'autre effet que de rendre plus cuisante la douleur. Mais parfois aussi le mal ne peut être conjuré que grâce à l'intervention des forces de l'être collectif : si par exemple une partie du corps souffre d'anémie, tandis que le sang s'accumule en d'autres régions (ce qui est l'analogue de ce fait social si regrettable, la misère s'étalant aux portes de l'opulence), l'individu hésitera-t-il, si on lui offre un remède capable de rétablir la circulation et la distribution du sang normales, à en faire usage ? Assurément non. Pourquoi donc la société, quand elle se sent affligée du même mal, hésiterait-elle plus que lui ? La santé de chaque partie importe à l'ensemble, et, s'il est bien démontré qu'un membre ne peut se guérir par ses seules forces, il faut que l'être collectif intervienne : ce principe nous paraît pouvoir être posé aussi correctement en thérapeutique sociale qu'en thérapeutique individuelle. Seulement, bien entendu, l'État ne doit agir que là où l'initiative privée est impuissante, c'est-à-dire quand elle aura échoué, ou quand il sera absolument évident, *a priori,* qu'elle serait condamnée à échouer. Or ce n'est que dans des cas exceptionnels que l'action des particuliers sera ainsi radicalement insuffisante. Ce n'est donc qu'exceptionnellement que l'État devra légiférer dans le domaine économique, en matière de circulation surtout ; et la prudence, non moins que la justice et que la tradition libérale, lui commandent de se bien garder de multiplier son immixtion. Celle-ci, en effet, en froissant les intéressés, en leur imposant des solutions différentes de celles qu'ils souhaitent, engendre aisément un sourd mécontentement contre les pratiques et les hommes du gouvernement, et risque de compromettre la confiance des citoyens dans leurs gouvernants et dans le régime politique.

Il serait bon sans doute de pouvoir fixer un *criterium* indiquant d'une manière précise les cas où l'intervention de l'État se justifie. Malheureusement ce n'est pas possible : ces cas, étant par définition des « cas extraordinaires », ne sauraient être prévus d'avance, et l'on n'en peut donner une énumération limitative. La seule chose qu'on doive dire, c'est que l'autorité politique, n'étant pas chargée en principe du gouvernement économique de la nation, ne doit s'en occuper qu'en cas d'extrême nécessité et d'urgence absolue, si l'intérêt commun l'exige et s'il est clair que la situation compromise ne se peut rétablir autrement. Il est vrai sans doute que l'application de ce *criterium* est remise à ceux-là mêmes qui auront le plus souvent la tentation d'abuser de leur droit d'intervention. Mais si l'esprit public est suffisamment éclairé, s'il ne sollicite ces mesures gouvernementales qu'à la dernière limite, s'il réprouve hautement celles qui seraient prises dans tout autre cas, le pouvoir politique renoncera à ces empiètements possibles. Or, qui forme l'esprit public ? ce sont essentiellement, dans nos pays, les éducateurs de tous genres : professeurs, prêtres, publicistes, hommes de lettres et hommes de science. C'est à eux qu'est dévolue la mission de l'éclairer sur ce point capital, comme sur tous les autres. Le gouvernement intellectuel, en fixant dans l'esprit public les principes qui doivent limiter l'in-

tervention des pouvoirs administratifs dans l'ordre des fonctions
nutritives, se trouve ainsi être, de par son rôle comme de par sa
constitution, l'intermédiaire entre le gouvernement politique et
le gouvernement économique, et le frein qui arrête les usurpa-
tions du premier sur le second. Notons qu'il pourrait aussi,
par une action de même ordre, servir à arrêter les empiètements
du second sur le premier ; si par exemple le pouvoir tendait à
passer effectivement, par suite de la corruption des mœurs, des
mains des autorités légales dans celles de la ploutocratie, ce
serait encore aux chefs intellectuels de la nation à réagir. Un
rôle considérable, dans la thérapeutique sociale, appartient donc
aux détenteurs de l'autorité morale, placés entre les représentants du pouvoir économique et ceux du pouvoir politique, et
chargés de prévenir les abus toujours à craindre de la part des
uns ou des autres.

III

Étant établi maintenant qu'il y a lieu de ne pas toujours se
contenter de la *vis medicatrix naturæ* et d'instituer parfois pour
les maux sociaux des remèdes législatifs, nous devons nous
demander dans quelle direction il faut chercher ces remèdes.

Tout d'abord, nous croyons devoir nous séparer radicalement
de ceux qui proposent des « panacées universelles », qui estiment qu'une seule mesure ou qu'un seul genre de mesures peut
suffire pour guérir la société. De ces panacées, on en a proposé
un grand nombre dans les dernières années. Pour les unes, la
réforme doit être politique : on avait, il y a vingt-cinq ans, la
naïveté de croire dans une partie de la France qu'il suffisait de
renverser le despotisme impérial pour que tout devînt pour le
mieux dans le meilleur des mondes. Selon d'autres, la réforme
doit être juridique : le renforcement ou, au contraire, pour certains, l'atténuation de la puissance paternelle, la mobilisation
de la propriété, la réforme des successions (dans le sens de
l'entière liberté de tester, selon l'école de Le Play ; dans le sens

de la suppression de l'hérédité privée, selon les socialistes),
l'intervention de l'État dans les contrats des particuliers, même
la simplification de l'organisation judiciaire, toutes ces mesures
ont été tour à tour présentées comme essentielles au salut de la
société. Parfois, et peut-être avec plus de raison, on a voulu
chercher « le grand remède » dans la modification de l'esprit public. Il faut restaurer la religion, disent quelques-uns. Il
faut, au contraire, répondent les autres, faire de plus en plus
pénétrer dans les masses les idées scientifiques, seules capables
de fournir des bases pour une organisation rationnelle de la vie.
Il faut surtout, dit un tiers parti, moraliser le peuple, le conduire, sans parti pris religieux ni athée, à des habitudes plus
altruistes, à un respect sans cesse plus grand de la personne
d'autrui, le former au sentiment de la vie sociale, du désintéressement et, au besoin, de l'abnégation. — Tout cela n'est que
verbiage, clame à côté le groupe bruyant des socialistes révolutionnaires. Ce qu'il faut d'abord à l'homme, ce ne sont pas des
prédications, c'est du pain : ventre affamé n'a point d'oreille.
Assurez à chaque individu une suffisante subsistance ; voilà la
première condition pour que son intelligence puisse se développer, pour qu'il soit accessible à ce que vous nommez la moralité. Et que faire pour le lui assurer ? Il y a plusieurs moyens
sur lesquels on se divise. Les uns veulent l'expropriation immédiate des riches ; les autres se bornent à souhaiter que l'État
reprenne peu à peu pour son compte tous les services de production, tous les moyens d'enrichissement, et en répartisse équitablement les profits entre ses membres, comme font dès
aujourd'hui les sociétés coopératives de production privées.
Pour les communistes, il est nécessaire que tous les biens soient
la propriété indivise de tous les citoyens ; pour les collectivistes,
il suffit de déclarer communs les instruments de la production,
et l'on peut maintenir la propriété individuelle pour les produits, chacun gardant un droit exclusif sur les résultats de son
travail. Voilà quelques-uns des remèdes généraux qu'on a proposés, et nous n'avons cité que les principaux. Mais il y en a
bien d'autres. Pour n'en donner qu'un seul exemple, il existe un

livre, fort bien fait à certains égards, dont l'auteur, M. Grillon, soutient, non sans talent, que le meilleur moyen et le plus radical pour résoudre la question sociale est de substituer dans les paiements le chèque à la monnaie, et le chèque barré usité en Angleterre au chèque simple dont on se sert en France. Et nous ne parlons pas d'une foule de solutions beaucoup plus singulières que celle-là ! Nous en tenant donc aux remèdes précités, nous reconnaissons volontiers qu'ils méritent tous le plus sérieux examen. Bien plus, nous admettons qu'il n'est pas un seul d'entre eux dont l'emploi ne puisse être défendu par de bonnes raisons, et il en est même plusieurs que nous souhaiterions voir appliqués. Mais ils ont tous un défaut commun : c'est d'être ordinairement présentés par ceux qui les prônent comme des remèdes *exclusifs*. La plupart des réformateurs sociaux croient que l'application d'un seul de ces procédés peut guérir tous les maux dont nous souffrons. C'est là une conception contre laquelle il nous faut énergiquement protester. Les faits sociaux, les manifestations de la vie sociale, sont d'ordre multiple. Il y a plusieurs grandes séries — faits économiques, faits intellectuels, faits politiques — qui, sans être totalement indépendantes les unes des autres, sont toutefois bien distinctes, et dont chacune comporte même des subdivisions parfois nettement séparées. Chacune de ces formes d'activité a ses perturbations propres. Le plus ordinairement, la cause de son dérangement est en elle-même, bien qu'elle puisse se trouver aussi dans l'action de facteurs d'un autre ordre. Les maux sociaux étant ainsi d'origine multiple, il est évident que les remèdes doivent être multiples également. On ne saurait espérer mettre fin au malaise social uniquement par des mesures relatives à la production des richesses, ou par des mesures relatives à l'enseignement public, etc. Mais il faut porter son attention à la fois sur toutes les parties du corps social, sur toutes les fonctions qui s'y exercent, et tenter de guérir les troubles qui se produisent en chacune d'elles par des remèdes *spéciaux* appropriés à cette partie et à cette fonction elle-même. Sans doute, il faut aussi envisager les effets que produira l'usage de cette médication sur les parties et sur les fonctions voisines : on ne doit prendre, par exemple, une mesure d'ordre économique que après avoir songé à sa répercussion sur l'ordre politique, ni adopter un système de législation sans être éclairé sur l'influence qu'il pourra exercer sur la moralité générale. Mais enfin, ce qu'il faut avant tout chercher, c'est à combattre la cause prochaine et immédiate du mal. Il faut, en somme, abandonner la poursuite illusoire d'une panacée universelle, pour tenter la découverte féconde des *remèdes spécifiques*. C'est la voie qu'a suivie la thérapeutique individuelle, depuis qu'elle s'est dégagée des rêveries qui, au moyen-âge, associaient l'alchimie et la médecine dans la recherche de la pierre philosophale, laquelle passait pour guérir tous les maux aussi bien que pour transmuer en or tous les métaux. C'est elle aussi que doit suivre la thérapeutique sociale, qui se dégagera de plus en plus, on peut l'espérer, des utopies des réformateurs procédant par grandes théories d'ordinaire fort vaines, pour s'occuper sans cesse davantage des faits, de leurs multiples espèces, de leurs ressemblances réelles, mais aussi de leur variété infinie, et des moyens particuliers les plus propres à modifier chacun d'eux dans le sens du progrès général.

Pour être spécifique, la médication sociale doit revêtir un autre caractère encore : elle doit être *expérimentale*. Les « grandes théories » se passent, ou du moins prétendent pouvoir se passer du secours de l'expérience ; celui qui les conçoit du fond de son cabinet demande d'ordinaire leur application immédiate et générale, les croyant vraies d'une vérité absolue pour tous les lieux et pour tous les temps. Nous sommes plus modestes. Nous pensons qu'avant de proclamer la vertu d'un remède, il faut en faire l'essai, et cela de la façon la plus prudente et la plus réservée qu'il est possible. Lors donc que le législateur prend une mesure, il nous semblerait raisonnable : 1° qu'il ne l'appliquât pas immédiatement à toute l'étendue du territoire qu'il régit ; 2° qu'il ne la déclarât pas applicable à perpétuité (1). Nous concevrions parfaitement que, pour essayer la réforme projetée, on ne la mit d'abord en vigueur que dans quelques circonscriptions, dans celles naturellement où elle a le plus de chances de réussir, et cela seulement pour une durée limitée par la loi elle-même. On verrait, pendant ce temps, quels résultats son application produit. Si elle donne ce qu'on en espérait, on la généralisera en l'étendant à d'autres régions, et toujours à celles d'abord qui semblent devoir l'accueillir le mieux, pour préparer peu à peu les plus réfractaires à la recevoir à leur tour. Si au contraire elle échoue sur cette « terre d'élection », alors il est bien évident qu'elle n'a aucune chance de réussir dans le reste du pays, et à l'expiration du temps fixé pour l'expérience on y renoncera complètement. En ce cas, on aura épargné à l'ensemble du pays l'application de mesures qu'il ne pouvait supporter, on aura évité de provoquer un mécontentement général. Au cas d'une expérience heureuse, inversement, en procédant graduellement, on sera arrivé à réaliser partout une réforme utile sans brusquerie ni violence. Dans l'une ou l'autre hypothèse on aura trouvé la meilleure solution et on l'aura mise en pratique avec une économie de forces. La méthode expérimentale peut donc être utilement transportée du domaine cosmologique et biologique dans le domaine social. Sans doute, elle ne peut guère servir aux sciences sociales proprement dites : il serait peu moral de faire des expériences sur des collectivités humaines simplement dans le but de « savoir » ce qui en résultera. Mais il est assurément permis, et même louable, de le faire, si cette connaissance acquise doit fournir un sûr moyen d'être utile à ces collectivités et d'améliorer leur organisation. L'expérimentation est donc applicable à l'art social, sinon à la science

---

1. En principe, une loi votée est destinée à durer toujours... jusqu'à ce qu'une autre l'abroge. Ce n'est aujourd'hui qu'exceptionnellement que certaines lois sont déclarées, au moment même de leur confection, en vigueur pour un temps restreint.

sociale (1). Et la thérapeutique collective, tout comme la thérapeutique individuelle, doit constamment y recourir.

Peut-être sera-t-on porté à traiter d' « empirique » notre conception de la médecine sociale. Si par empirique on entend un mode de procéder qui repose sur l'examen de chaque cas particulier et se refuse à toute généralisation *a priori*, nous acceptons volontiers la qualification. Mais si l'on veut entendre par là une médication purement arbitraire sans règle scientifique, nous croyons avoir le droit de repousser ce vocable : car notre principe : « N'agir qu'en conformité avec les enseignements de l'expérience », est à coup sûr un principe conforme aux plus rigoureuses exigences de l'esprit scientifique. Qu'on le remarque d'ailleurs : les conditions de l'art — social ou biologique — ne sont pas celles de la science. La science, qui ne cherche qu'à connaître, doit aboutir au général : elle prend son point de départ dans l'observation de l'individu, mais son rôle est de s'élever à des formules universelles. L'art, au contraire, qui cherche à guider l'action, se trouve, au terme de son développement, en face de situations particulières et concrètes. Il peut, il doit s'inspirer des lois générales découvertes par la science : car il lui faut savoir ce qui est pour déterminer ce qui, d'après lui, devrait être. Mais c'est toujours à des « décisions d'espèces » que l'agent aboutit, et, pour qu'il les prenne utilement, il doit s'inspirer des circonstances spéciales du temps et du lieu, il doit faire à tout moment des expériences individuelles. Ce n'est pas à dire que des règles d'action générales ne puissent être posées par l'art lui-même, règles dont la pratique devra s'inspirer pour la solution des difficultés particulières. Seulement ces règles d'action générales ne sont qu'un produit, une synthèse de l'expérience. Et de plus, s'il en existe un assez grand

---

1. Pour cette distinction entre l'art social et la science correspondante, on peut consulter notre article sur « la classification des sciences sociales » (*Revue Internationale de Sociologie*, tome I, n° 5). Et l'on trouvera divers exemples d'expérimentations sociales dans le livre de M. Léon Donnat sur « la Politique expérimentale ».

nombre dans les arts biologiques — en médecine, en chirurgie et en hygiène individuelles, — il faut reconnaître au contraire que nous en possédons fort peu de semblables dans les arts sociaux. Pour le prouver, il suffit d'examiner, toujours de notre point de vue, qui est celui de l'analogie entre l'organisme et la société, quelques principes curatifs qu'on pourrait être tenté de transporter de la thérapeutique des individus dans celle des sociétés.

L'une des idées qui ont eu le plus d'action sur le mouvement de la médecine en ce siècle et qui ont suscité, à côté des critiques les plus acharnées, les enthousiasmes les plus vifs, c'est l'idée du traitement homœopathique. On connaît le principe de l'école des homœopathes : traiter le semblable par le semblable, et non plus par le contraire, guérir le mal par son excès même, en le portant d'emblée à l'extrême, en transformant par exemple une maladie chronique en une maladie aiguë. Eh bien, on a vu proposer quelque chose de semblable par celui des réformateurs sociaux qui semble jouir aujourd'hui du plus grand crédit, au moins si l'on juge par les citations dont son nom fait sans cesse l'objet, par le célèbre auteur du « Capital », Karl Marx. Le grand mal social, selon lui, c'est l'oppression du travailleur par le capitaliste. Celui-ci concentre en ses mains des moyens de production considérables et il s'en sert pour imposer les plus dures conditions aux prolétaires, qui ne peuvent trouver le moyen de travailler — c'est à dire de vivre — qu'en s'adressant à lui, et en lui abandonnant la plus forte partie du produit de leur labour. Le mal réside donc essentiellement dans la concentration de la majeure portion de la fortune publique entre les mains d'un nombre restreint d'individus. A cela, quel remède y a-t-il ? Il semble qu'il faille proposer la reconstitution de la classe moyenne, de la petite propriété, de la petite industrie. Nullement, répond Marx. C'est de l'excès même du mal, c'est de son exagération, que naîtra la guérison. Que la fortune publique aille en se concentrant davantage encore ; que, au lieu d'être entre les mains de cent mille propriétaires, elle ne soit plus qu'entre les mains de mille, de cent, de dix ; il est clair que bientôt elle finira par faire retour à l'Etat, à la collectivité, parce qu'il sera bien plus aisé d'exproprier dix individus que d'en exproprier cent mille. « Poussons donc à la concentration de plus en plus grande des richesses ; c'est le moyen de hâter leur socialisation définitive » ; telle est la formule d'action des collectivistes, et c'est en partie parce qu'ils l'adoptent qu'on voit aujourd'hui, par exemple, nombre d'ouvriers parisiens refuser de faire cause commune avec les petits patrons pour réclamer contre l'invasion des grands magasins (1).

Il est clair que cette formule est au premier chef une formule de médication homœopathique. Disons-le nettement : nous la repoussons pour notre part. L'excessive concentration du capital nous paraît un très grand mal. Mais le remède, pour nous, est précisément dans les procédés dédaignés par Karl Marx, dans la reconstitution de la classe moyenne, sans violence naturellement, par le seul effet du travail. Comment cela pourrait-il se faire, nous dira-t-on ? Les conditions actuelles de la production ne mènent-elles pas nécessairement au développement de la grande industrie au détriment de la petite, c'est à dire à l'écrasement de jour en jour plus complet du producteur isolé ? Raisonner ainsi, répondrons-nous, c'est ne voir qu'une seule face d'une question très complexe et qui a de multiples aspects. Si la production industrielle gagne, surtout par la réduction des frais généraux, à être concentrée en quelques ateliers gigantesques, et à voir ses produits réunis en quelques magasins-monstres, il n'est nullement établi qu'il en soit de même pour la production agricole. Ici au contraire tout porte à croire que la culture intensive est préférable à la culture extensive ; si celle-ci réussit dans les pays neufs où la terre est en abondance, comme les Etats-Unis, la première est en tout cas la seule possible dans des pays à la fois assez peu étendus et très ancienne-

1. Voir P. du Maroussem, *Tiers-Etat commercial et Grands Magasins* (*Revue internationale de Sociologie*, tome I, n. 1).

ment défrichés, comme la France, où le sol n'est pas en quantité indéfinie, mais où on peut faire rendre beaucoup à la moindre parcelle par un travail assidu. Or, la culture intensive s'accompagne nécessairement du régime de la moyenne et de la petite propriété. D'autre part, même pour la production industrielle, rien ne dit que les progrès de la technique ne rendront pas possible la reconstitution du travail à domicile, substitué au travail de la fabrique. Si nous apprenons à distribuer la force dans tous les points d'une ville, et même d'un pays, il est clair que le travailleur isolé pourra trouver des moyens d'action considérables et peu coûteux, qui lui permettront de faire valoir son propre labeur sans avoir besoin de s'embrigader dans l'armée mercenaire et famélique des ouvriers travaillant dans la fabrique ou l'usine collective. Mais si cela n'a pas lieu, et s'il faut que le principe du travail en commun survive, pourquoi serait-ce nécessairement au profit du « patron » ? Les ouvriers ne peuvent-ils s'associer pour exercer coopérativement leur industrie ? On dit qu'il faut pour cela des fonds, et qu'ils n'en ont point. Mais il y a pour eux un moyen bien simple de s'en procurer. Qu'au lieu de se former immédiatement en une association de production, ils s'organisent en une association de consommation. Si celle-ci, vendant au même prix que les détaillants de la ville, a soin de ne répartir ses bénéfices entre ses membres qu'au bout de l'année, ou si, ce qui vaut mieux, elle les garde indéfiniment en réserve pour leur compte, ils se trouveront propriétaires d'une somme gagnée par le fait même de leur consommation : plus ils auront dépensé, et plus ils auront épargné. Et cette épargne constituera un fonds tout trouvé pour servir de première mise dans l'organisation d'une société coopérative de production. C'est ainsi que les ouvriers doivent procéder s'ils veulent être sages. L'expérience démontre que cette voie est la seule pratique et la seule féconde (1). En la suivant, les travailleurs pourront arriver à produire pour leur compte, à s'affranchir du capita-

---

1. Voir Ch. Gide, *l'état actuel des Sociétés coopératives en France* (*Revue d'Économie Politique*, 1893, n° 1).

liste, à devenir patrons à leur tour, non pas individuellement, mais collectivement. Et ainsi seront restaurés le travail libre et l'aisance de l'ouvrier. Il n'y faut ni expropriation ni violence, mais seulement quelque effort et quelque prévoyance avec de la bonne volonté de part et d'autre. Ce n'est donc point en poussant à l'extrême ce mal, la concentration des richesses dans quelques mains, qu'on doit vouloir le guérir. C'est au contraire en réagissant directement contre lui. Ici donc, c'est par l'allopathie qu'il faut agir, non par l'homœopathie. Et nous croyons qu'il en est très généralement de même. Quand une force humaine doit intervenir avec conscience et réflexion dans le domaine économique pour y réparer quelque dommage, ce ne sera pas d'ordinaire en accentuant le mal, mais au contraire en essayant de le couper dans sa racine, qu'elle en pourra venir à bout. L'autre voie est trop dangereuse, elle risque trop d'ébranler tout l'Etat, et même de produire le résultat diamétralement opposé à celui qu'on en attend. Opposer, non le semblable au semblable, mais le contraire au contraire, tel nous paraît donc être en principe la méthode qui convient à la médecine sociale. Mais on voit combien peu cette règle est précise par elle-même, et par suite combien nous avions raison de dire qu'en ces matières le principe général n'est presque rien, tandis que l'expérience particulière est presque tout.

Voici encore à propos d'une autre question non moins grave, un exemple des procédés de médication générale que des sociologues ont songé à emprunter à la biologie. Le paupérisme, dont nous venons d'envisager une des principales causes, le développement de la grande industrie, a amené la création, dans tous les pays qui en souffrent, d'un grand nombre d'institutions charitables, destinées à porter remède aux misères les plus criantes. On sait quelle extension les œuvres de bienfaisance publique et privée ont prise dans nos villes, quels dévouements parfois admirables elles ont suscités, mais aussi de combien d'abus elles ont été la cause. M. Herbert Spencer s'est fait l'interprète des réclamations soulevées contre elles. Selon lui la bienfaisance

publique ne peut être qu'un mal, puisque M. Spencer veut restreindre au minimum les fonctions de l'État, puisqu'il ne laisse
au gouvernement que le soin. d'assurer aux citoyens la paix et
la justice, en lui interdisant de s'occuper de tout ce qui touche
à la répartition des richesses ; et cette thèse sera facilement
acceptée par nos économistes « libéraux ». Mais, ce qui est
plus original dans la doctrine de M. Spencer, et ce qui lui est
à peu près propre, c'est la condamnation de la bienfaisance privée. Il n'hésite pas à la frapper d'ostracisme au nom de l'évolution. Que fait la charité ? elle permet de subsister à toute une
population d'êtres inférieurs physiquement, intellectuellement
ou moralement, aux vaincus de la vie, qui sans elle disparaî-
traient, qui grâce à elle pulluleront, se reproduiront, et (tant
par la génération physique que par la contagion de l'exemple),
engendreront des milliers de mendiants et de vagabonds, que
la société sera condamnée à traîner péniblement à sa suite et
qui retarderont sa marche en avant. La charité, en conservant
les faibles, opère ainsi une sorte de sélection à rebours, qui
vient contrarier directement les effets de la sélection naturelle.
Ne vaudrait-il pas infiniment mieux laisser agir la loi biologique
qui élimine les retardataires et les vaincus ? D'ailleurs l'animalité elle-même nous donne des exemples de médication directement contraire à celle que pratiquent nos sociétés de bienfaisance. Quand un crustacé, un crabe par exemple, voit une de
ses pinces ou de ses pattes engagée dans un lieu dont elle ne
peut sortir, il la brise d'un vigoureux mouvement et échappe
ainsi au danger dans lequel il allait être entraîné. Par cette
« autotomie », il se débarrasse d'un membre nuisible, qui gênait
sa marche et sa vie. La société n'en devrait-elle pas faire autant ?
Ne devrait-elle pas résolument se séparer de ceux de ses membres qui ne font qu'entraver son développement ? Faut-il que
les forts se sacrifient perpétuellement aux faibles, les honnêtes
gens aux dégradés, les bons aux méchants ? Ne vaut-il pas
mieux au contraire pratiquer (par séquestration et au besoin par
suppression des êtres inférieurs) l'autotomie sociale ? — Nous ne
saurions être de cet avis. M. Spencer a raison sans doute quand

il signale les abus commis dans le prélèvement et l'emploi des fonds destinés aux secours publics. Mais ce sont là des imperfections qu'aucune institution n'évite, bien qu'il faille assurément réagir contre elles aussi énergiquement que possible. Quant au principe même de la bienfaisance privée, il nous paraît très justifié ; et la bienfaisance publique elle-même peut se défendre par de bonnes raisons. Beaucoup de misères ne sont que le résultat du fonctionnement de la société, et l'on comprend que nombre d'esprits songent à mettre à la charge de celle-ci la réparation de maux que sa constitution engendre. En tous cas, la charité faite librement par les particuliers ne saurait être condamnée. Ici aussi, la libéralité n'est souvent qu'une forme de la restitution. De plus, comment soutenir qu'il vaut mieux thésauriser des capitaux ou les gaspiller en consommations inutiles que les employer au soulagement des misères humaines ? M. Spencer répondra sans doute qu'il ne conseille ni la thésaurisation ni le gaspillage, mais bien l'emploi des capitaux épargnés à des entreprises d'ordre industriel, destinées à contribuer au progrès et au bien-être général. Sans doute, dirons-nous à notre tour, mais si l'industrie elle-même, par suite de son organisation actuelle reposant toute entière sur la concurrence — principe cher à M. Spencer, — amène nécessairement des ruines et des misères, est-il humain, est-il même raisonnable de dire aux vainqueurs : ceux dont vous avez triomphé, écrasez-les, massacrez-les, empêchez-les de se reproduire ? Ne serait-il pas infiniment plus utile à l'État et à chacun de ses membres, que ces vaincus, qui sont souvent à tant d'égards supérieurs à leurs vainqueurs, pussent se relever et employer leurs facultés à quelque autre travail utile ? Supposons même qu'il valût mieux, au point de vue de l'intérêt social froidement calculé, les voir disparaître. Doit-on empêcher les sentiments de pitié d'intervenir, pour tempérer la rigueur des inflexibles déductions de la raison ? Qu'on le remarque, les sentiments de pitié, eux aussi, sont un produit de l'évolution. Presque étrangers au sauvage, ils grandissent à mesure que la civilisation s'élève ; ils sont à leur apogée chez les peuples industriellement et intellectuellement les plus avancés. C'est donc qu'ils ont, eux aussi, leur raison d'être dans la lutte pour la vie. M. Spencer est contraint de l'avouer, ce qui fait que la force d'une famille, c'est précisément l'esprit de charité qui y règne, c'est le fait que les forts s'y dévouent avec plaisir pour les faibles. Or, une nation quoi qu'il en dise, doit se comporter ici comme une famille : elle doit s'occuper de ses faibles, non pour entretenir leur faiblesse, mais pour les aider à devenir des forts, qui assisteront leurs frères mieux partagés dans la lutte de la nation contre ses ennemis et surtout contre la nature. Concluons donc : le sentiment de solidarité entre membres d'une même société, solidarité dont les groupements animaux nous donnent tant de frappants exemples, doit empêcher la lutte pour la vie de produire entre eux ses effets meurtriers, et réparer dans la mesure du possible les maux que celle-ci a causés, en attendant que la différenciation puisse se substituer définitivement à la concurrence. Loin d'effacer la charité du nombre des remèdes sociaux, nous n'hésitons pas à lui attribuer sur leur liste, sinon la place d'honneur — car dans une société parfaitement organisée la justice suffirait — du moins une place élevée.

Il est enfin une autre théorie, fort accréditée chez certains réformateurs sociaux, et contre laquelle nous devons protester plus énergiquement encore. M. Spencer ne veut pas que les riches soient charitables aux pauvres. Mais les socialistes ne le veulent pas plus que lui. L'aumône est dégradante, disent-ils. Ce que le peuple doit souhaiter, ce n'est pas un subside sollicité, c'est le produit intégral de son travail, lequel est, d'après eux, la source unique du revenu de la société. Et, si on ne veut pas le lui donner, qu'il le prenne ! Qu'il rentre par un coup de force dans le domaine dont on l'a iniquement exproprié ! La révolution n'a rien qui effraie ces théoriciens, ils l'appellent au contraire de tous leurs vœux, ils la hâtent par leurs prédications. Quelques-uns prétendent même la justifier scientifiquement. Ils invoquent les métamorphoses de certaines chenilles en insectes pour soutenir qu'un peuple ne peut arriver à la vie libre et don-

ner l'essor à toutes ses forces latentes, qu'en brisant l'enveloppe
gênante qui l'enserre. Peu importent les ruines dont cette radi-
cale transformation devra être accompagnée. « Qu'il s'agisse
d'organisme social ou d'organisme individuel », a écrit M. Jules
Guesde (1), « qui dit enfantement dit déchirement. Pas de vie
nouvelle sans effusion de sang ». Eh bien, non. La comparaison est tout-à-fait fautive. Car la société transformée, quoi qu'on
fasse, ne sera jamais, au sens propre, la fille de la société
ancienne, elle n'en sera que la continuation (2). Si profonde
même que soit la révolution, elle ne pourra jamais être autre
chose que l'aboutissement brusque d'une lente évolution. Parmi
les changements qu'elle opèrera, ceux-là seuls seront durables
qui se feront dans le sens de cette évolution antécédente. Un
éminent jurisconsulte, Auguste Valette, l'a démontré d'une façon
décisive pour les réformes législatives accomplies par la Révolution française. Les réformes sociales qu'accomplirait la révolution de demain ne pourraient pas se soustraire à cette loi. Et
alors n'est-il pas évident qu'il vaut mieux pour la société faire
l'économie de la révolution, si c'est possible ? On évitera ainsi
les excès de l'action novatrice et ceux de la réaction qui la suit
toujours ; la synthèse du passé et de l'avenir, la composition des
forces conservatrices et des forces progressistes se feront pacifi-
quement par une série de modifications dans la législation et
dans les mœurs, adoptées à la suite de larges débats institués
devant les Parlements et devant la conscience publique. C'est au
nom des intérêts nationaux que nous réprouvons les violences,
car faire une révolution c'est pour une société se déchirer de ses
propres mains. Les analogies organiques sont en ce sens. La
métamorphose de l'insecte n'est nullement une révolution soudaine ; c'est le dernier terme d'une longue série de modifications
qui ont peu à peu transformé les organes de la chenille pour
produire les organes du papillon. Et ce que celui-ci rejette,
ce n'est pas un tissu vivant auquel il donne la mort pour

1. *Collectivisme et révolution*, 2º édition, 1890, page 26.
2. Voir notre chapitre IV, § 4, et notre chap. XI.

s'échapper, c'est une masse qui, au moment où il l'abandonne, n'avait plus de vitalité. De même, socialement, lorsqu'une institution n'a plus de force ni de raison d'être, il suffit d'une loi pour la supprimer. Mais si l'on veut en rejeter une qui soit encore pleine de vie, faire pour cela couler le sang est véritablement un crime, non-seulement contre les individus qui la défendent, mais aussi contre la nation elle-même. Il est vrai que certaines résistances abusives obligent parfois des hommes, qui ne voudraient être que des réformateurs, à se transformer en révolutionnaires. Il en fut sans doute ainsi, pour une forte part du moins, en 1789. La responsabilité de la révolution retombe alors sur ceux qui l'ont rendue nécessaire. Mais c'est toujours chose infiniment grave que d'en venir à la violence. On n'y doit faire appel que si tous les moyens légaux et pacifiques ont été épuisés. Même lorsqu'on est obligé d'y recourir, il faut se garder autant que possible de l'entraînement de la passion ; il faut ne mettre la force qu'au service du droit, jamais au service de la haine. Seulement il est bien difficile de s'arrêter quand on descend la pente rapide des réformes à main armée. Aussi le mieux est-il d'éviter absolument ce recours à la force, de préférer l'évolution à la révolution. Les novateurs doivent se rappeler que la première coûte moins cher et fait œuvre plus solide que la seconde. Les partisans du passé doivent se dire qu'il vaut mieux concéder à la raison ce qu'on serait obligé d'abandonner à la violence.

Des discussions qui précèdent, trois idées se dégagent : la supériorité pour le corps social, comme pour le corps individuel, de l'allopathie sur l'homœopathie ; celle de l'assistance entre les parties sur l'autotomie ; celle enfin de l'évolution sur la révolution. Il y a là des principes généraux de thérapeutique sociale qui peuvent dominer la conduite du politique. Mais, nous le répétons, ils ne sauraient tenir lieu de l'examen attentif des cas particuliers, de la recherche expérimentale des remèdes locaux et spécifiques. La plus haute vérité dont puisse se pénétrer l'art social, c'est que tous les maux sociaux ne se ressemblent pas et ne veulent pas être traités de la même façon ; comme le principe le plus certain, tout négatif d'ailleurs lui aussi, de la pathologie de l'individu, est qu'il n'existe pas de panacée universelle.

IV

Reste un dernier problème. Le but de la thérapeutique est, pour les sociétés comme pour les individus, de défendre la vie contre les causes de ruine qui la menacent, de reculer le moment de la mort. Mais est-ce tout ? et la thérapeutique ne pourrait-elle prétendre à conjurer, du moins pour les sociétés, la mort elle-même ? Nous n'y voyons *a priori* aucune objection. En effet — nous l'avons indiqué au précédent chapitre — on ne saurait démontrer qu'il est nécessaire même pour les organismes de mourir. *A fortiori* cela ne saurait-il être démontré pour les sociétés, qui ont beaucoup plus de moyens de résister aux dangers qui les menacent. Car tous ces dangers résident ou dans l'attaque de sociétés ennemies, ou dans une mauvaise constitution des organes sociaux. Or, celle-ci peut être redressée par des réformes, et celle-là évitée par le développement des idées de paix et de solidarité internationale. Aussi est-il naturel de penser que les sociétés les plus élevées doivent savoir le mieux résister aux maladies et à la mort : d'une part elles sont celles qui peuvent le plus efficacement se protéger contre l'ennemi, et d'autre part elles sont celles aussi où les abus sont d'ordinaire le plus vigoureusement dénoncés et soulèvent le plus les réclamations du public. A l'appui de ces vues théoriques on peut constater que les sociétés qui ont eu la plus longue vie comptent parmi celles dont l'organisation était la plus complexe et la plus haute. Les analogies organiques, cette fois non plus, ne sont pas en défaut. C'est d'ordinaire chez les types les plus perfectionnés que l'existence dure le plus longtemps. Il ne faudrait rien exagérer sans doute : car par exemple l'existence del'éléphant et celle de certains oiseaux ont une durée bien plus grande que celle de nombre d'animaux voisins. Mais pourtant, d'une manière générale, la durée moyenne de la vie s'accroît à mesure qu'on s'élève dans la série des embranchements ; et d'un autre côté, dans une même espèce ce sont les individus les mieux organisés qui à moins d'accidents extraordinaires résistent le plus longtemps à la mort. En un mot donc, avec le perfectionnement anatomique et physiologique, croissent les chances de survie. Or, rien ne prouve que ces chances ne puissent pas s'élever sans cesse. On dira bien que la plupart des sociétés dont nous connaissons l'existence ont disparu, le nombre de celles qui subsistent étant infime par rapport à celui des groupes qui ne sont plus. Mais cela ne saurait démontrer que parmi ces sociétés actuelles il n'en est aucune qui ne puisse durer indéfiniment.

En somme, à notre avis, le sort des sociétés est en leurs mains. Si elles savent perfectionner sans cesse leurs institutions, et surtout leur laisser assez de plasticité pour qu'elles puissent être incessamment modifiées suivant les besoins et les circonstances, il n'est pas impossible qu'elles surmontent pendant un temps indéfini les difficultés qui se présenteront à elles. Il est bien vrai que sur tout cela on ne peut faire que des conjectures, mais il nous semble que l'hypothèse d'après laquelle la durée des sociétés n'aurait pas de bornes nécessaires a pour elle au moins autant de vraisemblances que l'hypothèse contraire. C'est assez pour que nous soyions autorisés à dire qu'il est absolument téméraire d'affirmer, comme certains auteurs le font sans hésiter (1), que « les sociétés, comme tous les êtres, sont condamnées à mourir ». Il y a, croyons-nous, assez de probabilités en sens contraire pour que les sociétés agissent, non pas comme si elles étaient assurées d'une durée infinie, mais comme si, par leur façon d'agir, elles pouvaient la mériter. Que chacun de nous se persuade que ses actes ont une influence sur les destinées et la

---

1. Voir notamment Camille Dreyfus, l'*Évolution des Mondes et des Sociétés*.

vie du groupe social auquel il appartient ; et, si nous nous pénétrons tous de cette vérité, si nous travaillons en conséquence, il est certain que les forces et les chances de durée de la société en seront singulièrement augmentées, et il n'est pas impossible même qu'elle parvienne ainsi à échapper à la ruine. En concevant son immortalité, en la voulant et en travaillant pour elle, nous l'aurons faite. Ce sera un exemple de plus, un exemple de haute importance, à ajouter à la liste de ces « idées-forces », si bien étudiées par M. Fouillée, qui ont, à tant de points de vue, exercé une action considérable sur le développement des sociétés.

Mais, pour assurer la durée d'un groupe social, il ne suffit pas d'avoir un moyen de guérir les maux qui peuvent le frapper. Il importe plus encore d'avoir des moyens pour empêcher ces maux de naître. Ceci n'est plus affaire à la thérapeutique, mais à l'hygiène sociale, et c'est cette dernière que nous allons maintenant étudier.

CHAPITRE XVII

L'HYGIÈNE SOCIALE.

Nous avons à indiquer, dans ce chapitre, la voie que la société doit suivre pour prolonger et améliorer son existence, pour se rapprocher autant que possible de la constitution idéale qu'on peut rêver pour elle. Pour cela, il faut d'abord tracer les grandes lignes, après quoi les principes établis pourront être appliqués à la solution des difficultés particulières.

I

On pose d'ordinaire le problème de l'hygiène sociale sous une forme qui nous paraît peu correcte. « L'État doit-il vivre pour les individus, ou au contraire les individus doivent-ils vivre pour l'État? » Telle est la formule courante autour de laquelle, depuis qu'il existe une science politique, convergent tous les débats de ses adeptes. A notre avis, la question ainsi présentée n'a pas de sens. En effet, si la société est un organisme (comme tout notre travail tend à l'établir), ces individus qui la composent ont avec elle le même rapport que les cellules avec le corps vivant. Or, pour l'organisme, songe-t-on à se demander si les parties doivent vivre pour le tout ou le tout pour les unités? Nullement. Personne n'hésite à reconnaître que les deux formules sont également vraies. L'organisme, étant fait de cellules, doit mettre tous ses soins à la conservation de chacune d'elles; et, réciproquement, chacune d'elles ne vivant que grâce à toutes les autres, son intérêt est que le tout soit aussi vigoureux que possible. Nous l'avons déjà dit : l'ensemble et les parties ne sont pas deux choses différentes, ce ne sont que deux aspects d'un même être ; on ne saurait raisonnablement les opposer ; ils se développent forcément, fatalement, non pas en raison inverse, mais en raison directe l'un de l'autre. Nous ne voyons aucun motif pour admettre qu'il en soit autrement dans la société. Il ne peut pas y avoir conflit entre l'État et les individus, puisqu'ils sont une seule chose. Le tout vit et doit vivre pour les parties, puisqu'il vit et doit vivre pour lui-même ; et les parties, puisqu'elles doivent vivre pour elles-mêmes, par là vivent pour le tout.

Mais n'allons-nous pas contre un fait d'expérience journalière ? Ne voit-on pas chaque jour qu'il y a lutte entre les droits de la collectivité et les droits de l'individu ? que les libertés de celui-ci sont restreintes au profit de celle-là ? Entendons-nous. Dans tous ces cas, le conflit n'existe pas entre l'individu et la société, mais simplement entre le citoyen et le gouvernement. De conflits réels entre l'intérêt individuel et l'intérêt social, il ne peut pas y en avoir. Prenons les exemples en apparence les plus opposés à notre thèse. Je voudrais faire emploi de mes revenus, et voici que le percepteur vient m'en réclamer une forte partie. Je voudrais passer marché avec des travailleurs, et voici qu'une loi vient m'imposer des conditions fort onéreuses si je signe le contrat. Au nom de quoi prétend-on mettre ces restrictions à mon activité, à mes droits individuels ? Au nom, me dit-on, des intérêts collectifs : la société a besoin de l'impôt pour assurer certains services, elle a besoin que les travailleurs trouvent certains avantages dans leurs contrats avec ceux qui les emploient. Il semble que je sois lésé, puisqu'à raison de prétendues nécessités dont je n'ai cure, on m'empêche de réaliser des avantages dont l'acquisition m'importe immédiatement. Pourtant, si je raisonne un instant, je vois que ces lois, si vexatoires qu'elles m'aient semblé, sont établies dans mon propre intérêt. L'argent que je paie au percepteur va servir à rémunérer : les soldats, qui assurent ma sécurité contre les ennemis du dehors ; les juges et la police, qui l'assurent contre les ennemis du dedans ; les divers fonctionnaires employés à répandre l'instruction, à exécuter les travaux publics, etc., tous services dont je bénéficie. Je puis critiquer l'emploi plus ou moins opportun fait de telle partie de ces sommes, et j'ai alors le droit et le devoir de provoquer une réforme. Mais le principe même de l'impôt est inattaquable : c'est dans mon intérêt que je contribue aux charges publiques. Pareillement, on vient m'interdire d'employer des ouvriers dans certaines conditions d'hygiène insuffisante, ou plus d'un nombre déterminé d'heures par journée. Quelle tyrannie, semble-t-il ! Nullement. Ces mesures ont pour but de ménager la santé de mes ouvriers. Or, s'ils se portent mieux, ils travailleront plus énergiquement et de meilleur cœur. Le rendement sera égal, supérieur peut-être à ce qu'il eut été autrement (1). Et de plus, au lieu de voir en moi un ennemi qui ne cherche qu'à exploiter leur misère pour en obtenir un labeur excessif, ils me reconnaîtront comme celui qui assure la juste rémunération de leur travail ; à l'antagonisme succédera, entre l'employeur et l'employé, cette confiance réciproque qui est sans aucun doute la condition essentielle du succès de l'entreprise. Ainsi les mesures de cet ordre ne profitent pas seulement à mes co-contractants, elles me profitent à moi-même. Et il en est presque toujours de la sorte. Car, dans un pays libre comme le nôtre, une loi n'est jamais votée si elle ne présente un avantage social au moins apparent, c'est-à-dire en somme un intérêt commun à tous les citoyens.

On objectera peut-être qu'il y a des lois faites à l'avantage d'une classe de la société et au détriment des autres, et aussi des lois faites (en certains pays) au profit du pouvoir personnel du souverain ou de ses agents. Nous condamnons assurément, et avec la plus grande énergie, ces iniquités. Mais nous observons qu'elles ne portent pas atteinte au principe posé plus haut. En effet, dans tous ces cas, il ne s'agit pas d'un empiètement de

---

1. Voir, en ce sens, une étude très démonstrative de M. Lulo Brentano dans la *Revue d'Économie Politique* (1893).

la société (c'est-à-dire de l'ensemble des individus) sur les droits
des citoyens, lesquels ne sont pas distincts de la société même.
Il s'agit d'un empiètement de quelques individus — majorité
ou gouvernement — sur leurs concitoyens. Quant à la société
véritable, étant la totalité des membres du corps social, elle ne
peut vouloir l'oppression de ceux-ci : car ce serait s'opprimer
elle-même, ce qui n'offre aucun sens. Distinguons bien le gouvernement et la société. Au premier, il faut recommander de n'a-
gir que dans l'intérêt des citoyens, parce qu'il ne le fait pas
toujours. Mais pour la seconde, c'est bien inutile, parce qu'elle
ne saurait se comporter autrement.

En un mot donc, il n'est pas nécessaire de dire au corps
social : « pénétrez-vous de l'intérêt de vos membres », bien
qu'il puisse être nécessaire de le rappeler parfois à ses représentants. Mais, en revanche, il ne faut pas se lasser de répéter aux
membres : pénétrez-vous de l'intérêt du tout dont vous faites
partie. C'est en effet un des plus fâcheux travers de l'homme,
d'être sans cesse porté à ne regarder que soi, et cette façon
étroite et exclusive d'envisager son intérêt le lui fait mal comprendre. L'homme ne voit pas assez la solidarité qui l'unit à
tous ses semblables, particulièrement à tous ceux qui font partie
de la même société que lui ; en tous cas, il ne s'en inspire pas
suffisamment dans sa conduite. Pourtant, cette solidarité s'im-
poserait. Elle est la conséquence nécessaire du régime de la
division du travail, sous lequel nous vivons. Puisque chacun
emprunte à autrui — à presque tous les autres hommes, —
puisqu'il profite des lumières de l'un, du travail manuel du
second, de l'activité ordonnatrice et directrice du troisième, il
faut bien qu'il donne quelque chose en échange. Ses efforts
doivent avoir comme but le bien de tous ses concitoyens. Cette
formule n'a pas seulement pour elle le sentiment de générosité,
qui nous porte à être charitables envers nos semblables par
affection pure. Elle se réclame aussi du sentiment de la justice,
qui exige la réciprocité dans la conduite des hommes entre
eux : profitant du labeur de nos associés, nous leur devons les
produits du nôtre ; c'est une règle des sociétés privées, civiles

et commerciales, qu'aucun associé ne peut profiter seul de tous les gains, ni être dispensé de toute contribution aux pertes ; cette règle d'équité doit être étendue aux sociétés nationales. Enfin, notre formule a pour elle l'intérêt bien entendu de celui qui l'applique. Car, faire le bonheur de nos semblables, c'est nous donner à nous-même le plus intense et le plus durable à la fois de tous les plaisirs. C'est aussi leur inspirer pour nous une affection, qui les portera à rendre volontairement à leur bienfaiteur des services de plus en plus considérables. Et même, dussent-ils n'éprouver aucun sentiment particulier de gratitude, le seul fait qu'ils sont plus heureux augmente les forces et l'ardeur qu'ils apportent à leur propre travail : or, celui-ci, par suite de la division des fonctions, profite à tous, donc à nous-même ; de sorte qu'en définitive nous avons toujours quelque intérêt à faire le bien d'autrui. En deux mots, solidarité et individualisme sont fort loin d'être incompatibles. Agir par solidarité avec nos semblables, c'est les amener à agir par solidarité avec nous. C'est donc faire que, au lieu d'être isolée dans l'univers, notre individualité soit reliée par des liens étroits à des centaines, à des milliers, à des millions d'autres individualités plus ou moins analogues à la nôtre ; qu'au lieu d'être une force unique, et bien restreinte, notre esprit devienne un centre pour des forces infiniment nombreuses, qui, s'unissant à sa force propre, la multiplient à l'infini et lui permettent d'accomplir de beaucoup plus grandes choses. Ainsi, ce dont chacun doit se pénétrer, c'est qu'il ne peut pas vivre sans les autres hommes, pas plus qu'une cellule sans ses voisines organiques ; que, par conséquent, vivant grâce à eux, il doit aussi vivre pour eux ; que le mieux qu'il puisse faire est de se les attacher de plus en plus, de superposer au lien fatal qui déjà l'unit à eux un lien conscient et volontaire.

Car c'est là ce qui fait la force de l'homme et sa supériorité sur la simple cellule organique. Celle-ci est reliée à son entourage par une solidarité spontanée, déjà très efficace. Mais cette solidarité, nous le savons, n'empêche nullement les luttes entre cellules. L'homme, de même, coopère spontanément avec ses semblables. Seulement, ici non plus, la coopération n'exclut pas les divisions, les mésintelligences. Chaque élément, comme dans l'organisme, cherche instinctivement à prendre pour soi la meilleure part des biens acquis par le tout. Heureusement cette impulsion instinctive peut, chez l'homme, être réfrénée par l'intelligence. La raison fait comprendre à l'individu que le premier bien qu'il doit chercher est l'union avec ses semblables. Elle arrête ainsi les compétitions stériles, pour les remplacer par un renforcement fécond de la coopération. Par là, la solidarité entre membres du corps social devient véritablement « supra-organique (1) », quand, de spontanée qu'elle était, elle se fait réfléchie et voulue, l'individu comprenant que ses forces doivent être employées à réaliser l'union des esprits et des cœurs au sein de la société, et agissant en conséquence.

Cette union du reste n'implique nullement, pour chacun des associés, l'abandon de son originalité propre. Peut-être dans les sociétés antiques, l'étroite solidarité des associés ne s'obtenait-elle que grâce à leur similitude très grande, à leur « indifférenciation ». Aujourd'hui il n'en est plus ainsi. Le lien qui nous unit les uns aux autres ne tient pas simplement à nos ressemblances, il tient aussi à nos dissemblances, chacun trouvant en ses associés les qualités complémentaires des siennes, et bénéficiant de ce qu'ils font pour lui ce qu'il ne saurait accomplir lui-même. La pratique de la solidarité n'implique donc nullement l'abandon de la différenciation fonctionnelle. Ce qu'il faut dire à cet égard, c'est qu'il y a lieu de faire en chaque homme deux parts, la part de la profession et la part de l'humanité. En ce qui concerne la première, la différenciation peut et doit être poussée aussi loin que possible : l'idéal serait qu'il n'y eût pas

---

1. La théorie de M. Durkheim, d'après laquelle toute solidarité entre hommes est mécanique ou organique, est donc trop étroite, ou du moins les termes employés sont mal choisis. Car : 1° même quand elle est imposée, la solidarité entre hommes prend la forme organique ; 2° sous son aspect le plus élevé, la solidarité humaine se manifeste par un processus qu'on ne trouve pas dans l'organisme.

deux hommes faisant identiquement le même métier, ou du moins le faisant de la même manière : d'abord parce que le métier lui-même profiterait de cette spécialisation, puis parce que cet élément d'originalité, si minime qu'il soit, est ce qui fait aujourd'hui le principal intérêt de la vie de l'individu. Mais d'autre part, en tout ce qui ne concerne pas exclusivement la profession, la différenciation ne doit plus être portée aussi loin. Il faut assurer à tous les individus une certaine dose de bien-être matériel, d'instruction individuelle, d'éducation morale, qui constitue entre eux un lien permanent et vivace. Sans doute, ici aussi, les différences seront grandes : la fortune, l'intelligence, la moralité, ne peuvent pas être égales pour tous les hommes, et ce n'est pas souhaitable ; des distinctions doivent persister, ne fut-ce que pour faire naître l'émulation. Mais enfin il faut qu'il n'y ait pas un abîme entre les membres d'une même société, il faut qu'ils puissent sentir l'unité fondamentale de leur constitution physique, intellectuelle et morale. En un mot, la solidarité des hommes, en ce qui concerne la vie professionnelle, doit naître de leur diversité, qui nécessite leur concours ; en ce qui concerne la vie non professionnelle, elle doit naître de leur similitude, qui permet entre eux l'entente. La différenciation professionnelle est donc un facteur de la solidarité, et la différenciation extra-professionnelle, à condition qu'elle ne soit pas poussée à l'extrême, ne constitue pas pour la solidarité un obstacle.

Ainsi, l'établissement d'un étroit accord entre les membres de la société n'est point contraire au grand mouvement qui, depuis plusieurs siècles, entraîne les individus chaque jour plus loin dans la voie de la division des fonctions. La solidarité n'interdit que cette différenciation (physique, intellectuelle ou morale) excessive, qui deviendrait vite exclusive de toute vie sociale. Elle n'est, par suite, sur aucun point opposée au véritable intérêt d'aucun individu ; et, à l'inverse, elle est le meilleur moyen d'assurer la satisfaction de cet intérêt. Nous pouvons ainsi conclure qu'elle forme le plus puissant facteur de la force et de la durée des nations. Faire comprendre à tous les individus

la nécessité de l'entente, faire régner entre eux tous une solidarité aussi complète que possible, telle est, en un mot, la tâche de
l'hygiène sociale.

II

Maintenant, comment remplir cette tâche, comment instituer
cette solidarité? Examinons les moyens qu'on peut employer à
cette fin, dans les divers domaines où s'exerce l'activité sociale
de l'homme.

Dans l'ordre économique, tout d'abord, nous ne nous dissimulons pas que, pour établir une parfaite coopération entre les
membres d'un même corps social, il faudrait de très profondes
et très difficiles réformes. Le principe « sacro-saint » de la concurrence devrait sans doute disparaître (1). Il ferait place à un
principe tout contraire, celui de la différenciation complète des
travaux. Mais, dira-t-on, s'il n'y a plus de concurrence, il n'y
aura plus d'émulation et le progrès s'arrêtera. C'est là une bien
grande erreur. Il se trouvera toujours des hommes inventifs et
entreprenants qui s'efforceront d'améliorer le fonctionnement du
rouage confié à leurs soins, et qui souvent y parviendront.
L'impulsion donnée par ceux-là se communiquera forcément à
tous les autres. Lorsqu'une industrie ou un art est en progrès,
les industries et les arts voisins sont obligés de le suivre, en
raison de l'action et de la réaction qu'exercent les uns sur les
autres des métiers analogues. Puis, quand tout un groupe de
professions donne ainsi le bon exemple, les autres se piquent
d'émulation : car l'émulation n'existe pas seulement entre
concurrents, elle existe aussi entre coopérateurs, avec cette dif-

1. Nous sommes heureux de nous rencontrer sur ce point, où nous
encourons la censure des économistes « orthodoxes », avec un des
maîtres de l'économie politique actuelle, M. Charles Gide. Voir son
article : « *L'idée de solidarité en tant que programme économique* »
(*Revue Internationale de Sociologie*, tome I, n 5).

férence capitale que, dans le premier cas, le succès de l'un est la ruine de l'autre, et, dans le second cas, au contraire, est pour celui-ci un enseignement profitable et un encouragement. Il n'y a donc aucune raison pour que la suppression de la concurrence arrête le progrès, et à l'inverse celui-ci se trouvera favorisé par le développement de la spécialisation, dont les avantages — épargne de temps, plus grande habileté pour le producteur, etc. — sont vantés par tous les économistes. Mais, demandera-t-on encore, qui supprimera la concurrence pour lui substituer la différenciation des occupations? Sera-ce l'Etat? Nous préférons à coup sûr que le gouvernement n'ait pas à intervenir, qu'il ne soit pas obligé de mettre sa main peut-être un peu lourde dans cette œuvre délicate de transformation industrielle et sociale. Nous espérons que les particuliers comprendront assez leur intérêt pour opérer d'eux-mêmes, graduellement, cette modification nécessaire. D'ailleurs, la concurrence entre producteurs d'une même catégorie n'est pas le seul danger à supprimer. Il en est un autre, plus grave encore à l'heure présente, qu'il faut également conjurer : c'est ce qu'on nomme la lutte des classes, ou, d'un terme plus précis, le conflit entre les pauvres et les riches. A ce mal, on a proposé un remède radical : c'est la suppression même de la richesse et de la pauvreté. Nous ne sommes pas, pour notre part, favorable à un nivellement complet des fortunes. Il ne serait ni possible, puisque le « partage » réclamé serait à chaque instant à recommencer ; ni juste, puisque à des services inégaux doivent correspondre des récompenses inégales ; ni utile, puisqu'il enlèverait à la production, source du bien-être social, un de ses plus précieux stimulants. Mais ce que nous reconnaissons bien volontiers, c'est qu'il est nécessaire, pour consolider la société, de jeter un peu de terre dans le fossé vraiment trop large, nous dirions presque dans le gouffre, qui sépare les plus pauvres des plus riches. A cet égard, toutes les institutions sages et pacifiques en faveur des ouvriers méritent de recevoir notre concours. La pratique de la participation aux bénéfices, qui associe déjà, pour partie tout au moins, le patron et l'ouvrier, a droit aux encouragements.

Les sociétés coopératives de production, dans lesquelles on peut dire que chaque ouvrier est patron, doivent surtout être favorisées; mais elles ne peuvent s'établir utilement qu'en s'appuyant sur des sociétés coopératives de consommation et de crédit. Les entreprises qui se fondent pour construire, dans un but philanthropique, des logements ouvriers, celles qui se proposent d'assurer à la classe pauvre la nourriture ou les moyens de locomotion à bon marché, celles aussi qui, comme les sociétés d'enseignement populaire, cherchent à diffuser dans le peuple les connaissances utiles, celles enfin qui pratiquent le patronage moral des travailleurs, sont fort dignes de l'appui efficace de tous les gens de bien. Car c'est seulement en diminuant la misère de certaines parties de la population, en répandant parmi elles l'instruction, en leur montrant que « les bourgeois » s'intéressent à leur sort, à leur relèvement, à leur mieux-être, qu'on pourra conjurer des catastrophes et rétablir enfin, ou plutôt établir dans la société cette entente entre tous les groupes d'êtres aptes au travail qui seul rend ce travail fructueux.

Mais ce n'est pas encore assez que de faire l'accord entre tous les producteurs d'une même nation. Pour porter tous ses fruits, l'union doit être internationale. La guerre de tarifs que se font actuellement plusieurs grands peuples est nuisible à tous les points de vue. Elle entretient dans les esprits des sentiments d'animosité, des rancunes, qui peuvent à chaque instant provoquer un conflit à main armée. Économiquement, elle est extrêmement gênante pour les consommateurs des nations en désaccord, c'est-à-dire pour la masse de leurs citoyens: l'élévation des tarifs douaniers a pour résultat d'arrêter à la frontière les produits étrangers, souvent bien supérieurs aux produits nationaux, et de priver le pays des services qu'ils lui pourraient rendre. Il vaudrait mieux, assurément, que chaque pays ouvrît largement ses portes aux objets de provenance étrangère. — L'industrie nationale en serait écrasée, dira-t-on. — Mais non, répondrons-nous. Car il arriverait alors, pour les divers pays, ce que nous voudrions voir arriver pour les producteurs d'un même pays. Au lieu de se faire concurrence, ils se différencie-raient. Chaque société cesserait volontairement de produire ce que les autres peuvent fournir à moindres frais qu'elle, et concen-trerait son activité sur le genre de travaux dans lequel elle-même peut les dépasser, soit en raison de conditions naturelles, sol, climat, etc..., soit en raison d'un talent particulier de ses membres. Il n'y aurait plus, à la lettre, qu'un marché commercial unique pour le monde entier. Sans doute, ces améliorations n'iraient point sans quelque souffrance. Aucun peuple ne peut changer la direction de son industrie tout d'un coup, ni sans qu'il en coûte quelque chose à ceux qui voient modifier les con-ditions depuis longtemps établies de leur travail. Mais enfin l'intérêt supérieur des générations à venir exige du pays une certaine fermeté dans l'application de ces réformes nécessaires. D'ailleurs, plus franchement on en acceptera le principe, plus ar-demment aussi on cherchera les moyens de sauvegarder pendant la période transitoire les intérêts menacés, et mieux, par là-même, on parviendra à les satisfaire. Nous avons le ferme espoir de voir un jour admise universellement la doctrine du libre-échange, si conforme aux intérêts collectifs de l'humanité, et par suite aux intérêts individuels de toutes les nations — puisque les par-ties ne peuvent pas avoir d'intérêts vraiment opposés à ceux du tout, ni même vraiment distincts de ceux-ci, que ces parties s'appellent les cellules d'un organisme, les citoyens d'un État ou les sociétés particulières qui forment la grande société humaine.

Passons à d'autres ordres de faits. Comment instaurer la solidarité sociale dans le domaine juridique? Il faut pour cela, évidemment, supprimer les privilèges abusifs : car toute soli-darité suppose une certaine égalité entre les associés. Par con-séquent, la domination de l'homme sur la femme, l'autorité absolue des parents sur les enfants, doivent disparaître. Les droits civils conférés aux étrangers qui viennent s'établir dans une société autre que celle où ils sont nés seront élargis. Déjà d'ailleurs le droit moderne a beaucoup fait en ce sens. Voilà pour le régime des personnes. Quant au régime des biens, il doit être dominé, notamment en ce qui concerne les servitudes prédiales, par une double idée. Il importe, d'une part, de ne pas grever un bien de charges excessives au profit d'un autre (comme cela existait au temps de la féodalité), afin de ne pas constituer de privilèges. Mais d'autre part, il convient de ne pas pousser les propriétaires à l'isolement, et même de ne pas leur permettre de se refuser, par mauvais vouloir, à l'accomplissement de travaux d'intérêt général ou à la satisfaction des besoins de leurs voisins : de là les textes qui règlent, très justement, la servitude d'enclave, les unions de propriétaires en vue d'améliorations agricoles, l'expropriation pour cause d'utilité publique, etc. Bien qu'opposés en apparence, ces deux principes ont un même but et un même effet : empêcher la solidarité d'être rompue au profit des uns ou au détriment des autres. En ce qui concerne, maintenant, le régime des successions, nous ne verrions pas d'inconvénient à attribuer à l'État, en l'absence de testament bien entendu, l'hérédité de toute personne mourant sans descendants, ascendants, frères ni sœurs. On invoque bien, en faveur du droit de succession des collatéraux plus éloignés, la solidarité familiale. Mais précisément cette solidarité tend à se relâcher chaque jour davantage, à s'effacer devant la grande solidarité sociale. Il nous semble que les biens d'un homme, qui meurt sans proche parent, devraient revenir beaucoup plus légitimement à la société, dont l'organisation économique et juridique a permis la formation de cette fortune, qu'à des collatéraux éloignés auquel le défunt ne s'intéressait pas, qu'il pouvait n'avoir jamais vu, dont il ignorait peut-être l'existence. Pour le régime des contrats, nous signalerons la tendance actuelle à substituer, au cautionnement pur et simple, ce qu'on nomme le « cautionnement solidaire », forme de responsabilité plus rigoureuse pour les personnes qui se sont engagées dans l'intérêt d'autrui, et dont l'extension rend de plus en plus sérieuse l'obligation du garant (1). Nous remarquerons

---

1. Voir Marcel Fournier, *le cautionnement solidaire* (*Revue critique de législation et de jurisprudence*, 1889).

aussi le développement incessant de la « garantie » dont est tenu le vendeur d'un immeuble, d'un animal, etc., obligé d'indemniser son acheteur contre l'éviction par le fait d'un tiers, contre les vices cachés de la chose, etc., ce qui doit avoir pour conséquence de faire envisager le vendeur et l'acheteur non plus comme deux personnalités ennemies, cherchant à se tromper réciproquement, mais comme une même personnalité se continuant sous des aspects différents. Toute la théorie des hypothèques est même fondée sur cette idée, que les obligations à la sûreté desquelles est affecté l'immeuble le suivent entre les mains de ses acquéreurs successifs. En droit commercial, pareillement, on voit les endosseurs d'une lettre de change, forme d'engagement qui se répand sans cesse, obligés solidairement envers le porteur. En droit pénal, on sait que les communes sont responsables, depuis une loi de la Révolution, des dégâts causés sur leur territoire par des attroupements armés, et qu'il a été récemment question d'étendre cette responsabilité aux attentats commis au moyen de certains explosifs. Nous pourrions multiplier ces exemples, mais nous croyons en avoir cité assez pour faire voir comment la notion de solidarité peut être utilement introduite dans le droit, et comment, en fait, elle domine de plus en plus l'œuvre du législateur.

Maintenant de quelle manière pourrait-on la développer dans l'enseignement intellectuel et moral ? Il faudrait pour cela que les maîtres de la jeunesse à tous les degrés de la hiérarchie la montrassent agissante dans l'histoire, soutenant l'énergie des individus, donnant la force aux nations. Il faudrait aussi qu'ils en fissent le centre de leur enseignement éthique. La littérature et l'art pourraient se mettre au service de cette idée ; les ministres de la religion pourraient lui apporter l'appui de leur parole. Mais tout d'abord il faudrait que ces divers guides du mouvement intellectuel apprissent à pratiquer la solidarité qu'ils auraient à prêcher. Au lieu de se considérer comme des rivaux, souvent comme des ennemis les uns des autres, ils devraient se traiter en alliés. L'art et la science, la littérature et la religion, ne sont pas fatalement destinées à se combattre. Dans l'intérieur même de chacune de ces disciplines on a bien souvent signalé les compétitions qui règnent entre dogmes religieux distincts, entre tendances littéraires, entre écoles scientifiques. Il est certain que chaque opinion est d'habitude envahissante et militante. Mais ne pourrait-on modérer ce qu'il y a d'excessif dans l'ardeur de ces luttes, pour les changer en une émulation qui tournerait au bien général ? Les ministres d'une religion, au lieu de voir dans les prêtres des autres cultes, dans les représentants des écoles philosophiques ou scientifiques indépendantes, des mécréants dont on devrait réprimer la témérité, ne pourraient-ils apprendre à voir en eux des hommes dont la sincérité est tout aussi respectable que la leur et dont l'existence même est nécessaire pour leur propre dogme, puisque seule la discussion peut le faire vivre et que seules aussi les contradictions peuvent le perfectionner ? Tous ceux qui combattent pour des idées, quelles qu'elles soient, ne devraient-ils pas reconnaître que les points sur lesquels ils se divisent sont infiniment moins nombreux que ceux sur lesquels ils s'accordent, et que chacun d'eux, tout en continuant à défendre avec ardeur les thèses particulières qui lui sont chères, peut s'unir sur les autres questions avec ses émules pour mettre en commun leur amour de la justice, du bien et de la vérité ?

Mais, pour constituer l'hygiène sociale, ce ne sont pas seulement des applications de l'idée de solidarité que nous avons à mettre en lumière. De diverses autres théories exposées au cours de ce travail, nous pouvons également tirer quelque parti. C'est ce que nous allons montrer en passant à l'ordre politique.

Tout d'abord, quelle est la raison d'être du gouvernement politique, quel est le but qu'il doit poursuivre ? La formule d'Auguste Comte nous paraît ici remarquablement exacte. « L'ordre et le progrès » voilà ce que le gouvernement doit assurer à la société. L'ordre, tout le monde est d'accord pour admettre que l'Etat doit le faire régner. Mais, pour le progrès, il en est autrement. Certains auteurs, avec lesquels sur d'autres points nous nous rencontrons volontiers, M. Novicow entre autres (1) estiment que le gouvernement est radicalement impuissant à faire progresser la société, vu que ce n'est pas lui qui est chargé d'élaborer les idées qui guident l'humanité dans sa marche. Ce sentiment est aussi celui de l'école des économistes classiques ; pour ces derniers, tout ce qui suppose de l'initiative, et tout progrès en suppose, ne peut venir que de l'individu ; à l'Etat on ne saurait demander de remplir qu'une fonction en quelque sorte négative, consistant à réfréner les initiatives criminelles ou dangereuses, à faire la police en un mot. Enfin, il nous semble que cette conception doit être aussi celle des partisans de la théorie du contrat social. Dans cette doctrine, en effet, les hommes, en s'associant, n'ont consenti à l'Etat que le minimum de sacrifices nécessaire pour faire cesser l'état de lutte ; ils ne l'ont institué qu'en vue de se donner la sécurité, réservant à chaque particulier le droit d'améliorer sa situation par ses efforts personnels, dans la limite des droits d'autrui. L'Etat n'a donc ici d'autre rôle que celui de gardien de la loi, ou, comme on a dit, de « gendarme » ; tout ce qui dépasse la stricte observation du bon ordre, tout ce qui est effort vers l'amélioration, ne relève que des citoyens individuellement considérés. Le principe dont ces conséquences sont tirées, on le sait déjà, n'est pas le nôtre. Nous concevons la société, non comme née d'un contrat, mais comme formée, à la manière d'un organisme, par la coalescence naturelle des individus qui la composent. Nous croyons qu'elle n'est pas une entité abstraite, superposée aux individus seuls concrets, mais bien un être réel lui-même, dont les unités humaines ne sont que les parties, au sein duquel elles naissent, vivent, se développent et meurent. Dès lors, il est évident que pour nous l'Etat, et le gouvernement qui le représente, ne peuvent plus jouer simplement un rôle négatif dans leurs rapports avec les individus. L'organisme,

---

1. *Les luttes entre les sociétés humaines.*

l'être humain par exemple, doit s'occuper de perfectionner la constitution et le fonctionnement de ses cellules, puisque sa propre existence en dépend. Il en est de même pour l'organisme social. Lui aussi est une personne qui veut se développer et prospérer. Mais il ne le peut qu'à la condition de porter les éléments dont il se compose à un état de force et de civilisation sans cesse plus élevé. Il doit donc logiquement être amené à s'occuper du progrès. Sans doute, ce n'est pas le gouvernement qui élabore les idées nouvelles, d'où le progrès naîtra. Mais il lui appartient de les adopter, de les répandre, de les mettre en pratique. Il n'a pas simplement la charge de la sécurité externe et interne du pays ; il doit aussi présider à l'éducation nationale, aux grands travaux publics, aider au développement de l'agriculture, de l'industrie, du commerce, des arts et de la science. Il faut donc qu'il choisisse entre des systèmes d'enseignement, des projets de travaux, des propositions relatives au développement de la vie sociale sous tous ses aspects. Rejetant les uns, admettant les autres, il faut qu'il assure l'exécution de ces derniers, à condition bien entendu que la nation ne les repousse pas. En un mot, rien de ce qui concerne l'intérêt public ne doit lui échapper. S'il a à refréner les initiatives individuelles qui seraient de nature à préjudicier à la société, il doit en revanche aider celles qui peuvent lui être avantageuses, les soutenir de ses encouragements et de tous ses moyens, et au besoin se faire lui-même l'exécuteur des œuvres qu'elles auront conçues, lorsque cela est nécessaire au bien de la collectivité dont les intérêts généraux sont réunis en ses mains.

Mais cette intervention doit être prudente. Elle ne peut utilement se produire que lorsque les individus ne sauraient par eux-mêmes réaliser le progrès. Le gouvernement ne doit pas vouloir concentrer en soi toute l'activité sociale. La plus large part en reste encore naturellement aux individus. Notre théorie générale nous empêche de tomber ici dans l'excès opposé à celui que nous venons de combattre. Nous avons déjà dit que, si la société n'est pas simplement le lien spirituel, contractuel, de personnalités qui pourraient vivre indépendantes, elle n'est point davantage un mécanisme matériel, une machine dont les rouages n'ont de sens et de valeur que dans l'ensemble qu'ils composent. Donc il serait tout à fait déraisonnable de vouloir que son fonctionnement fût analogue à celui d'une machine, que toute impulsion y partît d'un lieu unique pour se transmettre aux divers éléments et revenir ensuite au point central, au point de départ. L'impulsion, dans la société, peut venir de partout. Nous savons qu'elle part très souvent d'un corps qui semble spécialement chargé d'élaborer les idées, de ce qu'on pourrait nommer le corps intellectuel. Mais elle peut aussi venir de n'importe quel citoyen. Dans l'organisme les cellules nerveuses n'ont pas seules le privilège de créer ou de transformer des mouvements. Toute cellule sait faire la même chose. Les principes ne sont pas différents pour la société. Ce n'est pas au seul gouvernement, politique ou intellectuel, qu'est réservée l'action. Tout citoyen est admis à en prendre sa part. Il faut dans l'intérêt de la société, que la vie soit aussi intense que possible, tant chez l'être humain individuel, que dans ces centres spéciaux (que, à ce point de vue, nous avons comparés aux ganglions), familles, villes, corporations, associations particulières de toute espèce. Cela est avantageux même pour le pouvoir central : il se trouve par là déchargé d'une infinité d'occupations dont le détail l'accablerait, et il peut réserver ses efforts à la réalisation de grandes vues destinées à faire progresser tout l'ensemble. D'autre part, il évite ainsi les froissements que ne manquerait pas de provoquer l'immixtion de ses agents dans les affaires intimes des citoyens, dans l'organisation de leur vie matérielle ou intellectuelle. On lui sait gré, par suite, et des grandes choses qu'il fait, et des petites choses qu'il ne fait pas. La pratique du libéralisme, d'une certaine décentralisation éclai-

---

1. La décentralisation ne doit pas empêcher le pouvoir central de garder un certain *contrôle* sur le fonctionnement des associations subordonnées (provinces, villes, sociétés privées), ou sur la vie des individus, mais bien tendre à donner à celle-ci le plus d'*initiative* pos-

rée (1), est donc tout aussi avantageuse au gouvernement qu'aux individus eux-mêmes. Elle est bien loin de produire le morcellement des forces sociales : car, aussitôt libérés du joug officiel, les individus s'unissent en de libres associations, fondées sur les intérêts communs et les sympathies. Au contraire, elle produit leur meilleure utilisation, les individus travaillant plus volontiers à une œuvre choisie par eux-mêmes qu'à une tâche qui leur serait imposée, fût-ce par leurs représentants élus. Elle est donc entièrement conforme aux intérêts sociaux : elle mérite d'être encouragée.

Ainsi, on le voit, la théorie de l'organisme social n'implique aucune des funestes conséquences politiques qu'on lui attribue gratuitement. Elle n'exige ni la concentration de toutes les forces au profit du gouvernement (comme M. Huxley semble porté à le croire), ni l'affaiblissement du pouvoir central au profit des individualités (comme M. Spencer le demande). Elle fait comprendre, au contraire, que l'intérêt général veut que l'initiative individuelle jouisse de la plus grande somme de liberté compatible avec le respect du bon ordre ; mais qu'il veut aussi, d'autre part, que le gouvernement collabore au progrès, en encourageant cette initiative quand elle est louable, en la soutenant, en se chargeant même de réaliser ce qu'elle serait impuissante à faire seule. Au lieu de l'opposition stérile de l'action privée et de l'action publique, elle réclame leur concours incessant, leur association féconde.

Nous venons d'esquisser la solution qui découle de notre théorie pour la question principale de la politique. Mais on pourrait en faire aussi l'application à bien des problèmes subordonnés à celui-là. Sans vouloir en épuiser la liste, qui serait infinie, nous nous bornerons à en citer trois exemples.

Admettant que toute nation un peu considérable ne peut pra-

sible. Elle transforme, en un mot, le gouvernement central, d'unique organe propulseur, en organe surtout adjuvant et modérateur, et dans cette mesure elle est légitime.

tiquer le gouvernement direct (c'est-à-dire demander sur chaque loi le vote de tous les citoyens), mais seulement le gouvernement représentatif, on doit chercher comment seront élus les représentants, comment seront formés les groupes de citoyens appelés à nommer chacun un ou plusieurs délégués. Nous avons dit ailleurs qu'il s'est produit à cet égard une évolution significative (1). Mais maintenant, nous plaçant seulement en présence de la situation actuelle, voyons quelles solutions on peut donner de nos jours au problème. Personne ne songe plus à faire choisir les représentants par les familles ou groupes de parenté, comme on le faisait dans les États antiques. Mais on admet encore, dans la plupart des sociétés modernes, que le meilleur système d'élection est celui qui est fondé sur la division territoriale du sol en provinces et en villes. Pourtant, nous savons que nos sociétés ont, en fait, dépassé le stade d'organisation qui correspond à la division territoriale. Il conviendrait donc que leurs Parlements reflétassent mieux le véritable aspect des groupements sociaux aujourd'hui dominants. Plusieurs conceptions seraient possibles, chacune répondant à une des divisions sociales que nous avons indiquées. On pourrait songer à envoyer au Parlement — comme cela se fit dans la Chambre des Cent-Jours — des délégués de l'industrie et du commerce, en ayant soin pourtant d'y joindre ceux des professions libérales : ce serait la représentation des unités physiologiques. Seulement, il paraît difficile, dans l'état présent des esprits, d'obtenir la nomination, dans chaque corps de métier, d'un délégué commun aux patrons et aux ouvriers. Faudra-t-il alors faire élire des délégués distincts par ces deux groupes ? Ce serait la représentation des unités homoplastiques. Mais cela aurait sans doute le très grand inconvénient d'aggraver encore l'antagonisme des classes : probablement, au sein d'un Parlement ainsi composé, les délégués patrons des diverses industries se rapprocheraient les uns des autres; les délégués ouvriers en

1. Voir chap. VI.

feraient autant ; et l'on aurait ainsi deux fractions perpétuellement hostiles. Peut-on donc songer à faire nommer les représentants par les associations extra-professionnelles librement formées par les individus : associations politiques, religieuses, intellectuelles, de bienfaisance, etc....? C'est peut-être à cette solution, combinée avec des éléments empruntés aux deux précédentes, qu'appartient l'avenir. Toutefois, elle présentera des difficultés d'application très réelles, tel individu appartenant à un grand nombre d'associations à la fois, tel autre pouvant n'appartenir à aucune. Actuellement, il est certain que sa réalisation immédiate serait tout à fait impossible, l'esprit public étant bien loin d'y être suffisamment préparé, et la pratique de l'association libre étant encore bien imparfaite. En un mot, nous ne nous dissimulons nullement les difficultés que rencontrera toute tentative de réforme en ce sens. Mais nous n'en persistons pas moins à croire que c'est dans cette voie qu'il faut marcher, prudemment, mais résolûment.

En second lieu, quelle que soit la façon dont sont choisis les représentants, se pose la question de savoir quelle sera l'étendue des pouvoirs à eux conférés. Une doctrine qui tend à se répandre estime que les électeurs peuvent donner à leurs élus un « mandat impératif », leur prescrivant de faire telle ou telle chose. Nous repoussons cette théorie, qui annihile complètement la personnalité de l'élu et qui l'empêche de tenir compte des circonstances parfois décisives qui ont pu se produire entre son élection — date à laquelle il a accepté de voter dans tel sens — et la discussion même de la question au Parlement — date à laquelle la solution contraire peut être devenue préférable. En revanche, ce que nous admettrions assez volontiers, ce serait le *referendum*, permettant de soumettre aux électeurs, en dernière analyse, le projet adopté par leurs élus, sur la demande ou du Parlement lui-même, ou d'un grand nombre de citoyens ; *referendum* qui fonctionne dans les républiques suisses et qui demeure d'ailleurs parfaitement distinct du plébiscite (lequel éveille dans notre histoire nationale de si fâcheux souvenirs) en ce que celui-ci porte sur un nom d'homme, tandis que le premier porte sur une loi. Il nous paraît juste, en effet, que, sur des questions d'importance primordiale pour la nation, on laisse au corps électoral tout entier, éclairé par les discussions du Parlement et par ses votes, un pouvoir de révision. En faveur de l'une et l'autre de nos opinions sur le mandat impératif et sur le *referendum*, nous pouvons invoquer des analogies organiques. Les cellules nerveuses reçoivent des autres parties de l'organisme une véritable délégation, portant qu'à elles appartient d'élaborer les mouvements directeurs de l'ensemble. Les cellules « déléguantes » ne prescrivent à leurs mandataires aucune ligne de conduite à tenir, ne leur donnent aucun mandat impératif. Mais, si le cerveau veut mener l'organisme entier dans une voie inaccoutumée, il rencontre une vive résistance. Le frisson par exemple, que le plus brave soldat éprouve parfois au milieu du danger où son courage l'a porté, est un exemple de cette protestation de l'organisme contre les entraînements du cerveau. On le voit, le corps humain, tout comme le corps social, repousse parfois les ordres de son gouvernement, ou du moins se résigne difficilement à les exécuter. Aussi, avant de nous lancer dans une entreprise délicate, nous arrive-t-il souvent de « consulter nos forces », c'est-à-dire de nous demander si notre organisme est disposé à suivre les impulsions de notre cerveau et se trouve en mesure de le faire. Cela même n'est-il pas un enseignement à méditer pour la conduite du corps social ? Si les élus ne doivent pas être enchaînés à l'avance par le vœu des citoyens, que leurs décisions les plus importantes soient en revanche soumises à la ratification de ceux-ci ! Cela nous paraît être le meilleur moyen et le plus sage pour faire prédominer la volonté populaire et pour éviter les révolutions.

Enfin, la représentation nationale constituée et ses pouvoirs définis, c'est un fort important problème que celui des rapports qu'elle doit entretenir avec l'autorité exécutive. Le principe de la séparation des pouvoirs, posé par Montesquieu, a été appliqué par la Constituante avec une rigueur qui a abouti à entraver complètement l'action du pouvoir exécutif. Aussi une réaction s'est-elle produite. On a compris qu'il ne fallait pas isoler aussi complètement les deux autorités fondamentales, qu'au contraire il fallait les associer dans une action commune, par exemple en permettant au chef du pouvoir exécutif de prendre ses ministres dans les Chambres (ce que lui interdisait la Constitution de 1791) et en faisant ainsi, des chefs de la majorité parlementaire, les premiers exécuteurs de ses décisions. Nous ne saurions qu'applaudir à ce revirement, qui s'est produit très vite dans la politique active, et qui commence à s'opérer dans la politique spéculative. Ici encore les analogies organiques peuvent être invoquées. Le pouvoir législatif, dit-on parfois, représente les centres sensitifs ; le pouvoir exécutif, les centres moteurs. Cette comparaison ne nous semble pas fort exacte. Les Chambres font des lois ; or, c'est là le premier terme de l'acte moteur, puisqu'une loi est déjà une résolution qui va passer à l'acte. Seulement cette loi ne sera exécutée que grâce à la série des décrets et des arrêtés, réglant sa mise en pratique, que vont prendre le gouvernement et l'administration. Il y a donc continuité de ce côté, dans cette série motrice, entre les fonctions législatives et les fonctions exécutives. Mais d'autre part, le vote de la loi a été précédé d'une discussion au Parlement. Celle-ci peut effectivement être comparée aux faits qui s'accomplissent dans les centres sensitifs : car elle est la délibération qui prépare et rend possible la décision. Seulement, dans la délibération même, le pouvoir exécutif a été entendu. On a pris son avis sur les voies et moyens à employer pour réaliser l'innovation projetée. Souvent même c'est sur son initiative que celle-ci a été mise à l'ordre du jour. En un mot donc, ce qui se fait au Parlement représente à la fois le dernier terme de la série des états sensitifs et le premier terme de la série des états moteurs, par lesquels passe toute loi. Mais la discussion a été généralement préparée par le pouvoir exécutif, et la réalisation est toujours assurée par lui. De sorte que les premiers termes de la série sensitive et les derniers termes de la série motrice lui appartiennent. Son action est donc constamment unie à celle du pouvoir législatif, et il serait déraisonnable de vouloir les isoler l'un de l'autre. L'analyse directe du fonctionnement du corps social et les analogies tirées du fonctionnement de l'être organique conduisent à souhaiter que tout en restant distincts — la différenciation des organes est toujours un signe de progrès — les deux pouvoirs s'accordent aussi étroitement que possible en vue de l'accomplissement de leur œuvre commune, la bonne gestion des intérêts nationaux.

Pour ne point donner à cette partie de notre travail une étendue démesurée, nous nous bornons à signaler ces quelques applications de notre théorie. Si imparfaitement que nous les ayons présentées, nous espérons que leur importance intrinsèque montrera quel parti on peut tirer des analogies organiques en matière sociale, non-seulement dans les problèmes de science, mais aussi dans les questions d'art. Bien entendu, l'analogie ne doit être maniée qu'avec circonspection ; elle ne saurait dispenser de l'étude directe du corps social, de ses maux, et des remèdes ou de l'hygiène qui lui conviennent. Mais nous sommes convaincus que toujours cette étude directe et ce raisonnement par analogie, quand ils auront été bien conduits, mèneront aux mêmes conclusions. Sans doute la première est la plus importante et la plus féconde ; mais les résultats du second ne paraîtront pas non plus négligeables à ceux qui croient que, en ces difficiles matières surtout, il faut faire appel à toutes les lumières et ne se prononcer qu'après avoir pris toutes les garanties concevables contre l'erreur, toujours possible et toujours dangereuse.

CONCLUSION

I

Le moment est venu de formuler les conclusions qui se dégagent de cette longue étude. Si les arguments présentés par nous ont pu paraître convaincants, on ne doutera plus qu'il existe une très profonde et très étroite analogie entre les « indivi lus » qui étudient les sciences biologiques, et les sociétés formées par le concours de plusieurs de ces individus. La question restera seulement de savoir si cette analogie va jusqu'à l'identité totale ou si elle ne constitue qu'une ressemblance frappante mais partielle. En d'autres termes, faut-il dire nettement : « les sociétés humaines sont des organismes », ou faut-il reconnaître seulement qu'elles sont « des êtres voisins des organismes » ? — En faveur de la première idée militent toutes les ressemblances que nous avons relevées au cours de ce travail. En faveur de la seconde on peut invoquer les différences que nous avons nous-mêmes reconnues (chap. III) : intelligence et liberté plus grande des éléments composants, et surtout complexité plus haute chez les sociétés que chez les organismes. Le fait que ces différences existent ne permet pas d'ailleurs de trancher immédiatement la question dans le sens de la seconde doctrine. Car entre les diverses sortes d'êtres vivants individuels, entre les animaux et les végétaux par exemple, il existe aussi des différences, parfois très considérables, qui n'empêchent pas pourtant qu'on les range tous dans la catégorie des organismes. Il ne suffit donc pas de constater qu'il y a des ressemblances entre les individus isolés et les sociétés pour séparer radicalement celles-ci de ceux-là ; il faut aussi et principalement examiner la portée réelle de ces différences.

Or, pour la déterminer, il existe un critérium. C'est de la comparer à la portée des différences qui suffisent pour motiver la reconnaissance d'un groupe distinct au sein même de l'ensemble organique. Les différences qui séparent les animaux des sociétés sont-elles plus grandes ou au contraire moins grandes que celles qui séparent les animaux des végétaux ? Dans le second cas, il faudra évidemment dire que les sociétés sont des organismes ordinaires. Dans le premier, il faudra dire qu'elles doivent rester hors de l'ensemble proprement organique, ou tout au moins qu'elles en forment un rameau très aberrant et très nettement distinct de tous les autres. Comment donc répondre à la question posée ? A première vue, il semblerait que les sociétés diffèrent moins des animaux que ceux-ci des végétaux. Les plantes ne paraissent-elles pas dépourvues de la sensibilité et du mouvement, que les animaux et les sociétés possèdent en commun ? N'avons-nous pas dit nous-même qu'il est souvent très difficile de distinguer une société d'un animal composé ? Pourtant, si on y regarde de près, ces apparences s'effacent. Les végétaux apparaissent, à un examen attentif, comme beaucoup plus rapprochés des animaux qu'il ne le semblait tout d'abord. Sans doute les formes supérieures des deux règnes sont très distinctes les unes des autres. Mais les formes inférieures, d'où les plus hautes sont sorties par évolution, sont au contraire singulièrement voisines. Les végétaux inférieurs sont très mobiles ; si les végétaux supérieurs ont cessé de l'être, au moins en grande partie (car l'existence du géotropisme et de l'héliotropisme prouve qu'elles ne l'ont pas cessé totalement), cela tient à ce que, ayant trouvé des conditions d'existence facile dans un milieu restreint, elles s'y sont fixées ; tandis que d'autres êtres vivants, moins heureux dans la poursuite de la proie, ont dû garder et développer leur mobilité pour l'atteindre, et ont ainsi évolué dans le sens du type animal. Ce qui prouve bien que les deux règnes sont partis d'un même point, c'est qu'il

existe, à la base de chacun d'eux, un certain nombre d'êtres
mal différenciés qu'on pourrait aussi bien placer dans le règne
voisin, et pour lesquels Ernest Hœckel a proposé, avec raison,
de former un règne distinct, support commun des deux autres,
le « règne des protistes ». Ainsi l'ensemble des trois groupes,
protistes, végétaux, animaux, forme un tout assez homogène.
Considère-t-on maintenant les sociétés ? Ou bien il faudra prendre le mot société dans son sens le plus large, où il embrasse
non seulement les sociétés humaines et les sociétés anima es,
mais aussi les sociétés végétales ; ou au contraire il faudra le
prendre dans son sens restreint, où il n'embrasse que les sociétés humaines. Mais, dans l'un comme dans l'autre cas, les
sociétés sont plus éloignées des animaux que ceux-ci des végétaux ou des protistes. Un groupe d'ascidies ressemble sans doute
assez à une ascidie simple ; mais une forêt de chênes, d'un côté,
ou la société française, de l'autre, diffèrent assurément beaucoup
plus d'un mollusque que celui-ci d'un chêne ou d'un homme de
nationalité française — et même diffèrent beaucoup plus, l'une
d'un chêne, l'autre d'un individu français, que ceux-ci ne diffèrent d'un mollusque. Forme extérieure, éléments, structure des
organes, physiologie, évolution, pathologie, tout le démontre-
rait, si l'on voulait envisager ces questions une à une.
Il nous semble donc que le groupe formé par les sociétés
est sensiblement plus éloigné du groupe animal que celui-ci ne
l'est du groupe végétal. Et pour marquer cette différence, qui
n'exclut pas des ressemblances très intimes, il paraît convena-
ble de donner au premier le nom de groupe supra-organique, en
réservant à l'ensemble des animaux, végétaux et protistes, le
nom de groupe organique proprement dit.

Seulement il ne faut pas non plus s'exagérer la portée de
cette distinction. Si les sociétés sont plus éloignées des organismes individuels que ceux-ci ne le sont les uns des autres, elles
nous semblent en revanche être moins éloignées de leur ensemble que ce dernier ne l'est de l'ensemble des corps bruts. Les
sociétés, en effet, si elles ont bien d'autres caractères que les
organismes, ont d'abord tous les caractères des organismes. Un

supra-organisme est un organisme avec quelque chose de plus.
Au contraire, un minéral n'est pas un organisme, puisqu'il ne
vit pas. Il est donc juste d'appliquer à l'ensemble des minéraux
le nom de groupe inorganique, et de reconnaître qu'il y a un
plus grand écart entre ce dernier et le groupe organique qu'entre
celui-ci et le groupe supra-organique. — Mais pourtant, ici
même, les différences n'ont rien d'absolu. Si le minéral ne vit
pas, il possède pourtant des propriétés qui rappellent les fonctions
de l'être vivant. Les atomes dont il est formé ont souvent une
mobilité très grande, une instabilité extrême. La moindre cir-
constance peut parfois déranger leur équilibre. L'affinité, ce
principe moteur du monde inorganique, qui se retrouve dans
l'attraction planétaire, dans l'électricité et le magnétisme physique, qui préside aux combinaisons de la chimie, rappelle singulièrement le principe moteur du monde moral, la sympathie.
Il y a, dira-t-on, la conscience en moins. Qui sait pourtant si
quelque rudiment de pensée ne se cache pas au fond de l'atome
réputé insensible ? Si cela n'est pas, n'est-il pas alors bien
remarquable qu'un pur mécanisme puisse produire des effets
analogues à l'action de la sympathie consciente ? Concluons donc
que, entre l'organique et l'inorganique, il n'existe pas un abîme.
On peut sans doute accueillir l'idée de quelques savants et philo-
sophes, qui voudraient, réservant le nom de règnes aux subdivisions du groupe organique (animaux, végétaux et protistes),
appeler du nom de « empires » les divisions plus hautes, corps
bruts (empire inorganique), êtres vivants individuels (empire
organique), sociétés (empire supra-organique). On le peut, mais
à la condition de bien comprendre qu'il y a là simplement des
désignations commodes, marquant des distinctions qu'il est
légitime de faire, mais qui sont purement relatives : car entre
deux êtres de notre monde, qu'ils soient inorganiques, organiques ou supra-organiques, il ne saurait y avoir discontinuité
absolue, absence totale de ressemblance et de relation. Et l'on
doit se rappeler surtout qu'entre le second et le troisième de ces
empires, l'organique et le supra-organique, il y a, plus encore
qu'entre le premier et le second, rencontre sur certains points

et parallélisme en tous les autres, souvent contact et toujours analogie.

II

De l'existence et de la nature de ces relations intimes entre les sociétés et les organismes, que peut-on conclure quant aux rapports qui doivent exister logiquement entre les sciences qui les étudient ?

Evidemment, personne ne songe à soutenir que la science des sociétés peut être constituée par voie déductive, en prenant, pour bases des raisonnements à faire ainsi, les lois acquises en biologie. Il est clair qu'il faut observer directement les sociétés, en elles-mêmes et pour elles-mêmes, sauf à faire ensuite des rapprochements entre ce que l'on aura trouvé par des voies parallèles, mais distinctes, dans les deux domaines.

Mais procédons par ordre. La biologie peut rendre un triple service à la sociologie : 1° et 2°, par son exemple servant de guide analogique, pour la détermination de l'objet à étudier par la science sociale, et pour la constitution de la méthode à suivre ; 3° par les conclusions mêmes auxquelles elle arrive, pour l'interprétation des faits constatés par le sociologue. Passons successivement ces divers points en revue.

Sur le premier, nous ne saurions nous appesantir, l'ayant examiné dans un autre travail avec développement. Nous dirons seulement que, à ceux qui demandent encore « ce que la sociologie doit étudier », il suffirait, pour être éclairés, de chercher ce qu'étudie la biologie. Celle-ci se présente sous deux aspects. Science concrète, elle étudie des êtres individuels, ou plutôt des espèces, les êtres de chaque espèce étant supposés tous semblables entre eux ; elle se divise à ce point de vue en botanique descriptive et en zoologie descriptive. Pour remplir sa tâche, elle prend les uns après les autres les divers types, et en chacun d'eux examine tous les organes, puis toutes les fonctions. Cela fait, elle synthétise les résultats ainsi acquis, en esquisant l'histoire générale de chaque organe et de chaque fonction dans toute la série des êtres vivants. A ce second point de vue, elle est une science abstraite et se divise en anatomie comparée et physiologie comparée. C'est exactement de la même manière que doit procéder la sociologie. Il lui faut étudier d'abord toutes les sociétés, ou au moins tous les groupes de sociétés, successivement et un à un, en notant dans chacun toutes les formes des éléments composants — milieu, races, divisions de la nation, — puis toutes leurs fonctions — économiques, intellectuelles, juridiques, politiques. Cette étude constituera la sociologie concrète ou descriptive. Quand elle sera achevée, on pourra songer à synthétiser, à tracer le tableau général de chacune de ces formes et fonctions à travers la série des sociétés, à faire l'anatomie comparée et la physiologie comparées des groupes sociaux, à constituer en un mot la sociologie abstraite et comparée. Les divisions de la sociologie correspondent donc point par point à celles de la biologie (1), et l'exemple de celle-ci nous permet de fixer ainsi le contenu de celle-là.

Reste à dire comment la sociologie fera pour parcourir cet immense domaine. Ici encore, la biologie peut lui servir de

1. Voici d'ailleurs le plan complet d'une sociologie intégrale :

I. — *Sociologie concrète et descriptive :*

Sociétés végétales et animales. Origine des sociétés humaines. Sociétés humaines préhistoriques. Sociétés humaines anciennes et actuelles de l'Afrique, de l'Océanie, de l'Amérique, de l'Asie et de l'Europe.

II. — *Sociologie abstraite et comparée :*

A. — *Anatomie sociale comparée :* Le milieu. La race. La population : son chiffre et ses divisions.

B. — *Physiologie sociale comparée :* L'organisation et l'évolution économique, familiale, religieuse, artistique, morale, scientifique, juridique, politique.

modèle. Quelle est la méthode fondamentale des sciences naturelles ? L'observation. C'est à elle aussi qu'il faut essentiellement recourir en science sociale. Qu'on ne s'y trompe pas : la déduction est bien la méthode de la morale appliquée, du droit, de l'économique et de la politique pratiques ; mais c'est que toutes celles-ci constituent, non pas des sciences étudiant ce qui est, mais des arts cherchant à organiser ce qui doit être. Quant à la science, quant à l'étude du réel, son premier moyen d'investigation ne peut évidemment être autre que l'observation. Cette observation devrait être pratiquée sur la plus large échelle. Sans sortir de nos contrées, les recherches des bureaux de statistique, les enquêtes de l'Office du Travail, les monographies de villes ou de familles, constituent pour le sociologue des documents extrêmement précieux qu'il faudrait encore multiplier. Les récits de voyages dans les pays lointains, les descriptions des peuples barbares ou sauvages, lorsqu'ils sont faits avec quelque critique ou même simplement avec une sincère naïveté, fournissent aussi d'utiles données ; et il serait fort à souhaiter que les expéditions scientifiques envoyées par les gouvernements européens dans des terres lointaines ne se bornassent pas à recueillir des faits météorologiques, géographiques ou biologiques, mais examinassent aussi d'un peu près la constitution et la vie sociale des peuples qu'elles traversent. Enfin, l'histoire du passé, aidée de l'archéologie, de l'épigraphie, de la numismatique, etc., et aussi la préhistoire, fondée sur l'étude des débris humains quaternaires et des restes de l'art et de l'industrie de nos précurseurs, offrent aux recherches du sociologue un champ illimité. Voilà pour l'observation directe ou indirecte, du passé et du présent, des sociétés au milieu desquelles nous vivons et des sociétés éloignées. Mais ce n'est pas tout. L'expérimentation peut aussi avoir sa place en sociologie. C'est ainsi que le législateur prend parfois des mesures temporaires destinées dans sa pensée à essayer un principe qu'il veut appliquer ensuite plus complètement si l'expérience réussit. Nous savons que, au point de vue de l'art social lui-même, ce procédé est excellent. Ce qui est certain, c'est qu'il fournit à la science sociale des données précieuses : les faits physiques obtenus par expérimentation ont de grands avantages sur ceux que la simple observation fournit — l'avantage notamment d'être à la fois plus clairs et plus probants — et il est évident que, ce qui est vrai pour les faits physiques doit ici l'être également pour les faits sociaux. Il y a donc là une nouvelle source d'informations, et des plus riches, pour le sociologue. Maintenant, les faits recueillis, comment les élaborer? Les procédés à employer sont les mêmes qu'en sciences naturelles : les principaux sont la classification, qui permet de former des types en réunissant les faits analogues; l'induction qui érige en lois universelles les rapports de coexistence et de succession qui impliquent un lien causal ; la déduction, qui d'une loi une fois posée tire les conséquences nécessaires (1). Sans avoir à donner sur ces procédés, bien connus, de plus longues explications, nous pouvons conclure que la sociologie ne saurait faire mieux qu'emprunter à la biologie — en l'accommodant pour les détails à son objet propre — la méthode d'investigation qui a donné aux naturalistes de ce siècle de si brillants résultats.

Mais ce ne sont pas seulement des procédés de travail, des méthodes, que le sociologue peut emprunter utilement au biologiste. Il lui est permis aussi de se servir des résultats que ce dernier a établis, et cela de deux manières. D'abord il y a des faits sociaux qui peuvent s'expliquer par la biologie. Le point de départ des faits économiques et aussi des faits moraux se trouve dans le besoin qu'éprouve l'homme de satisfaire certains appétits inhérents à sa nature individuelle. La connaissance de la physiologie et de la psychologie de l'être humain, laquelle rentre dans la connaissance des faits biologiques, entendus *lato*

---

1. La déduction a sa place dans toutes les sciences, puisque les conséquences d'un principe vrai doivent être vraies. Mais il ne faut l'employer qu'avec une extrême réserve, en vérifiant toujours avec la plus grande attention l'exactitude du point de départ, et en recherchant si l'influence de causes différentes ne viendrait pas modifier ou cacher les effets de celle que l'on considère.

sensu, est ici indispensable. Ce n'est pas tout. La vie sociale ne s'explique pas complètement par la vie individuelle. Le concours de plusieurs êtres humains engendre des phénomènes originaux, des fonctions qu'on peut appeler « supra-organiques ». Oui, mais l'être nouveau formé par la réunion de ces individus se comporte lui-même comme une individualité analogue à la leur ; il est, lui aussi, d'abord un organisme, quoiqu'il soit encore quelque chose de plus. Les individus qui le composent seront donc, par rapport à lui, ce que sont, par rapport à eux-mêmes, les cellules qui les constituent. Et les fonctions qui s'accompliront en lui rappelleront celles qui s'accomplissent en eux. Par suite, la connaissance des phénomènes organiques pourra servir de fil conducteur pour se retrouver au milieu des phénomènes sociaux, par essence plus complexes qu'eux-mêmes. L'analogie aidera à débrouiller cette confusion, ce pê'e-mêle d'actions enchevêtrées. Par là encore, la connaissance des résultats obtenus par le biologiste aura été profondément utile à la sociologie.

Pour conclure, on pourra dire que le sociologue doit méditer les enseignements des sciences naturelles à de multiples égards, pour arrêter le plan de ses propres recherches, pour en déterminer la méthode, pour en simplifier et en éclairer l'interprétation. Et si tout cela est exact, on ne saurait penser qu'il est sans intérêt pratique d'avoir fixé la relation scientifique qui existe entre ces deux sortes d'êtres, les organismes individuels et les supra-organismes sociaux.

La biologie peut rendre, nous venons de l'établir, de signalés services à la sociologie. Mais la réciproque n'est-elle pas vraie également ? A première vue, il ne le paraît pas. Si la connaissance du simple peut éclairer celle du complexe, la nature du complexe ne saurait rien nous apprendre, semble-t-il, sur celle des éléments simples qui font partie de ce tout complexe, puisque la détermination de celle-là suppose faite l'étude de celle-ci. Pourtant, voici ce qui peut se produire. La connaissance du simple et

celle du complexe sont toutes deux incomplètes. Seulement, vu
l'enchevêtrement des phénomènes que présente le second, les
investigateurs qui l'étudient ont dû recourir à certains procédés
dont leurs confrères, qui se livrent à des recherches sur le simple,
n'avaient pas éprouvé le besoin. Puis il se trouve que quelqu'un
a l'idée de transporter ces procédés dans ce domaine du simple,
pour l'étude des questions relativement complexes qu'il renferme,
et que les résultats de cette explication sont excellents. C'est
ainsi que la méthode statistique inventée par les sociologues,
pour mettre de l'ordre dans le chaos des faits étudiés par eux,
a été transportée en biologie, où elle sert actuellement à une
foule d'usages : statistique des aliments ingérés par l'être total,
des aliments distribués à chaque organe et utilisés par lui ; statistique de la respiration et de la transpiration ; compte des globules du sang ; compte des pulsations cardiaques ; compte des
feuilles disposées sur une tige, etc., etc. Non-seulement des
procédés de recherche, en quelque sorte mécaniques, mais
même les plus grandes vues de l'esprit, les théories qui ouvrent
le jour le plus large sur un domaine infini, passent ainsi parfois
de la sociologie à la biologie. L'idée de la division du travail,
mise d'abord en lumière par Adam Smith et les économistes
qui lui ont succédé, avait frappé Henri Milne-Edwards. Il en
vint par là à remarquer que ce qui s'accomplit entre hommes appartenant à une même société se passe aussi entre cellules appartenant à un même organisme, et la « division physiologique du travail » s'ajouta à la division économique du travail.
De même, on sait que l'idée de Malthus — l'élimination sociale
d'un grand nombre d'êtres humains, qui ne trouveraient pas
une suffisante subsistance — fut pour Darwin le point de départ
de sa théorie de la concurrence vitale et de la sélection naturelle.
Enfin — exemple qui touche directement au sujet de cette
étude — la conception moderne de l'organisme individuel,
considéré comme étant lui-même un assemblage d'un très grand
nombre d'êtres vivants élémentaires (théorie cellulaire, théorie des colonies animales), a sans doute été, en partie tout au
moins, inspirée à ses auteurs par le spectacle de la société

humaine au milieu de laquelle ils vivaient, et dans laquelle ils
voyaient une vie sociale unique résulter du concours d'une multitude d'existences subordonnées. Il est même probable que ces
applications de la sociologie à la biologie pourront être multi-
pliées. Par exemple, ce serait un sérieux progrès que d'apprendre à tenir compte, pour la classification des animaux, de leurs
habitudes sociales, de leurs mœurs, tout au moins comme caractère subordonné aux caractères anatomo-physiologiques, servant
par exemple à marquer les espèces quand ceux-ci auraient permis de constituer les genres. Il faut pourtant beaucoup de prudence dans de semblables applications. On peut vouloir retrouver le simple dans le complexe : car il y entre toujours, fut-il
masqué par d'autres éléments. Mais retrouver le complexe dans
le simple est, non-seulement plus difficile, mais même parfois impossible : le concours d'éléments simples crée, dans
le tout complexe, des phénomènes nouveaux, étrangers aux
composants. — Pourtant, ce que nous avons dit suffit,
croyons-nous, pour prouver que les études sociologiques
ne sont pas totalement inutiles au biologiste. Si les sciences
naturelles ont moins à attendre des sciences sociales que celles-
ci ne peuvent espérer d'elles, l'aide pourtant n'est pas absolument unilatérale ; elle est déjà, dans une certaine mesure, réciproque, elle peut le devenir davantage encore. Le dédain de
« ce qui se fait ailleurs », n'est donc pas plus de mise dans les
laboratoires des biologistes que dans les écoles, trop rares encore
— et qui devraient, elles aussi, se transformer en laboratoires,
— des sociologues.

III

On le voit, les conséquences auxquelles nous aboutissons
viennent à l'appui de deux idées, aperçues depuis longtemps
par d'éminents penseurs, mais développées de notre temps avec
une précision et une vigueur toute nouvelles : l'idée de l'unité

de la nature, et — conséquence de la première — l'idée de
l'unité de la science. A coup sûr, pour demeurer exacte, aucune
de ces deux idées ne doit être poussée à l'extrême. Si tous les
êtres ont entre eux certaines analogies, aucun d'eux pourtant
n'est totalement semblable aux autres. Le philosophe qui a formulé avec le plus d'éclat le principe de continuité, Leibniz, est
aussi celui qui a le mieux marqué qu'il n'existe pas dans la
nature deux choses identiques. A côté des points de contact que
chaque être présente avec les êtres distincts de lui, il y en a
d'autres qui ne le relient qu'à un plus petit nombre (de là
les empires, règnes, embranchements, familles, genres et espèces), et il y en a même qui le différencient de ceux qui lui
ressemblent le plus, et constituent son individualité irréductible.
Ainsi l'unité de la nature n'exclut pas la diversité des êtres.
Pareil'ement l'unité de la science ne saurait exclure la diversité des sciences. La distinction même de leurs objets, le seul
fait que certains de ces objets sont plus complexes que les autres,
entraîne une différenciation parmi ces disciplines. Elles suivent
toutes une voie commune, commençant toutes par l'observation
pour continuer par la classification, l'induction et la déduction (1); mais il est clair qu'elles y progressent plus ou moins
vite, suivant que les matières qu'elles étudient sont plus ou
moins compliquées. Par conséquent, se trouvant aujourd'hui en
des points différents de cette route, elles ne peuvent pas mettre
toutes simultanément en pratique les mêmes procédés, bien que
chacune d'elles soit appelée à faire ultérieurement appel aux
méthodes qu'emploient actuellement ses devancières. Ainsi la
distinction des êtres et la distinction des sciences subsiste, malgré l'unité fondamentale de la nature et l'unité fondamentale de
la connaissance. Mais, ce qu'il importe de remarquer, c'est que
l'unité est dominatrice, la pluralité étant subordonnée. Il n'est
donc point exact de croire que l'unité est purement factice, qu'elle
est l'œuvre de l'esprit projetant sa propre forme dans les choses.

---

1. Nous avons insisté sur ce point dans nos *Éléments de philosophie
scientifique* (Hachette, 1891).

Non, l'unité est au cœur même de la nature, dans la source éternelle d'où découlent toutes ses productions, et l'unité de notre esprit, constituée par le concours de quelques-unes des formes de cette nature et par la réunion des représentations qu'impriment en celles-là toutes les autres, n'est que le reflet incomplet de cette unité fondamentale.

Ce que la science doit chercher à pénétrer, c'est donc à la fois la liaison des choses et leur distinction, leur interdépendance et leur indépendance. A l'origine, l'homme, qui n'est encore que sensations, est frappé surtout par les différences. Puis vient la réaction du sensible sur le sentant, l'effort de l'esprit pour unifier ses concepts : c'est l'âge de la raison et du raisonnement, qui mettent entre les données primitives une cohésion nécessaire, mais qui parfois dépassent le but en rapprochant plus qu'il ne le conviendrait des choses dissemblables. Plus tard seulement sera possible une juste combinaison des deux principes opposés ; alors viendra une science qui, représentant exactement l'aspect de la nature, connaîtra aussi bien les détails que l'ensemble et, sans sacrifier l'unité, fera la part du multiple. Notre science n'en est pas là, mais c'est à cela qu'elle doit tendre. En matière sociale, nous sommes encore presque réduits à des observations isolées. Les essais de théorie tentés jusqu'ici ont eu pour but d'en dégager des vues d'ensemble sur le monde social. Ces vues, nécessairement, ont été sommaires et souvent exclusives. Nous ne nous flattons pas d'avoir évité ce travers qui vient des nécessités actuelles, de l'état de la science. Du moins n'avons-nous pas la prétention de penser que la réalité tienne dans les formules que nous avons données : nous savons la nature trop riche et trop exubérante de vie pour se plier jamais complètement aux cadres tracés par l'esprit humain. Les analogies que nous avons indiquées entre les organismes et les sociétés, nous les croyons intimes, évidemment ; mais nous sentons que les différences sont considérables également, et que la théorie définitive de la vie sociale ne saurait s'édifier que quand elles auront été, elles aussi, synthétisées. Seulement, pour qu'elles puissent l'être, il faudrait que cette vie sociale fût mieux connue, sous chacun des principaux aspects qu'elle revêt à travers le temps et l'espace. Contribuer un jour, par des études de science sociale positive — de sociologie descriptive ou de sociologie comparée — à accroître et à perfectionner la connaissance restreinte qu'on en a actuellement, est notre plus grand désir et notre plus chère espérance.

APPENDICE

DE QUELQUES THÉORIES RÉCENTES SUR L'ORGANISME SOCIAL.

Depuis l'achèvement de ce livre, il a paru divers travaux de sociologie qui ont, au moins incidemment, touché au sujet par nous traité. Pour ne pas laisser trop incomplète la liste, donnée dans notre introduction, des auteurs qui ont comparé les sociétés et les organismes, nous mentionnerons ici ces travaux.

M. le Dʳ Julien Pioger a publié, à la fin de 1894, une étude intitulée *la Vie sociale, la Morale et le Progrès*. Dans un chapitre de cet ouvrage, chapitre qu'avait antérieurement donné la *Revue internationale de Sociologie*, il expose à grands traits la théorie organique de la société. Il y insiste sur cette idée, que la société n'est comparable qu'à un organisme d'ordre inférieur, car elle n'a pas encore su réaliser entre ses membres une parfaite solidarité. Cette opinion se lie aux idées socialistes de l'auteur. D'ailleurs elle est, comme toutes les opinions du Dʳ Pioger, plus répétée que démontrée. Il convient de noter que si, d'après cet auteur, la société humaine n'a pris jusqu'ici la forme organique qu'imparfaitement, c'est dans le perfectionnement de cette forme (et de la solidarité qu'elle entraîne) que doit résider son progrès.

Une idée directement inverse a été presque en même temps soutenue par M. Tarde dans un chapitre de sa *Logique Sociale* (p. 127 et ss.). Suivant cet écrivain, la forme organique serait la plus humble des formes que peut affecter une société. Elle serait depuis longtemps dépassée par l'évolution des groupes humains supérieurs, et lorsque parfois elle reparaît chez eux, ce serait par une rétrogradation. M. Tarde cite l'exemple de la nation armée, beaucoup plus « organique » que la même nation dans son activité pacifique. Mais nous ne voyons pas que le genre de solidarité spontanée qui caractérise celle-ci l'éloigne plus des organismes que le genre de solidarité, plutôt imposée, qui se manifeste dans celle-là. Ici sans doute le *consensus* des parties a un caractère surtout psychique ; il est, même dans la vie de nutrition ou de reproduction, tout imprégné de mentalité. C'est là ce qui fait qu'on a pu voir dans les sociétés des « supra-organismes ». Seulement il faut remarquer que, dans la vie purement organique elle-même, la mentalité devient de plus en plus parfaite à mesure qu'on s'élève dans l'échelle biologique. En développant le côté mental du lien de leurs éléments, les sociétés ne font qu'accentuer un caractère que présentaient déjà les organismes les plus élevés. Cela ne saurait faire oublier qu'elles rappellent aussi à certains égards (comme le dit M. Piö-ger) les organismes les plus humbles. Et la coexistence en elles de ces traits empruntés aux deux extrémités du monde vivant — coexistence que nous avons relevée dans notre travail (chapitre III, p. 78) — ne saurait empêcher qu'on ne voie en elles des parties de ce domaine de la vie. Les sociétés ne sont pas seulement des cerveaux, comme l'admet M. Tarde, ce sont des corps tout entiers, pourvus de tous les appareils de la vie organique. Nous croyons l'avoir démontré au cours du présent ouvrage. M. Tarde objecte qu'il leur manque bien des membres. C'est qu'il ne veut pas admettre que certaines « choses », sans faire proprement partie de la société, y tiennent la place de certains individus, qui justement représenteraient ces membres. La comparaison des télégraphes avec le système nerveux, des routes avec les canaux circulatoires, ne lui semble pas acceptable, parce qu'elle ne rapproche pas l'un de l'autre des éléments également vivants. En montrant (chapitre IV) que ces télégraphes et ces routes sont les « substituts » d'éléments vivants, nous avons par avance répondu à l'objection. — Une dernière critique de M. Tarde doit être encore examinée. « Si les sociétés, dit-il, étaient des organismes, le progrès social s'accompagnerait, non

seulement d'une différenciation, mais d'une égalité croissante; la
tendance égalitaire et démocratique de toute société qui atteint
un certain niveau de civilisation serait inexplicable, ou ne
devrait s'interpréter que comme un symptôme de recul social ».
L'argument est spécieux. Il n'est pourtant pas impossible d'y
répondre. D'abord, on doit reconnaître que le progrès social
s'accompagne bien, dans une certaine mesure, d'un développement de l'inégalité. La première différenciation qui se soit produite dans la société, a-t-on dit, est celle du chef et des gouvernés (1). Parmi celles qui la suivent, il faut ranger entre les plus
importantes les différenciations successives des diverses catégories de chefs : militaires, religieux, politiques, judiciaires, intellectuels, économiques. Même dans les différenciations entre
gouvernés, qui dit, par exemple, division d'un ancien métier en
deux corporations distinctes, dit presque toujours subordination (au moins honorifique) de l'une à l'autre. Ainsi le progrès
établit une hiérarchie entre les membres du corps social comme
il en crée une entre les cellules du corps organisé. Et nous ne
voyons pas comment cette hiérarchie pourrait être supprimée.
Tout homme ne saurait être propre à toute fonction, et il
y aura toujours dans la société des emplois plus importants
que les autres. Il est vrai que cette nécessité d'une subordination doit se concilier avec « cette tendance démocratique
et égalitaire » dont parle M. Tarde et dont on ne peut guère
nous soupçonner d'être nous-même l'adversaire. Mais nous
ferons observer que le seul moyen d'établir cette conciliation
réside dans le développement de l'idée et de la pratique de la
solidarité sociale, sur lesquelles nous avons longuement insisté
au dernier chapitre de ce livre. Précisément, dans ce chapitre,
nous avons montré que cette solidarité des parties entre elles,
le corps vivant en donne l'exemple au corps social. L'organisme
a donc su établir pour son compte cet équilibre que nous avons

1. Si l'on veut remonter plus haut, à la différenciation de l'homme
et de la femme, de l'adulte et de l'enfant, on trouvera qu'elle est, elle
aussi, la différenciation d'un maître et d'un subordonné.

reconnu nécessaire entre le principe d'autorité et le principe d'égalité relative. En instituant chez elle un principe analogue, la société ne fera que l'imiter une fois de plus. Le parallélisme que veut démontrer notre travail n'en pourra être que confirmé.

Peu après le livre de M. Tarde que nous venons de signaler, paraissait la thèse de M. Izoulet sur *la Cité Moderne*. L'auteur y fait parfois appel à des considérations analogues à celles dont nous nous sommes nous-même inspiré. Mais son but est fort différent du nôtre. Ce n'est pas un livre de biologie sociale qu'il a entendu écrire, c'est une explication de la psychologie et une théorie de la morale qu'il a voulu tenter, en ayant recours à des principes d'ordre biologique et d'ordre social. Lui-même a marqué, dans son livre, ce qui le sépare du nôtre. « Que la société soit un organisme, a-t-il dit, j'incline fort à le croire; mais ce n'est pas absolument ce que je me suis proposé de démontrer (1) ».

Il n'a point institué une comparaison détaillée entre le corps vivant et le corps social. Il s'est borné à résumer, d'après M. Ribot, « les quatre principales ressemblances et les quatre principales différences » que Spencer aurait notées entre eux (2). Et immédiatement après, il a cru devoir ajouter : « Pour notre compte, nous n'avons aucunement besoin d'assumer la responsabilité d'une telle identification, légitime ou non... L'animal politique est doué de raison, parce qu'il s'est constitué une élite, comme l'animal physique est doué d'instinct, parce qu'il s'est constitué un cerveau. A cela peut se réduire, pour nous, au besoin, la fameuse assimilation du corps politique au corps physique. Il y a plus. Pour nous, à d'autres égards, la cité humaine diffère totalement, non pas seulement du corps physique, mais même des autres sociétés animales (3) ». On le voit donc, en dépit de certaines apparences, l'objet du travail de M. Izoulet est complètement distinct de celui que nous nous sommes proposé.

1. Livre IV, chap. I, p. 552.
2. Livre I, chap. VI.
3. Page 111.

Au contraire, il y a une intime analogie entre l'esprit de notre ouvrage et celui de deux travaux récents de M. Paul de Lilienfeld, dont nous avons, au surplus, provoqué nous-même la publication et qui ont été insérés, l'un dans les *Annales de l'Institut International de Sociologie* (1), l'autre dans la *Revue Internationale de Sociologie* (2). Le premier traite de *la méthode d'induction ou méthode organique en sociologie*. Le second est consacré à *la pathologie sociale*. Ils reprennent les idées déjà développées par l'auteur dans son grand ouvrage : *« Gedanken über die Socialwissenschaft der Zukunft »* mais avec plus de clarté et moins de diffusion, ce qui est peut-être dû à ce que M. de Lilienfeld les a écrits en français, et non plus en allemand. L'étude sur la méthode n'ajoute rien, croyons-nous, à ce que contient le présent livre. Au contraire, les articles sur la pathologie sociale ont traité cette question dans un détail que notre unique chapitre ne pouvait comporter. Leur division générale est peut-être contestable. M. de Lilienfeld ne voit dans le corps social que deux éléments composants : un système nerveux et une substance intercellulaire ; et il n'y reconnaît que trois ordres de faits : économiques, juridiques et politiques. La classification des maladies, suivant naturellement cette classification des éléments et des faits normaux, peut paraître un peu étroite. Mais on verra avec grand intérêt la manière dont l'auteur retrouve, dans ces divers tissus sociaux et ces diverses sphères sociales, les maladies des tissus et des sphères organiques, et tout particulièrement les maladies mentales. Nous n'en voulons pas donner ici un aperçu plus détaillé. Nous préférons inviter nos lecteurs à prendre directement connaissance de ces travaux, qui vont d'ailleurs être réunis en un volume destiné à paraître tout prochainement (3), et dans lesquels nous avons trouvé une confirmation et, sur certains points, une extension remarquable de nos propres idées.

---

1. Tome I.
2. Nos de décembre 1894, janvier 1895, mars 1895, avril 1895.
3. Paris, Giard et Brière, éditeurs.

Enfin nous ne pouvons omettre de signaler le récent ouvrage de M. Guillaume de Greef sur *le Transformisme social*. L'auteur y applique ses conceptions sociologiques générales à l'examen du progrès et de ce qu'il nomme « le regrès » des civilisations. Sa théorie des rapports entre la vie organique et la vie sociale est demeurée celle que nous indiquions dans l'Introduction de notre livre. Il y a ajouté, dans son dernier volume, particulièrement au chapitre VII de la seconde partie, certaines notions sur la régénération des organes sociaux. Mais il ne nous semble que ce qu'il en dit diffère sensiblement des vues émises par Herbert Spencer sur cette question.

TABLE DES MATIÈRES

QUATRIÈME PARTIE

Origine, développement et classification des sociétés.

CINQUIÈME PARTIE

Pathologie, thérapeutique et hygiène des sociétés.

Imprimerie H. JOUVE, 15, rue Racine, Paris

www.ingramcontent.com/pod-product-compliance
Lightning Source LLC
Chambersburg PA
CBHW072004270326
41928CB00009B/1538

*9 7 8 2 0 1 2 7 6 0 6 7 7 *